高等院校会计与财务管理系列教材
上海市第三期本科教育高地建设项目

基础会计（第二版）

FUNDAMENTAL ACCOUNTING

丁小云 袁树民 ◎ 主编

上海财经大学出版社

图书在版编目(CIP)数据

基础会计/丁小云,袁树民主编．—2版．—上海:上海财经大学出版社,2016.4
(高等院校会计与财务管理系列教材)
ISBN 978-7-5642-2310-6/F·2310

Ⅰ.基… Ⅱ.①丁… ②袁… Ⅲ.会计学-高等学校-教材
Ⅳ.①F230

中国版本图书馆CIP数据核字(2015)第311246号

□ 责任编辑 王 芳
□ 封面设计 杨雪婷

JICHU KUAIJI
基 础 会 计
(第二版)

丁小云 袁树民 主编

上海财经大学出版社出版发行
(上海市武东路321号乙 邮编200434)
网 址:http://www.sufep.com
电子邮箱:webmaster @ sufep.com
全国新华书店经销
启东市人民印刷有限公司印刷装订
2016年4月第2版 2016年4月第1次印刷

787mm×1092mm 1/16 14.5印张 371千字
(练习册 6.75印张,插页2 180千字)
印数:9 001—13 000 定价:45.00元

总 序

“高等院校会计与财务管理系列教材”是专为教学型大学会计本科所编写的专业课程教材，其编写奉行“在探讨会计理论的同时，更注重会计实务的交融；在考虑内容更新的同时，更关心应用案例的联动”的原则。自2007年以来，围绕学校人才培养目标，我们一直注重本系列教材的体系完善、内容更新，力求有所创新。我们坚持每次印刷前的“小修订”、每4～5年的“大修订”，以使教材既有连续性和继承性，又具有时代气息。

上海金融学院是一所以经济、管理学科为主，工、法、文、理协同发展的教育型高等院校，会计学科是其重要的组成部分，深刻认识学校在高校分类发展中教学型类别的专业建设，使本系列教材的建设具有培养以应用为重且兼具诚信素养和国际化视野的会计专业人才的特色。

财政部在《会计行业中长期人才发展规划(2010—2020年)》中指出：“随着经济全球化深入发展，企业跨国经营、资本跨境流动日益频繁，科技进步日新月异，知识经济方兴未艾，会计人才在经济社会发展中的基础性、战略性、关键性作用更加凸显，会计人才的竞争已经成为国家、地区和单位间竞争的焦点之一。”制定并实施此规划，是深入贯彻人才强国战略的重大举措，是推动会计行业科学发展的必然要求，是会计行业在激烈的国际竞争中赢得主动的战略选择，对于促进加快经济发展方式转变、更好地服务经济社会发展具有重大意义。

高等院校承担了会计教育的主要部分，是会计人才培养的重要部门。会计是国际通用的商业语言，会计行业的发展对中国快速市场化、国际化有重要影响。中国要在世界经济大家庭中发挥作用，会计专业人员肩负历史责任，培养符合现代社会经济发展需要的会计人才就是会计教育界的首要任务，而编写符合会计教学要求的教材就是提高会计教学质量的具体措施之一。

编写适用于培养高素质应用型人才的高水平、高质量的会计系列教材，是我们多年的心愿。本系列教材在强调应用型会计人才的要求，会计应用技能、创新能力、会计知识的复合面，以及国际化视野等方面，做了多方位的尝试，凸显教材编写特色，具体表现在：

1.本系列教材强调在专业知识内容编排体系上有所创新，引用最新教学和科研成果。

2.本系列教材增加案例分析内容，培养学生解决实际问题的能力，学生参与讨论和撰写讨论分析报告。

3.本系列教材以会计岗位职业能力需求为切入点，以岗位调查和素质、知识、能力的分析为依托，对传统会计知识优化整合，把知识点、能力要素落实到具体课程中，建立与会计岗位相互对应、实务与实践相结合的教学模块，弥补传统课程“重理论、轻实践”的缺陷，培养学生的应用能力。

4.本系列教材编写课程实习内容，对掌握和理解有难度的内容，安排学生开展实习和实验，以提高学习效果，使会计理论与会计实务密切衔接。将会计岗位的基本技能逐一分解，安排专项的实践课题，通过实践检验会计理论知识的学习效果。

本系列教材自2007年以来，已出版包括《基础会计》、《会计学》、《中级财务会计》、《成本会计》、《管理会计》、《金融会计》、《税务会计》、《国际会计》、《财务管理》、《审计学》、《会计信息系统》、《财务报表分析》、《预算会计》、《会计伦理》14 本教材，有的教材已再版并累计印刷多次。此次全部修订再版，为便于教学，每本教材都配有练习册或配套光盘。

我们为自己规定的编写本系列教材的任务，以及教材要达到的教学目的，很可能超越了我们的人力、教学经验、学识水平所容许的范围。因此，本系列教材可能在安排和表述上不十分妥当，甚至某些错误恐亦难以避免，恳请读者批评指正。

本系列教材编委会
2016 年 3 月

第二版前言

《基础会计》是会计学专业的入门课，全国同类教材虽然版本较多，但本书在编写过程中侧重会计基本理论知识、基本处理方法和基本操作技能的阐述和训练，强调应用性。本书是以2006年财政部制定的《企业会计准则》和《企业会计准则——应用指南》为依据编写，再参考2014年会计准则修订后内容进行修改再版。本书充分考虑会计学专业的特点，强调内容与方法的实用性、体系和观点的科学性，力求做到由浅入深、循序渐进。通过本教材的学习，对会计专业的学生在了解会计基本理论的同时，更强调的是会计基本方法和基本技能的熟练应用，为后续的专业会计学习打下坚实的基础。

本书由上海金融学院会计学院丁小云、袁树民主编，其中：第一章，由丁小云、袁树民编写；第二章、第三章、第七章、第八章，由丁小云编写；第四章，由王丹编写；第五章、第六章、第九章，由丁小云、姜雅净、李雪琴编写；第十章，由袁树民、王秀春编写。最后由丁小云和袁树民共同修改、补充、总纂和定稿。

我们为本教材确定的目的以及教材所要达到的各项要求，很可能超过了我们的学识和教学经验的范围，因此，书中的缺点及错误恐难以避免，恳请读者批评指正。

编　者

2016年3月

目 录

第一章 总论

本章主要介绍了会计的产生和发展，会计的定义，会计的职能和方法，会计基本假设和会计基础、会计信息质量要求，会计职业，以及会计规范和会计工作组织。

第一节 会计的产生和发展

会计是适应人类生产实践和经营活动的客观需要而产生的。人类社会自从有了经济活动，计算和记录就成为必要。我国远古时期曾出现过“结绳记事”和其他刻记方式等最简单的会计行为，并被认为是会计的起源。早在西周，我国就设立专门的官职掌握皇朝的财物税赋，进行“月计岁会”。清人焦循在《孟子正义·万章篇》中，对“会计”一词注释为：“零星算之为计，总合算之为会。”会计的产生，源于人们关心经济效益和管理经济的需要。会计在早期作为人们进行生产、交换、分配和消费活动的附带职能，随着生产和经营规模的日益扩大，逐步成为一个独立的职能。

从西汉开始，出现了名为“计簿”或“簿书”的账册，以登记会计事项。到宋代初年，官厅会计把钱粮收支分为四个部分：元管、新收、已支、现在，用于反映财产的增减变化。这一方法在元代传入民间。明代初期，这一方法概括为“四柱清册”，即旧管、新收、开除和实在，通过“旧管＋新收－开除＝实在”这一平衡式定期清算账目，相当于现在的“期初结存＋ 本期收入－本期支出＝期末结存”，交代所经管财产的来龙去脉。

到明末清初，我国资本主义生产方式开始萌芽，商业和手工业发展迅速，在这样的环境中，会计结算方式有了突破性的发展，在“四柱清册”的基础上出现了我国固有的复式记账方法“龙门账”，用于计算盈亏。龙门账把全部账目分为“进”（相当于收入）、“缴”（相当于支出）、“存”（相当于资产）和“该”（相当于资本和各项负债）四类，采用“进－缴＝存－该”的平衡式计算盈亏，分别编制“进缴结册”和“存该结册”，两表计算结果相等称为“合龙门”。随着商品经济的进一步发展，在龙门账的基础上又产生了“天地合账”，根据这种方法，所有账项，无论是现金收付还是商品购销、债权债务，都要在账簿上记录两笔，同时登记“来账”（收方）和“去账”（付方），以反映同一账项的来龙去脉。账簿采用垂直书写，直行分上、下两格，上格记收，称为“天”，下格记付，称为“地”，上下两格所记数额必须相等，称为“天地合”。“四柱清册”、“龙门账”和“天地合账”是典型的中式簿记方法。

鸦片战争后，西方列强瓜分中国，在帝国主义控制的企业开始采用西式簿记。20 世纪 30 年代，我国会计界也开始逐渐引进西式簿记，改良中式簿记，使西式簿记在民族资本主义企业中得到运用。解放前，我国会计是中西式并存。新中国成立后，国家一直重视会计工作，解放初期，财政部设立会计制度司，主管全国会计工作。1950年，财政部着手统一全国企业的会计制度。1951年11月，召开了全国企业财务管理及会计会议，经会议讨论研究，制定了适用于全国工业企业的一套统一的会计科目和会计报表格式，同时，在全国范围内建立了国营企业的决算报告制度。在此后的40多年里，为了适应我国计划经济的需要，财政部会同其他中央主管部门建立了20多种分行业的会计制度。1962年5月，根据中央领导指示，召开了全国会计工作会议，中共中央批转了财政部和中国人民银行党组的《关于全国会计工作会议情况的报告》。1978年，国务院修订颁发了《会计人员职权条例》。1985年，全国人大常委会通过了《会计法》，标志着我国会计工作法制化的开端。

自1978年党的十一届三中全会以来，随着经济体制改革的深入和对外开放的扩大，会计所处的环境不断变化。自1984年起，我国开始转向有计划的商品经济体制，传统的会计逐渐难以适应需要。自1992年起，我国又开始实行社会主义市场经济体制，国有企业被推向市场，逐步成为真正的会计主体。

20世纪90年代，我国证券市场的出现和发展对会计的发展产生了重要影响。1990年12月，在上海设立了中国第一家证券交易所；1991年7月，又在深圳设立了证券交易所。1992年10月，中国证券监督管理委员会(以下简称中国证监会)成立。1993年12月，《公司法》颁布，公司组织的成立和运作有了法律依据。此后，一大批国有企业改制，上市公司的数量不断增加，证券市场的规模与日俱增。截至2015年4月30日，沪、深两个交易所的上市公司已达2 656家，总市值近56.34万亿元，全国的股票投资账户突破2亿个。

在公司组织中，股东通常并不直接从事企业的经营活动，他们通过董事会或股东大会聘用经理人员去管理企业，经理层要通过会计向股东报告他们的经营业绩，会计起着交代经管责任的作用。从股东的角度看，由于社会经济资源的稀缺性，他们要选择能有效使用经济资源的企业，以得到更好的投资回报，会计信息应当有助于投资者评价公司的投资回报率及相关的风险，投资者的利益及其会计信息需求必须在设计会计制度时得到考虑。

鉴于计划经济体制下会计的局限性，1992年5月，财政部与国家体改委联合颁发了《股份制试点企业会计制度》，较多地借鉴了国际会计惯例。1992年，财政部又颁布了适应市场经济发展需要的《企业会计准则》，要求全国企业执行。以后，财政部又多次修改了企业会计制度，制定和颁布了十多项具体会计准则，不断满足经济体制转型和证券市场发展的需要。

科学技术的进步也对我国的会计工作产生了重大冲击。长期以来，我国的会计基本上处于算盘和账簿这样的手工操作系统，拥有计算机的企业凤毛麟角，会计程序和方法主要适用于手工操作的会计信息系统。20世纪80年代中期以后，科学技术尤其是现代信息技术突飞猛进，会计电算化程度越来越高，技术愈益成熟，用计算机处理和加工会计信息更加普遍。会计信息的生成、加工、分析和利用更应该在计算机环境下加以讨论。

科学技术的进步还导致企业竞相开展有关的研究和开发活动，专利权、技术秘方、计算机软件等无形资产相继登台。随着社会法制观念的加强，著作权、商标权等的价值得到承认，迫使会计界重新认识资产的概念，资产的外延有了很大突破。

为适应我国社会主义市场经济新体制的需要，1992年11月，财政部发布了《企业会计准则》。它是在我国经济改革开放后，随着我国由计划经济体制向市场经济体制转变，财政部会计事务管理司根据当时的国情，借鉴国际惯例而出台的第一个会计准则。它的颁布，是我国会计改革的一次重要转折，标志着我国的会计体系工作开始走向国际化，具有继往开来的重大意义。

随着我国经济融入世界的步伐不断加快，我国企业进入世界资本市场的步伐也在加快。作为经济语言的会计，必须很好地融入世界。为此，中国财政部于 2006 年 2 月发布了新的会计准则和审计准则体系（会计准则体系由 1 项基本会计准则和 38 项具体会计准则组成）。其中，新会计准则体系于 2007 年 1 月 1 日起在上市公司中执行，在其他企业中鼓励执行。本次新会计准则体系的发布使中国会计准则与国际财务报告之间实现了实质性趋同，是促进中国经济发展和提升中国在国际资本市场中地位的非常重要的一步。为保持我国会计准则与国际财务报告准则的持续趋同，财政部在 2012 年发布了一系列准则征求意见稿后，于 2014 年正式修订了五项、新增了三项企业会计准则，发布了一项准则解释，并修改了《企业会计准则——基本准则》中关于公允价值计量的表述。

在国外，会计也有很长的历史。公元前两三千年，一些文明古国就有计量和记录的活动。在“原始的规模小的印度公社”里，就有“一个记账员，登记农业账目，登记和记录与此有关的一切事项”。13 世纪到 15 世纪，在地中海沿岸某些城市，如威尼斯、热那亚、佛罗伦萨等，商业和金融业较为发达，成为推动会计发展的重要因素，出现了较为科学的复式记账方法。1494 年，意大利数学家卢卡·巴其阿勒（Luca Pacioli）的《算术、几何及比例概要》一书问世，其中，“计算与记录详论”部分系统地介绍了意大利商人的借贷记账方法，成为复式簿记的经典著作，在随后的 100 多年里，这一名著先后被译为英、德、法等多种文字，借贷复式簿记这一科学的记账方法在全世界广泛传播。从 18 世纪起，西方发达国家爆发产业革命，新技术和大机器为家庭作坊转变为工厂提供了便利条件，铁路工业也迅速发展起来，这一切引发了会计变革，出现了折旧观念，突出了划分资本和收益的重要性，成本会计得以形成和发展。从 19 世纪开始，公司制取得了合法地位，股份公司和有限责任公司大量涌现，从而进一步推动了会计核算的经常性、连续性和经济性，触发了会计思想的革命。也正是股份公司的发展，推动了资本市场的发展，进而孕育了会计规范化的萌芽，会计准则、会计原则逐渐成为许多发达国家会计规范化的主要形式，以注册会计师为代表的会计职业不断壮大。20 世纪 50 年代后，电子技术的突飞猛进引起了会计手段的一场深刻革命，会计电算化已成为不可逆转的趋势。

随着经济的发展和社会的进步，科学技术日新月异，促使会计向更广、更深的领域发展，会计分支也越来越多，创立了管理会计、国际会计、社会责任会计、人力资源会计、绿色会计等新学科，还有许多更新的尚未开拓的领域等待人们去探索、研究。

第二节 会计的含义

一、会计是一个信息系统

信息在当代社会已成为最重要的战略资源之一，企业决策离不开信息，信息反映企业经营环境的客观真实情况，要使企业在社会的竞争中立于不败之地，必须随时掌握反映客观现实的信息。企业决策所需信息大部分来自会计系统，从而使得在信息分析基础上所做的决策在很大程度上依赖于会计信息。

会计是一个信息系统，它旨在向利害攸关的各个方面传递企业或其他经济个体的以财务信息为主的经济信息。会计的各种方法体现了对信息的不同作用。填制和审核凭证是收集信息、初步确认信息；设置账户是为了取得某种信息，预先设置好塑造该种信息的模型或框架；复式记账是信息的分类；登记账簿是进一步确认信息；财产清查是确认账面信息；成本计算是通过各种分类的方法，把有关成本信息从发生的总费用中提炼出来；编制会计报表是汇总信息；经济活动分析是会计信息的反馈；会计管理是会计信息的使用；会计检查主要是审查会计信息。

企业在发生经济业务时，首先是填制和审核凭证，然后在开设好的账户中，用复式记账的方法来登记账簿，要定期或不定期地进行财产清查，期末要进行成本计算，在账证、账账、账实相符的基础上，编制会计报表，达到账表相符、表表相符；要不时地对经济活动进行分析考核，运用会计信息进行管理，并依据国家有关的财经政策审查会计信息的合理性和合法性。所有这些会计活动有着紧密的内在联系，它们相互依存、环环紧扣，构成了一个有秩序的数据处理和信息生成的过程。这一过程可分为若干部分，每一部分都有各自的信息处理任务；但所有部分又互相联系、互相配合，服从于一个统一的目标，形成一个会计活动的有机整体。这个有机整体就称为会计信息系统。从这一点看，会计是一个信息系统。

二、会计是一种管理活动

企业是国民经济的细胞。每个企业都是根据一定的目标创立并运行的，如持续地向社会提供高质量的产品或劳务、稳步提高市场占有率、利润极大化等。为此，必须实施科学、有效的管理。

会计信息对于经济活动的有效管理是必不可少的。在一个企业组织内，会计信息产生于一个系统。会计信息系统所服务的对象是现代企业组织，它是一个很复杂的机构。这样，一个组织可以雇用成千上万的人从事设计和研制新产品，直至广大销售人员的推销管理工作。现代企业组织在当今世界具有重要的地位，它的经济活动关系到社会中很多部门的利益。现代企业如何能够计划、组织、控制和检查多方面的经济活动，它如何向关心其经济活动的人士和机构提供信息，又怎样反过来从那些关心其经济活动的人士和机构获取信息，会计信息系统在完成这些工作方面起着极其重要的作用。

计划是管理活动的开端，是指根据既定的生产经营活动的目标和方针，草拟和选择方案。在制定计划时，管理人员需要透彻地了解问题，寻找处理重要问题的各种方案，设想或预测每一个方案采用以后可能产生的结果，并从中选择最佳方案，制定实施该计划的具体措施等。在计划阶段，会计人员不仅要为草拟、选定方案、预算提供信息，而且要参与分析各种方案、预算的可行性和利弊得失，为最终确定计划献计献策。

组织是管理人员在制定出计划之后，把员工集合起来，发挥团队精神，以完成计划的行为。在组织阶段，会计人员要协助最高管理层组织人员和资金，将计划具体化为财务指标。尤其是筹措所需资金，确定资金的来源、流入企业的时间和使用资金的成本等。此外，会计人员还要直接从事管理信息系统尤其是财务信息系统的设计、安置等，使管理人员能及时取得信息，并据以采取有效的措施，确保生产经营正常进行。

控制是计划执行过程目标实现的保证。在计划执行阶段，管理人员必须对实际的生产经营活动实施有效的控制。控制用来保证达到计划所设定的目标，对执行过程放任自流或缺乏控制将导致不利的后果。在控制阶段，会计人员要利用一些会计技术，根据既定的方针、计划和预算，控制各种资源的流入、流出和配置，如控制原材料的领用、工资津贴的发放以及成本的控制等。若无法直接采取措施，会计人员应及时将计划实施过程中的异常现象反映给有关管理人员，由后者采取控制措施。

检查就是总结企业各项计划的实际执行情况，考察实际情况与原定计划的差异，分析差异的原因，以便在下一个计划的制定和执行过程中采取必要的对策，使各生产经营环节按照既定目标和方针运行。如果计划中的目标不切合实际，就应适当调整原来的目标。在检查阶段，会计人员要报告各种生产经营活动在财务上的集中反映，分析财务状况和经营成果的预计数和实际数的差异及其产生的原因，然后与相关管理人员一起会商对策。

可见，管理过程的每一阶段都离不开会计人员的积极参与。会计人员除了为管理各环节提供信息之外，还直接或间接地参与管理活动，尤其是管理资金和成本。因此，又可以将会计视为一种管理活动。会计是通过收集、处理和利用经济信息，对经济活动进行计划、组织、控制和检查，促使人们权衡利弊、比较得失、讲求经济效果的一种管理活动。从这一点看，会计是一种管理活动。

三、会计的定义

综上所述，我们认为会计是以货币为主要计量单位，运用特有的一套方法，对一个组织的经济活动过程中所有财产、物资和发生劳动消耗的事项进行连续、全面、综合地反映和控制，既是一个以提供财务信息为主的经济信息系统，同时直接或间接地参与管理，也是一种管理活动。

这一概念包含了以下四个基本要点：

1. 会计的特点——以货币为主要计量单位（基本特征），以及连续性、全面性、综合性（一般特性）。

2. 会计对象——一个组织中的经济活动。

3. 会计的基本职能——反映和控制。

4. 会计的本质——提供信息、参与管理。

第三节 会计的职能和方法

一、会计的职能

会计的职能是会计固有的功能，是会计本质的体现。由于会计的本质是由生产发展特别是由商品经济对信息的客观需求所决定的，会计的职能（尤其是基本职能）就具有客观性和相对稳定性。职能是会计本质的体现，带有客观必然的要求，因而成为确定会计目标的客观依据；会计目标是会计信息使用者向会计信息系统提出的主观要求，但会计目标的提出不能脱离、也不能超越会计的职能。

会计的职能有多种，并随着经济的发展及会计内容和作用的不断扩大而发展变化着。从会计的本质来讲，核算和监督是会计的两项基本职能，同时，还具有预测经营前景、参与经济决策、评价经营业绩等拓展职能。

1. 会计核算职能

会计核算职能，又称会计反映职能，是指会计以货币为主要计量单位，对特定主体的经济活动进行确认、计量、记录和报告。作为经济信息系统，会计的基本使命或基本功能是提供财务信息和其他经济信息。经济信息是经济活动的反映。就企业会计来说，它主要反映企业作为整体已形成的财务状况、财务状况的变动和经营成果。这些信息是企业经济活动及其结果的历史写照，只要真实、可靠、公正并及时地予以反映，历史信息同样具有预测价值和反馈价值，对于决策仍是必要和有用的。从管理活动的角度看，管理会计主要反映企业内部基于决策需要的有关经营、理财和投资的未来活动方案，以及这些方案的预期经济利益及其评估比较。管理会计所反映的经济活动是现在正在进行和预计（计划）将要进行的那些部分，因此，它主要能提供各种预测信息。从决策的观点看，预测信息比历史信息更加相关。

对已经发生的经济活动进行事后的确认、计量、记录和报告，通过加工处理后提供大量的信息资料，反映经济活动的现实状况及历史状况，这是会计核算的基本工作。但是，随着经济的发展，市场竞争日趋激烈，企业经营规模不断扩大，经济活动日益复杂化，经营管理需要加强预见性。为此，会计要在事中、事后核算的同时进一步发展到事前核算、分析和预测经济前景，为经营管理决策提供更多的经济信息，这样才能更好地发挥会计的管理功能。

2. 会计监督职能

会计监督职能，又称会计控制职能，是指会计机构和会计人员在进行会计核算的同时，对特定会计主体和相关会计核算的真实性、合法性和合理性进行监督检查。

任何一个信息系统都具有一定的控制功能，但控制的性质、范围和影响程度应当具体分析。财务会计作为一个较严密的信息子系统，本身具有保护性控制作用（其目的在于保证会计核算信息的正确和真实）。在我国，把符合国家有关法律、规定和制度作为确认的基本标准和主要条件之一，是运用会计实行控制和监督的一个重要特点。由于会计以提供历史信息为主，反馈控制应是会计发挥控制作用的主要表现。但要使具有反馈价值的历史信息对未来的经济活动起到控制作用（如纠正实际脱离计划或预算的偏差，修订计划或预算，指导企业按预定的或修正过的目标前进），必须通过经济决策。例如，管理会计所制定的目标、规划和各种备选方案，由于同各项决策最为相关，应当说，它们都是企业经营者据以进行决策从而加以控制的必要信息。但管理会计同样是一个信息系统而不是一个控制系统，任何一个信息系统都只能通过信息的输出去支持决策，尔后才能实施控制，财务会计或管理会计核算是最基本的即第一位的职能，而监督必须在此基础上进行。

3. 预测经营前景

现代会计还能预测企业经营活动（其实也包括投资和理财活动）的前景。从财务会计看，具有预测价值的历史信息就能预测企业的经营前景。在西方国家，这种预测信息通常在财务报表以外的其他财务报告中揭示。在我国，类似于其他财务报告的财务情况说明书也会对整个企业未来的发展前景作出描述。至于管理会计，由于它以企业未来的资金运动，特别是其中的预期现金流动为对象，运用科学的方法对未来的经营活动进行预测并加以规划乃是它的主要职能。例如，目标成本和目标利润等未来信息的确定，都要以预测生产和销售的前景为前提。

4. 参与经济决策

现代会计的职能是提供有助于决策的信息。换句话说，就是提供信息、参与决策。决策是一个过程，狭义的决策即决策中起关键作用的核心活动，是指决策者从各种备选方案（各项建议）中挑选出他认为最佳或较佳方案，作为行动的指南，并将其付诸实施。简单地说，就是作出未来行动的决定。会计活动当然不是狭义的决策活动，会计人员也不是决策者（指企业经济活动的决策）。决策还可做广义理解，理解为从收集数据、提供信息、讨论各种备选方案，直到最后作出选择最优方案的全过程。在这个过程中，会计提供信息的活动是其中的一部分，而会计部门和会计人员则是决策的参与者和支持者。因此，现代会计就具有参与决策（提供决策支持）的职能。

5. 评价经营业绩

会计所具有的评价经营业绩的功能是通过财务报表分析完成的。这种分析可以从总体上对企业的经营活动绩效进行评估,发现问题并提出改进工作的对策。同时,业绩的评估可以通过在企业内部建立各种责任中心并推行责任会计来实现。

现代企业的全部经济活动除经营活动外,还有投资活动和理财活动,对企业经营业绩的评价也就应当扩展到理财和投资领域,从而更全面地评定企业的成败得失和有关方面应承担的责任。

所有以上职能表明,会计既提供信息,又参与管理。

二、会计对象

会计对象是指会计所核算和监督的内容,具体表现为一个组织中的经济活动。经济活动大体可分为能用货币表现的经济活动和不能用货币表现的经济活动。能用货币表现的经济活动称为会计事项或经济业务,如物资的进出、货币的收付;不能用货币表现的经济活动一般无法计量,如制定计划、签订合同。由于会计以货币为主要计量单位,因此,它只反映能用货币表现的经济活动;又由于一个组织中财产物资的货币表现(包括货币本身)称为资金,资金在不停地运动,会计必须如实加以反映和监督,因此,会计对象也可以概括为一个组织中的资金运动。一个组织可以是一个企业单位,也可以是一个非营利组织,本书所讨论的是以企业单位(工业企业)为主的组织。

工业企业是指按照市场经济的要求,依法成立、自主经营、自负盈亏、自我发展、自我约束的产品生产经营单位。工业企业的会计对象是其生产经营过程中的资金运动。工业企业的资金运动和其他物质运动一样,表现为相对静止和显著变动两种状态。

资金运动的静态是指资金在某一时点的存在状况,具体表现为资产和权益两个方面。任何一个企业,资产和权益总存在恒等关系,这种状况称为财务状况。

资金运动的动态表现为资金投入企业、资金在企业内部循环和周转及资金退出企业三个阶段的运动。

资金投入企业使资产和权益同时等量增加。例如,投资人向企业投入资本,银行向企业贷款。

资金在企业内部循环和周转表现为资金依次经过供应过程、生产过程和销售过程,不断改变自己的存在状态。在供应过程中,由于用现金或银行存款购买原材料,货币资金转化为储备资金。在生产过程中,资金主要发生两次形态变化:当企业将原材料投入生产,生产工人将其加工成在产品时,储备资金也转化为生产资金;当在产品被进一步加工成产成品时,生产资金又转化为成品资金。除了这两次主要形态变化外,生产过程中的资金还因支付生产人员工资和其他费用,由货币资金转化为生产资金;由于计提固定资产折旧,固定资金也转化为生产资金。在销售过程中,因为企业出售产成品、收取货款,成品资金又转化为货币资金。工业企业的资金从货币资金开始,依次经过储备资金、生产资金和成品资金,最后又回到货币资金的一次形态变化,称为资金循环。资金周而复始不停滞、不间断的循环,称为资金周转。

资金退出企业表现为资产和权益的等量减少,如清偿债务、归还借款、缴纳税金、发放红利等。

综上所述,工业企业资金运动的静态表现为一定时点上的财务状况;在资金运动动态的资金投入企业阶段和资金退出企业阶段,所引起的是资产、权益两方面的变化;而资金在企业内部的循环周转阶段将使企业发生费用、收入并形成利润。资产、权益、收入、费用和利润的变化可以概括企业资金运动的全过程，它们的增减变动就是工业企业会计所要反映和监督的内容。

三、会计的基本程序和方法

会计是一个信息系统，它旨在向利害攸关的各个方面（会计信息使用者）传递一家企业或其他经济个体的以财务信息为主的经济信息。为了实现会计目标，会计信息系统在向会计信息使用者提供信息时，有着其独特的一套会计程序与方法。

（一）会计基本程序

会计基本程序是指会计信息系统在加工数据并形成最终会计信息的过程中所特有的步骤，包括会计确认、计量、记录与报告几个基本环节。

1. 会计确认

所谓会计确认，是把某个项目作为企业的资产、负债、所有者权益、收入、费用或者其他会计要素加以正式记录或列入最终财务报表之中的过程。包括：

(1)是否应该记录某项经济活动；

(2)何时、以何种金额、以何种要素进行记录（初始确认）；

(3)何时、以何种金额通过何种会计要素列入财务报表（再确认）。

严格地讲，确认包含四项基本条件：

(1)可定义性，即必须符合某个财务报表要素的定义；

(2)可计量性，即要能够利用某种计量属性进行计量；

(3)计量的相关性；

(4)计量的可靠性。

上述四项条件可以认为是一项数据可以进入会计信息系统的最基本条件，但是，一项数据要想进入会计信息系统进行加工，还有一个何时进入会计系统的问题，即会计确认的时间问题。在商品经济条件下，由于商业信用的广泛存在，使得经济业务发生的时间与相应的现金收支行为发生的时间往往不能取得完全一致，此时在选择确认的时间基础时，就有两种选择：权责发生制和收付实现制。

2. 会计计量

会计计量包括两个方面的内涵：(1)选择计量尺度；(2)选择计量属性。

前面在论述会计的基本前提时曾经提到，以货币作为计量尺度也成为最佳选择，当然，货币作为计量尺度并不排斥在会计计量中同时运用实物或时间等计量尺度，但是，会计计量应该以货币计量为主，实物和时间只能作为货币计量的补充。

至于会计计量属性的选择，则相对要复杂一些。一般情况下，在相关的财务报表尤其是资产负债表上，资产项目一般以它们的成本进行列示，原因在于历史成本的取得存在可靠的证据——原始凭证，可以进行验证。但是，在资产价格受供求关系的影响过大，或者因为通货膨胀存在时，期末对资产按照成本进行列示并按照历史成本核算相应的成本费用，必然会带来利润的虚增，扭曲企业的经营成果。为此，当存在上述情况时，会计上要求按照重置成本、可变现净值、市场价格或未来现金流量的贴现值等计量属性来进行计量。

3. 会计记录

会计记录是对经过确认而进入会计信息系统的各项数据，通过预先设置好的各种账户，运用一定的文字与金额，按照复式记账的有关要求在账簿中进行记录的过程。通过会计记录，可以对价值运动进行详细与具体的描绘与量化，也可以对数据进行初步的加工、分类与汇总。只有经过会计记录这个基本的程序，会计才有可能最终生成有助于各项经济决策的会计信息。

4. 财务会计报告

财务会计报告是指把会计信息系统的最终产品——会计信息，传递给各个会计信息使用者的手段。财务会计报告包括会计报表(核心组成部分)及其附注和其他应当在财务会计报告中披露的相关信息和资料。

(二)会计核算方法

在会计的发展过程中，为了实现会计信息系统的目标而逐渐形成了7种基本的会计核算方法，即填制与审核凭证、设置账户、复式记账、登记账簿、财产清查、成本计算和编制财务报表。

1. 填制与审核凭证

会计凭证是反映经济业务发生、明确经济责任，并作为登记账簿依据的一种书面证明。任何一项经济业务的发生，都需由经办人员或有关单位填制凭证，并签名盖章；所有凭证都要经过会计部门的审核，只有经过审核并认为正确无误的凭证，才能作为记账的依据。可见，填制和审核凭证是会计核算工作的第一步，它可为经济管理提供真实可靠的资料，也是实行会计监督的一个重要方面。

2. 设置账户

设置账户是对会计对象的具体内容进行分类反映和监督的一种专门方法。会计对象的具体内容是复杂多样的，要对它们进行系统的反映和监督，就必须进行科学的分类，将会计对象划分为若干个项目，即设置不同的账户，以便取得各种不同性质的核算指标。因此，对各项资产、负债、所有者权益、收入、费用、利润的增减变化，都要分别在一定的账户中归集登记，以便取得经济管理所需要的分类核算资料。

3. 复式记账

复式记账是指对发生的每项经济业务都以相等的金额，在两个或两个以上有关联的账户中进行登账的一种方法。由于对每项经济业务都在相互联系的账户中做记录，不仅可以了解资金运动的来龙去脉，而且在把全部经济业务都登记入账后，可以通过账户记录，完整、系统地反映经济活动的过程和结果，便于检查经济业务的合理、合法性。同时，由于对每项经济业务都以相等的金额进行登记，因此，可以对记录的结果进行试算平衡，检查账户记录的正确性。

4. 登记账簿

账簿是由具有一定格式、相互联系的账页所组成的，以会计凭证为依据，用于全面、系统、序时、分类记录各项经济业务的簿籍。登记账簿是完整、连续、系统地记录和反映企业经营活动的专门方法。企业应以审核无误的会计凭证为依据，运用复式记账方法，在具有规定格式的簿记中，把全部经济业务既序时又分类地反映出来，以便提供系统、分类的核算资料，为编制会计报表提供依据。

5. 财产清查

财产清查是通过盘点实物、核对账目，查明各项财产物资、货币资金、往来款项的实存数，并将实存数与账存数比较，看其是否相符的一种专门方法。通过财产清查，可以保证会计记录的正确性，做到账实相符；同时，还可以查明各项财产物资的保管和使用情况以及往来款项的结算情况，以便对积压或残损的财产物资和逾期未还的款项，及时采取措施进行清理，从而挖掘物资潜力，加速资金周转。

6. 成本计算

成本计算是把经营过程中所发生的费用，按一定的对象进行归集和分配，以确定各该对象的总成本和单位成本的一种专门方法。通过成本计算可以提供实际成本资料，借以考核成本计划的执行情况，确定实际与计划的差异，分析原因，挖掘潜力，降低成本；通过成本计算所提供的实际成本资料，还可以对比收支、计算盈亏，并为国家制定价格政策提供依据。

7. 编制财务报表

会计报表是企业对外提供的反映企业某一时点财务状况和一定时期经营成果、现金流量的文件。编制会计报表是对日常会计核算资料的总结。由于会计报告是以账簿记录为主要依据，经过加工整理而产生的报告文件，所以，它提供的各项指标不仅是企业分析、检查和编制计划的依据，也是投资者、债权人决策的重要依据，更是进行经济综合平衡所必需的参考资料。

以上各种会计核算方法相互联系、紧密结合，形成了一个完整的会计核算方法体系，任何企业当经济业务发生时，总是先填制和审核凭证，然后在开设好的账户中，采用复式记账的方法来登记账簿，定期或不定期地进行财产清查，期末要进行成本计算，在账证、账账、账实相符的基础上编制会计报表，达到账表相符、表表相符。可见，从填制和审核凭证到编制会计报表是一个会计循环，其中，填制和审核凭证是起点，编制会计报表是终点，其余各环节是中间点。

第四节 会计基本假设与会计基础

一、会计基本假设

会计基本假设是企业会计确认、计量、记录和报告的前提，是对会计核算所处的时间、空间环境等所做的合理假定，是为保证会计信息质量和会计工作的正常进行而对会计核算的范围、内容以及基本程序和方法所做的限定。会计基本假设包括会计主体、持续经营、会计分期和货币计量。

(一)会计主体

会计主体是一个重要的会计概念，指的是会计工作特定的空间范围。具体地说，会计工作总是在某一特定单位里进行。这个单位单独进行生产经营或业务活动，在经济上独立或相对独立。如果是营利性质的，就是一家企业，如公司、工厂、商店等；如果是非营利性质的，就是一个事业、机关、团体等单位，如学校、医院、科研单位、妇女团体等。会计处理的数据和提供的信息，严格地限于这一特定的空间范围，而不是漫无边际的。因此，一般认为，把会计建立在每一个经营主体(主要指企业)的基础上，要求会计只反映涉及该主体的资产、负债、所有者权益、收入、费用和利润(或亏损)的交易或事项。换言之，信息属于某一特定的企业，而不属于另一家企业，也不属于企业的所有者。开展企业会计工作的前提条件，就是不仅要把特定个体的经济业务和其他特定会计主体的经济业务严格分开，还要和企业所有者的私人经济活动严格分开。但是，作为特定个体的企业，可能组织很复杂，规模很庞大。大型企业的内部，往往分设分厂、分部。在这种场合，除企业本身是一个个体外，也不排斥将这些不具有法人资格的分厂、分部也都视为会计主体。所以，会计主体不一定是法人，会计工作的空间范围与法人是截然不同的两个概念。

需要注意的是，确定会计主体时，应本着实质重于形式的原则。例如，在企业集团的背景下，我国会计准则中的会计主体一般指的是合并主体，而不是指法律主体。

我国《企业会计准则——基本准则》第5条规定:"企业应当对其本身发生的交易或者事项进行会计确认、计量和报告。"

(二)持续经营

持续经营指的是在一个主体范围内,假定其生产经营持续不断地进行下去,因而将按预期的用途使用其现有的资产,同时也将按照现时承诺的条件去清偿它的债务。一句话,会计的出发点是企业的经营现状预测将不会改变。

持续经营指的是如果不存在明显的反证,一般都认为企业将无限期地经营下去。这里的"反证",是指那些表明企业的经营将在可以预计的时刻结束。持续经营,就是情况正常。既然正常,则现存的资产,自然会按照原来的购买意图,正常地予以仓储、投产、运用,从而各项资产不能用清算价格计价,而必须用正常的实际成本计价。相应地,各项负债和企业所有者权益,亦要按正常情况计价处理。

显而易见,持续经营虽是一种假设、一种预见,但它是唯一可行的办法,因而被会计人员所广泛接受,成为一个前提条件。因为在任何一个时点上,企业的前景只有两种可能——持续经营和停业清算,非此即彼,没有第三种可能。当登记账册、编制报表之际,企业营业正常,财务健全,职工稳定,产品适销,对其前景的推测,持续经营是完全合乎情理的,推测企业清算倒闭反而有悖情理。

持续经营并不要求生搬硬套。在持续经营这一前提下,一旦出现与持续经营相反的证据表明企业经营欠佳,处于难以自拔的逆境,维持经营现状将有困难,就要采取从实际出发的立场,即放弃持续经营这一前提,改以营业期限届满的自动歇业,而对部分资产重新估价,或因资不抵债而宣告破产、被迫清理等为会计的前提。

有人认为,持续经营这一提法有片面性,只见到经营而见不到停业。据上所述,可见这种提法很难成立,因为这种提法源于对持续经营的完整含义理解得不够充分。

我国《企业会计准则——基本准则》第6条规定:"企业会计确认、计量和报告应当以持续经营为前提。"

(三)会计分期

企业自创立之日起,直到解散停业为止,其生产经营活动是连绵延续的,犹如长江滚滚流水,奔腾向东,没有停息的时候。企业在其存在期内财务状况不断变化,一直到停业之日才停止变动,凝固下来。企业的经营成果是盈是亏,到停业之日,方能正确无误、实实在在地确定下来;然而,一切成了定局,此时提供会计信息,对于管理人员、企业所有者、债权人以及其他利益相关方面,已经时过境迁、一无用处了。

因此,必须在创业以后、停业以前这段时间里,随着生产经营活动的进行,在合适的时点,归纳、汇总、概括账上的资料,编成报表,及时传输给各类信息用户。这个问题的焦点是时间问题,会计分期的概念由此产生。

在会计工作中,人为地在时间上把连续不断的企业生产经营活动及其结果用起讫日期加以划分,形成会计期间,这就是会计分期的概念。按年划分的,称为会计年度;年度以内,还可分季、分月。要分别计算报告各期的经营成果和财务状况,以便考核,进行对比,改善经营状况。会计年度可采用历年制,即与日历年度保持一致,也可采用非历年制。非历年制常见的有营业年制,即每年以营业最清淡的时期为年度结束期,以利账务的总结。例如,食品业的水果罐头厂,生产的季节性很强。草莓罐头的生产,必须从草莓成熟、大量采摘上市时开始,到落令为止。

分期的会计信息，有利于提高会计信息的及时性，满足宏观、微观经济管理的需要，满足投资者的需要。

我国《企业会计准则——基本准则》第7条规定："企业应当划分会计期间，分期结算账目和编制财务会计报告。会计期间分为年度和中期。中期是指短于一个完整的会计年度的报告期间。"

（四）货币计量

会计如何计量它的对象，即各种资产、负债和所有者权益，以及收入、费用、利润，这是一个涉及把会计制度建立在什么前提之上、要求它传输出怎样的会计信息的根本问题。

会计的对象包括各种财产物资。各种财产物资各有其不同的物质表现形态，其计量单位亦各不相同。例如，钢材、房屋、汽车、船舶等。钢材以吨计，房屋以幢计，汽车以辆计，船舶以艘计。在会计工作中，人们早已发现用具有一般等价物特性的货币来统一计量，可使不同质的财物相加、相减，可使收入和费用、成本相互配比，因而是可行的，也是可能的。之所以把货币计量当作一条会计前提来认识，是因为在现代社会，要计量一家企业财务状况及经营成果——资产和权益的增减变化，收入对比费用的盈利或亏损，货币是必须使用的计量手段。如果没有货币计量这个手段，会计工作就无法进行，或至少无法按照现在的模式进行下去。货币计量是唯一可用的手段，舍此别无选择。

用作计量单位的货币，通常是指各国(各地区)的法定名义货币，并假定货币的价值稳定不变。货币计量这个附带的要求，更加是会计工作的前提条件。即货币作为一种特殊商品，它本身的价值应当稳定不变，或者即使有所变动，其变动幅度也应是微不足道的，因为货币在这里是当作像度量衡器具一样的手段来使用的。例如量体裁衣，所用米尺长度若无标准，今天以0.99米为1米，明天又用1.1米作为1米，那么量体不准，所裁制的服装势必不会合身。但是，货币本身的价值并非总是稳定不变的。固然，特定国家、地区存在着或存在过稳定或相对稳定的局面，但币值不稳定的局面并非罕见。世界上某些国家，目前正为剧烈的通货膨胀、物价迅速上升所困扰。

币值不稳时，以货币计量的会计信息，其可信赖的程度就大大下降。如何处理、消除货币贬值对会计信息的影响，已得到中外会计学者的重视，有关论著已出版不少，但众说纷纭，迄今尚无妥善的解决办法。我国《企业会计准则第19号——外币折算》规定："企业对处于恶性通货膨胀经济中的境外经营的财务报表，资产负债表和利润表项目都应当运用一般物价指数予以重述，再按照最近资产负债表日的即期汇率进行折算。"

货币计量还有一个缺陷，就是它把那些不能用货币去量度的因素，纵然它们能传输的信息很重要、很有用，一概排除在会计系统之外了，如管理水平、人力资源、社会责任等。

我国《企业会计准则——基本准则》第8条规定："企业会计应当以货币计量。"

二、会计基础

企业会计的确认、计量、记录和报告应当以权责发生制为基础。权责发生制企图把成果或损失归入导致发生收入或支出的那个报告期，而不归之于实际收付现金的那个报告期。它的操作规则是：凡属本期已获得的收入，不管其款项是否收到，都作为本期的收入处理；凡属本期应负担的费用，不管款项是否付出，都作为本期的费用处理。反之，凡是不应归属于本期的收入，即使款项已经收到并入账，都不作为本期的收入处理；凡是不应归属本期的费用，即使其款项已经付出并入账，都不作为本期的费用处理。由上可知，实行权责发生制，必须辨明收入和费用的应归属期和收支期间。收入和费用的应归属期，是指应获得收入，即创造收入的会计期间，以及应负担费用，即费用受益的会计期间。收入和费用的收支期间，是指收入收到了现款和费用付出了现金的会计期间。

把企业与企业的所有者之间的交往排除在外，则企业收入必有资产的增加或负债的减少伴随，支出则必有资产的减少或负债的增加伴随。所以，权责发生制不仅影响收入和费用，同时也影响资产和负债。

权责发生制解决收入和费用何时予以确认、确认多少的问题。

与权责发生制相对应的是现金制或收付实现制，即以现金的实际收付作为当期的收入和费用，而不考虑与现金收支行为相连的经济业务实质上是否发生。

目前，我国行政单位会计采用收付实现制，事业单位会计除经营业务可以采用权责发生制外，其他大部分业务采用收付实现制。

我国《企业会计准则——基本准则》第 9 条规定："企业应当以权责发生制为基础进行会计确认、计量和报告。"

第五节 会计信息质量要求

一、会计信息的使用者

会计信息的使用者有两种基本类型：内部会计信息者和外部会计信息者，内部会计信息者主要是企业的管理当局。他们需要会计信息了解企业的经营管理情况，以便进行恰当的预测、决策、计划与控制，最终达到改善企业经营管理的目的。外部会计信息者包括：(1)国家宏观管理部门，如统计、财政、税务等，他们需要会计信息进行宏观调控。(2)处于企业外部、不直接参与企业经营管理的投资者和债权人(包括目前的与潜在的)。他们需要会计信息评估管理当局的受托责任履行情况，以进行有关决策。(3)与企业有相关利益的各个集团(尽管有时只是一种间接利益关系)，如职工、客户、供应商以及有关的社会福利部门等。他们分别需要会计信息来了解企业的日后发展前景。

各种会计信息使用者需要会计信息的侧重点是不同的，甚至在每一类会计信息内部各种不同的会计信息需求者之间也存在着显著的差异。比如，国家宏观管理部门需要的是有利于对企业进行宏观管理的会计信息，而各个宏观管理部门需要的信息侧重点也不同：税务部门关注企业对应交税费的核算与缴纳情况的信息，财政部门则十分关注企业对国有资产保值、增值的会计信息。债权人关注的是一个企业偿债能力的会计信息，如流动资产与流动负债之间的比例增减变化、资产与负债之间是否保持一个恰当的比率等。投资者则关注企业的盈利能力和企业未来有利的现金净流量，有些股东也关注企业的长远发展趋势，也有些股东则只关注企业对利润的支付情况等。管理当局关注企业的整体情况，以便从经营者的角度对企业进行把握，更好地进行经营管理。此外，社会有关部门则关注企业是否履行了其应该承担的社会责任，在治理环境污染、保持可持续发展方面做了什么样的工作，对职工生活的关心程度等。

尽管会计信息使用者对会计信息的侧重点要求不同，但企业以下方面的会计信息则是他们所共同关注的：

(1)关于一个企业特定时点的财务状况的信息；

(2)关于一个企业特定会计期间的经营成果的信息；

(3)关于一个企业特定会计期间的现金流入和流出的信息。

二、会计信息质量要求

会计信息质量要求是对企业财务报告中提供会计信息质量的基本要求，是使财务报告中所提供会计信息对投资者等使用者决策有用应具备的基本特征，主要包括可靠性、相关性、可理解性、可比性、重要性、谨慎性、及时性和实质重于形式等。

(一)可靠性

可靠性要求是指企业应当以实际发生的交易或者事项为依据进行会计确认、计量和报告，如实反映符合确认和计量要求的各项会计要素及其他相关信息，保证会计信息真实可靠、内容完整。可靠性是指对于经济业务的记录和报告，应当以客观的事实为依据，而不能受主观意志的左右。可靠性是对会计核算工作的基本要求，如果会计数据不能真实、客观地反映企业经济活动的客观情况，就无法满足会计信息使用者的要求，影响其决策的有效性。

我国《企业会计准则——基本准则》第 12 条规定："企业应当以实际发生的交易或者事项为依据进行会计确认、计量和报告，如实反映符合确认和计量要求的各项会计要素及其他相关信息，保证会计信息真实可靠、内容完整。"

(二)相关性

相关性要求是指企业提供的会计信息应当与财务会计报告使用者的经济决策需要相关，有助于财务会计报告使用者对企业过去、现在或者未来的情况做出评价或者预测。

由于会计信息的使用者是多方面的，他们对会计信息所提出的要求也各不相同，这就要求会计核算在提供信息时，既要考虑企业加强内部经营管理的需要，又要满足有关各方了解企业财务状况和经营成果的需要，还应符合国家宏观经济管理的需要。

我国《企业会计准则——基本准则》第 13 条规定："企业提供的会计信息应当与财务会计报告使用者的经济决策需要相关，有助于财务会计报告使用者对企业过去、现在或者未来的情况作出评价或者预测。"

(三)可理解性

可理解性要求是指企业提供的会计信息应当清晰明了，便于财务报告使用者理解和使用。由于会计记录与财务报告的使用者是多方面的，既有会计专业工作者，又有与企业有利害关系的集团和个人，其中有些人并不懂得会计知识，更不熟悉会计业务，这就要求会计在提供信息时尽量少用专业术语，对复杂的经济业务应该用规范的文字加以表述，对需要解释的问题做出必要的说明，减少不确定性，做到通俗易懂、清晰明了。

我国《企业会计准则——基本准则》第 14 条规定："企业提供的会计信息应当清晰明了，便于财务会计报告使用者理解和使用。"

(四)可比性

可比性要求企业提供的会计信息应当相互可比。主要包括两层含义：

1. 同一企业不同时期可比

为了便于投资者等财务报告使用者了解企业财务状况、经营成果和现金流量的变化趋势，比较企业在不同时期的财务报告信息，全面、客观地评价过去、预测未来，从而作出决策。会计信息质量的可比性要求同一企业不同时期发生的相同或者相似的交易或者事项，应当采用一致的会计政策，不得随意变更。但是，满足会计信息可比性要求，并非表明企业不得变更会计政策，如果按照规定或者在会计政策变更后可以提供更可靠、更相关的会计信息，则可以变更会计政策。有关会计政策变更的情况，应当在附注中予以说明。

2. 不同企业相同会计期间可比

为了便于投资者等财务报告使用者评价不同企业的财务状况、经营成果和现金流量及其变动情况，会计信息质量的可比性要求不同企业同一会计期间发生的相同或者相似的交易或事项，应当采用规定的会计政策，确保会计信息口径一致，相互可比，以使不同企业按照一致的确认、计量和报告要求提供有关会计信息。

我国《企业会计准则——基本准则》第 15 条规定："企业提供的会计信息应当具有可比性。同一企业不同时期发生的相同或者相似的交易或者事项，应当采用一致的会计政策，不得随意变更。确需变更的，应当在附注中说明。不同企业发生的相同或者相似的交易或者事项，应当采用规定的会计政策，确保会计信息口径一致、相互可比。"

（五）重要性

重要性要求是指企业提供的会计信息应当反映与企业财务状况、经营成果和现金流量等有关的所有重要交易或者事项。即对于影响经营决策的重要经济业务分别核算、分项反映，并做重点说明；对于次要的经济业务，在不影响会计信息真实性的情况下，可适当简化或合并反映。坚持重要性要求主要是出于对成本收益要求的考虑。企业的经济情况纷繁复杂，会计不可能将所有的经济数据转化为会计信息。强调重要性要求，一方面可以提高核算的效益，减少不必要的工作量；另一方面，可以使会计信息分清主次、突出重点。

重要性包括质和量两个方面的内容。从性质上看，如果会计事项的发生可能对决策产生重大影响，则该事项属于具有重要性的事项；从数量上看，如果某会计事项的发生达到一定数量或比例可能对决策产生重大影响，则该事项属于具有重要性的事项。

我国《企业会计准则——基本准则》第 17 条规定："会计信息应当反映与企业财务状况、经营成果和现金流量等有关的所有重要交易或者事项。"

（六）谨慎性

谨慎性要求是指企业对交易或者事项进行会计确认、计量和报告应当保持应有的谨慎，不应高估资产或者收益、低估负债或者费用。在市场经济条件下，风险在所难免，企业必须对所面临的风险与可能发生的损失和费用做出合理预计，以避免损失发生时对正常经营产生严重影响。

实施谨慎性要求，对于企业存在的经验风险加以合理的估计，对防范风险起到预警作用，有利于企业做出正确的经验决策，有利于保护投资者和债权人的利益，有利于提高企业在市场上的竞争力。但是，企业不能滥用谨慎性原则计提各种秘密准则，人为地调节企业利润，这样势必会造成会计工作秩序的混乱。

我国《企业会计准则——基本准则》第 18 条规定："企业对交易或者事项进行会计确认、计量和报告应当保持应有的谨慎，不应高估资产或者收益、低估负债或者费用。"

（七）及时性

及时性要求是指企业对于已经发生的交易或者事项，应当及时进行会计确认、计量和报告，不得提前或者延后。任何信息的使用价值不仅要求其真实可靠，而且还在于必须保证时效，在信息使用者需要时及时提供；否则，时过境迁，就不能充分发挥会计的作用。

及时性要求主要体现在以下三个方面，即及时收集会计信息、及时处理会计信息、及时传送会计信息。

我国《企业会计准则——基本准则》第 19 条规定："企业对于已经发生的交易或者事项，应当及时进行会计确认、计量和报告,不得提前或者延后。”

(八)实质重于形式

实质重于形式要求是指企业应当按照交易或者事项的经济实质进行会计确认、计量和报告,不应仅以交易或者事项的法律形式为依据。在会计核算过程中,如遇到一些经济实质与法律形式不吻合的业务或事项时,应依据经济业务的实质进行确认和计量。例如,融资租入固定资产业务,在租期未满之前,从法律形式上讲,所有权并没有转移给承租方,但是,从经济实质上讲,与该项固定资产相关的风险和收益已经转移给承租人,承租人实际上也能实施对该项资产的控制,因此,承租人应该将其视同自有固定资产核算,并计提折旧。

我国《企业会计准则——基本准则》第16条规定:“企业应当按照交易或者事项的经济实质进行会计确认、计量和报告,不应仅以交易或者事项的法律形式为依据。”

第六节 会计职业

会计是一项古老的职业,随着经济的发展、会计技术的变革和社会需求的增加,会计职业显示出新的发展趋势。这里所说的会计职业是会计专业人员所从事的工作,不仅仅限于作为自由职业的会计职业。目前,会计职业主要分为四大类:(1)单位会计;(2)公共会计;(3)宏观会计;(4)会计教育。

一、单位会计

单位会计是指企业、事业、政府部门等单位会计人员所从事的会计工作,一般可分为以下两类:

(一)企业会计

1. 簿记员,负责处理会计核算的日常工作,如填制与审核凭证、登记账簿,编制会计报表等工作。目前,在一般企业中,簿记员的工作由电子计算机来完成。

2. 会计员,负责进行会计分析和企业财务工作,如分析会计报表、编制企业预算、编制企业筹资和投资方案、规划企业内部财务和会计制度。

3. 成本员,负责进行成本管理工作,包括编制成本计划和标准成本,进行成本日常核算,实施成本监督和控制,进行成本考核等工作。

4. 税务员,负责处理企业税务工作,包括税务规划、纳税事务等工作。

5. 内部审计员。在一般大中型企业,都设有专职的内部审计人员,其工作是全面地调查、审核和评价本企业会计制度及其执行情况,并对制定进一步的管理方针提出建议。

(二)政府会计和非营利组织会计

政府会计和非营利组织会计也称基金会计。政府会计是指各级政府机关的会计工作,非营利组织包括学校、医院、科研机关、社会团体、各民主党派等。政府和非营利组织会计主要是对各种基金进行核算和监督,一般不涉及成本和税务问题。

二、公共会计

公共会计是指注册会计师所从事的审计、资产评估和咨询等工作。注册会计师是取得资格证书的专业会计人员,在西方被认为是三大自由职业之一(医师、律师、会计师),具有很高的社会地位和经济地位。公共会计是股份公司发展的产物,是现代会计的重要特征之一。公共会计的从业人数是一国会计社会化程度的表现。

注册会计师往往组成地区性或全国性的职业团体，负责制定审计工作规范、职业道德规范、组织专业技术培训和专业资格考试等。全球性的注册会计师团体是国际会计师联合会。我国全国性的注册会计师团体是中国会计师协会，该协会成立于1988年，经过近二十年的努力，我国注册会计师队伍有了很快的发展。截至2006年年底，全国共有会计师事务所5 800多家，分所638家，注册会计师71 596人，非执业会员7万余人①。

三、宏观会计

宏观会计是指各级财政部门的有关工作人员所从事的会计事务管理工作以及其他政府行政管理部门有关人员从事的财会管理工作。《中华人民共和国会计法》(以下简称《会计法》)规定，财政部门是全国会计的管理部门，包括制定、修正和解释各种会计准则、规章制度，培训财会干部等。各级其他政府行政管理部门有关人员从事的财会管理工作包括：负责组织、指导和监督所属单位的会计工作，根据国家的统一规定和要求制定本系统适用的会计制度或补充说明，审核、分析和批复所属单位上报的会计报表，核算本单位与财政部门、上下级之间有关缴款、拨款等会计事项，经常了解所属单位的会计工作情况，帮助他们解决工作中的问题，定期或不定期地对所属单位进行会计检查，总结、交流所属单位在会计工作方面的先进经验等。

四、会计教育

会计教育工作者是指从事会计教育的教师，包括全日制高等院校、高职、中专、职业学校的会计教师和从事会计继续教育的教师。

第七节 会计规范与会计工作组织

一、会计规范

会计规范是国家机构或民间团体所制定的会计法规、准则和制度等的总称，它既是约束会计行为的标准，也是对会计工作进行评价的依据。由于会计信息的重要性，每个国家都有一整套约束会计行为的会计规范体系，一般包括会计法律规范和会计道德规范。本书探讨的是我国的会计法律规范和会计道德规范。

(一)会计法律规范

我国的会计法律规范体系主要由《会计法》、会计准则和会计制度等组成，并已形成了以《会计法》为核心、以会计准则和会计制度为基本内容的一个比较完整的规范体系。

1.《会计法》

新中国成立之后，主要以制定国家统一的会计制度为起点，逐步建立起以规范会计行为为主要内容的会计法规体系。1985年1月，新中国第一部《会计法》诞生，这是我国社会主义会计立法取得的重大成果，标志着我国会计工作进入社会主义法制化的新时期。1993年12月，第八届全国人大常委会第五次会议通过了《关于修改〈中华人民共和国会计法〉的决定》，自公布之日起施行。1999年10月，再次经第九届全国人大常委会第十二次会议修正，重新修订的

---

① 《中国注册会计师协会2006年工作总结》。

《会计法》共7章、52条，自2000年7月1日施行。

《会计法》是一切会计工作最重要的根本大法，是会计法律制度中层次最高的法律规范，是拟订其他会计法规、制定会计准则和会计制度的依据，也是指导会计工作的最高准则。

重新修订的《会计法》对我国会计工作的主要方面做了规定，突出了会计法的立法宗旨是规范会计行为，保证会计资料的真实性和完整性，强调了单位负责人对本单位的会计工作和会计资料的真实性和完整性负责，完善了会计记账规则和会计核算制度，强化了会计监督制度，实行了会计从业资格管理制度，加大了对违法会计行为的惩治力度。

2. 会计准则

会计准则是反映经济活动、确认产权关系、规范收益分配的会计技术标准，是生成和提供会计信息的重要依据，也是政府调控经济活动、规范经济秩序和开展国际经济交往等的重要手段。会计准则具有严密和完整的体系。我国已经颁布的会计准则有《企业会计准则》、《小企业会计准则》和《事业单位会计准则》。

综观世界各国的会计现状，会计准则可以由民间机构制定，如美国由财务会计准则委员会(FASB)制定，英国由会计准则委员会(ASB)制定；也可以由国家机构制定，如我国由财政部负责制定，日本由大藏省(相当于我国的财政部)制定，德国则在商法中加以规定。

我国企业会计准则可以根据其运用范围，划分为三个层次：

第一层次：基本准则。基本准则是企业进行会计核算工作必须遵守的基本要求，是企业会计准则体系的概念基础，是制定具体准则、会计准则解释的依据。包括总则、会计信息质量要求、财务会计报表要素、会计计量、财务会计报告等内容。

第二层次：具体准则。具体准则是在基本准则的指导下，处理会计具体业务标准的规范。其具体内容包括正文、应用指南及起草说明。

第三层次：企业会计准则解释。企业会计准则解释公告主要为了深入贯彻实施企业会计准则，解决执行中出现的问题，同时，实现会计准则持续趋同和有效。

2014年修订或新增8项会计准则、一项准则解释，并于2014年7月1日开始正式实施。至此，会计准则体系由1个基本准则和41个具体准则组成。这次大规模的准则修订和增补尚属首次。这些新准则进一步完善了我国企业会计准则体系，提高了财务报表列报质量和会计信息透明度，基本与相关国际财务报告准则一致，保持了持续趋同。

为了促进小企业发展以及财税政策日益丰富完善，形成以减费减免、资金支持、公共服务等为主要内容的促进中小企业发展的财税政策体系，2011年10月18日，财政部发布了《小企业会计准则》，该准则分10章90条，要求符合适用条件的小企业自2013年1月1日起执行。

2012年12月6日，财政部修订发布了《事业单位会计准则》，自2013年1月1日起在各级、各类事业单位施行。该准则对我国事业单位的会计工作予以规范，共分为9章49条。

3. 会计制度

在我国，会计制度有广义和狭义两种含义。广义的会计制度是指国家制定的会计方面所有规范的总称，包括会计工作制度、会计人员管理制度和会计核算制度等。狭义的会计制度仅指国家财政部门制定的会计核算行为规范，即会计核算制度。

例如，《会计法》第8条规定："国家实行统一的会计制度。国家统一会计制度由国务院财政部门根据本法制定并公布。"该法第50条规定："国家统一会计制度，是指国务院财政部门根据本法制定的关于会计核算、会计监督、会计机构和会计人员及会计工作管理的制度。"可见，我国《会计法》所指的会计制度是广义的会计制度，其中的会计核算制度包括了会计准则。但为叙述方便，本书采用狭义的会计制度概念。

新中国成立以后，我国基本上采用的是分行业、分所有制的会计制度，直到 2000 年 12 月，财政部颁布了《企业会计制度》，才使我国的会计制度真正步入国家统一会计制度的轨道。根据财政部的部署，国家统一会计制度包括《企业会计制度》、《金融保险企业会计制度》、《小企业会计制度》以及《行政事业单位会计制度》四大部分。

2006 年 10 月 30 日，财政部颁布了《企业会计准则——应用指南》，要求自 2007 年 1 月 1 日起在上市公司范围内施行，鼓励其他企业执行。执行《企业会计准则——应用指南》的企业，不再执行《企业会计制度》、《金融企业会计制度》。

目前执行的会计制度有《会计基础工作规范》、《内部控制规范》、《会计从业资格管理办法》等。

(二)会计道德规范

会计道德规范指的就是会计人员的职业道德规范，它是一般社会公德在会计工作中的具体体现，是制约、引导会计人员行为，调整会计人员与社会、相关利益集团以及会计人员之间关系的社会规范。会计职业道德贯穿于会计工作的所有领域和整个过程，它体现了社会要求与个性发展的统一，着眼于人际关系的调整，以是否合情合理、善与恶为评价标准，并以社会评论(荣誉)和个人评价(良心)为主要制约手段，是一种通过将外在要求转化为内在的即精神上的动力要求来起作用的非强制性的规范。会计职业道德规范的构成要素有会计职业理想、会计工作态度、会计职业责任、会计职业技能、会计工作纪律、会计工作作风。现代会计职业道德的形成与发展，通常要经历以下三个阶段：(1)以会计职业责任和义务为核心，重在社会对个人的“防范”、理论对欲望的“束缚”的他律阶段；(2)以会计职业良心为核心，会计工作职责转变为会计人员内心道德感与道德行为准则的自律阶段；(3)会计职业责任与职业良心在职业目标的统帅下融为一体，职业道德的他律性与自律性高度统一，外在导向的价值目标与内心价值追求目标完全吻合的统一阶段。制定会计职业道德守则，加强会计职业道德教育，以及会计人员增进会计职业道德修养三位一体，是形成良好的职业道德风尚和改善会计职业环境，并卓有成效地保证其他会计规范顺利贯彻实施的重要条件。

二、会计工作组织

(一)会计工作组织的意义和基本要求

会计工作组织，从广义上讲，包括与组织会计工作有关的一切事务；从狭义上讲，包括会计机构的设置、会计人员的配备、会计制度的制定与执行等各项工作。科学、合理地组织会计工作对实现会计目标、发挥会计在经济管理工作中的作用，具有重要的意义。为了保证会计工作的顺利进行，不断提高会计工作的质量，必须合理地组织会计工作。《会计法》中有专门条款指出会计工作的管理体制、会计人员的职权任免、会计机构的职责，它是正确组织会计工作的依据和准绳。

正确组织会计工作，应注意以下基本要求：

1. 遵循国家颁布的会计准则和行业会计制度，是组织会计工作的首要要求。各单位提供的会计信息是国家制定方针、政策、计划和预算的重要依据，只有按照国家对会计工作的统一要求来组织会计工作，才能发挥会计工作在维护社会主义市场经济秩序、加强经济管理、提高经济效益中的作用。

2. 要考虑各单位具体的情况，根据各单位经营管理的具体要求组织会计工作。组织会计工作既要符合国家“统一领导”的要求，又要贯彻“分级管理”的原则，根据各企业经营管理的特点，在设置会计机构、配备会计人员、制定会计规章制度时，必须适应本单位的生产经营规模、生产特点、业务繁简程度以及管理要求，以便加强管理。

3. 组织会计工作要在保证会计工作质量的前提下，符合精简节约的原则。尽量节约人力、财力和物力，讲求工作效率，减少重复劳动和不必要的工作环节，在保证工作质量的前提下，对会计机构的设置、会计人员的配置以及会计凭证、会计账簿和会计报表的设计、使用和各项会计处理手续、程序的规定等，都应该避免繁琐、力求精简。

(二)会计机构的设置

企业、单位和主管部门一般都要设置单独的会计机构。会计机构是处理会计业务工作的专职机构，其主要任务是组织和处理本单位的会计工作，如实反映本单位的经济活动，及时向有关领导、主管部门及财政、税务、银行等提供会计报表，参与经营决策，加强经济核算，降低成本，增加企业的积累。

在会计机构内部，还要按会计工作繁简和会计人员的多少进行合理分工，一般设置若干职能组，如材料组、工资组、成本组、综合组等，实行分工协作，共同完成会计工作任务。

1. 会计机构按其核算内容，可分为独立核算单位和非独立核算单位。

独立核算单位主要具有以下特点：单独设置会计机构和配备会计人员；具有一定的资金，在银行单独开户，独立经营，计算盈亏；具有完整的凭证、账簿和报表系统；定期编制会计报表。

非独立核算单位，又称报账单位，它一般由上级拨给备用金和物资，从事日常业务活动，平时进行原始凭证的填制和整理，汇总后报送上级单位核算，其收入全部上缴上级单位，支出向上级单位报销，本身不独立计算盈亏，也不编制会计报表。

2. 会计机构按其组织形式，可分为集中核算和非集中核算。

集中核算是指将企业会计工作主要集中在厂(公司)级会计部门进行的一种核算组织方式。采用集中核算组织方式，企业经济业务的明细核算、总分类核算、会计报表编制和各有关项目的考核分析等会计工作，集中由厂(公司)级会计部门进行。其他职能部门、车间、仓库的会计组织或会计人员，只负责登记原始记录和填制原始凭证，并经初步整理后，为厂(公司)级会计部门进一步核算提供资料。

实行集中核算，可以减少核算环节，简化核算手续，精简会计人员，但不便于企业内部有关部门及时利用核算资料进行考核与分析。集中核算一般适用于中、小型企业单位。

非集中核算又称分散核算，是指将企业某些经济业务的凭证整理、明细核算以及与企业内部单位日常管理需要相适应的内部报表的编制和分析，分散到直接从事该业务的车间、仓库、部门进行，如材料的明细核算由供应部门以及所属的仓库进行，但总分类核算、全厂(公司)型会计报表的编制和分析仍由厂(公司)级会计部门集中进行，厂(公司)级会计部门还应对企业内部各单位的会计工作进行业务上的指导和监督。

实行分散核算，有利于企业内部有关部门及时利用核算资料进行考核与分析，但会增加会计人员的数量，对厂(公司)级会计部门集中掌握和监督企业内部各单位的经济业务情况也有一定影响。

集中核算和分散核算是相对的，而不是绝对的。在实际工作中，有的企业对某些会计业务采用集中核算，而对另一些业务采用分散核算。但无论采用哪些形式，企业对外的现金、银行存款往来、物资购销、债权债务的结算都应由厂(公司)级会计部门集中办理。

一个单位的会计工作组织，要按照经营管理的需要选择合适的核算形式。

(三)会计人员的配备

1. 会计人员的职责

每个单位的会计机构为了更好地完成会计工作，必须配备必要的会计人员，并明确他们的职责权限。按照中华人民共和国国务院 1978 年修订后正式颁发的《会计人员职权条例》规定，会计人员的主要职责是：

(1)做好会计核算工作，如实反映情况。会计人员要如实反映经济活动情况，做到手续完备、内容真实、数字准确、账目清楚、日清月结，按时编制报表和上报，保管好会计凭证及账簿等档案。

(2)实行会计监督，维护国家财经方针、政策、制度和法律。会计人员必须按照国家有关规定，对本单位的经济活动实行监督，对不真实、不合法或违反国家财经制度、财务制度规定的收支，坚决不予办理。

(3)参与预测、决策，考核计划、预算的执行情况。会计人员要深入车间、部门了解生产经营情况，挖掘增产节约、增收节支的潜力，要揭露经营管理中存在的问题，做好信息反馈工作。

(4)拟订本单位办理会计事务的具体办法和各项规定，如材料收发保管制度、国家资产使用保管制度等。

(5)做好其他会计工作。

2. 会计人员的权限

为了使会计人员完成其职责，国家赋予会计人员一定权限。会计人员的主要权限是为了保障会计人员顺利地履行自己的职责，国家有关会计法规在明确会计人员职责的同时，也赋予了他们必要的权限，主要表现在以下几个方面：

(1)会计人员有权要求本单位有关部门、人员严格遵守国家财经法纪和法规制度，认真执行本单位的计划、预算，对于内部有关部门违反国家法规的情况，会计人员有拒绝付款、拒绝报销或者拒绝执行，并及时向本单位领导或上级有关部门报告。

(2)会计人员有权参与本单位编制计划、制定定额、对外签订合同，以及参加有关生产、经营管理会议和业务会议；有权了解企业的生产经营情况，并提出自己的建议。

(3)会计人员有权监督、检查本单位有关部门的财务收支、资金使用和财产保管、收发、计量、检验等情况。

《会计人员职权条例》中还明确规定，各级领导和有关人员要支持会计人员行使工作权限。如果有人对坚持原则的会计人员反映的情况进行刁难、阻挠或打击报复，上级机关要查明情况，严肃处理。

3. 对会计人员的要求

《会计人员职权条例》一方面赋予会计人员以重任，另一方面也对会计人员提出了严格的要求：

(1)会计人员要以科学发展观为统领，努力学习马列主义、毛泽东思想、邓小平理论和“三个代表”的重要思想，热爱本职工作，全心全意为建设和谐社会贡献力量。

(2)深刻领会国家财经政策、法令、制度。会计工作要贯彻国家财经政策、法令、制度，所以，会计人员必须领会其精神实质，以身作则、一尘不染，同时还应宣传和解释国家的财经政策，抵制一切违法乱纪、贪污盗窃的行为，要勇于负责，不怕打击报复。

(3)刻苦钻研会计业务。会计人员不仅要熟悉会计专业的业务，还要掌握经营管理和生产技术等方面的知识，不断提高业务水平和工作能力。

(4)要深入基层，调查研究。会计人员只有经常深入工作第一线，大兴调查研究之风，才能提供真实可靠、符合实际的会计信息，充分发挥会计信息的控制和反馈作用，从而为提高企业的经济效益提供建议，并参与决策。

(四)内部会计制度的设计

会计制度是进行会计工作的前提，它具体规定了进行会计工作应遵循的规则、方法和程序。会计制度应根据《会计法》和财政部颁发的《企业会计准则》等制定。

设计企业内部会计制度时，应遵循目的性、合法性、效益性、可操作性、监控性的原则。具体进行会计制度设计时，应包括以下基本内容：(1)内部核算单位；(2)会计机构、会计人员管理；(3)会计科目、凭证、工作流程；(4)对内、对外会计报表(报告)。

第二章

会计要素与会计等式

会计要素是对会计对象进行的基本分类，我国《企业会计准则》将会计要素划分为六类，即资产、负债、所有者权益和收入、费用、利润。会计要素之间特定的平衡关系可以用会计等式来表示，经济业务的发生会引起两个或两个以上会计要素的具体项目发生增减变动，但这种变动不会破坏会计等式的恒等关系。会计等式的这种平衡关系，是设置会计科目与账户、进行复式记账以及编制会计报表的理论依据。

第一节　会计要素

在第一章中，我们详细阐述了会计的对象是资金运动。资金运动的过程具体表现为各种各样为数众多的经济业务，这在会计核算中称为会计事项。一般来说，企业的资金运动以及在资金运动过程中企业与外界形成的各种关系是错综复杂的。为了分门别类地、正确地反映和监督各项经济业务，需要对会计对象加以分类，还需要对会计对象进一步予以具体化，以便对会计对象进行确认、计量、记录和报告。

在我国会计理论界，通常把这种对会计对象按经济特征所做的分类称为会计要素。会计要素是会计工作的具体对象，是会计用来反映财务状况、确定经营成果的基本要素。我国《企业会计准则》将会计要素划分为六类，即资产、负债、所有者权益和收入、费用、利润。前三项为静态会计要素，反映企业一定时点（如月末、季末、年末）的财务状况，是编制资产负债表的基础；后三项为动态会计要素，反映企业一定期间（如月度、季度、年度）的经营成果，是编制利润表的基础。下面分别予以介绍。

一、资产

资产是指企业过去的交易或者事项形成的、由企业拥有或者控制的、预期会给企业带来经济利益的资源。它包括各种财产、债权和其他权利。这个定义强调了资产应同时具备以下三个特征：

1. 资产是一项经济资源，具有为企业带来经济利益的能力

即资产具有直接或间接导致现金和现金等价物流入企业的潜力。这种能力可以表现为直接购买力、潜在的服务能力或给企业带来某些权利（如股权、债权、专利权等）。如果这种经济资源（或能力）已经耗尽，就不应列为资产。

2. 资产必须为企业所拥有或控制

所谓“拥有”，是指企业拥有该资产的所有权；所谓“控制”，是指企业虽然没有取得该资产

的所有权，但在一定时期或一定条件下，企业可以自主支配，如融资租入固定资产。

3. 资产是由过去的交易或者事项所形成的

只有过去发生的经济事项，才能增加或减少企业的资产。未来的、尚未发生的事项的可能结果不能确认为资产，也没有可靠的计量依据，即不能根据谈判中的交易或者计划中的经济业务来确认一笔资产。

资产按变现速度和能力(流动性)，可分为流动资产和非流动资产。

(一) 流动资产

流动资产是指可以在1年或者超过1年的一个营业周期内变现或被耗用的资产。流动资产主要包括库存现金、银行存款、交易性金融资产、应收票据、应收账款、存货等。

1. 库存现金

库存现金是指由出纳员保管的，包括纸币及硬币在内的货币资金。它是企业流动性最强的流动资产，可以充当交换媒介，自由流通，可以随时用来购买所需要的财产物资，偿还债务，支付各种费用，也可以随时存入银行。

2. 银行存款

银行存款是指存入银行或其他金融机构的各种款项，是可以自由提取、使用的存款。

3. 交易性金融资产

交易性金融资产是指企业为交易目的所持有的债券投资、股票投资、基金投资等。企业的这部分资产能够随时变现而且持有时间不准备超过1年(含1年)，持有交易性金融资产通常是以有效利用闲置资金为目的。

4. 应收票据

应收票据是指企业因销售商品、提供劳务等而收到的，出票人或者付款人在某一特定日期或某一特定期间，无条件支付一定金额给持票人的书面证明。如商业汇票，包括银行承兑汇票和商业承兑汇票。

5. 应收账款

应收账款是指企业因销售商品、提供劳务等经营活动而发生的应收而未收到的款项。其他原因所发生的应收款项，如应收各种保证金、应收各种赔款、应收各种罚款等，则用其他应收款项目来表示。

6. 存货

存货是指企业在日常活动中持有以备出售的产成品或商品、处在生产过程中的在产品、在生产过程或提供劳务过程中耗用的材料和物料等。不同行业的存货内容不尽相同，一般来说，制造业存货主要有原材料、半成品、产成品等。

(二) 非流动资产

非流动资产是指在1年以上或超过1年的一个营业周期以上才能变现、出售或耗用的资产。非流动资产主要包括长期股权投资、固定资产、无形资产等。

1. 长期股权投资

长期股权投资是指持有时间准备超过1年(不含1年)的各种股权性质的投资。例如，企业投资购买某公司的股票并准备长期持有，即是一项长期股权投资。

2. 固定资产

固定资产是指为生产商品、提供劳务、出租或经营管理而持有的、使用寿命超过一个会计年度以上，并在使用过程中能够保持其原有实物形态的资产。如房屋及建筑物、机器设备、运输设备、工具器具等。

3. 无形资产

无形资产是指企业拥有或者控制的没有实物形态的可辨认非货币性资产。如专利权、非专利技术、商标权、著作权、土地使用权等。

4. 其他资产

其他资产是指除上述资产以外的其他资产，如长期待摊费用。

二、负债

负债是指过去的交易或者事项形成的、预期会导致经济利益流出企业的现时义务。一般来讲，负债有以下基本特征：

(1)负债首先是企业现时的义务，是企业已经承担的责任。这项现时的义务是由于过去的交易和事项引起的。企业预期在将来要发生的经济事项可能产生的债务，不能作为负债。

(2)债务责任必须在未来的某个时候通过转让资产或提供劳务来履行。现时的负债意味着企业未来经济利益的付出。

负债按偿还期限长短(流动性)，可分为流动负债和非流动负债。

(一)流动负债

流动负债是指将在1年(含1年)或者超过1年的一个营业周期内偿还的债务，包括短期借款、应付票据、应付账款、应付职工薪酬、应付股利、应交税费等。

1. 短期借款

短期借款是指企业为了维持正常生产经营周转而向银行或其他金融机构等借入的期限在1年以下(含1年)的各种借款。

2. 应付票据

应付票据是指企业购买材料、商品和接受劳务供应等而发生的，必须于约定日期支付一定金额给持票人的书面证明。

3. 应付账款

应付账款是指企业因购买材料、商品和接受劳务等经营活动应支付而未付的款项。

4. 应付职工薪酬

应付职工薪酬是指企业根据有关规定应支付给职工的各种薪酬。

5. 应交税费

应交税费是指企业在生产经营过程中按照税法等规定计算出的应向国家缴纳的各种税费，包括增值税、消费税、营业税、所得税、资源税、土地增值税、城市维护建设税、房产税、土地使用税、车船税、教育费附加等。

(二) 非流动负债

非流动负债是指偿还期在1年或者超过1年的一个营业周期以上的负债，包括长期借款、应付债券等。

1. 长期借款

长期借款是指企业向银行或其他金融机构借入的、偿还期在1年(不含1年)或超过1年的一个营业周期以上的各项借款。

2. 应付债券

应付债券是指企业为筹集长期资金而发行的预定在某一特定日期还本付息的书面证明。

三、所有者权益

所有者权益是指企业资产扣除负债后由所有者享有的剩余权益。企业的资产扣除负债后的差额又称为净资产，因此，所有者权益也可以理解为是企业的所有者对企业净资产所享有的要求权。在我国，股份制企业的所有者权益称为股东权益，非股份制企业则将其统称为所有者权益。

所有者权益是企业的主要资金来源，其主要特征表现为：

(1)所有者权益在数额上表现为全部资产减去全部负债后的余额。

(2)所有者权益是投资者参与企业决策以及获得利润分配的依据。投资者以其出资额的比例分享企业的利润，并承担企业的经营风险。

(3)所有者权益是投资者享有的剩余权益，表现为在企业清算时，只有在清偿所有的负债后，所有者才能获得相应的权益。

所有者权益的来源包括所有者投入的资本、直接计入所有者权益的利得和损失、留存收益等。

(一)投入资本

投入资本是指投资者投入到企业，所有权归属于投资者的各种资产价值。其中，由投资者按照企业章程，或者合同、协议的约定，实际投入企业，在企业注册资本或股本中所占份额的部分，称为实收资本(或股本)。企业收到投资者超过其在注册资本或股本中所占份额的投入资本，作为资本溢价或股本溢价，确认为资本公积的组成部分。

(二)直接计入所有者权益的利得和损失

直接计入所有者权益的利得和损失，是指不应计入当期损益、会导致所有者权益发生增减变动、与所有者投入资本或者向所有者分配利润无关的利得或者损失。

利得是指由企业非日常活动所形成、会导致所有者权益增加、与所有者权益投入资本无关的利益的流入。

损失是指由企业非日常活动所发生、会导致所有者权益减少、与向所有者分配利润无关的经济利益的流出。

(三)留存收益

留存收益是企业通过其生产经营活动所获得的，留存在企业尚未分配或限制分配给投资者的净利润。它包括盈余公积和未分配利润两个部分。

四、收入

收入是指企业在日常活动中形成、会导致所有者权益增加、与所有者投入资本无关的经济利益的总流入。收入一般具有以下基本特征：

1. 收入是企业在日常活动中形成的经济利益的流入，如销售商品、提供劳务等。企业发生的偶发交易或事项，以及所有者投入资金，虽然也可能会带来经济利益，但这种经济利益的流入不是企业日常的生产经营所得，不是收入。

2. 收入表现为企业资产的增加或负债的减少，或两者兼而有之。这种资产的增加或负债的减少最终表现为企业经济利益的流入，会引起所有者权益的增加。如果日常活动产生的经济利益的流入不导致所有者权益增加，则也不属于收入的范畴，如企业为第三方或客户代收的款项。

收入按企业从事日常活动的性质不同，可分为销售商品收入、提供劳务收入以及让渡资产使用权收入；按企业经营业务的主次不同，可分为主营业务收入和其他业务收入。

五、费用

费用是指企业在日常活动中发生、会导致所有者权益减少、与向所有者分配利润无关的经济利益的总流出。费用一般具有以下基本特征：

1. 费用是企业在日常活动中发生的经济利益的总流出

日常活动是指企业为完成其经营目标所从事的经常性活动以及与之相关的其他活动。例如，工业企业制造并销售产品、商业企业购买并销售商品等活动中发生的经济利益的总流出，构成费用。

费用形成于企业日常活动的特征使其与产生于非日常活动的损失相区分。企业从事或发生的某些活动或事项也能导致经济利益流出企业，但不属于企业的日常活动。例如，企业处置固定资产、无形资产等非流动性资产，因违约支付罚款，对外捐赠，因自然灾害等非常原因造成财产毁损等，这些活动或事项形成的经济利益的总流出，属于企业的损失而不是费用。

2. 费用会导致企业所有者权益的减少

费用既可能表现为资产的减少（如减少银行存款、库存商品等），也可能表现为负债的增加（如增加应付职工薪酬、应交税费等）。根据"资产－负债＝所有者权益"的会计等式，费用一定会导致企业所有者权益的减少。

企业经营管理中的某些支出并不减少企业的所有者权益，也不构成费用。例如，企业以银行存款偿还一项负债，只是一项资产和一项负债的等额减少，对所有者权益没有影响，因此，不构成企业的费用。

3. 费用与向所有者分配利润无关

向所有者分配利润或股利属于企业利润分配的内容，不构成企业的费用。

费用按照与收入配比的关系，可以划分为直接费用、间接费用和期间费用。按照经济内容与用途划分，费用主要包括主营业务成本、其他业务成本、营业税金及附加、销售费用、管理费用和财务费用等。

六、利润

利润是指企业在一定会计期间的经营成果，包括收入减去费用后的净额，以及直接计入当期利润的利得和损失等。

所谓"直接计入当期利润的利得和损失"，是指应当计入当期损益、会导致所有者权益发生增减变动、与所有者投入资本或者向所有者分配利润无关的利得或者损失，如营业外收入和营业外支出。

以上六大会计要素的划分在会计核算中具有重要作用，它们相互影响，密切联系，全面、综合地反映企业的经济活动，是设置会计科目和账户的依据，构成了会计报表的基本框架。

第二节　会计等式

在企业经营活动的过程中，会发生各种各样的经济业务，这些业务都要以货币形式进行会计处理。这些相互联系、相互影响的以货币形式反映的经济业务，体现了资金运动的一定规律，即六大会计要素间存在着内在的数量平衡关系，这种平衡关系可以用会计等式来反映。

一、会计等式的含义

会计等式又称会计恒等式、会计平衡公式，是指运用数学方程的原理来描述会计要素之间平衡关系的一种表达式。它是整个会计核算体系的基础。具体内容如下：

企业要开展生产经营活动，必须拥有一定数量各种各样的经济资源。企业拥有或控制的能以货币计量的各项经济资源，即为企业的"资产"，是由资产的所有者提供的，但是，资产的所有者不会无偿地将其资产提供给企业，而是对所提供的资产拥有一定的要求权，这在会计上称之为"权益"。资产与权益是同一事物的两个不同的表现，"资产"反映了企业资金的占用状态，"权益"则体现了企业资金的来源。两者相互依存，在任何时点上必然保持恒等关系，这种恒等关系用等式表示为：

资产＝权益

由于企业的资产来源于企业的债权人和投资者两个方面，所以，权益是由债权人权益和所有者权益两部分构成的。债权人权益在会计上称为负债，所有者权益是企业投资人对企业资产减去负债后的净资产的所有权。因此，上述等式可进一步表示为：

资产＝负债＋所有者权益

这一方程式就是会计等式，它体现了企业在一定时点上资金运动的相对静止状态，表明资产及其结构、负债和权益及其结构的状况，即企业某一时点的财务状况，它构成资产负债表的基本框架。

另外，从企业一定时期的资金运动分析，企业在经营活动中，一方面会取得收入，另一方面又要发生费用，将一定期间实现的收入与支付的费用相比较，即为该期间的经营成果。当收入大于费用时，表示企业实现利润；当收入小于费用时，则意味着企业发生亏损。收入、费用和利润这三个要素之间的关系，可以用公式表示如下：收入－费用＝利润（或亏损）。如前所述，企业取得的收入，会使企业增加资产（或减少负债）；企业发生的费用，会使企业减少资产（或增加负债）。收入减去费用得到的利润则体现为净资产总额的增加，所以，在一定会计期间，基本会计等式就转化为扩展的会计等式，即：

资产＝负债＋所有者权益＋（收入－费用）

或：**资产＋费用＝负债＋所有者权益＋收入**

或：**资产＝负债＋所有者权益＋利润**

这个等式将会计的六大要素有机地联系起来，完整地反映了资金运动过程，也反映了资产负债表和利润表的构成和内在联系。经过一定期间的经营，企业赚取的利润（即新增加的净资产）归企业所有者所有，体现为所有者权益的增加。这样，当某一会计期间结束，实现的利润分配完毕，该扩展的会计等式又回到基本会计等式，即：

资产＝负债＋所有者权益

二、经济业务对会计等式的影响

所谓经济业务，又称会计事项，是指企业在生产经营过程中发生的、能引起会计要素增减变化的经济事项。企业在生产经营过程中，发生的经济业务是多种多样的，每项经济业务的发生必然要引起资产、负债、所有者权益的增减变化，但引起资金数量变化是有规律的，不会破坏会计等式的平衡。下面以工业企业为例，分析经济业务的变化对会计等式的影响。

【例 2—1】 假设大华公司 2×15 年 1 月 31 日的资产、负债及所有者权益的数额如表 2—1所示。

表 2—1 **大华公司资产、负债及所有者权益金额**

2×15 年 1 月 31 日

单位:元

资产项目	金 额	负债及所有者权益项目	金 额
库存现金	900	应付票据	236 900
银行存款	41 000	应付账款	230 000
应收账款	25 000	短期借款	210 000
原材料	420 000	实收资本	720 000
库存商品	240 000	资本公积	120 000
固定资产	850 000	盈余公积	60 000
资产总计	1 576 900	负债及所有者权益总计	1 576 900

该公司 2 月份发生以下经济业务:

1. 收到投资人投入资本金 200 000 元,存入公司银行存款户。

这项经济业务的发生,一方面,使公司的资产项目中银行存款增加了 200 000 元;另一方面,使所有者权益项目中实收资本增加了 200 000 元。由于资产与所有者权益同时等额增加,故会计等式仍然成立。

2. 公司采购材料一批,价值 20 000 元,货款暂欠。

这项经济业务的发生,一方面,使公司的资产项目中原材料增加了 20 000 元;另一方面,使负债项目中应付账款增加了 20 000 元。由于资产与负债同时等额增加,故会计等式仍然成立。

3. 公司以银行存款 50 000 元购入一台机器设备。

这项经济业务的发生,一方面,使公司的资产项目中固定资产增加了 50 000 元;另一方面,使资产项目中银行存款减少了 50 000 元。由于是资产内部项目之间等额此增彼减,资产总额没有发生变化,负债及所有者权益未涉及,故会计等式仍然成立。

4. 公司用银行存款 30 000 元偿还短期借款。

这项经济业务的发生,一方面,使公司的资产项目中银行存款减少了 30 000 元;另一方面,使负债项目中短期借款减少了 30 000 元。由于资产与负债同时等额减少,故会计等式仍然成立。

5. 经双方协议,某企业将本公司应付账款 12 0 000 元转作对本公司的投资。

这项经济业务的发生,一方面,使公司的负债项目中应付账款减少了 120 000 元;另一方面,使所有者权益项目中实收资本增加了 120 000 元。由于负债与所有者权益等额此增彼减,总额没有发生变化,没有涉及资产,故会计等式仍然成立。

6. 公司以资本公积 32 000 元转增资本。

这项经济业务的发生,一方面,使公司的所有者权益项目中实收资本增加了 32 000 元;另一方面,使所有者权益项目中资本公积减少了 32 000 元。由于是所有者权益内部项目之间等额此增彼减,总额没有发生变化,资产及负债未涉及,故会计等式仍然成立。

上述经济业务发生后,该公司 2 月份资产、负债、所有者权益的增减变化及月末构成如表 2—2 所示。

表 2—2 **大华公司资产、负债及所有者权益金额**

2×15 年 2 月 28 日

单位:元

资产					负债及所有者权益				
项目	期初数	增加数	减少数	期末数	项目	期初数	增加数	减少数	期末数
库存现金	900			900	应付票据	236 900			236 900
银行存款	41 000	200 000	80 000	161 000	应付账款	230 000	20 000	120 000	130 000
应收账款	25 000			25 000	短期借款	210 000		30 000	180 000
原材料	420 000	20 000		440 000	实收资本	720 000	352 000		1 072 000
库存商品	240 000			240 000	资本公积	120 000		32 000	88 000
固定资产	850 000	50 000		900 000	盈余公积	60 000			60 000
合计	1 576 900	270 000	80 000	1 766 900	合计	1 576 900	372 000	182 000	1 766 900

从表 2—2 中可以看出,在期初资产总额等于负债及所有者权益总额的条件下,一定时期内发生了一些经济业务,其增减变化的结果是,期末资产总额仍然等于负债及所有者权益总额。所以说,虽然企业在一定时期内发生了各种各样的经济业务,但其引起资金数量变化是有规律的,对资产、负债及所有者权益的影响不外乎以下四种类型:

(1)经济业务发生引起会计等式的左右两边同时等额增加。即资产增加,负债或所有者权益也同时增加,如第 1、第 2 笔业务。

(2)经济业务发生引起会计等式的左右两边同时等额减少。即资产减少,负债或所有者权益也同时减少,如第 4 笔业务。

(3)经济业务发生引起会计等式左边各项目之间发生等额增减变化。即资产类项目一个增加,另一个减少,如第 3 笔业务。

(4)经济业务发生引起会计等式右边各项目之间发生等额增减变化。即负债类内部各项目之间、所有者权益内部各项目之间或者负债类与所有者权益类项目之间此增彼减,如第 5、第 6 笔业务。

这四种类型的经济业务是对企业发生的全部经济业务的概括,任何一项经济业务的发生都会引起两个或两个以上会计要素的具体项目发生增减变动,但这种变动不会破坏会计等式的恒等关系。会计等式的这种平衡关系,是设置会计科目与账户,进行复式记账以及编制会计报表的理论依据。

第三章

账户与复式记账

会计要素可以进一步详细地分类，即确定会计科目，设置会计账户，并运用借贷记账法记录发生的经济业务引起会计要素增减变化的情况和结果。

通过本章的学习，应掌握会计科目和账户的区别与联系，会计科目的基本分类，借贷记账法的记账符号、账户结构和记账规则，会计分录的编制格式和要求，以及试算平衡表的编制。熟悉常用的会计科目，为进一步学习会计专业知识打下坚实的基础。

第一节　会计科目

为了对会计对象进行确认、计量、记录和报告，《企业会计准则》把会计对象按一定的标准划分为资产、负债、所有者权益、收入、费用和利润六大会计要素，这是对会计对象最基本的分类。但是，这种分类还是不够详细，因为每个会计要素又包含了许多具体的项目，如资产要素中就包含了库存现金、银行存款、原材料、固定资产等项目。因此，为了分门别类地反映和监督会计要素具体内容的增减变动及结果，有必要对会计要素做进一步详细的分类，即确定会计科目，设置账户。这是会计的基本方法之一，也是会计核算工作的前提条件。

一、会计科目的概念和意义

（一）会计科目的概念

会计科目是对会计要素的具体内容进行分类核算的项目。每个会计科目都应明确地反映一定的经济内容，凡属于这类内容的经济业务，都应在以这个会计科目为依据设置的账户下进行核算和监督，以反映其增减变动及其结果。例如，把企业的机器设备、房屋、建筑物等使用时间较长、价值较大的劳动资料归为一类，设置“固定资产”科目；对企业向银行或其他金融机构等借入期限在1年以下（含1年）的各种借款，设置“短期借款”科目。

通过设置会计科目对会计要素的具体内容进行科学分类，可以为会计信息使用者提供科学、详细的分类会计信息。在会计核算的具体方法中，设置会计科目占有重要地位，它决定着账户的开设、报表结构设计，是正确进行会计核算的一个重要条件，也是会计核算的一种专门方法。

（二）会计科目的意义

设置会计科目是进行会计核算工作的起点，是组织会计核算的依据。正确地设置会计科目，对于规范会计核算，全面、系统地提供会计信息，提高会计工作效率，加强会计工作的组织与管理，具有重要的意义。

1. 会计科目是复式记账的基础

复式记账要求每一笔经济业务在两个或两个以上相互联系的账户中进行登记，以反映经济业务引起的资金增减变化情况。

2. 会计科目是编制记账凭证的基础

在我国，会计凭证是确定所发生的经济业务应记入何种科目以及分门别类登记账簿的依据。

3. 会计科目为成本计算与财产清查提供了前提条件

通过会计科目的设置，有助于成本核算，使各种成本计算成为可能；而通过账面记录与实际结存的核对，又为财产清查、保证账实相符提供了必备的条件。

4. 会计科目为编制会计报表提供了方便

会计报表是提供会计信息的主要手段，为了保证会计信息的质量及其提供的及时性，会计报表中的许多项目与会计科目是一致的，并根据会计科目所设置账户的本期发生额或余额填列。

二、会计科目的设置原则

在我国，会计科目是会计制度中的一项重要制度，是由主管会计工作的财政部门制定的。我国财政部颁布的《企业会计准则——应用指南》中规定了统一的会计科目。

为了有效地发挥会计科目的作用，各会计主体在设置会计科目时，应遵循以下原则：

1. 必须结合会计要素的特点，全面反映会计要素的内容

会计科目作为对会计要素进行分类核算的项目，其设置应能保证全面、系统地反映会计要素的全部内容，不能有任何遗漏。同时，会计科目的设置必须反映会计要素的特点。各会计主体除了需要设置各行各业的共性会计科目外，还应根据各行各业经营活动的特点，设置相应的会计科目，不能千篇一律。例如，制造企业的主要经营活动是制造产品，因而需要设置反映生产耗费的会计科目，“生产成本”、“制造费用”等科目就是为适应这一特点而设置的。

2. 既要满足对外报告的要求，又要符合内部经营管理的需要

财务会计的目标是向会计主体内、外部的信息需求者提供相关的会计信息，使之便于进行宏观调控、进行投资、强化内部经营管理等。因此，在设置会计科目时，要兼顾对外报告信息和单位内部经营管理的需要。例如，“固定资产”、“实收资本”等科目提供的总括性指标基本上能满足单位外部有关方面的需要，而在“固定资产”总分类科目下按照固定资产的类别设置明细分类科目，所提供的明细核算资料，主要为单位内部管理服务。

3. 既要适应经济业务发展的需要，又要保持相对稳定

会计科目的设置要适应社会经济环境的变化和本单位经济业务发展的需要。例如，随着商业信用的发展，为了反映和监督商品交易的延期付款或延期交货而形成的债权关系，应单独设置“预收账款”和“预付账款”科目，即把预收、预付货款的核算从“应收账款”和“预付账款”科目分离出来。同时，会计科目的设置应保持相对稳定，不能经常变动，以使会计核算指标在一定范围内综合汇总和在不同时期对比分析利用。

4. 要将统一性与灵活性结合起来

为了满足宏观经济管理的要求，企业应根据国家统一规定的会计科目，具体进行会计核算。但是，由于企业的经济业务千差万别，各单位可以根据本单位的具体情况和经济管理要求，对统一规定的会计科目做必要的增设或简并。例如，对于企业包装物和低值易耗品的核

算，企业根据自身该类业务的数量和重要性，可以设置“周转材料”进行总括核算，也可以单独设置“包装物”和“低值易耗品”科目分别进行核算。

5. 会计科目要简明、适用，并要分类、编号

每一个会计科目都应有特定的核算内容。会计科目的名称应与其核算内容相一致，并要含义明确、通俗易懂。会计科目的数量和粗细程度应根据会计主体的规模大小、业务的繁简和管理的需要而定。同时，对所设置的会计科目要进行分类、编号。

三、会计科目的分类

为了便于掌握和运用会计科目，有必要按一定标准对会计科目进行分类。

1. 会计科目按其反映的经济内容分类

参照我国《企业会计准则——应用指南》，将工业企业主要会计科目按其反映的经济内容不同，分为资产类、负债类、共同类、所有者权益类、成本类和损益类六大类。为了便于核算和查阅，适应会计电算化的要求，《企业会计准则——应用指南》还统一规定了会计科目的编号。现将《企业会计准则——应用指南》中统一规定的工业企业常用的会计科目列示如表3－1所示。

表3－1　　企业常用会计科目

顺序号	编　号	会计科目名称
		一、资产类
1	1001	库存现金
2	1002	银行存款
3	1012	其他货币资金
4	1101	交易性金融资产
5	1121	应收票据
6	1122	应收账款
7	1123	预付账款
8	1131	应收股利
9	1132	应收利息
10	1221	其他应收款
11	1231	坏账准备
12	1321	代理业务资产
13	1401	材料采购
14	1402	在途物资
15	1403	原材料
16	1404	材料成本差异
17	1405	库存商品
18	1406	发出商品
19	1407	商品进销差价
20	1408	委托加工物资
21	1411	周转材料
22	1471	存货跌价准备

续表

顺序号	编号	会计科目名称
23	1501	持有至到期投资
24	1502	持有至到期投资减值准备
25	1503	可供出售金融资产
26	1511	长期股权投资
27	1512	长期股权投资减值准备
28	1521	投资性房地产
29	1531	长期应收款
30	1532	未实现融资收益
31	1601	固定资产
32	1602	累计折旧
33	1603	固定资产减值准备
34	1604	在建工程
35	1605	工程物资
36	1606	固定资产清理
37	1701	无形资产
38	1702	累计摊销
39	1703	无形资产减值准备
40	1711	商誉
41	1801	长期待摊费用
42	1811	递延所得税资产
43	1901	待处理财产损溢
		二、负债类
44	2001	短期借款
45	2101	交易性金融负债
46	2201	应付票据
47	2202	应付账款
48	2203	预收账款
49	2211	应付职工薪酬
50	2221	应交税费
51	2231	应付利息
52	2232	应付股利
53	2241	其他应付款
54	2314	代理业务负债
55	2401	递延收益
56	2501	长期借款
57	2502	应付债券
58	2701	长期应付款
59	2702	未确认融资费用
60	2711	专项应付款

续表

顺序号	编 号	会计科目名称
61	2801	预计负债
62	2901	递延所得税负债
		三、共同类
63	3101	衍生工具
64	3201	套期工具
65	3202	被套期项目
		四、所有者权益类
66	4001	实收资本
67	4002	资本公积
68	4101	盈余公积
69	4103	本年利润
70	4104	利润分配
71	4201	库存股
		五、成本类
72	5001	生产成本
73	5101	制造费用
74	5201	劳务成本
75	5301	研发支出
		六、损益类
76	6001	主营业务收入
77	6051	其他业务收入
78	6101	公允价值变动损益
79	6111	投资收益
80	6301	营业外收入
81	6401	主营业务成本
82	6402	其他业务成本
83	6403	营业税金及附加
84	6601	销售费用
85	6602	管理费用
86	6603	财务费用
87	6701	资产减值损失
88	6711	营业外支出
89	6801	所得税费用
90	6901	以前年度损益调整

会计科目按经济内容分类，可以直观地反映各会计科目核算的内容以及会计科目的性质，有助于正确运用各会计科目提供的信息资料。

2. 会计科目按其所提供经济信息的详细程度及隶属关系分类

会计科目按提供信息的详细程度及隶属关系，可分为总分类科目和明细分类科目。设置总分类科目和明细分类科目的目的是方便会计的分工记账和满足管理部门对不同层次会计信息的需求。其中，总分类科目又称一级科目，明细分类科目又可分为子目（二级科目）和细目（三级科目）。

（1）一级科目

一级科目即总分类科目，也称总账科目，是对会计对象不同经济内容进行总括分类，提供总括核算资料的科目，如“原材料”、“固定资产”、“实收资本”、“应收账款”科目等。为了满足国家宏观经济管理的需要，一级科目原则上由财政部统一规定。

（2）二级科目

二级科目即二级分类科目，也称子目，是指在一级科目的基础上，对一级科目所反映的经济内容进行较为详细分类的会计科目。例如，“应交税费”科目属于一级科目，下设的“应交增值税”、“应交营业税”、“应交消费税”、“应交所得税”科目属于二级科目。

（3）三级科目

三级科目即明细科目，也称细目，是指在二级科目的基础上，对二级科目所反映的经济内容进一步详细分类的会计科目。例如，“应交税费”总账科目提供一定时期应交税费的总体信息，在“应交增值税”二级科目下分别按“进项税额”、“销项税额”、“已交税金”、“进项税额转出”等设置三级科目，具体反映应交增值税的具体情况。

总分类科目、明细分类科目的关系如表3—2所示。

表3—2　　总分类科目、明细分类科目的关系

总分类科目 （一级科目）	明细分类科目	
	二级科目（子目）	明细科目（细目）
应交税费	应交增值税	进项税额 销项税额

会计科目按其提供经济信息的详略程度分类，有利于了解会计科目反映的具体内容，满足经营管理所需要的会计信息。按照我国现行会计准则的规定，总分类科目一般由财政部统一制定，明细分类科目除会计准则规定设置的以外，各单位可根据实际需要自行设置。但是，应当说明的是，并不是所有的一级科目都需要强调分设二级科目和三级科目，根据信息使用者所需不同信息的详细程度，有些只需设一级科目，有些只需设一级科目和三级科目，而不需要设置二级科目。

第二节　账　户

一、账户的概念和意义

账户是根据会计科目开设的，具有一定的格式和结构，用来连续、系统地记录经济业务引起的各会计要素增减变动及结果的一种手段。

会计科目只是规定了对会计要素具体内容进行分类核算的项目或名称，还不能进行具体的会计核算，不能反映经济业务发生所引起的会计要素各项目的增减变动情况和结果。为了全面、序时、连续、系统地记录由于经济业务发生而引起的会计要素增减变动，提供各种会计信息，还必须根据规定的会计科目在账簿中开设账户。每个账户都有一个名称，在账簿中拥有一定的账页，具有规定的账页格式。

会计科目和账户是会计学中两个不同的概念，两者既有联系，又有区别。它们的联系是会计科目是设置账户的依据，是账户的名称，账户是会计科目的具体运用，两者都是对会计要素具体内容所做的分类，而且反映经济内容的口径一致。它们的区别是会计科目只是对会计对象具体内容的分类，本身没有结构，只是分类的名称。而账户除了名称外，还有一定的格式和结构，以连续、系统地反映会计要素具体内容的增减变动及结果。在实际工作中，由于会计科目是账户的名称，两者在经济内容上是相同的，因此，通常把两者作为同义语而不加以区分。

设置会计账户是会计核算的一种专门方法。正确地设置和运用会计账户，把各项经济业务的发生情况以及由此而引起的各会计要素的增减变化，系统、分门别类地进行核算和监督，以提供各种会计信息，对于加强宏观和微观经济管理，具有重要的意义。

二、账户的基本结构和内容

为了正确记录和反映各项经济业务所引起各个会计要素的增减变化及其结果，账户不仅要有明确的核算内容，而且要有一定的结构。企业发生经济业务后，引起各个会计要素的变动错综复杂，但引起资金运动数量的变化，不外乎增加和减少两种情况。因此，为了反映各会计要素的变化情况，账户必须要有分别反映各会计要素的增加数和减少数两个部分。同时，为了反映其增减变动的结果，账户还必须要有反映各会计要素结余数的部分。此外，一个完整的账户，除了有反映增加数、减少数及结余数的三部分，还需要有其他相关内容。一般来说，实际工作中使用的账户应包括以下内容：

1. 账户的名称（即会计科目）；
2. 经济业务发生的日期；
3. 凭证号数（账户记录的依据）；
4. 摘要（概括说明经济业务的内容）；
5. 增加额、减少额和余额。

具体列示如表 3－3 所示。

表 3－3　　账户名称（会计科目）

年		凭证号数	摘　要	增加额	减少额	余　额
月	日					

为了便于说明问题，在教学实践和教科书中，通常采用“T”型式或称“丁”字型表示账户的结构，在账户的左、右两方记录账户的增加额、减少额和余额，如图 3－1、图 3－2 所示。

账户名称(会计科目)

左方			右方
期初余额	×××		
本期增加额	×××	本期减少额	×××
本期发生额(增加额合计)	×××	本期发生额(减少额合计)	×××
期末余额	×××		

图 3－1 "T"型账户(1)

账户名称(会计科目)

左方			右方
		期初余额	×××
本期减少额	×××	本期增加额	×××
本期发生额(减少额合计)	×××	本期发生额(增加额合计)	×××
		期末余额	×××

图 3－2 "T"型账户(2)

在上述两个"T"型账户中,记录增加额、减少额和余额的方向不一致,具体哪方记增加额,哪方记减少额,是由记账方法和账户的性质决定的。但是,不管记账方法和账户的性质如何,其增加额和减少额均应按相反的方向记录。即如果左方记录增加额,则右方就应记录减少额;反之,如果右方记录增加额,则左方就应记录减少额。本期发生额是一个动态指标,它说明一定时期内资金的增减变动情况。

此外,在会计核算中,余额可分为期初余额和期末余额。本期的期末余额即为下期的期初余额,账户的期初、期末余额一般与增加额记入同一方向。期初余额、期末余额、本期增加额合计数、本期减少额合计数的关系,可用下列等式表示:

期末余额＝期初余额＋本期增加额合计数－本期减少额合计数

为了进一步认识每个账户的性质和作用,更好地使用账户,研究每个账户之间的相互关系,借助于账户分析资金运动,还需要对账户进行分类。账户的分类方法很多,如按反映经济内容的性质分类、按账户反映经济信息的详细程度分类等。其中,账户按反映的经济内容的性质分类,同会计科目的分类相对应,可分为资产类账户、负债类账户、共同类账户、所有者权益类账户、成本类账户和损益类账户六类。按反映经济信息的详细程度,可分为总分类账户和明细分类账户。本章按反映经济内容的性质分类为依据,说明借贷记账法下不同类型账户的结构,其他分类将在后面有关章节中详细阐述。

第三节　记账方法与复式记账的原理

一、记账方法的概念及种类

(一)记账方法的概念

为了对会计对象的具体内容进行核算和监督,在设置了会计科目和账户后,还需要采用一定的记账方法,在账户中记录经济业务的发生所引起会计要素的增减变化情况和结果。

所谓记账方法,就是根据一定的原理,运用一定的记账符号和记账规则,在账户中记录经济业务活动的一种专门方法。

(二)记账方法的种类

在会计发展历史上,曾使用过两大类记账方法,即单式记账法和复式记账法。

1. 单式记账法

单式记账法是指对发生的每项经济业务只在一个账户中进行单方面记录的一种记账方法。一般这种单方面的记录只限于现金、银行存款的收付业务以及债权、债务业务,对其他项目的变化则不做记录。例如,某企业以银行存款5 000元购买材料,这笔业务在单式记账法下只在银行存款账户中做减少5 000元的记录,至于原材料的增加,则不予以记录。如果一笔业务既涉及现金和银行存款,又涉及债权和债务时,则同时在两个相应的账户中进行记录。例如,收到某企业前欠的货款2 000元,存入银行。在单式记账法下,既要在“银行存款”账户中记录增加2 000元,又要在“应收账款”账户中记录减少2 000元。

由此可见,单式记账法着重反映现金、银行存款及债权、债务的结算,没有将经济业务发生后引起的会计要素的增减变动全面地、相互联系地进行记录。所以,在单式记账法下,账户设置是不完整的,各个账户之间也没有对应的联系,相互之间无法建立起平衡的关系,不能全面、系统地反映经济业务,更不便于检查账户记录的正确性和完整性。因此,随着复杂的商品生产和交换的发展,单式记账法在15世纪末、16世纪初,逐渐被复式记账法所取代。

2. 复式记账法

复式记账法是指对发生的每项经济业务,都要以相等的金额在相互联系的两个或两个以上账户中进行记录的方法。与单式记账法相比,复式记账法具有两个特点:一是对发生的每笔经济业务都要在两个或两个以上相互联系的账户中进行登记。这样,根据账户的记录情况,不仅可以了解每项经济业务的来龙去脉,而且可以通过会计要素的增减变动全面、系统地了解经济活动的过程和结果。例如,仍以前述的以银行存款5 000元购买材料的业务为例,在复式记账法下,这项业务应在“原材料”和“银行存款”这两个相互联系的账户中进行登记,即一方面在“原材料”账户中记录增加5 000元,另一方面在“银行存款”账户中记录减少5 000元。二是复式记账法要求以相等的金额在两个或两个以上账户中同时登记,有利于对一定时期内账户记录的结果进行试算平衡,以检查账户记录的准确性。

与单式记账法相比,复式记账法是一种科学的记账方法,其科学就在于它适应了资金运动内在规律性的客观要求。我们知道,会计的对象是资金运动,而企业经营过程中发生的每笔经济业务都是资金运动的一个具体过程。任何一项经济业务的发生,必定引起资金的增加或减少,这就要求会计在记账时,必须把每项业务所涉及的资金增减变动的原因和结果记录下来,从而完整、全面地反映经济业务所引起资金运动的来龙去脉,进而反映企业资金运动的全貌。

二、复式记账法的原理

复式记账法的经济内容是会计要素,它们是相互联系、相互依存的,各自具有独立的含义,又以不同的具体形式存在着。企业发生的经济业务,都会引起每个具体形式的价值数量变化,因此,设置相应的账户进行登记,就使复式记账组成一个完整的、系统的记账组织体系。有了这样一个记账组织体系,不仅反映了资产、负债和所有者权益的增减变化和结存情况,而且还能够确知收入、费用和利润的数额及其形成原因。这是复式记账能够全面地核算和监督企业经济活动的根本原因。

复式记账通过价值形式的计算和记录,为经济管理提供核算指标。它是以记账内容之间所表现出的数量上的平衡关系，作为记账技术方法的基础。会计等式即是各会计要素之间的关系表达式，它不仅是价值数量的关系表现，而且也有经济性质上的说明。会计等式的数量双方，必然要求经济事务发生相互联系和等量的变化。如果有一项发生增减变化，其他一项必然随之而发生等量的增减变化，为此，必须通过两个或两个以上的账户，相互联系地做双重记录，才能得到全面的反映。显然，这是由复式记账本身的要求所决定的，它如实地反映了经济事务的客观联系，说明复式记账技术方法是科学的。

三、复式记账法的意义

依据资金运动的内在规律性建立的复式记账法，对于完整、系统地反映企业、事业等单位的资金运动，建立严密的核算体系，有着重要的意义。首先，复式记账法可以如实反映经济活动的来龙去脉。它通过对有关会计要素增减变化的登记，将每项单独的经济业务与整个经济活动联系起来，使各个账户之间彼此关连、互相沟通，从而形成一个严密的账户体系，完整地反映出经济活动的来龙去脉，为经济管理提供系统的信息资料。其次，复式记账法对于防止和检查会计数据的错漏，也有重要的作用。由于复式记账法要求以相等的金额在两个或两个以上相互联系的账户中记录，这就使账户之间在数字上产生了一种互相核对、互相平衡的关系。利用这种平衡关系，记账时可以防止数字上的错漏，在发生数字错漏以后，也可以用这种平衡关系检查核对，发现错漏。因此，复式记账法作为一种科学的记账方法被广泛使用。

第四节 借贷记账法

一、借贷记账法的概念

复式记账法按照记账符号的不同，分为借贷记账法、增减记账法、收付记账法等，但其基本内容是相同的。

借贷记账法是以“借”、“贷”为记账符号，运用复式记账原理，记录反映会计要素增减变化及其结果的一种记账方法。它是最早产生的复式记账法，也是当今世界各国普遍采用的复式记账法。我国《企业会计准则——基本准则》明确规定，我国境内的所有企事业单位一律采用借贷记账法。

增减记账法是我国在 20 世纪 60 年代后期，根据借贷记账法的原理，创造的以“增”、“减”为记账符号的一种复式记账法。收付记账法是我国传统的记账方法，它经历了从单式记账向复式记账的演变。这两种记账方法在记账规则、试算平衡等方面，均不如借贷记账法科学、严密。

二、借贷记账法的产生与发展

借贷记账法产生于公元 13 世纪的意大利。当时，意大利沿海城市的商品经济特别是海上贸易已有很大的发展，在商品交换中，为了适应借贷资本和商品经营管理者的需要，逐步形成了这种记账方法。1494 年 11 月 10 日出版的意大利数学家卢卡·帕乔利(Luca Pacioli)所著的《算术、几何、比及比例概要》一书，对借贷记账法做了详细的介绍，并在理论上加以说明。随后，借贷记账法相继在世界各个国家传播，并在理论和技术上不断发展和完善，逐渐被世界上绝大多数国家广泛采用。

“借”、“贷”两个字的含义最初是从借贷资本家的角度来解释的。借贷资本家在经营货币的借入与贷出业务时，把从债权人那里借入的款项记在“贷主”名下，表示自身债务（即应付款）的增加；把向债务人贷放出去的款项，记在“借主”名下，表示自身债权（即应收款）的增加。因此，“借”、“贷”两个字最初是表示借贷资本家债权、债务及其增加变化的。随着商品经济的发展，经济活动的内容日益复杂，会计所记录的经济业务也不再局限于货币资金的借贷业务，而逐渐扩展到财产物资、成本费用、经营损益和资本的增减变化。为了使得记账一致，各行业均使用“借”、“贷”反映经济业务的变化情况，“借”、“贷”两个字也逐渐失去了原来的含义，演变为单纯的记账符号，变成会计上的专门术语，仅仅表示账户的左方和右方，反映经济业务引起的会计要素的增加或减少。

三、借贷记账法的账户结构

前已述及，账户的左方、右方反映经济业务引起的资金运动数量上的增减变化。由于借贷记账法是以“借”、“贷”为记账符号，因此，在借贷记账法中，把每个账户的左方称为“借方”，右方称为“贷方”，用“借方”、“贷方”反映资金数量上的增减变化及结果。但究竟哪一方登记增加额，哪一方登记减少额，这取决于账户所反映的经济内容，即账户（会计科目）的性质。不同性质的账户，其结构也不同。

账户按经济内容的性质，分为资产类账户、负债类账户、共同类账户、所有者权益类账户、成本类账户和损益类账户。损益类账户按其性质，又可分为损益收入类账户和损益支出类账户。上列分类使得各账户的结构归纳如下：

1. 资产类账户的结构

资产类账户在借方登记增加额，贷方登记减少额，期末为借方余额。具体如图 3－3 所示。

借方	资产类账户		贷方
期初余额	×××		
本期增加额	×××	本期减少额	×××
本期发生额	×××	本期发生额	×××
期末余额	×××		

图 3－3　资产类账户的结构

其余额计算公式是：

期末余额＝期初余额＋本期借方发生额－本期贷方发生额

2. 负债及所有者权益类账户的结构

负债及所有者权益类账户在借方登记减少额，贷方登记增加额，期末为贷方余额。具体如图 3－4 所示。

借方	负债及所有者权益类账户		贷方
		期初余额	×××
本期减少额	×××	本期增加额	×××
本期发生额	×××	本期发生额	×××
		期末余额	×××

图 3－4　负债及所有者权益类账户的结构

其余额计算公式是：

期末余额＝期初余额＋本期贷方发生额－本期借方发生额

3. 成本类、损益支出类账户的结构

成本类、损益支出类账户在借方登记增加额，贷方登记减少额，期末一般没有余额，如果有余额，一般为借方余额。具体如图 3－5 所示。

借方	成本类、损益支出类账户		贷方
期初余额	×××		
本期增加额	×××	本期减少额	×××
本期发生额	×××	本期发生额	×××
期末一般无余额，如有余额，余额在借方			

图 3－5　成本类、损益支出类账户的结构

其余额计算公式是：

期末余额＝期初余额＋本期借方发生额－本期贷方发生额

4. 损益收入类账户的结构

损益收入类账户在借方登记减少额，贷方登记增加额，通常没有期末余额。具体如图 3－6所示。

借方	损益收入类账户		贷方
本期减少额	×××	本期增加额	×××
本期发生额	×××	本期发生额	×××

图 3－6　损益收入类账户的结构

由于共同类账户大多是金融工具或衍生金融工具，具有资产、负债的双重可能，因此，其记账方向可结合具体经济业务，参照资产类、负债类账户的记账方向进行处理。即账户的借方登记资产的增加和负债、所有者权益的减少，账户的贷方登记资产的减少和负债、所有者权益的增加。账户的期末余额可能在借方，也可能在贷方。如果在借方，就属于资产类账户；如果在贷方，就属于负债、所有者权益类账户。

综上所述，采用借贷记账法时，一切账户的借方和贷方都要做相反方向的记录，即若借方登记增加额，则贷方登记减少额。各类账户的期末余额都记录在增加额的一方，如资产类账户的期末余额在借方，负债及所有者权益类账户的期末余额在贷方。由此，我们也可以根据余额所在的方向，判断账户的性质。

四、借贷记账法的记账规则

记账规则是编制会计分录和登记账簿应遵循的要求。根据“借”、“贷”记账符号的性质和经济业务数量变化的规律，借贷记账法的记账规则是“有借必有贷，借贷必相等”，即对发生的每项经济业务，都要以相等的金额和借贷相反的方向，记入两个或两个以上相互联系的账户，有借方必有贷方，而且借方与贷方的金额必须相等。下面通过实例来说明和概括借贷记账法的记账规则。

【例 3－1】　收到投资人投入资本金 200 000 元，存入公司银行存款户。

这一笔经济业务，使资产类“银行存款”账户增加了 200 000 元，同时使所有者权益类“实收资本”账户增加了 200 000 元。资产类账户的增加记在借方，所有者权益类账户的增加记在贷方，即这笔业务应分别记入“银行存款”账户的借方和“实收资本”账户的贷方。具体如图

3—7所示。

借方	银行存款	贷方
(1)200 000		

借方	实收资本	贷方
		(1)200 000

图 3—7

【例 3—2】 企业购入机器设备一台，价值 50 000 元。以银行存款支付 30 000 元，其余款项暂欠。

这一笔经济业务，使资产类“固定资产”账户增加了 50 000 元，同时使资产类“银行存款”账户减少了 30 000 元，负债类账户“应付账款”增加了 20 000 元。资产类账户的增加记在借方，减少记在贷方；负债类账户的增加记在贷方。即这笔业务应分别记入“固定资产”账户的借方和“银行存款”账户的贷方及“应付账款”账户的贷方。具体如图3—8 所示。

借方	固定资产	贷方
(2)50 000		

借方	银行存款	贷方
		(2)30 000

借方	应付账款	贷方
		(2)20 000

图 3—8

【例 3—3】 经双方协议，某企业将本企业应付账款 12 0 000 元转作对本企业的投资。

这一笔经济业务，使所有者权益类“实收资本”账户增加了 120 000 元，同时使负债类“应付账款”账户减少了 120 000 元。所有者权益类账户的增加记在贷方，负债类账户的减少记在借方，即这笔业务应分别记入“应付账款”账户的借方和“实收资本”账户的贷方。具体如图3—9所示。

借方	应付账款	贷方
(3)120 000		

借方	实收资本	贷方
		(3)120 000

图 3—9

【例 3—4】 企业用银行存款 30 000 元偿还短期借款。

这一笔经济业务，使资产类“银行存款”账户减少了 30 000 元，同时使负债类“短期借款”账户减少了 30 000 元。资产类账户的减少记在贷方，负债类账户的减少记在借方，即这笔业务应分别记入“短期借款”账户的借方和“银行存款”账户的贷方。具体如图 3—10 所示。

借方	短期借款	贷方
(4)30 000		

借方	银行存款	贷方
		(4)30 000

图 3—10

【例 3—5】 企业以资本公积 32 000 元转增资本。

这一笔经济业务，使所有者权益类“实收资本”账户增加了 32 000 元，同时使所有者权益类“资本公积”账户减少了 32 000 元。所有者权益类账户的增加记在贷方，减少记在借方，即这笔业务应分别记入“资本公积”账户的借方和“实收资本”账户的贷方。具体如图 3—11 所示。

借方	资本公积	贷方
(5)32 000		

借方	实收资本	贷方
		(5)32 000

图 3—11

通过以上实例可以看出，虽然经济业务的变化多种多样，但在借贷记账法下，每一笔经济业务发生后，必然要在一个账户中记借方，同时在另一个或几个账户中记贷方；或者在一个账户中记贷方，同时在另一个或几个账户中记借方。即一借一贷、一借多贷、多借一贷，但要避免多借多贷，以免分不清账户之间的对应关系。总之，有借必有贷。另外，所记入各账户的金额，借方和贷方必然相等。当本期发生的经济业务处理结束后，记入所有账户的本期借方发生额合计数一定等于记入所有账户的本期贷方发生额合计数，即借贷必相等。

五、账户的对应关系和会计分录

在借贷记账法下，每一项经济业务发生后，必须要在两个或两个以上相互联系的账户中进行登记，各账户之间发生了应借应贷的相互关系。这种经济业务发生后所形成的借贷方账户之间的相互依存关系，称为账户的对应关系。相互间存在对应关系的账户，称为对应账户。例如，从银行提取现金，这笔业务涉及“银行存款”账户的减少和“库存现金”账户的增加，则“库存现金”账户和“银行存款”账户是具有对应关系的账户，这两个账户互为对应账户。通过账户的对应关系，可以了解经济业务发生所引起的资金运动的来龙去脉，还可以发现对经济业务的处理以及经济业务本身是否合理、合法。

企业发生的经济业务很多，会计上需要设置的账户也很多，为了准确地反映账户之间的对应关系，记录资金运动的来龙去脉，并防止记账出现差错，在每项经济业务登入账户之前，要先编制会计分录。

会计分录简称分录，它是对每项经济业务指出应登记的账户、记账方向和金额的一种记录。即一笔会计分录主要包括三个要素：账户（及其所属明细账户）名称，记账符号，变动金额。编制会计分录要以反映经济业务发生的原始凭证为依据，以保证会计分录的客观性，便于日后查考。在实际工作中，会计分录是通过编制记账凭证来体现的，它是会计核算工作的第一步。正确的会计分录，是保证整个会计核算工作正确的基础。

会计分录按照其涉及对应账户的多少，分为简单会计分录和复合会计分录。

简单会计分录是指一项经济业务发生后，只需要两个账户记录其相互联系的数量变化情况的会计分录，即“一借一贷”的分录。这种分录，其会计科目的对应关系比较简单、清楚。现举例说明如下：

【例 3—6】 A 企业 2×15 年 10 月份发生以下经济业务：

1. 从银行提取现金 2 500 元。这项经济业务可编制会计分录如下：

借：库存现金	2 500	
贷：银行存款		2 500

2. 职工李明出差，预借差旅费 800 元。这项经济业务可编制会计分录如下：

借：其他应收款——李明	800	
贷：库存现金		800

3. 企业以银行存款 20 000 元偿还银行短期借款。这项经济业务可编制会计分录如下：

借：短期借款 20 000
　　贷：银行存款 20 000

4. 收到投资者投入资本金 80 000 元，存入银行。这项经济业务可编制会计分录如下：

借：银行存款 80 000
　　贷：实收资本 80 000

复合会计分录是指一项经济业务发生后，需要用两个以上账户记录其相互联系的数量变化情况的会计分录，包括"一借多贷"、"多借一贷"和"多借多贷"的分录。一个复合会计分录可以分解为几个简单的会计分录。复合会计分录有利于集中反映某项经济业务的全貌，简化记账工作，提高会计工作效率。但是，在编制复合会计分录时，应尽量避免编制多借多贷的会计分录，以免账户间的对应关系不清晰。除非有些经济业务相当复杂，只有编制多借多贷的会计分录才能反映得更清楚时可以使用。现举例说明如下：

5. 企业开出转账支票一张，支付购买材料价款 5 000 元及增值税额 850 元。这项经济业务可编制会计分录如下：

借：原材料 5 000
　　应交税费——应交增值税（进项税额） 850
　　贷：银行存款 5 850

6. 企业购买机器设备一台，价值 50 000 元，进项增值税额 8 500 元，以银行存款支付 30 000元，其余款项暂欠。这项经济业务可编制会计分录如下：

借：固定资产 50 000
　　应交税费——应交增值税（进项税额） 8 500
　　贷：银行存款 30 000
　　　　应付账款 28 500

通过以上例子，我们在编制会计分录时应注意以下两点：

1. 注意会计分录的基本格式要求，即"借上贷下，错落有致"。金额要写阿拉伯数字，数字后不写单位。贷方科目和金额写在借方科目和金额的下面，并且要向后移两格。

2. 在编制会计分录时，可以按照以下步骤进行：

(1)分析发生的经济业务所涉及到的账户。

(2)判断账户的性质和增减变化情况。

(3)确定账户的借贷方向和入账金额。

六、借贷记账法的过账和试算平衡

企业发生的各项经济业务在编制会计分录以后，应将会计分录的金额分别登记到各有关账户中去，这个记账步骤称为"过账"。过账之前，账户中在上期末如有余额，应先结转为账户中本期的"期初余额"。过账以后，一般要在月终进行结账，即结算出各账户的本期发生额合计和期末余额。现将以上经济业务的会计分录记入下列各账户中。

A 企业 2×15 年 9 月 30 日总账各账户余额如表 3－4 所示。

表 3—4 **A 企业 2×15 年 9 月 30 日总账各账户余额** 单位:元

账户	借方余额	账户	贷方余额
库存现金	500	短期借款	32 000
银行存款	28 000	应付账款	10 000
其他应收款	1 600	应交税费	8 000
原材料	73 900	实收资本	120 000
固定资产	66 000		
总计	170 000	总计	170 000

将该企业 10 月份发生经济业务所编制会计分录的金额记入各有关"T"型账户中。具体见图 3—12 至图 3—20。

借方 库存现金 贷方

借方		贷方	
期初余额	500		
(1)	2 500	(2)	800
本期发生额	2 500	本期发生额	800
期末余额	2 200		

图 3—12

借方 银行存款 贷方

借方		贷方	
期初余额	28 000		
(4)	80 000	(1)	2 500
		(3)	20 000
		(5)	5 850
		(6)	30 000
本期发生额	80 000	本期发生额	58 350
期末余额	49 650		

图 3—13

借方 其他应收款 贷方

借方		贷方	
期初余额	1 600		
(2)	800		
本期发生额	800	本期发生额	—
期末余额	2 400		

图 3—14

借方 原材料 贷方

借方		贷方	
期初余额	73 900		
(5)	5 000		
本期发生额	5 000	本期发生额	—
期末余额	78 900		

图 3—15

借方	固定资产		贷方
期初余额	66 000		
(6)	50 000		
本期发生额	50 000	本期发生额	—
期末余额	116 000		

图 3—16

借方	短期借款		贷方
		期初余额	32 000
(3)	20 000		
本期发生额	20 000	本期发生额	—
		期末余额	12 000

图 3—17

借方	应付账款		贷方
		期初余额	10 000
		(6)	28 500
本期发生额	—	本期发生额	28 500
		期末余额	38 500

图 3—18

借方	应交税费		贷方
		期初余额	8 000
(5)	850		
(6)	8 500		
本期发生额	9 350	本期发生额	—
期末余额	1 350		

图 3—19

借方	实收资本		贷方
		期初余额	120 000
		(4)	80 000
本期发生额	—	本期发生额	80 000
		期末余额	200 000

图 3—20

在借贷记账法下，对每一项经济业务都是用借、贷相等的金额来记录的，因此，根据会计分录过账后，全部账户的借方发生额和贷方发生额必然相等，而且，全部账户的借方余额也必然与贷方余额相等。这就形成了账户之间的一系列平衡关系。这种根据各会计对象要素之间的平衡关系来检查各类账户的记录是否正确的过程，称为试算平衡。

进行试算平衡，一般是在会计期末，在全部经济业务都已登记入账的基础上，根据以下试算平衡公式，通过编制试算平衡表来进行：

(1)全部账户的借方期初余额合计数＝全部账户的贷方期初余额合计数

(2)全部账户的本期借方发生额合计数＝全部账户的本期贷方发生额合计数

(3)全部账户的借方期末余额合计数＝全部账户的贷方期末余额合计数

上述三方面的平衡关系，可以用来检查账户记录的正确性。具体可通过编制试算平衡表来反映。试算平衡表的格式有两种:一种是分别编制"总分类账户本期发生额试算平衡表"和"总分类账户余额试算平衡表",另一种是将本期发生额和余额合并在一张表上进行试算平衡,即编制"总分类账户本期发生额及余额试算平衡表"。以上述经济业务为例,编制试算平衡表,如表3—5、表3—6、表3—7所示。

表3—5 **总分类账户本期发生额试算平衡表**

2×15年10月31日 单位:元

账户名称	借方发生额	贷方发生额
库存现金	2 500	800
银行存款	80 000	58 350
其他应收款	800	
原材料	5 000	
固定资产	50 000	
短期借款	20 000	
应付账款		28 500
应交税费	9 350	
实收资本		80 000
合 计	167 650	167 650

表3—6 **总分类账户余额试算平衡表**

2×15年10月31 单位:元

账户名称	借方余额	贷方余额
库存现金	2 200	
银行存款	49 650	
其他应收款	2 400	
原材料	78 900	
固定资产	116 000	
短期借款		12 000
应付账款		38 500
应交税费	1 350	
实收资本		200 000
合 计	250 500	250 500

表3—7 **总分类账户本期发生额及余额试算平衡表**

2×15年10月31日 单位:元

账户名称	期初余额		本期发生额		期末余额	
	借方	贷方	借方	贷方	借方	贷方
库存现金	500		2 500	800	2 200	
银行存款	28 000		80 000	58 350	49 650	
其他应收款	1 600		800		2 400	

续表

账户名称	期初余额		本期发生额		期末余额	
	借方	贷方	借方	贷方	借方	贷方
原材料	73 900		5 000		78 900	
固定资产	66 000		50 000		116 000	
短期借款		32 000	20 000			12 000
应付账款		10 000		28 500		38 500
应交税费		8 000	9 350		1 350	
实收资本		120 000		80 000		20 000
合 计	170 000	170 000	167 650	167 650	250 500	250 500

试算平衡是通过计算借贷金额是否相等来检查账户记录是否正确的，如果借贷不平衡，可以肯定账户的记录或计算有错误。应进一步查找原因，并予以纠正。如果借贷平衡，也不能肯定记账或计算就一定正确，因为有些差错并不影响借贷双方的平衡。如漏记或重记一项经济业务，或一笔经济业务的借贷方向记反了，或用错了性质相同的账户，或所记金额的差错恰好相互抵销，等等。因此，企业在会计核算中，除了定期进行试算平衡外，还需要通过其他方法对会计记录进行检查，以保证账户记录的正确性。

第四章

企业主要经济业务的核算

工业企业经营过程可以划分为资金筹集过程、供应过程、生产过程、销售过程、资金投资过程和财务成果分配过程。与此相适应，工业企业的经济业务包括资金筹集业务、材料物资采购业务、产品生产业务、产品销售业务、资金投资业务、利润形成和分配业务、资金调整和退出业务。

本章以工业企业经济业务为例，详细地阐述了账户和借贷记账法的应用。通过本章的学习，要求理解企业经济业务的内容，熟悉账户的性质、用途、结构和账户的对应关系，重点掌握运用借贷记账法对企业发生的经济业务进行分析并编制会计分录。

第一节　企业主要经济业务概述

为了全面、系统地掌握账户和借贷记账法的应用，进一步熟悉企业会计核算的基本内容，本章将以工业企业的主要经济业务为例，系统地说明如何建立一套完整的账户体系以及运用借贷记账法进行账务处理。

工业企业主要经济业务包括筹集资金、组织生产资料供应、组织产品生产、组织产品销售、资金投资和分配经营成果等过程。

工业企业要进行生产经营活动，必须通过一定的渠道筹集到一定数量的资金，以满足生产经营的需要。企业筹集资金主要通过所有者投资，其次通过向银行借款等方式。

生产资料供应包括劳动资料的供应和劳动对象的供应。劳动资料主要是指房屋、机器等固定资产，是进行生产经营活动的劳动手段和必备条件；劳动对象主要指用于制造产品、构成产品实体的原材料。固定资产的使用期长，不需要经常购置、更新。原材料在生产过程中立即转变为实物形态或被消耗掉，需要经常采购储存。因此，供应过程的主要经济业务就是材料采购业务及与供应单位之间发生的结算业务。

在产品生产过程中，劳动者借助劳动资料对劳动对象进行加工，制造出满足社会需要的产品，生产过程既是产品的制造过程，也是劳动对象、劳动资料和劳动力的消耗过程。在这个过程中，企业要消耗各种原材料，支付职工薪酬，使用的厂房、机器设备要计提折旧费用，组织和管理生产要支付各项费用等。由于这些为生产产品所发生的各种耗费，最终要归集和分配到各种产品中去，所以，生产过程的主要经济业务就是生产耗费的发生、归集和分配等业务。

在产品销售过程中，企业将其制造的产品销售出去，并与购货单位办理货款结算，收回货币资金，实现销售收入，同时还要支付销售费用，因此，销售过程的主要经济业务就是销售产品，实现销售收入，办理结算、收回货款，结转销售成本，支付销售费用，计算和确定销售业务成果等。

企业除了从事自身的生产经营活动外，还可以通过对外投资获得利益，以实现其经营目标。企业的投资会产生投资收益或投资损失，取得现金股利或债券利息。因此，企业投资的经济业务主要包括企业取得投资资产、持有期间的股利或利息、资产负债表日公允价值变动以及出售该项投资资产的核算。

企业在经营过程中获得的收入用于补偿其成本费用后，就是企业的经营成果，称为盈利。企业盈利应按规定向国家缴纳所得税，余下部分为税后净利润，要在投资者和企业之间进行分配。

资金的退出是指企业的经营资金完成以上资金循环后或由于其他原因退出企业经营，不再参与企业资金周转。在这一过程中，分派投资者利润、归还银行借款、上缴国家税款等，是企业会计核算的主要内容。

工业企业在日常经营过程中，必然会发生各种费用支出，为了确定这些费用的发生和支出的归属，必须运用成本计算的方法来归集、分配各个经营过程中所发生的费用支出。成本计算作为会计核算中的一种专门方法，主要是指按一定对象，采用一定的标准，归集和分配应计入生产经营成本的各项费用，以确定该对象的总成本和单位成本。在企业的供应、生产、销售过程中，材料的采购成本、产品的生产成本和产品销售成本的计算方法也各不相同，对于各种不同的成本计算方法，将在"成本会计"课程中加以详细说明，本章在以后各节中只做简要说明，侧重说明成本计算与账户设置、应用之间的关系。

第二节 资金筹集的核算

资金筹集是企业从事生产经营活动的出发点，任何企业从事生产经营活动都必须具备一定的物质条件，而企业的资金就是这些物质条件的货币表现形式。企业资金筹集的渠道主要包括投资者投入资金及从银行或其他金融机构借入资金。

一、投资者投入资金的核算

投资者的投资一般是在企业筹建阶段投入的，也可以为了扩大经营规模对老企业追加投资。投资方式一般是现金投资，也可以是固定资产、无形资产等非现金资产投资。投资者可以是国家、其他法人单位、个人或外商等，我国国有企业的投资者是国家或其他国有企业，股份制企业的投资者可以是国家、外商、其他单位法人等，私营企业的投资者是个人。

企业不管采取什么方式筹集资金，都必须符合国家有关法律和法规的规定，而投资者一旦把资金投入企业，在企业生产经营期间，除依法转让外，一般不得抽回。企业对投资者承担资产保值的责任，所以，在核算时要保全投入资本，一般不能减少。

(一)投入资金核算需设置和运用的账户

为了反映和监督企业投资的取得，维护投资各方的权益，应设置"实收资本"账户(股份有限公司设置"股本"账户)，反映所有者享有的权益；并设置"银行存款"、"固定资产"和"无形资产"等账户，揭示投入资本的形式。

1."实收资本"账户

"实收资本"账户是所有者权益类账户，是用于核算企业投资者投入资本的增减变动及结果的账户。按照规定，企业投资者投入的资本应当保全，除法律、法规另有规定外，企业投资者不得抽走投资，因此，该账户借方一般没有发生额，企业实际收到投资者投入的现金、银行存款、固定资产、材料物资或无形资产等资本时，记入该账户的贷方，其余额在贷方，表示期末投资者的实际出资额。

本账户应按投资者分别设置明细分类账户，进行明细分类核算。“实收资本”账户核算的内容和结构如下：

实收资本

本期减少的投资者投资	期初余额 本期增加的投资者投资
	期末余额：投资者投入资本的实有数

“股本”账户的性质、核算内容、明细账户的设置和账户的结构与“实收资本”账户基本相同。所不同的是，股份有限公司通过“股本”账户核算，而其他各类企业通过“实收资本”账户核算。

2.“银行存款”账户

“银行存款”账户属于资产类账户，核算存放于银行或其他金融机构的货币资金的增减变动及其结存情况。该账户的借方登记银行存款的增加数，贷方登记银行存款的减少数，期末余额在借方，反映银行存款的结存数额。

本账户应按币种设置明细分类账户，进行明细分类核算。“银行存款”账户核算的内容和结构如下：

银行存款

期初余额 本期存入金融机构的款项	本期提取和支出的存款
期末余额：银行存款的结存数	

3.“固定资产”账户

“固定资产”账户是资产类账户，用于核算企业所有固定资产原始价值的增减变动及其结存情况。固定资产是指同时具有下列特征的有形资产：(1)为生产商品、提供劳务、出租或经营管理而持有的；(2)使用寿命超过一个会计年度。该账户的借方登记因各种原因增加的固定资产原始价值，贷方登记因各种原因减少的固定资产原始价值，期末余额在借方，反映企业现有固定资产的账面原始价值。

企业应当设置“固定资产登记簿”和“固定资产卡片”，按固定资产类别、使用部门和每项固定资产进行明细核算。临时租入的固定资产，应当另设备查账簿进行登记，不在本账户核算。“固定资产”账户核算的内容和结构如下：

固定资产

期初余额 本期增加固定资产的原始价值	本期减少固定资产的原始价值
期末余额：固定资产的账面原始价值	

4."无形资产"账户

"无形资产"账户是资产类账户,用于核算企业因各种原因持有的无形资产的增减变动及其结存情况。无形资产是指企业拥有或控制的没有实物形态的可辨认非货币性资产。无形资产通常包括专利权、非专利技术、商标权、著作权、特许权和土地使用权等。

"无形资产"账户的借方登记企业因各种原因取得无形资产的成本,贷方登记无形资产的减少数,期末余额在借方,表示企业现有无形资产的成本。

本账户应按无形资产的类别设置明细账户,进行明细分类核算。"无形资产"账户核算的内容和结构如下:

无形资产

期初余额 本期取得的各种无形资产成本	本期减少的无形资产成本
期末余额:现有无形资产的成本	

(二)投入资金的主要经济业务核算

【例4-1】 收到国家投入资金5 000 000元,款项已存入银行。

这项经济业务的发生,引起资产和所有者权益两个要素发生变化。一方面,使企业的银行存款增加5 000 000元,记入"银行存款"账户的借方;另一方面,使投资者投资增加5 000 000元,记入"实收资本"账户的贷方。应编制会计分录如下:

借:银行存款　　5 000 000

　　贷:实收资本——国家投资　　5 000 000

假如该企业为股份有限公司,则应编制会计分录如下:

借:银行存款　　5 000 000

　　贷:股本——国家投资　　5 000 000

【例4-2】 收到永生公司投入全新设备一台,价值10 000元;投入专利技术一项,价值55 000元。

设备属于固定资产,专利技术属于无形资产,投资者以非现金资产投入的资本,应按投资各方确认的价值入账。这项经济业务一方面使企业的固定资产、无形资产增加,记入"固定资产"、"无形资产"账户的借方;另一方面,永生公司对企业的投资增加,记入"实收资本"账户的贷方。应编制会计分录如下:

借:固定资产　　10 000

　　无形资产　　55 000

　　　贷:实收资本——永生公司投资　　65 000

假如该企业为股份有限公司,则应编制会计分录如下:

借:固定资产　　10 000

　　无形资产　　55 000

　　贷:股本——永生公司投资　　65 000

二、借入资金的核算

企业在生产经营过程中,往往会出现资金不足的情况,为了弥补生产周转资金的不足或购置固定资产，经常需要向银行或其他金融机构借入资金。借入资金是企业生产经营资金的重要补充来源，按借款期限的长短，分为短期借款和长期借款。短期借款是指偿还期在1年以内(包括1年)的借款，长期借款是指偿还期在1年以上的各种借款。

(一)借入资金核算需设置和运用的账户

1."短期借款"账户

"短期借款"账户是负债类账户，核算企业向银行或其他金融机构借入的期限在1年以下(含1年)的各种借款，通常是为了满足正常生产经营的需要。"短期借款"账户的贷方登记借入的短期借款，借方登记偿还的短期借款，余额在贷方，表示尚未偿还的短期借款。

本账户应按债权人和借款种类设置明细账，进行明细分类核算。"短期借款"账户核算的内容和结构如下：

短期借款

本期偿还的短期借款	期初余额 本期借入的短期借款
	期末余额：尚未偿还的短期借款

2. 长期借款"账户

"长期借款"账户是负债类账户，核算企业向银行或其他金融机构借入的1年以上(不含1年)的各项借款，一般用于固定资产的购置、建造以及用于固定资产技术改造等方面。

本账户应按贷款单位和贷款种类，分别"本金"、"利息调整"等设置明细账，进行明细分类核算。"长期借款"账户核算的内容和结构如下：

长期借款

①借入长期借款时发生的利息调整 ②偿还长期借款本金	期初余额 ①本期借入实际收到的长期借款 ②每期计算利息时摊销的利息调整
	期末余额：尚未偿还的长期借款

(二)借入资金的主要经济业务核算

【例4—3】 向银行借入期限为3个月的生产周转借款110 000元，款项已存入本企业开户银行。

这项经济业务是企业借入短期借款。短期借款是企业为维持或补充正常的生产经营所需资金而借入的款项。该项经济业务的发生，同时引起资产和负债两个要素发生变化，一方面使银行存款增加110 000元，应记入"银行存款"账户的借方；另一方面使短期借款增加110 000元，应记入"短期借款"账户的贷方。应编制会计分录如下：

借：银行存款　　110 000

　贷：短期借款　　110 000

到期偿还借款本金时，做相反的会计分录。

【例4—4】 向银行借入人民币200 000元，准备用于购置卡车，年利率为6%，2年后一次归还本息，款项存入银行。

这项业务是企业借入长期借款。该项经济业务的发生，同时引起资产和负债两个要素发生变化，一方面使银行存款增加 200 000 元，应记入“银行存款”账户的借方；另一方面使长期借款增加 200 000 元，应记入“长期借款”账户的贷方。应编制会计分录如下：

借：银行存款　　　　　　　　　　　　　　200 000

　贷：长期借款　　　　　　　　　　　　　　　200 000

【例 4—5】 以银行存款购入卡车一辆，价款 200 000 元，增值税税率为 17%，卡车已运抵企业。

该项经济业务的发生，同时引起资产的三个要素发生变化。一方面，使企业的固定资产——卡车的原始价值增加 200 000 元，应记入“固定资产”账户的借方；使“应交税费——应交增值税”账户减少 34 000 元，应记入该账户的借方。另一方面，使银行存款减少 234 000 元，应记入“银行存款”账户的贷方。应编制会计分录如下：

借：固定资产　　　　　　　　　　　　　　200 000

　应交税费——应交增值税(进项税额)　　　34 000

　贷：银行存款　　　　　　　　　　　　　　　234 000

筹集资金过程的总分类核算如图 4－1 所示。

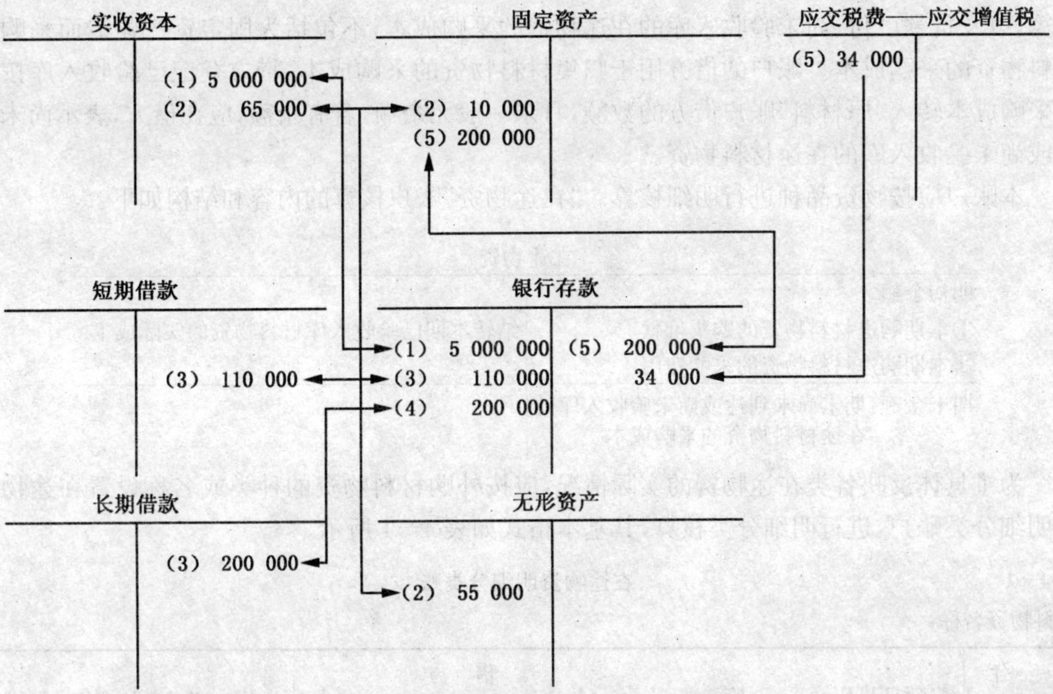

图 4—1　筹集资金过程的总分类核算

第三节　供应过程的核算

供应过程主要是原材料的采购和储备过程。工业企业要进行正常的生产经营活动，就必须购买一定品种与数量的材料。在采购材料物资时，要按照合同和结算制度的规定，支付材料价款和增值税的进项税额及因购买材料而发生的各项采购费用，并与供应单位发生货款结算关系，对运达企业的购入材料物资，在办理验收入库手续后，即为可供生产领用的库存材料。材料物资的购买价款加上各种采购费用，构成材料物资的采购成本，即购入材料物资的实际成本。其中，购买价款是指企业购入材料的发票账单上列明的价款，但不包括按规定可以抵扣的增值税额。采购费用是指材料在运输过程中发生的各项费用。具体包括相关税费、运输费、装卸费、保险费以及其他可归属于材料在途物资成本的费用，相关税费是指企业购买、自制或委托加工材料物资发生的进口关税、消费税、资源税和不能抵扣的增值税进项税额。其他可归属于材料在途物资成本的费用是指除了上述费用以外的费用，如采购过程中发生的仓储费、包装费、运输途中的合理损耗、入库前的挑选整理费用等。

一、供应过程核算需设置和运用的账户

为了系统地反映和监督企业供应过程中材料款项的结算、采购成本的发生和材料储备情况等，应设置"在途物资"、"原材料"、"应付账款"、"应付票据"、"预付账款"、"应交税费"等账户。

(一)"在途物资"账户

"在途物资"账户是资产类账户，用于核算企业采用实际成本进行材料、商品等物资的日常核算，以及货款已付、尚未验收入库的在途物资的采购成本，不包括为固定资产建造而采购的材料物资的采购成本。账户的借方用于归集材料物资的采购成本，贷方登记已验收入库按实际采购成本转入"原材料"账户借方的数额，月末一般无余额，若有余额，应在借方，表示尚未运达或尚未验收入库的在途材料物资。

本账户应按物资品种进行明细核算。"在途物资"账户核算的内容和结构如下：

在途物资

期初余额 ①本期购进材料物资的购买价款 ②本期购进材料物资的采购费用	结转本期已验收入库材料物资的实际成本
期末余额：期末尚未到达或尚未验收入库的在途材料物资的采购成本	

为了具体反映各类在途物资的实际情况，应按外购材料物资的种类或名称设置在途物资的明细分类账户，进行明细分类核算，其基本格式如表4－1所示。

表4－1 在途物资明细分类账

材料物资名称：

年		凭证号码	摘 要	借 方			贷 方	余 额
月	日			买价	采购费用	合计		

(二)"原材料"账户

"原材料"账户是资产类账户，用于核算材料的收入、领用和结存情况。借方登记已验收入库材料的实际成本，贷方登记领用材料的实际成本，期末余额在借方，反映期末库存材料的实

际成本。

“原材料”账户核算的内容和结构如下：

原材料	
期初余额 本期验收入库原材料的实际成本	本期发出材料的实际成本
期末余额：期末库存材料的实际成本	

为了具体反映各种材料的库存和增减变动情况，“原材料”账户需要按照材料的具体品种、规格设置明细分类账，其基本格式如表 4－2 所示。

表 4－2　　原材料明细分类账

材料物资名称：

年		凭证号码	摘　要	收　入			发　出			结　存		
月	日			数量	单价	金额	数量	单价	金额	数量	单价	金额

(三)“应付账款”账户

“应付账款”是负债类账户，用于核算企业因购买材料、商品和接受劳务供应等而应付给供应单位的款项。贷方登记债务的增加，借方登记债务的减少，期末贷方余额反映尚未清偿的债务。

本账户应按债权人(供应单位)名称设置明细分类账户，进行明细核算。

“应付账款”账户核算的内容和结构如下：

应付账款	
本期偿还应付供应单位款项	期初余额 本期发生应付供应单位款项
	期末余额：应付未付的款项

(四)“应付票据”账户

“应付票据”账户是负债类账户，核算企业购买材料、商品和接受劳务供应等而开出承兑的商业汇票，包括银行承兑汇票和商业承兑汇票。商业承兑汇票是指由付款人签发并承兑，或由收款人签发交由付款人承兑的汇票。银行承兑汇票是指由收款人或承兑申请人签发，并由承兑申请人向开户银行申请，经银行审查同意承兑的票据。

本账户按债权人设置明细账，进行明细核算。对应付票据，应设置“应付票据备查簿”，以记录商业汇票的开出及注销情况。

“应付票据”账户核算的内容和结构如下：

应付票据

借方	贷方
到期兑付的商业汇票金额	期初余额 开出承兑的商业汇票金额
	期末余额：已开出但尚未到期兑付的商业汇票

(五)“预付账款”账户

“预付账款”账户是资产类账户，核算企业按照合同规定预付的款项。本账户的借方登记实际预付和补付的款项，贷方登记收到采购货物时按发票金额冲销的预付账款数和因预付账款多余而退回的款项。期末余额一般在借方，反映企业实际预付的款项；如果余额在贷方，则反映企业尚未补付的款项。预付款项情况不多的，也可以不设置“预付账款”账户，将预付的款项直接记入“应付账款”账户。

本账户按供货单位设置明细账，进行明细核算。“预付账款”账户核算的内容和结构如下：

预付账款

借方	贷方
期初余额 ①本期实际预付的款项 ②补付的款项	①本期收到货物冲减的预付款项 ②预付账款多余退回的款项
期末余额：已预付的款项	

(六)“应交税费”账户

“应交税费”账户是负债类账户，用来核算企业按照税法规定计算应缴纳的各种税费，包括增值税、消费税、营业税、所得税、资源税、土地增值税、城市维护建设税、房产税、土地使用税、车船税、教育费附加、矿产资源补偿费、企业代扣代缴的个人所得税等。不需要预计应缴数的税金，如印花税、耕地占用税等，不通过“应交税费”账户核算。“应交税费”账户的贷方登记应上缴而尚未缴纳的各种税费，借方登记实际上缴的税费。该账户的期末贷方余额表示尚未缴纳的税费；如为借方余额，则反映期末多交或待以后抵扣的税费。

本账户按税种的不同分别设置明细账，进行明细核算。“应交税费”账户核算的内容和结构如下：

应交税费

借方	贷方
期初余额 本期实际上缴的税费	期初余额 本期应上缴尚未缴纳的各种税费
期末余额：期末多缴的或待以后抵扣的税费	期末余额：期末尚未缴纳的税费

我国《税法》规定，凡在我国境内销售商品或提供加工、修配劳务以及进口货物的单位和个人，均应当缴纳增值税。增值税是按取得货物或应税劳务的销售额以及进口货物的金额计算税款，并实行税款抵扣制的一种流转税。增值税的基本税率为17%，低税率为13%。我国《增值税暂行条例》规定，企业购入货物或接受应税劳务支付的增值税(即进项税额)，可以从销售货物或提供劳务按规定收取的增值税(即销项税额)中抵扣。但小规模纳税人(指经营规模小、会计核算不健全的纳税人)按征收率3%缴纳增值税，不抵扣进项税额。

为了核算应交增值税，应在“应交税费”账户下设置“应交增值税”明细账户来反映其增减变动，其核算的内容和结构如下所示：

应交税费——应交增值税

借方	贷方
期初余额	期初余额
①本期购入货物或接受应税劳务支付的增值税进项税额	①本期销售货物或提供应税劳务应收取的增值税销项税额
②本期实际已缴纳的增值税	②本期出口货物退税
	③本期转出已支付或应分担的增值税
期末余额：多上缴或尚未抵扣的增值税	期末余额：尚未缴纳的增值税

"应交税费——应交增值税"的借方反映企业购入货物或接受应税劳务支付的进项税款、实际已缴纳的增值税等；贷方反映销售货物或提供应税劳务应收取的增值税款、出口货物退税、转出已支付或应分担的增值税等。期末如为借方余额，反映企业尚未抵扣的增值税；期末如为贷方余额，表示企业尚未缴纳的增值税。"应交税费——应交增值税"明细账户下应分别设置"进项税额"、"销项税额"、"已交税金"、"出口退税"、"进项税额转出"等专栏。

二、供应过程主要经济业务的核算

【例4—6】 向利华公司购入A材料20吨，每吨200元，计买价4 000元，对方代垫运输费200元，增值税进项税款为680元，货款及税金均未支付，材料尚未收到。

在这笔经济业务中，发生的运输费是专门为采购A材料而发生的，应直接计入A材料的采购成本中，因此，实际发生的材料采购成本包括材料的买价4 000元，运输费(采购费用)200元，应记入"在途物资"账户的借方；同时，支付的增值税(进项税额)680元可以在销项税额中抵扣，记入"应交税费——应交增值税"账户的借方；企业采购材料发生的这些款项因尚未支付使企业的负债增加，应记入"应付账款"账户的贷方。应编制会计分录如下：

借：在途物资——A材料　　4 200
　　应交税费——应交增值税(进项税额)　　680
　　贷：应付账款——利华公司　　4 880

这笔经济业务除进行总分类核算外，同时还要进行明细分类核算，即应在"在途物资——A材料"明细账的借方"买价"栏和"采购费用"栏分别登记购入A材料的买价和运杂费，并在"应付账款——利华公司"明细账中进行登记。

【例4—7】 上项A材料已验收入库，按其实际成本转账。

材料已验收入库说明基本完成了采购过程，并已构成企业的库存材料，应将A材料的实际采购成本4 200元，从"在途物资"账户转入"原材料"账户的借方。应编制会计分录如下：

借：原材料——A材料　　4 200
　　贷：在途物资——A材料　　4 200

【例4—8】 以银行存款偿还购入A材料所欠利华公司的款项。

这笔经济业务的发生，一方面，银行存款减少，应记入"银行存款"账户的贷方；另一方面，企业偿还应付供应单位的款项，应付账款减少，记入"应付账款"账户的借方。应编制会计分录如下：

借：应付账款——利华公司　　4 880
　　贷：银行存款　　4 880

【例 4—9】 企业向东新公司购入 B 材料 40 吨，每吨 250 元，计买价 10 000 元；C 材料 60 吨，每吨 280 元，计买价 16 800 元；增值税进项税额为 4 556 元。开出 31 356 元商业汇票一张，抵付货款。材料尚未收到。

在这项业务中，一方面，反映企业支付了 B 材料、C 材料的买价使材料采购成本增加，应记入"在途物资"账户的借方。企业支付的增值税款(进项税额)应作为销项税额的抵扣款，记入"应交税费——应交增值税"账户借方的"进项税额"专栏。另一方面，反映企业开出承兑商业汇票对东新公司承诺到期付款，应记入"应付票据"账户的贷方。应编制会计分录如下：

借：在途物资——B 材料　　10 000
　　　　　　——C 材料　　16 800
　　应交税费——应交增值税(进项税额)　　4 556
　　贷：应付票据——东新公司　　31 356

上项数据还应在"在途物资——B 材料"、"在途物资——C 材料"两个明细分类账借方的"买价"栏内分别进行登记，以便计算确定 B、C 两种材料的实际采购成本。

【例 4—10】 企业以银行存款 1 000 元，支付上述从东新公司购入 B、C 材料的外地运杂费。

这笔经济业务的发生，一方面，使企业的材料采购费用增加，应记入"在途物资"账户的借方；另一方面，使银行存款减少，应记入"银行存款"账户的贷方。发生的运输费(此外，还有装卸费和搬运、包装、仓储等采购费用)是为了采购几种材料共同发生的，不能直接归属于某一种材料的采购成本，而必须按照一定的标准，在有关的几种材料之间进行分配，本笔业务应在 B、C 材料中分配。分配标准应主要考虑负担共同费用的公平合理性，一般来说，运输、装卸等费用可按重量或体积的比例分配，其他各种采购费用按材料的买价比例进行分配。假设已计算出 B、C 材料各自应负担的运输费(计算过程见后)，B 材料负担 400 元，D 材料负担 600 元，应编制会计分录如下：

借：在途物资——B 材料　　400
　　　　　　——C 材料　　600
　　贷：银行存款　　1 000

上项分配结果还应分别在"在途物资——B 材料"、"在途物资——C 材料"两个明细分类账户的借方"采购费用"栏内分别进行登记，以便计算确定 B、C 两种材料的实际采购成本。

【例 4—11】 上项 B、C 两种材料均已验收入库，结转其实际采购成本。

材料已验收入库，将 B 材料的实际采购成本 10 400 元(10 000＋400)和 C 材料的实际采购成本 17 400 元(16 800＋600)从"在途物资"账户的贷方转入"原材料"账户的借方，以确定入库材料的实际成本。应编制会计分录如下：

借：原材料——B 材料　　10 400
　　　　　——C 材料　　17 400
　　贷：在途物资——B 材料　　10 400
　　　　　　　　——C 材料　　17 400

【例 4—12】 以银行存款向申达公司预付货款 20 000 元，准备用于采购 D 材料。

这笔经济业务的发生，一方面，银行存款减少，应记入"银行存款"账户的贷方；另一方面，企业预付给申达公司的这笔货款是企业的一项资产增加，通过"预付账款"账户来反映，记入"预付账款"账户的借方。应编制会计分录如下：

借：预付账款——申达公司　　20 000

　贷：银行存款　　20 000

【例 4－13】 收到申达公司的D材料，并验收入库。同时，收到申达公司开具的增值税专用发票，注明材料款为20 000元，增值税款为3 400元。

这笔经济业务的发生，一方面，企业的原材料已验收入库，对于已验收入库材料的实际成本20 000元的增加，记入"原材料"账户的借方；同时，增值税专用发票上注明的增值税（进项税额）3 400元可以在销项税额中抵扣，记入"应交税费——应交增值税"账户的借方。另一方面，企业采购的这批材料是以前已经预付过货款的，材料已购入应冲减预付账款，记入"预付账款"账户的贷方。应编制会计分录如下：

借：原材料——D材料　　20 000

　　应交税费——应交增值税（进项税额）　　3 400

　贷：预付账款——申达公司　　23 400

【例 4－14】 以银行存款3 400元，补足申达公司的货款。

这笔经济业务的发生，一方面，银行存款减少，应记入"银行存款"账户的贷方；另一方面，3 400元属于企业补付的款项，应记入"预付账款"账户的借方。应编制会计分录如下：

借：预付账款——申达公司　　3 400

　贷：银行存款　　3 400

供应过程的总分类核算程序如图 4－2 所示。

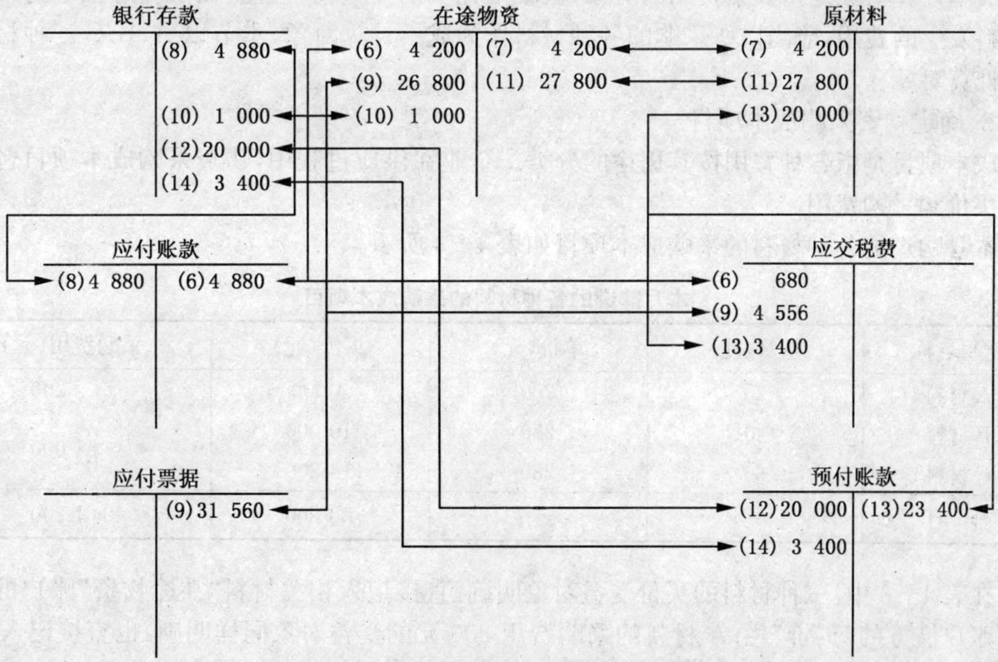

图 4－2　供应过程的总分类核算程序

三、物资采购成本的计算

(一)物资采购成本的内容

成本计算是按一定对象归集各个经营过程中所发生的费用，从而计算出各个成本计算对象的总成本或单位成本的一种专门方法。物资采购成本的计算就是将供应过程中所发生的各项物资的买价和有关的采购费用，按照物资的不同种类进行归集和分配，确定该种物资的实际成本。

如前所述，物资采购成本的内容主要包括：

1. 买价

2. 采购费用

(1)运杂费(运输费、装卸费、包装费、仓储费、保险费)；

(2)运输途中的合理损耗；

(3)入库前的挑选整理费用；

(4) 按规定应计入物资采购成本中的各种相关税费，包括企业购买、自制或委托加工材料物资发生的进口关税、消费税、资源税和不能抵扣的增值税进项税额。

在物资采购成本项目中，买价是直接费用，可以根据供应单位的发票价格直接计入物资采购成本。对于采购费用，则要具体分析：若是专为采购某种材料而发生的，可直接计入该种材料的采购成本；对于不能直接归属于某一种材料的费用，必须按一定的标准在有关的几种材料之间进行分配。分配的标准一般按物资重量、体积或买价的比例计算。

(二)物资采购成本计算的步骤和方法

下面根据本节涉及的三种材料的采购过程，介绍物资采购成本计算的步骤和方法。

1. 确定物资采购的成本计算对象

成本计算对象是指归集费用的对象，也就是耗费的受益物。企业在供应过程中为采购各种材料发生的费用，应当以所采购的各种材料作为成本计算对象，本节以A、B、C三种材料为成本计算对象。

2. 确定物资采购成本项目

成本项目是指各种费用按其用途的分类。企业在供应过程中，物资采购成本项目包括材料的买价和采购费用。

本月购进的各种材料的采购成本项目如表4－3所示。

表4－3　本月购进的各种材料的采购成本项目

材料名称	重量(吨)	单价(元)	买价(元)	采购费用(元)
A材料	20	200	4 000	200
B材料	40	250	10 000	}1 000
C材料	60	280	16 800	
合　计	—	—	30 800	1 200

在表4－3中，三种材料的买价受益对象明确，直接记入相关材料“在途物资”账户的明细分类账户借方的“买价”栏；A材料的采购费用200元的受益对象同样明确，也直接记入A材料“在途物资”账户的明细分类账户借方的“采购费用”栏；B、C材料的采购费用1 000元，应由B、C材料共同负担，需要按一定的方法在两种材料之间进行分配，然后将分配结果记入B、C材料“在途物资”明细分类账户借方的“采购费用”栏内。

3. 分配费用

(1)确定分配标准

一般可以材料的重量或体积或买价为分配标准，本例选择重量为分配标准。

(2)计算采购费用分配率

$$\text{采购费用分配率}=\frac{\text{应分配的采购费用总额}}{\text{材料总重量(总体积、买价总额等)}}$$

本例中：

$$\text{采购费用分配率}=\frac{1\,000}{40+60}=10(\text{元/吨})$$

(3)计算各种材料应分配的采购费用

某种材料应分配的采购费用＝该种材料的重量(体积、买价等)× 采购费用分配率

本例中：

B材料应分配的采购费用＝40×10＝400(元)

C材料应分配的采购费用＝60×10＝600(元)

根据以上计算编制材料采购费用分配表，见表4－4。

表4－4　　材料采购费用分配表

物资名称	分配标准(吨)	分配率(元/吨)	分配金额(元)
B材料	40	10	400
C材料	60	10	600
合　计	100	—	1 000

通过以上计算，将B、C材料的买价加上应负担的采购费用，即可求得它们的采购成本。

4. 登记各种材料的“在途物资”明细分类账

具体如表4－5、表4－6、表4－7所示。

表4－5　　“在途物资”明细分类账

物资名称：A材料　　单位：元

年		凭证号码	摘　要	借　方			贷　方	余　额
月	日			买价	采购费用	合计		
		(6)	购入材料20吨	4 000	200	4 200		4 200
		(7)	结转实际采购成本				4 200	—
			本月发生额和余额	4 000	200	4 200	4 200	—

表4－6　　“在途物资”明细分类账

物资名称：B材料　　单位：元

年		凭证号码	摘　要	借　方			贷　方	余　额
月	日			买价	采购费用	合计		
		(9)	购入材料40吨	10 000		10 000		10 000
		(10)	分摊采购费用		400	400		10 400
		(11)	结转实际采购成本				10 400	—
			本月发生额和余额	10 000	400	10 400	10 400	—

表 4—7 “在途物资”明细分类账

物资名称：C材料 单位：元

年		凭证号码	摘　要	借　方			贷　方	余　额
月	日			买价	采购费用	合计		
		(9)	购入材料 60 吨	16 800		16 800		16 800
		(10)	分摊采购费用		600	600		17 400
		(11)	结转实际采购成本				17 400	—
			本月发生额和余额	16 800	600	17 400	17 400	—

5. 编制物资采购成本计算表

具体如表 4—8 所示。

表 4—8 物资采购成本计算表

编制单位： 20　年　月　日

成本项目	A材料		B材料		C材料	
	总成本（20 吨）	单位成本	总成本（40 吨）	单位成本	总成本（60 吨）	单位成本
买价	4 000	200	10 000	250	16 800	280
采购费用	200	10	400	10	600	10
合　计	4 200	210	10 400	260	17 400	290

第四节　产品生产的核算

工业企业的最基本经济活动是制造产品。为了制造产品，需要消耗各种材料、燃料、动力，要发生固定资产磨损，要支付职工工资和其他费用，为制造产品而发生的这些费用称为生产费用。其中，可以直接确定是为某种产品生产发生的，可直接计入产品生产成本的材料、人工及其他直接支出，称为直接费用；不能直接归集到某种产品的成本中，需经分配后计入产品成本费用的消耗，称为间接费用。企业发生的所有生产费用，最终都要归集、分配到各种产品成本中去，所以，生产费用的发生、归集和分配，以及产品成本的形成，是生产过程核算的内容。

一、生产过程核算应设置和运用的账户

为了反映和监督各项生产费用的发生、归集和分配，正确计算产品的生产成本，应设置“生产成本”、“制造费用”、“应付职工薪酬”、“累计折旧”、“库存商品”等账户，同时也要涉及到“管理费用”、“财务费用”等账户。

（一）“生产成本”账户

“生产成本”账户是成本类账户，用于归集核算产品生产过程中所发生的各项费用，计算确定产品实际生产成本。该账户的借方登记发生的全部生产费用，贷方登记完工产品实际成本的结转数，余额在借方，表示尚未完工的在产品成本。

"生产成本"账户应设置"基本生产成本"和"辅助生产成本"两个明细账户，通常可按产品的种类进行三级明细核算。"生产成本"账户核算的内容和结构如下：

生产成本

期初余额 ①本期发生的直接材料与直接人工、其他直接支出等 ②期末分配转入的制造费用	本期已完工并验收入库产品的实际生产成本
期末余额：尚未完工的在产品的实际成本	

(二)"制造费用"账户

"制造费用" 账户是成本类账户，用来归集和分配企业生产部门(如车间)范围内为生产产品或提供劳务而发生的各项间接费用，包括生产部门管理人员和技术人员的职工薪酬、生产用房和机器设备的折旧费、保险费、办公费、机物料消耗、水电费、劳动保护费等。由于这些费用是在生产部门内的各种产品生产中共同发生的，而且是间接发生的，所以在该账户的借方归集，期末再按一定的标准分配转入"生产成本"账户。本账户期末一般无余额。

本账户可按不同的生产车间、部门和费用项目进行明细核算。"制造费用"账户核算的内容和结构如下：

制造费用

归集本期发生的各种制造费用	期末分配转入"生产成本"账户的制造费用

(三)"应付职工薪酬"账户

"应付职工薪酬"账户是负债类账户，用于核算企业根据规定应付给职工的各种薪酬。该账户的贷方登记分配计入各种成本费用的应付职工薪酬数，借方登记实际向职工支付的职工薪酬，期末贷方余额表示应付职工薪酬的结余。

"应付职工薪酬"账户应按照"工资"、"职工福利"、"社会保险费"、"住房公积金"、"工会经费"、"职工教育经费"、"非货币性福利"、"辞退福利"、"股份支付"等设置明细账户。

企业的职工包括与企业订立正式劳动合同的所有人员，含全职、兼职和临时职工；也包括未与企业订立正式劳动合同，但由企业正式任命的人员，如董事会成员、监事会成员等。

职工薪酬是指企业为获得职工提供的服务或解除劳动关系而给予的各种形式的报酬或补偿。职工薪酬包括短期薪酬、离职后福利、辞退福利和其他长期职工福利。

"应付职工薪酬"账户核算的内容和结构如下：

应付职工薪酬

本期实际支付的职工薪酬	期初余额 本期应付未付的职工薪酬
	期末余额：尚未支付的应付职工薪酬数

(四)"累计折旧"账户

"累计折旧"账户是资产类账户，用于核算企业固定资产的累计折旧。

企业取得固定资产是由于固定资产能够在未来给企业带来一定的经济利益，这种经济利益来自于企业对固定资产服务潜能的利用。但是,固定资产的服务潜力是有限的,随着固定资产在生产经营过程中的不断使用,这种服务潜力会逐渐衰减直至消逝。固定资产服务潜力的逐渐消逝,是因为固定资产在使用过程中会发生各种损耗。固定资产损耗可分为有形损耗和无形损耗。有形损耗是指固定资产在使用过程中由于磨损而发生的使用性损耗和由于受自然力影响而发生的自然损耗;无形损耗是指由于技术进步、消费偏好的变化、经营规模扩充等原因而引起的损耗,这种损耗的特点是固定资产在物质形态上仍具有一定的服务潜力,但已丧失了使用价值。因此,应该在固定资产的使用期限内,按照一定的方法合理分摊固定资产的成本,以使成本和相应的收入相配比。折旧就是企业采用合理而系统的分配方法将固定资产的取得成本在固定资产的经济使用年限内进行合理分配,使之与各期的收入相配比,以正确确认企业的损益。

由于"固定资产"账户是核算固定资产原始价值的账户,因此,专设"累计折旧"账户来核算企业固定资产的累计折旧。"累计折旧"是资产类账户,但它是"固定资产"账户的备抵调整账户,所以,它与一般的资产类账户的结构不同,其贷方登记按月计提的固定资产折旧(累计折旧的增加),借方登记出售、报废和毁损等原因减少的固定资产折旧(累计折旧的减少),期末余额在贷方,反映企业固定资产的累计折旧额。

本账户应按固定资产的类别或项目进行明细核算。"累计折旧"账户核算的内容和结构如下:

累计折旧

本期固定资产折旧的转销数	期初余额 本期固定资产折旧的增加数
	期末余额:现有固定资产已提取的累计折旧

(五)"库存商品"账户

"库存商品"账户是资产类账户,用于核算企业库存的各种商品的实际成本。工业企业的库存商品主要指产成品。产成品是指企业已经完成全部生产过程并已验收入库,合乎标准规格和技术条件,可以按照合同规定的条件送交订货单位,或者可以作为商品对外销售的产品。

本账户应按库存商品的种类、品种和规格设置明细账,进行明细核算。"库存商品"账户核算的内容和结构如下:

库存商品

期初余额 本期已完工入库产成品的实际成本	本期已出售产成品的实际成本
期末余额:库存产成品的实际成本	

(六)"管理费用"账户

"管理费用"账户是损益类账户,用于核算企业为组织和管理企业生产经营所发生的各项管理费,包括企业董事会和行政管理部门在企业经营管理中发生的或者应由企业统一负担的公司经费(包括行政管理部门职工薪酬、修理费、物料消耗、低值易耗品摊销、办公费和差旅费等)、工会经费、董事会费(包括董事会成员津贴、会议费和差旅费等)、聘请中介机构费、咨询费(含顾问费)、诉讼费、业务招待费、房产税、车船税、土地使用税、印花税、技术转让费、矿产资源补偿费、研究费用、排污费等。“管理费用”账户的借方登记本期发生的各项管理费用，贷方登记期末转入“本年利润”账户的数额，结转后该账户无余额。

本账户应按费用项目设置明细分类账，进行明细分类核算。“管理费用”账户核算的内容和结构如下：

管理费用	
本期发生的各项管理费用	期末转入“本年利润”账户的余额

(七)“财务费用”账户

“财务费用”账户是损益类账户，用来核算企业为筹集生产所需资金等而发生的费用，包括利息支出(减利息收入)、汇兑损失(减汇兑收益)、相关的手续费、企业发生的现金折扣或收到的现金折扣等。“财务费用”账户的借方登记本期发生的各项财务费用，贷方登记期末转入“本年利润”账户的数额，结转后该账户无余额。

本账户应按费用项目设置明细分类账，进行明细分类核算。“财务费用”账户核算的内容和结构如下：

财务费用	
本期发生的各项财务费用	期末转入“本年利润”账户的余额

(八)“应付利息”账户

“应付利息”账户是负债类账户，用来核算企业按照合同约定应支付的利息。“应付利息”账户的贷方登记按合同利率计算确定的应付未付利息，借方登记实际支付的利息。期末余额在贷方，表示企业应付未付的利息。

本账户应按债权人设置明细分类账，进行明细分类核算。“应付利息”账户核算的内容和结构如下：

应付利息	
本期实际支付的利息	期初余额 按合同利率计算确定的应付未付利息
	期末余额：企业应付未付的利息

二、生产过程主要经济业务的核算

(一)材料费用的核算

企业生产过程中需要领用各种材料，其用途有：产品生产领用、生产部门(车间)领用、管理部门领用。其中，用于产品生产的各种材料，应作为直接材料费用记入“生产成本”账户；用于各生产部门(车间)维护生产设备和管理生产耗用的材料，应记入“制造费用”账户(然后分配转入“生产成本”账户)；行政管理部门为组织管理企业经营而领用的材料，不计入产品成本，应作为期间费用，记入“管理费用”账户。

【例4—15】 根据领料单汇总，本月材料领用情况见表4—9。

表 4—9 材料领用情况汇总表

材料类别	A材料		B材料		C材料		合　计	
用　途	数量(吨)	金额(元)	数量(吨)	金额(元)	数量(吨)	金额(元)	数量(吨)	金额(元)
产品生产领用								
其中:甲产品	5	1 050	12	3 120	10	2 900		7 070
乙产品	5	1 050	15	3 900	5	1 450		6 400
生产车间领用			2	520	3	870		1 390
管理部门领用	4	840						840
合　计	14	2 940	29	7 540	18	5 220		15 700

这笔经济业务的发生,一方面,库存材料减少15 700元,记入"原材料"账户的贷方。另一方面,用于直接生产甲产品的材料费用7 070元,记入"生产成本"账户的甲产品明细账;直接用于生产乙产品的材料费用6 400元,记入"生产成本"账户的乙产品明细账;车间一般耗费领用的材料费1 390元,记入"制造费用"账户的借方;管理部门耗用的材料840元,记入"管理费用"账户的借方。这笔经济业务应编制会计分录如下:

借:生产成本——甲产品　7 070
　　　　　——乙产品　6 400
　　制造费用　1 390
　　管理费用　840
　　贷:原材料——A材料　2 940
　　　　　　——B材料　7 540
　　　　　　——C材料　5 220

(二)人工费用的核算

企业在生产过程中发生的人工费用应按职工所在部门和不同用途加以归集和分配。其中,直接从事产品生产工人的工资,直接按产品归集在发生时记入"生产成本"账户的借方;生产部门(车间)管理人员、技术人员、服务人员的工资属于制造费用,发生时应记入"制造费用"账户的借方,月末再分配记入"生产成本"账户;企业行政管理部门人员的工资属于期间费用,不计入产品成本,发生时记入"管理费用"账户的借方。

【例4—16】 根据工资的用途,分配结转本月工资费用,其中(单位:元):

生产甲产品生产工人工资　30 000
生产乙产品生产工人工资　20 000
车间管理人员工资　10 000
行政管理部门人员工资　8 000
　　合　计　68 000

这笔经济业务的发生,一方面,企业本月应付职工薪酬增加,应记入"应付职工薪酬"账户的贷方;另一方面,生产工人工资直接构成生产成本,记入"生产成本"账户的借方,车间管理人员工资记入"制造费用"账户的借方,行政管理部门人员工资记入"管理费用"账户的借方。应编制会计分录如下：

借：生产成本——甲产品 30 000

——乙产品 20 000

制造费用 10 000

管理费用 8 000

贷：应付职工薪酬——工资 68 000

【例 4—17】 从银行提取现金 68 000 元，以备发放工资。

这笔经济业务，使企业现金增加，应记入“库存现金”账户的借方；同时，企业银行存款减少，应记入“银行存款”账户的贷方。应编制会计分录如下：

借：库存现金 68 000

贷：银行存款 68 000

【例 4—18】 以现金 68 000 元支付本月职工工资。

这笔经济业务的发生，一方面使现金减少，应记入“库存现金”账户的贷方；同时，企业实际已支付了职工薪酬，应付职工薪酬减少，应记入“应付职工薪酬”账户的借方。应编制会计分录如下：

借：应付职工薪酬——工资 68 000

贷：库存现金 68 000

现实中发放职工薪酬，往往也是直接通过“银行存款”账户转到职工个人的工资卡上，而很少有现金提取和支付环节。

（三）制造费用的核算

工业企业的生产耗费除了前述的材料费、人工费以外，还有其他一些费用，如折旧费、办公费、保险费、劳动保护费等。这些费用按用途和发生地点进行归集，生产车间发生的，记入“制造费用”账户，月末分配转入“生产成本”账户；行政管理部门发生的，记入“管理费用”账户，不计入产品成本，直接冲减当期损益。

【例 4—19】 按照规定的固定资产折旧率，计提本月固定资产折旧 18 500 元。其中，车间使用固定资产计提折旧 13 000 元，行政管理部门使用固定资产计提折旧 5 500 元。

固定资产折旧费应按使用地点归集，生产部门（车间）的折旧费应记入“制造费用”账户，行政管理部门的折旧费应记入“管理费用”账户。这笔经济业务的发生，一方面，折旧费增加，将提取的折旧费记入“累计折旧”账户的贷方；另一方面，将本期提取的折旧费按地点记入相应的“制造费用”和“管理费用”账户的借方。应编制会计分录如下：

借：制造费用 13 000

管理费用 5 500

贷：累计折旧 18 500

【例 4—20】 以银行存款支付生产车间办公费 1 800 元，行政管理部门办公费 2 000 元。

这笔经济业务的发生，一方面，企业银行存款减少，应记入“银行存款”账户的贷方。另一方面，按照费用的用途和地点归集车间办公费，应记入“制造费用”账户的借方；行政管理部门的办公费为期间费用，应记入“管理费用”账户的借方。应编制会计分录如下：

借：制造费用 1 800

管理费用 2 000

贷：银行存款 3 800

【例 4—21】 以银行存款支付保险费 2 100 元,其中,车间保险费 900 元,管理部门保险费 1 200 元。

这笔经济业务的发生,一方面,企业银行存款减少,应记入"银行存款"账户的贷方。另一方面,按照费用的用途和地点归集车间保险费,应记入"制造费用"账户的借方;行政管理部门的保险费,应记入"管理费用"账户的借方。应编制会计分录如下:

借:制造费用	900	
管理费用	1 200	
贷:银行存款		2 100

(四)其他费用的核算

在生产经营中,除了发生与产品制造有直接或间接关系的费用外,还有可能发生一些与产品制造似乎没有什么关系的费用,如借款的利息支出、委托银行结算款项时支付的手续费、职工的差旅费等。这些费用在生产经营过程中发生,但不计入产品的成本,而是计入当期损益。

【例 4—22】 根据企业的短期借款,计算应由本月负担的短期借款利息为 1 200 元。

企业向银行借款而支付的利息,是因筹集资金而发生的一种财务费用,我国银行对企业贷款利息的结算是按季度进行的,本月的借款利息往往要在以后月份才支付,因此,对这部分已经发生而尚未实际支付的费用要预先提取计入财务费用,以正确划分费用的发生时期。

这笔经济业务,一方面,使企业的财务费用增加,应记入"财务费用"账户的借方;另一方面,使企业的应付利息增加,应记入"应付利息"账户的贷方。应编制会计分录如下:

借:财务费用	1 200	
贷:应付利息		1 200

【例 4—23】 总务部门采购员王强因公出差,暂支差旅费 800 元,当即以现金支付。

差旅费尚未实际发生,只是暂支,形成企业债权,而这种应收的款项又不是因销售产品而发生的应收账款,所以不能作为应收账款核算,而应设置一个"其他应收款"账户,专门用于反映除应收票据、应收账款、预付账款等业务以外的各种应收、暂付款项,包括企业拨出的备用金、应收的各种赔款、罚款、应向职工收取的各种垫付款等。"其他应收款"账户属于资产类账户,借方登记发生的各种应收暂付款,贷方登记已经收回或报销的应收暂付款,余额在借方,表示尚未收回或报销的应收暂付款项。

这笔经济业务的发生,一方面使企业现金减少,应记入"库存现金"账户的贷方;另一方面,企业的其他应收款增加,应记入"其他应收款"账户的借方。应编制会计分录如下:

借:其他应收款	800	
贷:库存现金		800

【例 4—24】 王强出差回来,报销差旅费 700 元,交回现金 100 元。

采购员的差旅费是管理费用。这笔经济业务的发生,一方面,使企业管理费用增加 700 元,应记入"管理费用"账户的借方;同时现金增加,应记入"库存现金"账户的借方。另一方面,报销后,王强与企业的这笔其他应收款项减少,应记入"其他应收款"账户的贷方。应编制会计分录如下:

借:管理费用	700	
库存现金	100	
贷:其他应收款——王强		800

(五)分配制造费用

制造费用是生产成本的一个内容,应于期末从“制造费用”账户的贷方转入“生产成本”账户的借方,从而构成生产成本,共同发生的制造费用应在相应产品中合理分配,分别转入各“生产成本”明细分类账户的借方,以正确计算各种产品的生产成本。

【例4—25】 分配结转本月的制造费用27 090元,其中,甲产品应负担16 254元,乙产品应负担10 836元(具体归集、分配计算方法见后)。

这笔经济业务的发生,一方面,使生产成本增加,应根据分配的金额分别记入“生产成本”账户借方相应的明细分类账中;另一方面,制造费用被分配转移,应记入“制造费用”账户的贷方。应编制会计分录如下:

借:生产成本——甲产品　16 254

　　　　　——乙产品　10 836

　贷:制造费用　27 090

(六)计算完工产品成本,并转入“库存商品”账户

【例4—26】 结转完工产品成本:甲产品100件,全部完工并验收入库,结转其生产成本;乙产品未完工。

通过前面的经济业务,本期发生的直接材料、直接人工已直接归集到“生产成本”账户的借方,对发生的各项间接费用,也先在“制造费用”账户中归集,月末又按产品分配记入“生产成本”账户的借方。在这笔经济业务中,甲产品已全部完工,没有在产品,因此,已归集在“生产成本——甲产品”明细账中的直接材料、直接人工和制造费用就是本月已完工甲产品的实际生产成本,由于乙产品没有完工,故归集在“生产成本——乙产品”账户中的直接材料、直接人工和制造费用就是在产品成本,留待以后完工验收入库时一并结转。

在进行结转前,首先要把归集在“生产成本——甲产品”账户的借方余额算出,因为甲产品全部完工,所以,此借方余额即为已完工甲产品的生产成本。

生产成本——甲产品

	(15)7 070		(26)53 324
	(16)30 000		
	(25)16 254		
本月发生额	53 324	本月发生额	53 324

这笔经济业务的发生,一方面,使企业库存增加,应记入“库存商品”账户的借方;另一方面,使生产过程中的生产费用减少,应记入“生产成本”账户的贷方。应编制会计分录如下:

借:库存商品——甲产品　53 324

　贷:生产成本——甲产品　53 324

生产过程的总分类核算程序如图4—3所示。

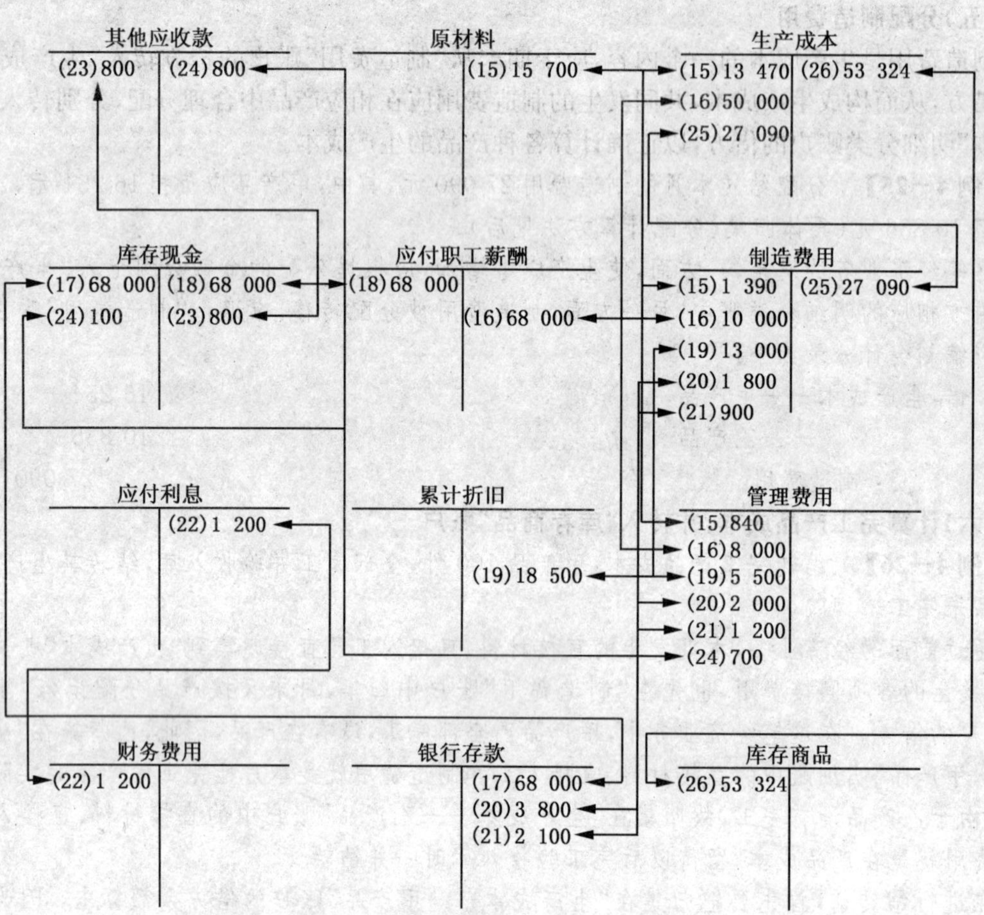

图 4—3 生产过程的总分类核算程序

三、产品生产成本的计算

(一)产品生产成本的内容

产品生产成本的计算就是按照生产的各种产品归集和分配生产过程中发生的各项生产费用,并按成本项目计算各种产品的生产总成本和单位成本。

如上所述,产品生产成本的主要内容包括:

1. 劳动对象的耗费,即各种原材料、辅助材料、燃料及动力等耗费;
2. 劳动资料的耗费,即房屋建筑物、机器设备等固定资产折旧费等;
3. 活劳动的耗费,即职工薪酬等;
4. 其他费用支出,即为生产产品而发生的各项费用支出。

(二)产品生产成本计算的步骤

1. 确定生产成本计算对象

计算产品生产成本,首先要确定成本计算对象。成本计算对象是指归集费用的对象。企业在生产过程中发生的各项生产费用,应当以所生产的各种产品作为成本计算对象,本节以生产的甲、乙产品作为成本计算对象。

2. 确定生产成本项目

成本项目是指各种费用按其用途的分类。企业在生产过程中,生产成本一般设置以下四个成本项目：

(1)直接材料，指直接用于产品生产的各种材料、燃料和动力等。

(2)直接人工，指直接参加产品生产的职工薪酬。

(3)其他直接支出，指不列入上列项目的其他直接支出。

(4)制造费用，指为组织和管理生产部门范围内的生产所发生的各项费用，包括生产部门管理人员薪酬、折旧费、办公费、水电费、一般性用料、劳动保护费等。

将本月生产的甲、乙产品所发生的各项生产费用，按其成本项目整理，如表4－10所示。

表4－10 甲、乙产品的各项生产费用 单位：元

产品名称	完工产品数量	直接材料	直接人工	制造费用	合 计
甲产品	100件	7 070	30 000	27 090	
乙产品		6 400	20 000		
合 计		13 470	50 000	27 090	90 560

在表4－10中，两种产品的直接材料和直接人工费用受益对象明确，直接计入它们的生产成本中，而制造费用是两种产品共同耗用的，需要按一定的方法分配后，再据以分别计入两种产品的生产成本中。

3. 分配制造费用

(1)确定分配标准

一般以生产工人工资或生产工时作为分配标准，本例选择生产工人工资作为分配标准。

(2)计算制造费用分配率

制造费用分配率的计算公式如下：

$$\text{制造费用分配率}=\frac{\text{制造费用总额}}{\text{生产工人工资(生产工时)总额}}$$

本例中：

$$\text{制造费用分配率}=\frac{27\,090}{30\,000+20\,000}=0.5418$$

(3)计算各种产品应分配的制造费用

某种产品应分配的制造费用＝该种产品的生产工资(生产工时)×分配率

本例中：

甲产品应分配的制造费用＝30 000×0.5418＝16 254(元)

乙产品应分配的制造费用＝20 000×0.5418＝10 836(元)

制造费用的分配一般是通过编制制造费用分配表来进行的，其格式如表4－11所示。

表4－11 制造费用分配表 单位：元

产品名称	分配标准(生产工人工资)	分配率	分配金额
甲产品	30 000	0.5418	16 254
乙产品	20 000	0.5418	10 836
合 计	50 000	—	27 090

根据以上计算，即可将甲、乙两种产品应分配的制造费用，记入“生产成本”有关明细账中。

4. 登记生产成本明细账

具体见表 4－12、表 4－13。

表 4－12 生产成本明细分类账

产品品种：甲产品 单位：元

年 月	日	凭证号码	摘 要	借方 直接材料	借方 直接人工	借方 制造费用	借方 合 计	贷 方	借或贷	余 额
		(15)	生产领用材料	7 070			7 070		借	7 070
		(16)	生产工人工资		30 000		30 000		借	37 070
		(25)	分配制造费用			16 254	16 254		借	53 324
		(26)	结转完工产品成本					53 324	平	
			本期发生额和余额	7 070	30 000	16 254	53 324	53 324	平	

表 4－13 生产成本明细分类账

产品品种：乙产品 单位：元

年 月	日	凭证号码	摘 要	借方 直接材料	借方 直接人工	借方 制造费用	借方 合 计	贷 方	借或贷	余 额
		(15)	生产领用材料	6 400			6 400		借	6 400
		(16)	生产工人工资		20 000		20 000		借	26 400
		(25)	分配制造费用			10 836	10 836		借	37 236
			本期发生额和余额	6 400	20 000	10 836	37 236		借	37 236

5. 编制完工产品成本计算表

根据已完工甲产品的明细账编制成本计算表，计算出其总成本和单位成本，具体计算如表 4－14 所示。

表 4－14 产品生产成本计算表

成本项目	甲产品 总成本	甲产品 单位成本
直接材料	7 070	70.7
直接人工	30 000	300
制造费用	16 254	162.54
产品生产成本	53 324	532.24

第五节 产品销售的核算

产品销售是企业在销售过程中的主要经济业务活动。企业生产的产品，只有销售出去，并按销售价格向购买单位收取货款，才能实现企业的经营目标。在销售过程中，企业要发出各种产品，结转产品销售成本。此外，企业在销售过程中还会发生一些其他业务，如材料的销售、包装物出租、固定资产出租等，需要企业确认其他业务收入，结转其他业务成本。要支付各种销售费用，如包装费、运输费、广告费等。此外，企业还要按照国家规定的税率和实现的销售收入计算缴纳销售税金。在销售过程中，企业还要同银行、购货单位发生结算等。

一、销售过程核算需设置和运用的账户

为了反映和监督企业产品销售收入、其他业务收入的形成、销售货款的结算、销售成本和销售费用的发生，以及企业营业税金及附加的计算缴纳情况，应设置“主营业务收入”、“其他业务收入”、“主营业务成本”、“其他业务成本”、“应收账款”、“应收票据”、“预收账款”、“销售费用”、“营业税金及附加”、“应交税费”等账户，其中，“应交税费”账户曾在供应过程中做过阐述，在此不赘述。

（一）“主营业务收入”账户

“主营业务收入”账户是损益类账户，用来核算企业销售产品、提供劳务及让渡资产使用权等日常活动中产生的收入。该账户的贷方登记确认的主营业务收入，借方登记期末转入“本年利润“账户的金额，结转后期末无余额。

该账户应按照主营业务或产品的品种设置明细分类账，进行明细分类核算。“主营业务收入”账户核算的内容和结构如下：

主营业务收入

期末转入“本年利润”账户的数额	本期实现的主营业务收入

（二）“其他业务收入”账户

“其他业务收入”账户是损益类账户，用来核算企业根据收入准则确认的除主营业务以外的其他经营活动实现的收入，包括销售材料、出租固定资产、出租无形资产、出租包装物和商品等实现的收入。该账户的贷方登记确认的各项其他业务收入，借方登记期末转入“本年利润”账户的金额，结转后期末无余额。

该账户应按照其他业务收入的种类设置明细分类账，进行明细分类核算。“其他业务收入”账户核算的内容和结构如下：

其他业务收入

期末转入“本年利润”账户的数额	本期实现的其他业务收入

（三）“主营业务成本”账户

“主营业务成本”账户是损益类账户，用于核算企业因销售商品、提供劳务或让渡资产使用权等日常活动而发生的实际成本。该账户同时也是费用类账户，借方登记已经销售或已提供劳务的实际成本，贷方登记期末转入“本年利润”账户的数额，结转后期末无余额。

该账户应按主营业务的种类或产品的品种设置明细分类账，进行明细分类核算。“主营业务成本”账户核算的内容和结构如下：

主营业务成本

本期结转的已销产品的实际生产成本	期末转入“本年利润”账户的数额

(四)“其他业务成本”账户

“其他业务成本”账户是损益类账户，用于核算除主营业务活动以外的其他经营活动所发生的支出，包括销售材料的成本、出租固定资产的累计折旧、出租无形资产的累计摊销、出租包装物的成本或摊销额等。该账户同时也是费用类账户，借方登记企业结转或发生的其他业务成本，贷方登记期末转入“本年利润”账户的数额，结转后期末无余额。

该账户应按其他业务的种类设置明细分类账，进行明细分类核算。“其他业务成本”账户核算的内容和结构如下：

其他业务成本

本期发生的各项其他业务成本	期末转入“本年利润”账户的数额

(五)“应收账款”账户

“应收账款”是资产类账户，用于核算企业因销售商品、产品、提供劳务等应向购货单位或接受劳务单位收取的款项。该账户的借方登记应收账款的增加数；贷方登记减少数，期末余额一般在借方，表示尚未收回的应收款项。

该账户应按不同的购货单位或接受劳务的单位设置明细分类账，进行明细分类核算。“应收账款”账户核算的内容和结构如下：

应收账款

期初余额	
本期发生应收购买单位款(应收账款增加)	本期收回应收单位款(应收账款减少)
期末余额：期末尚未收回的应收账款	

(六)“应收票据”账户

“应收票据”账户是资产类账户，用于核算因销售商品、产品、提供劳务等而收到的商业汇票，包括商业承兑汇票和银行承兑汇票。该账户的借方登记企业因销售商品、产品、提供劳务等而收到开出、承兑的商业汇票的票面金额，贷方登记到期收回或转销的票面金额，期末余额在借方，表示尚未到期的商业汇票的票面金额。

该账户应当按照开出承兑商业汇票的单位进行明细核算。实际中可以设置“应收票据备查簿”，其内容核算方法与“应付票据备查簿”相似。“应收票据”账户核算的内容和结构如下：

应收票据

期初余额	
本期收到的商业汇票面值	本期到期收回的商业汇票面值
期末余额：尚未收回的商业汇票金额	

(七)“预收账款”账户

“预收账款”账户是负债类账户，用于核算企业按照合同规定向购货单位预收的购货定金或部分货款。该账户的贷方登记发生的预收款的增加数和购货单位补付账款的数额，借方登记销售实现时冲销的预收款及退回多收的款项。余额一般在贷方，表示预收的尚未结算的款项；若为借方余额，则表示尚未转销的款项。

预收账款情况不多的企业，也可将预收的款项直接记入“应收账款”账户。预收购货定金或部分货款时，记入“应收账款”账户的贷方；待实际售出货物或提供劳务冲销预收款时，记入“应收账款”账户的借方。

该账户应按照购货单位设置明细分类账，进行明细分类核算。“预收账款”账户核算的内容和结构如下：

预收账款

	期初余额
①本期发货抵减的预收款	①本期收到的预收款
②本期退回多收的款项	②本期收到购货单位补付的款项
	期末余额：已预收但尚未发货结算的款项

(八)“销售费用”账户

“销售费用”账户是损益类账户，用于核算企业销售商品和材料、提供劳务过程中发生的各种费用，包括保险费、包装费、展览费和广告费、商品维修费、预计产品质量保证损失、运输费、装卸费等，以及为销售本企业商品而专设的销售机构（含销售网点、售后服务网点）等的职工薪酬、业务费、折旧费、专设销售机构固定资产后续支出等费用。该账户同时也是费用类账户，期末应将本账户的余额全部转入“本年利润”账户，结转后无余额。

该账户应按费用项目设置明细分类账，进行明细分类核算。“销售费用”账户核算的内容和结构如下：

销售费用

各种销售费用的发生额	期末转入“本年利润”账户的数额

(九)“营业税金及附加”账户

“营业税金及附加”账户是损益类账户，用于核算企业经营活动发生的营业税、消费税、城市维护建设税、资源税和教育费附加等相关税费。该账户的借方登记按规定计算应负担的有关营业税金及附加，贷方登记期末转入“本年利润”账户的数额，结转后期末无余额。“营业税金及附加”账户核算的内容和结构如下：

营业税金及附加

本期按规定计算应负担的有关营业税金及附加	期末转入“本年利润”账户的数额

二、销售过程的主要经济业务

(一)主营业务收支的核算

工业企业的主营业务范围包括销售产品、提供劳务等。因此，主营业务核算的主要内容是主营业务收入的确认与计量、主营业务成本的计算与结转等。

根据《企业会计准则》的规定，销售商品收入同时满足下列条件的，才能予以确认：(1)企业已将商品所有权上的主要风险和报酬转移给购货方；(2)企业既没有保留通常与所有权相联系的继续管理权，也没有对已售出的商品实施有效控制；(3)收入的金额能够可靠计量；(4)相关经济利益很可能流入企业；(5)相关的已发生或将发生的成本能够可靠计量。

1. 主营业务收入的核算

作为增值税一般纳税人的企业，在销售产品时，除了应向购货方收取产品销货款外，还应向其收取销项增值税额，以便期末时以销项税额抵扣进项税额，以余额缴纳增值税额。收取的销售税额应记入"应交税费——应交增值税(销项税额)"账户的贷方，销售产品取得的货款记入"主营业务收入"账户的贷方；实际取得的款项按结算方式的不同，分别记入"银行存款"、"应收账款"、"应收票据"、"预收账款"账户的借方。

【例4—27】 某企业向大华公司出售甲产品100件，每件售价2 000元，货款200 000元和增值税34 000元已通过银行收讫。

这笔经济业务的发生，一方面使企业的银行存款增加234 000元(200 000元＋34 000元)，应记入"银行存款"账户的借方；另一方面使企业的销售收入增加200 000元，应记入"主营业务收入"账户的贷方；同时，向对方收取的增值税销项税额使企业的"应交税费——应交增值税"账户增加34 000元，应记入"应交税费——应交增值税(销项税额)"账户的贷方。应编制会计分录如下：

借：银行存款	234 000	
贷：主营业务收入		200 000
应交税费——应交增值税(销项税额)		34 000

【例4—28】 某企业向永利公司出售乙产品20件，每件售价800元，应收取增值税2 720元，产品已发出，货款及增值税尚未收到。

这笔经济业务的发生，一方面使企业的应收款项增加，应记入"应收账款"账户的借方；另一方面使企业的销售收入增加16 000元，应记入"主营业务收入"账户的贷方；同时，向对方收取的增值税销项税额使企业的"应交税费——应交增值税"增加2 720元，应记入"应交税费——应交增值税(销项税额)"账户的贷方。应编制会计分录如下：

借：应收账款——永利公司	18 720	
贷：主营业务收入		16 000
应交税费——应交增值税(销项税额)		2 720

【例4—29】 某企业销售乙产品50件给中联公司，每件售价800元，共计40 000元，增值税为6 800元。收到购货方已承兑的商业汇票一张，面值46 800元。

这笔经济业务的发生，一方面由于企业销售产品，应向购货方收取增值税6 800元(40 000×17%)，应记入"应交税费——应交增值税(销项税额)"账户的贷方；销售产品实现40 000元的销售收入，记入"主营业务收入"账户的贷方。另一方面，企业的应收票据增加46 800元，应记入"应收票据"账户的借方。应编制会计分录如下：

借：应收票据	46 800	
贷：主营业务收入		40 000
应交税费——应交增值税(销项税额)		6 800

企业对于收到的商业汇票，应在"应收票据备查簿"中进行登记。

【例4—30】 某企业收到永利前欠公司货款18 720元，存入银行。

该笔经济业务是【例 4—28】的后续发生业务，当时销货未收的款项现在收回，使企业的应收账款减少，应记入“应收账款”账户的贷方；另一方面，收回的货款存入银行，使企业的银行存款增加，应记入“银行存款”账户的借方。应编制会计分录如下：

借：银行存款　　18 720

　　贷：应收账款——永利公司　　18 720

【例 4—31】 某企业接受利群公司的定货，按照合同约定，利群公司预付甲产品购货款 100 000 元，款项已收讫并存入银行。

利群公司预付给该企业购货款，一方面，使企业的银行存款增加，应记入“银行存款”账户的借方；另一方面，收到对方预付的货款时，货并未发出，因此形成了对购货单位的一项负债，这项负债将在以后用产品进行清偿，而在目前只是一笔预收的款项，应记入“预收账款”账户的贷方。应编制会计分录如下：

借：银行存款　　100 000

　　贷：预收账款——利群公司　　100 000

【例 4—32】 企业按合同规定向利群公司销售甲产品 150 件，每件售价 2 000 元，货款计 300 000 元，增值税为 51 000 元。其中，100 000 元为预收货款，其余款项收到并存入银行。

这项经济业务的发生，一方面，转移产品所有权，实现了销售，使企业的主营业务收入增加 300 000 元，应记入“主营业务收入”账户的贷方；同时，应向对方收取的增值税销项税额使企业的“应交税费——应交增值税”增加 51 000 元，应记入“应交税费——应交增值税（销项税额）”账户的贷方。另一方面，销售的这批产品，应抵减企业原先预收的购货款 100 000 元，使预收账款减少 100 000 元，这项负债的减少应记入“预收账款”账户的借方，因此，企业应收取的款项 351 000 元（货款 300 000 元＋增值税 51 000 元）扣除预收账款 100 000 元，其余款项 251 000 元由利群公司支付并存入银行，使企业的银行存款增加 251 000 元，应记入“银行存款”账户的借方。应编制会计分录如下：

借：银行存款　　251 000

　　预收账款　　100 000

　　贷：主营业务收入　　300 000

　　　　应交税费——应交增值税（销项税额）　　51 000

如果利群公司支付的其余款项 251 000 元是在销售完成以后补付的，则这笔业务应在确认销售时，编制会计分录如下：

借：预收账款　　351 000

　　贷：主营业务收入　　300 000

　　　　应交税费——应交增值税（销项税额）　　51 000

收到利群公司补付货款时，应编制会计分录如下：

借：银行存款　　251 000

　　贷：预收账款　　251 000

2. 主营业务成本的核算

已经销售的产品成本可以在平时随时结转，也可以到期末一次结转，其成本的计算可以采用不同的计价方法来进行，由于计价方法不同，计算出的已销商品成本也不同。结转时，按实际计算出的已销商品成本，借记“主营业务成本”账户，贷记“库存商品”账户。

【例 4—33】 结转本月销售的甲产品实际生产成本 75 000 元，乙产品实际生产成本

10 000元。

这项经济业务的发生，一方面，使企业库存的产成品减少 110 000 元，其中甲产品减少 100 000元，乙产品减少 10 000 元，应记入“库存商品”账户的贷方；另一方面，结转已销产品成本，应记入“主营业务成本”账户的借方。应编制会计分录如下：

借：主营业务成本	85 000
贷：库存商品——甲产品	75 000
——乙产品	10 000

(二)其他业务收支的核算

企业在销售过程中，除了发生主营业务以外，还会发生一些其他业务，如销售材料、出租固定资产、出租无形资产、出租包装物和商品等，从而取得其他业务收入，记入“其他业务收入”账户的贷方；发生的其他业务成本，如销售材料的成本、出租固定资产应提取的折旧、出租无形资产应摊销的价值、出租包装物应摊销的价值等，记入“其他业务成本”账户的借方。

1. 其他业务收入的核算

对于符合确认条件的其他业务收入，应按发票账单确认的金额，借记“银行存款”、“应收账款”等账户，贷记“其他业务收入”账户；涉及增值税的，按应交的增值税，贷记“应交税费——应交增值税(销项税额)”账户。

【例 4－34】 销售材料一批，增值税专用发票上注明 A 材料销售货款为 10 000 元，增值税额为 1 700 元，价款已全部收取并存入银行。

这项经济业务的发生，一方面，使企业的银行存款增加 11 700 元，应记入“银行存款”账户的借方。另一方面，工业企业销售材料收入属于其他业务收入，应记入“其他业务收入”账户的贷方；同时，出售材料应向购买方收取增值税销项税额，应记入“应交税费——应交增值税”账户的贷方。应编制会计分录如下：

借：银行存款	11 700
贷：其他业务收入	10 000
应交税费——应交增值税(销项税额)	1 700

2. 其他业务成本的核算

企业按符合确认条件的销售材料的实际成本或出租的固定资产、无形资产、包装物等借记“其他业务成本”账户，贷记“原材料”、“累计折旧”、“累计摊销”、“周转材料”等账户。

【例 4－35】 结转上述 A 材料的销售成本 7 000 元。

这项经济业务的发生，一方面，使企业库存材料成本减少 7 000 元，应记入“原材料”账户的贷方；另一方面，结转已售材料的成本属于其他业务成本，应记入“其他业务成本”账户的借方。应编制会计分录如下：

借：其他业务成本	7 000
贷：原材料——A 材料	7 000

(三)营业税金及附加的核算

企业在营业收入(主营业务收入和其他业务收入)实现后，还应按税法的规定，核算经营活动发生的相关税费。

税收是国家为实现其职能，按照法律的规定，强制地、无偿地取得财政收入的一种手段。企业经营活动应负担的税金及附加包括消费税、营业税、资源税、城市建设维护税、教育费附加等。税金不是一种耗费，而是企业对国家应尽的义务，也是企业纯收入的抵减部分，但是，从企业角度来看，也是一项支出。为了正确计算本期损益，合理进行利润分配，月末应将归属本期的税金调整入账，并于次月初向国家税务部门缴纳。企业负担的营业税金及附加，应借记“营业税金及附加”账户，贷记“应交税费”账户，并按照税费种类记入“应交消费税”、“应交营业税”、“应交资源税”、“应交城市建设维护税”、“应交教育费附加”等明细账。

【例4－36】 结算本期应缴纳的城市维护建设税2 300元，教育费附加1 020元。

这笔经济业务的发生，一方面，使企业的营业税金及附加增加3 320元（2 300元＋1 020元），应记入“营业税金及附加”账户的借方；另一方面，应缴纳的城市维护建设税2 300元和教育费附加1 020元尚未缴纳，应记入“应交税费——应交城市维护建设税”和“应交税费——应交教育费附加”账户的贷方。应编制会计分录如下：

借：营业税金及附加　　3 320

　贷：应交税费——应交城市维护建设税　　2 300

　　　　　　——应交教育费附加　　1 020

（四）销售费用的核算

企业的销售费用是指在销售商品和材料、提供劳务的过程中发生的各种费用。企业在销售商品过程中发生的包装费、保险费、展览费和广告费、运输费、装卸费等费用，借记“销售费用”账户，贷记“库存现金”、“银行存款”等账户；发生的为销售本企业商品而专设的销售机构的职工薪酬、业务费等经营费用，借记“销售费用”账户，贷记“应付职工薪酬”、“银行存款”账户。

【例4－37】 以银行存款支付广告费10 000元。

这笔经济业务的发生，一方面，使企业的银行存款减少，应记入“银行存款”账户的贷方；另一方面，企业销售费用中的广告费增加，应记入“销售费用”账户的借方。应编制会计分录如下：

借：销售费用　　10 000

　贷：银行存款　　10 000

【例4－38】 开出转账支票一张，支付产品展览费2 000元。

这项经济业务的发生，一方面（产品展览费属于商品销售费用），使销售费用增加2 000元，应记入“销售费用”账户的借方；另一方面，使银行存款减少2 000元，应记入“银行存款”账户的贷方。应编制会计分录如下：

借：销售费用　　2 000

　贷：银行存款　　2 000

销售过程的总分类核算程序如图4－4所示。

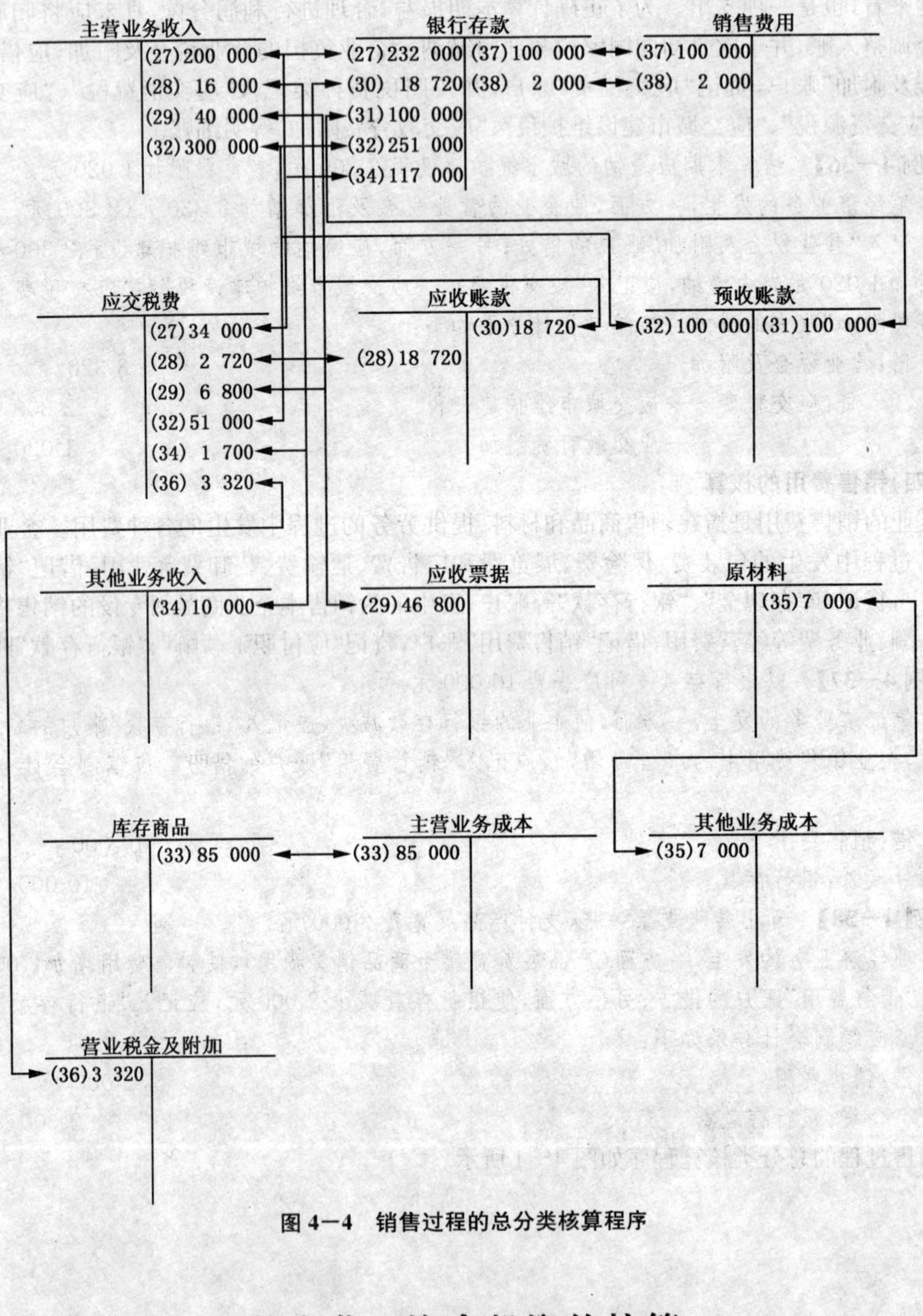

图 4—4 销售过程的总分类核算程序

第六节 资金投资的核算

企业除了从事自身的生产经营活动外，还可以通过对外投资获得利益，以实现其经营目标。投资是指企业为通过分配来增加财富，或为谋求其他利益而将资产让渡给其他单位所获得的另一项资产。企业持有的对外投资，可以按不同的标准进行分类。例如，按照持有时间的长短，可以分为短期投资和长期投资；按照不同的投资对象，可以分为股票投资、债券投资和其他投资;按照不同的投资性质,可以分为股权性投资、债权性投资和混合性投资;按照管理层持有意图,可以分为交易性金融资产、持有至到期投资、可供出售金融资产、长期股权投资等。企业会计准则按照管理层持有意图对投资进行分类,并设置相应的会计账户核算,在资产负债表中,各类投资分项单独列示。因此,本节主要讲述交易性金融资产、持有至到期投资、可供出售金融资产,长期股权投资将在后续的专业课程中介绍。

一、交易性金融资产的核算

交易性金融资产主要是指企业为了近期内出售而持有的金融资产。例如,企业以赚取差价为目的从二级市场上购入的股票、债券、基金等,就属于交易性金融资产。

(一)交易性金融资产核算应设置和运用的账户

1.“交易性金融资产”账户

“交易性金融资产”账户是资产类账户,用来核算企业为交易目的所持有的债券投资、股票投资、基金投资等交易性金融资产的公允价值。

“交易性金融资产”账户按交易性金融资产的类别和品种,分别“成本”、“公允价值变动”等进行明细核算。“交易性金融资产”账户的期末借方余额,反映企业持有的交易性金融资产的公允价值。

2.“应收股利”账户

“应收股利”账户是资产类账户,用来核算企业应收取的现金股利和应收取其他单位分配的利润。该账户的借方登记应收股利的增加,贷方登记实际收到的现金股利和其他单位分配的利润。“应收股利”账户的期末借方余额,反映企业尚未收回的现金股利或利润。

“应收股利”账户可按被投资单位进行明细核算。

3.“应收利息” 账户

“应收利息”账户是资产类账户,用来核算企业交易性金融资产、持有至到期投资、可供出售金融资产、发放贷款、存放中央银行款项、拆出资金、买入返售金融资产等应收取的利息。该账户的借方登记应收利息的增加,贷方登记实际收到的利息。“应收利息”账户的期末借方余额,反映企业尚未收回的利息。

“应收利息”账户可按借款人或被投资单位进行明细核算。

4.“投资收益” 账户

“投资收益” 账户是损益类账户,用来核算企业确认的投资收益或投资损失。该账户的贷方登记企业对外投资确认的投资收益以及结转投资净损失,借方登记企业对外投资确认的投资损失以及结转的投资净收益。期末结转前余额如在贷方,表示投资净收益;如在借方,表示投资净损失。期末,应将“投资收益”账户的余额转入“本年利润”科目,账户结转后应无余额。

“投资收益”账户可按投资项目进行明细核算。

5.“公允价值变动损益” 账户

“公允价值变动损益” 账户是损益类账户,用来核算企业交易性金融资产、交易性金融负债,以及采用公允价值模式计量的投资性房地产、衍生工具、套期保值业务等公允价值变动形成的应计入当期损益的利得或损失。该账户的贷方登记由于公允价值变动形成的利得以及结转公允价值变动净损失,借方登记由于公允价值变动形成的损失以及结转公允价值变动净收益。期末结转前余额如在贷方,表示公允价值变动净收益;如在借方,表示公允价值变动净损失。期末,应将“公允价值变动损益”账户的余额转入“本年利润”账户,本账户结转后应无余额。

"公允价值变动损益"账户可按交易性金融资产、交易性金融负债、投资性房地产等进行明细核算。

(二)交易性金融资产的主要经济业务核算

1. 企业取得交易性金融资产

交易性金融资产应当按照取得时的公允价值作为初始确认金额，相关的交易费在发生时计入当期损益。如果实际支付的价款中包含已宣告但尚未发放的现金股利或已到付息期但尚未领取的债券利息，应当单独确认为应收项目，不计入交易性金融资产的初始确认金额。

企业取得交易性金融资产，按其公允价值，借记"交易性金融资产——成本"账户；按发生的交易费用，借记"投资收益"账户；按已到付息期但尚未领取的利息或已宣告但尚未发放的现金股利，借记"应收利息"或"应收股利" 账户；按实际支付的金额，贷记"银行存款"等账户。

借：交易性金融资产——成本（公允价值）

投资收益（发生的交易费用）

应收股利（已宣告但尚未发放的现金股利）

应收利息（已到付息期但尚未领取的利息）

贷：银行存款等

2. 持有期间的股利或利息

企业在持有交易性金融资产期间所获得的现金股利或债券利息，应当确认为投资收益。

交易性金融资产持有期间被投资单位宣告发放的现金股利，或在资产负债表日按分期付息、一次还本债券投资的票面利率计算的利息，借记"应收股利"或"应收利息"账户，贷记"投资收益"账户。

借：应收股利（被投资单位宣告发放的现金股利×投资持股比例）

应收利息（资产负债表日计算的应收利息）

贷：投资收益

3. 资产负债表日公允价值变动

资产负债表日，交易性金融资产的公允价值高于其账面余额时，应按两者之间的差额，调增交易性金融资产的账面余额，同时确认公允价值上升的收益，借记 "交易性金融资产——公允价值变动"账户，贷记"公允价值变动损益"账户。

交易性金融资产的公允价值低于其账面余额时，应按两者之间的差额，调减交易性金融资产的账面余额，同时确认公允价值下跌的损失，借记"公允价值变动损益"账户，贷记"交易性金融资产——公允价值变动"账户。

(1)公允价值上升时：

借：交易性金融资产——公允价值变动

贷：公允价值变动损益

(2)公允价值下降时：

借：公允价值变动损益

贷：交易性金融资产——公允价值变动

4. 出售交易性金融资产

出售交易性金融资产，应按实际收到的金额，借记"银行存款"等账户；按该金融资产的账面余额，贷记"交易性金融资产"账户；按其差额，贷记或借记"投资收益"账户。同时，将原计入该金融资产的公允价值变动转出，借记或贷记“公允价值变动损益”账户，贷记或借记“投资收益”账户。

借：银行存款等

　贷：交易性金融资产

　　投资收益（差额，也可能在借方）

同时：

借：公允价值变动损益（原计入该金融资产的公允价值变动损益）

　贷：投资收益

或：

借：投资收益

　贷：公允价值变动损益

【例 4—39—1】 2×15 年 5 月，企业以 482 万元购入星湖公司股票 60 万股作为交易性金融资产，其中 2 万元为已宣告未支付的现金股利。另支付手续费 10 万元。

公司一共支付了 492 万元（482＋10）银行存款，应记入“银行存款”账户的贷方。其中 2 万元为已宣告未支付的现金股利，应记入“应收股利”账户的借方；482 万元扣除 2 万元应收股利后的 480 万元应为企业购入的交易性金融资产的公允价值，应记入“交易性金融资产——成本”账户的借方；支付的手续费 10 万元，应记入“投资收益”账户的借方。应编制会计分录如下：

借：交易性金融资产——成本	4 800 000	
投资收益	100 000	
应收股利	20 000	
贷：银行存款		4 920 000

【例 4—39—2】 6 月 5 日，企业收到购买价款中包含的已宣告股利 2 万元，存入银行。

这笔经济业务，一方面，使企业银行存款增加 2 万元，应记入“银行存款”账户的借方；另一方面，企业的这笔应收股利减少，应记入“应收股利”账户的贷方。应编制会计分录如下：

借：银行存款	20 000	
贷：应收股利		20 000

【例 4—39—3】 2×15 年 6 月 30 日，该股票每股市价为 7 元，假定企业每年 6 月 30 日和 12 月 31 日对外提供财务报告。

交易性金融资产在 6 月 30 日的公允价值为 420 万元（60×7），低于交易性金融资产的账面余额 480 万元的差额为 60 万元（480—420），应确认为公允价值变动的损失，记入“公允价值变动损益”账户的借方；同时，调减交易性金融资产的账面余额，记入“交易性金融资产——公允价值变动”账户的贷方。应编制会计分录如下：

借：公允价值变动损益	600 000	
贷：交易性金融资产——公允价值变动		600 000

在本例中，假如 6 月 30 日该股票的市价为每股 9 元，则交易性金融资产在 6 月 30 日的公允价值为 540 万元（60×9），高于交易性金融资产的账面余额 480 万元的差额为 60 万元（540—480），应调增交易性金融资产的账面余额，记入“交易性金融资产——公允价值变动”账户的借方；同时，确认公允价值变动的收益，记入“公允价值变动损益”账户的贷方。应编制会计分录如下：

借:交易性金融资产——公允价值变动　　600 000

　　贷:公允价值变动损益　　600 000

【例 4—39—4】 2×15 年 8 月 10 日,星湖公司宣告分派现金股利,每股 0.20 元。

乙公司宣告发放的现金股利 12 万元(60×0.2),是在甲公司持有的交易性金融资产的持有期间宣告的,因此,应一方面登记应收股利的增加,记入"应收股利"账户的借方;另一方面作为企业投资收益的增加,记入"投资收益"账户的贷方。应编制会计分录如下:

借:应收股利　　120 000

　　贷:投资收益　　120 000

【例 4—39—5】 8 月 20 日,企业收到分派的现金股利,存入银行。

这笔经济业务,一方面,使企业的银行存款增加 12 万元,应记入"银行存款"账户的借方;另一方面,企业的这笔应收股利减少,应记入"应收股利"账户的贷方。应编制会计分录如下:

借:银行存款　　120 000

　　贷:应收股利　　120 000

【例 4—39—6】 至 12 月 31 日,企业仍持有该交易性金融资产,期末每股市价为 10 元。

交易性金融资产在 12 月 31 日的公允价值为 600 万元(60×10),交易性金融资产的账面余额为 420 万元(480—60),因此,公允价值高于账面余额的差额为 180 万元(600—420),应调增交易性金融资产的账面余额,记入"交易性金融资产——公允价值变动"账户的借方;同时,确认公允价值上升的收益,记入"公允价值变动损益"账户的贷方。应编制会计分录如下:

借:交易性金融资产——公允价值变动　　1 800 000

　　贷:公允价值变动损益　　1 800 000

【例 4—39—7】 2×16 年 1 月 3 日,企业以 650 万元出售该交易性金融资产。

这笔经济业务的发生,使企业的银行存款增加 650 万元,记入"银行存款"账户的借方。将该交易性金融资产的账面余额转出,其中,"交易性金融资产——成本"账户的借方余额 480 万元转出,记入"交易性金融资产——成本"账户的贷方;将"交易性金融资产——公允价值变动"账户的借方余额 120 万元(180—60)转出,记入"交易性金融资产——公允价值变动"账户的贷方,将收到的银行存款 650 万元与转出的交易性金融资产的账面余额 600 万元(成本 480 万元+公允价值变动 120 万元)的差额 50 万元确认为企业投资收益,记入"投资收益"账户的贷方。应编制会计分录如下:

借:银行存款　　6 500 000

　　贷:交易性金融资产——成本　　4 800 000

　　　　　　　　　　——公允价值变动　　1 200 000

　　　　投资收益　　500 000

同时,该项交易性金融资产的公允价值变动损益账户有贷方余额 120 万元(180—60),表示公允价值变动净收益,应从"公允价值变动损益"账户的借方转出,记入"公允价值变动损益"账户的借方;同时,确认投资收益,记入"投资收益"账户的贷方。应编制会计分录如下:

借:公允价值变动损益　　1 200 000

　　贷:投资收益　　1 200 000

【例 4—40—1】 2×14 年 1 月 1 日,甲公司购入面值为 100 万元、年利率为 4%的 A 债券。取得时,支付价款 104 万元(含已到付息期但尚未发放的利息 4 万元),另支付交易费用 0.5 万元。甲公司将该项金融资产划分为交易性金融资产。

这笔经济业务，甲公司一共支付了104.5万元(104+0.5)银行存款，应记入“银行存款”账户的贷方。其中4万元为已宣告尚未发放的利息，应记入“应收利息”账户的借方；100万元为企业购入的交易性金融资产的公允价值，应记入“交易性金融资产——成本”账户的借方；支付的手续费0.5万元，应记入“投资收益”账户的借方。应编制会计分录如下：

借:交易性金融资产——成本	1 000 000	
应收利息	40 000	
投资收益	5 000	
贷:银行存款		1 045 000

【例4-40-2】 2×14年1月5日，收到购买时支付价款中所含的利息4万元。

这笔经济业务，一方面，使企业银行存款增加4万元，应记入“银行存款”账户的借方；另一方面，企业的这笔应收利息减少，应记入“应收利息”账户的贷方。应编制会计分录如下：

借:银行存款	40 000	
贷:应收利息		40 000

【例4-40-3】 2×14年12月31日，A债券的公允价值为106万元。

A债券这项交易性金融资产在12月31日的公允价值为106万元，高于交易性金融资产的账面余额100万元的差额为6万元(106-100)，应调增交易性金融资产的账面余额，记入“交易性金融资产——公允价值变动”账户的借方；同时确认公允价值上升的收益，记入“公允价值变动损益”账户的贷方。应编制会计分录如下：

借:交易性金融资产——公允价值变动	60 000	
贷:公允价值变动损益		60 000

【例4-40-4】 2×14年12月31日，计算应收A债券的利息4万元。

这笔应收A债券的利息4万元是企业在持有交易性金融资产期间所获得的债券利息，应当确认为投资收益。因此，一方面登记应收利息的增加，记入“应收利息”账户的借方；另一方面，作为企业投资收益的增加，记入“投资收益”账户的贷方。应编制会计分录如下：

借:应收利息	40 000	
贷:投资收益		40 000

【例4-40-5】 2×15年1月5日，收到A债券2×14年度的利息4万元。

这笔经济业务，一方面，使企业银行存款增加12万元，应记入“银行存款”账户的借方；另一方面，企业的这笔应收利息减少，应记入“应收利息”账户的贷方。

借:银行存款	40 000	
贷:应收利息		40 000

【例4-40-6】 2×15年4月20日，甲公司出售A债券，售价为108万元。

这笔经济业务的发生，使企业的银行存款增加108万元，应记入“银行存款”账户的借方。将该交易性金融资产的账面余额转出，其中，“交易性金融资产——成本”账户的借方余额100万元，将其转出，应记入“交易性金融资产——成本”账户的贷方；“交易性金融资产——公允价值变动”账户的借方余额6万元，将其转出，应记入“交易性金融资产——公允价值变动”账户的贷方；将收到的银行存款108万元与转出的交易性金融资产的账面余额106万元(成本100万元+公允价值变动6万元)的差额2万元确认为企业投资收益，记入“投资收益”账户的贷方。应编制会计分录如下：

借:银行存款	1 080 000	

贷:交易性金融资产——成本　　1 000 000
　　　　——公允价值变动　　60 000
　投资收益　　20 000

同时,按该项交易性金融资产公允价值变动的余额调整公允价值变动损益至投资收益。应编制会计分录如下:

借:公允价值变动损益　　60 000
　贷:投资收益　　60 000

二、持有至到期投资的核算

持有至到期投资是指到期日固定,回收金额固定或可确定,且企业有明确意图和能力持有至到期的非衍生金融资产。通常情况下,企业持有的、在活跃市场上有公开报价的国债、企业债券、金融债券等,可以划分为持有至到期投资。股权投资因其没有固定的到期日,因而不能划分为持有至到期投资。持有至到期投资通常具有长期性质,但期限较短(1 年以内)的债券投资,符合持有至到期投资条件的,也可将其划分为持有至到期投资。

由此可见,符合持有至到期投资的条件有以下三个:

(1)到期日固定,回收金额固定或可确定;

(2)有明确意图持有至到期;

(3)有能力持有至到期。

(一)持有至到期投资核算应设置和运用的账户

"持有至到期投资" 账户是资产类账户,用来核算企业持有至到期投资的摊余成本。

该账户可按持有至到期投资的类别和品种,分别"成本"、"利息调整"、"应计利息"等进行明细核算。"持有至到期投资"账户的期末借方余额,反映企业持有至到期投资的摊余成本。

(二)持有至到期投资的主要经济业务核算

1. 企业取得的持有至到期投资

企业取得的持有至到期投资,应按该投资的面值,借记"持有至到期投资——成本"账户;按支付的价款中包含的已到付息期但尚未领取的利息,借记"应收利息"账户;按实际支付的金额,贷记"银行存款"等账户;按其差额,借记或贷记"持有至到期投资——利息调整"账户。

借:持有至到期投资——成本(面值)
　应收利息(已到付息期但尚未领取的利息)
　持有至到期投资——利息调整(差额,也可能在贷方)
　贷:银行存款等

2. 持有至到期投资的后续计量

资产负债表日,持有至到期投资是分期付息、一次还本债券投资的,应按票面利率计算确定的应收未收利息,借记"应收利息"账户;按持有至到期投资摊余成本和实际利率计算确定的利息收入,贷记"投资收益"账户;按其差额,借记或贷记"持有至到期投资——利息调整"账户。

持有至到期投资是一次还本付息债券投资的,应于资产负债表日按票面利率计算确定的应收未收利息,借记"持有至到期投资——应计利息"账户;按持有至到期投资摊余成本和实际利率计算确定的利息收入,贷记"投资收益"账户;按其差额,借记或贷记"持有至到期投资——利息调整"账户。

借:应收利息(分期付息债券按票面利率计算的利息)

持有至到期投资——应计利息(到期时一次还本付息债券按票面利率计算的利息)

贷:投资收益(按持有至到期投资摊余成本和实际利率计算确定的利息收入)

持有至到期投资——利息调整(差额,也可能在借方)

3. 将持有至到期投资转换

将持有至到期投资重分类为可供出售金融资产的,应在重分类日按其公允价值,借记"可供出售金融资产"账户;按其账面余额,贷记"持有至到期投资"账户(成本、利息调整、应计利息);按其差额,贷记或借记"资本公积——其他资本公积"账户。已计提减值准备的,还应同时结转减值准备。

借:可供出售金融资产(重分类日的公允价值)

贷:持有至到期投资

资本公积——其他资本公积(差额,也可能在借方)

4. 出售持有至到期投资

出售持有至到期投资,应按实际收到的金额,借记"银行存款"等账户;按其账面余额,贷记"持有至到期投资"账户(成本、利息调整、应计利息);按其差额,贷记或借记"投资收益"账户。已计提减值准备的,还应同时结转减值准备。

借:银行存款等

贷:持有至到期投资

投资收益(差额,也可能在借方)

三、可供出售金融资产的核算

可供出售金融资产是指初始确认时即被指定为可供出售的非衍生金融资产,以及没有划分为持有至到期投资、贷款和应收款项、以公允价值计量且其变动计入当期损益的金融资产。通常情况下,划分为此类的金融资产应当在活跃的市场上有报价,因此,企业从二级市场上购入的、有报价的债券投资、股票投资、基金投资等,都可以划分为可供出售金融资产。

(一)可供出售金融资产核算应设置和运用的账户

"可供出售金融资产"账户是资产类账户,用来核算企业持有的可供出售金融资产的公允价值,包括划分为可供出售的股票投资、债券投资等金融资产。

该账户应按可供出售金融资产的类别和品种,分别"成本"、"利息调整"、"应计利息"、"公允价值变动"等进行明细核算。"可供出售金融资产"账户的期末借方余额,反映企业可供出售金融资产的公允价值。

(二)可供出售金融资产的主要经济业务核算

1. 企业取得可供出售的金融资产

(1)股票投资

企业取得可供出售的金融资产,应按其公允价值与交易费用之和,借记"可供出售金融资产——成本"账户;按支付的价款中包含的已宣告但尚未发放的现金股利,借记"应收股利"账户;按实际支付的金额,贷记"银行存款"等账户。

借:可供出售金融资产——成本(公允价值与交易费用之和)

应收股利(已宣告但尚未发放的现金股利)

贷:银行存款等

(2)债券投资

企业取得的可供出售金融资产是债券投资的,应按债券的面值,借记"可供出售金融资产——成本"账户;按支付的价款中包含的已到付息期但尚未领取的利息,借记"应收利息"账户;按实际支付的金额,贷记"银行存款"等账户;按差额,借记或贷记"可供出售金融资产——利息调整"账户。

借:可供出售金融资产——成本(面值)

应收利息(已到付息期但尚未领取的利息)

可供出售金融资产——利息调整(差额,也可能在贷方)

贷:银行存款等

2. 资产负债表日计算利息

资产负债表日,可供出售债券是分期付息、一次还本债券投资的,应按票面利率计算确定的应收未收利息,借记"应收利息"账户;按可供出售债券的摊余成本和实际利率计算确定的利息收入,贷记"投资收益"账户;按其差额,借记或贷记"可供出售金融资产——利息调整"账户。

可供出售债券为一次还本付息债券投资的,应于资产负债表日按票面利率计算确定的应收未收利息,借记"可供出售金融资产——应计利息"账户(应计利息),按可供出售债券的摊余成本和实际利率计算确定的利息收入,贷记"投资收益"账户,按其差额,借记或贷记"可供出售金融资产——利息调整"账户。

借:应收利息(分期付息债券按票面利率计算的利息)

可供出售金融资产——应计利息(到期一次还本付息债券按票面利率计算的利息)

贷:投资收益(可供出售债券的摊余成本和实际利率计算确定的利息收入)

可供出售金融资产——利息调整(差额,也可能在借方)

3. 资产负债表日公允价值变动

资产负债表日,可供出售金融资产的公允价值高于其账面余额的差额,借记"可供出售金融资产——公允价值变动"账户,贷记"资本公积——其他资本公积"账户;公允价值低于其账面余额的差额,做相反的会计分录。

(1)公允价值上升时:

借:可供出售金融资产——公允价值变动

贷:资本公积——其他资本公积

(2)公允价值下降时:

借:资本公积——其他资本公积

贷:可供出售金融资产——公允价值变动

4. 资产负债表日减值

确定可供出售金融资产发生减值的,应按减记的金额,借记"资产减值损失"账户;按应从所有者权益中转出原计入资本公积的累计损失金额,贷记"资本公积——其他资本公积"账户;按其差额,贷记"可供出售金融资产——公允价值变动"账户。

借:资产减值损失(减记的金额)

贷:资本公积——其他资本公积(从所有者权益中转出原计入资本公积的累计损失金额)

可供出售金融资产——公允价值变动

5. 减值损失转回

对于已确认减值损失的可供出售金融资产，在随后会计期间内公允价值已上升且客观上与确认原减值损失事项有关的，应按原确认的减值损失，借记“可供出售金融资产——公允价值变动”账户，贷记“资产减值损失”账户；但可供出售金融资产是股票等权益工具投资的（不含在活跃市场上没有报价、公允价值不能可靠计量的权益工具投资），应借记“可供出售金融资产——公允价值变动”账户，贷记“资本公积——其他资本公积”账户。

借：可供出售金融资产——公允价值变动

　　贷：资产减值损失

若可供出售金融资产是股票等权益工具投资，则：

借：可供出售金融资产——公允价值变动

　　贷：资本公积——其他资本公积

6. 将持有至到期投资重分类为可供出售金融资产

将持有至到期投资重分类为可供出售金融资产的，应在重分类日按其公允价值，借记“可供出售金融资产”账户；按其账面余额，贷记“持有至到期投资”账户；按其差额，贷记或借记“资本公积——其他资本公积”账户。已计提减值准备的，还应同时结转减值准备。

借：可供出售金融资产（重分类日按其公允价值）

　　贷：持有至到期投资

　　　　资本公积——其他资本公积（差额，也可能在借方）

7. 出售可供出售金融资产

出售可供出售的金融资产，应按实际收到的金额，借记“银行存款”等账户；按其账面余额，贷记“可供出售金融资产”账户（成本、公允价值变动、利息调整、应计利息）；按应从所有者权益中转出的公允价值累计变动额，借记或贷记“资本公积——其他资本公积”账户；按其差额，贷记或借记“投资收益”账户。

借：银行存款等

　　贷：可供出售金融资产

　　　　资本公积——其他资本公积（从所有者权益中转出的公允价值累计变动额，也可能在借方）

　　　　投资收益（差额，也可能在借方）

资金投资过程的总分类核算程序如图 4—5 所示（资金投资过程的经济业务涉及的会计期间较多，但我们在此假设以上经济业务全部发生于同一个会计期间）。

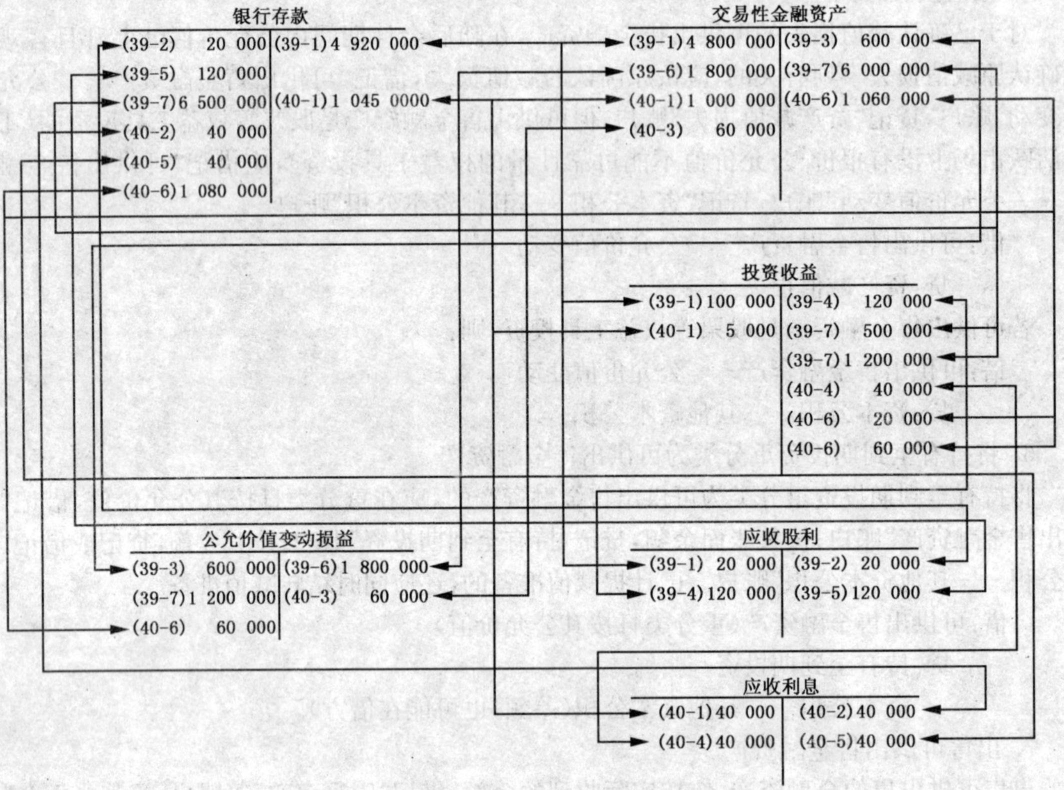

图 4—5 资金投资过程的总分类核算程序

第七节 财务成果的核算

一、财务成果形成的核算

(一)利润的构成

利润是指企业在一定会计期间的经营成果,包括收入减去费用后的净额、直接计入当期利润的利得和损失等。它集中反映了企业生产经营活动各方面的效益,也是衡量企业生产经营管理水平的重要综合指标。

1. 营业利润

营业利润是企业生产经营活动所取得的利润,它是企业利润总额的主要组成部分。从数量上分析,营业利润是营业收入减去营业成本、营业税金及附加、期间费用及资产减值损失后的余额,并在此基础上,加上公允价值变动收益和投资收益所计算出的金额。营业利润的计算公式为:

营业利润=营业收入－营业成本－营业税金及附加－管理费用－销售费用－财务费用－资产减值损失＋公允价值变动收益(－公允价值变动损失)＋投资收益(－投资损失)

其中,营业收入包括主营业务收入和其他业务收入;营业成本包括主营业务成本和其他业务成本;管理费用、销售费用、财务费用,即为期间费用;资产减值损失是指企业计提各项资产减值准备所形成的损失;公允价值变动收益(或损失)是企业交易性金融资产等公允价值变动形成的应计入当期损益的利得（或损失）；投资收益（或损失）是指企业对外投资所取得的收益或发生的损失。

2. 利润总额

企业的利润总额是指营业利润加上营业外收入减去营业外支出后的余额。用公式表示如下：

利润总额＝营业利润＋营业外收入－营业外支出

营业外收入（或支出）是指企业发生的与日常活动无直接关系的各项利得（或损失）。营业外收入主要是指企业非流动资产处置利得、非货币性资产交换利得、债务重组利得、政府补助、盘盈利得、捐赠利得等。营业外支出主要是指企业非流动资产处置损失、非货币性资产交换损失、债务重组损失、公益性捐赠支出、非常损失、盘亏损失等。

3. 净利润

企业在一定期间所获得的利润总额要按规定缴纳所得税，利润总额减去所得税后，即为企业的税后利润，又称为净利润。净利润的计算公式为：

净利润＝利润总额－所得税费用

所得税费用是企业根据应纳税所得额和使用税率计算的应纳税金，是盈利企业的一项资产流出，所以，所得税费用是盈利企业的一项费用，应记入当期损益，在净利润前扣除。所得税的计算公式为：

所得税费用＝应纳税所得额×适用企业所得税税率

（二）利润形成过程应设置和运用的账户

在计算利润的过程中，除了运用前述的有关损益类账户外，还需要设置和运用"营业外收入"、"营业外支出"、"所得税费用"等损益类账户，同时还要设置"本年利润"账户，专门核算利润的形成。

1."营业外收入"账户

"营业外收入"账户是损益类账户，用于核算企业发生的与日常活动无直接关系的各项利得，包括企业非流动资产处置利得、非货币性资产交换利得、债务重组利得、政府补助利得、盘盈利得、捐赠利得等。该账户的贷方登记发生的各项营业外收入，借方登记期末转入"本年利润"账户的数额，结转后无余额。

该账户应按收入项目设置明细分类账，进行明细分类核算。"营业外收入"账户核算的内容和结构如下：

营业外收入

期末转入"本年利润"账户的数额	本期发生的各项营业外收入

2."营业外支出"账户

"营业外支出"账户是损益类账户，用来核算企业发生的与日常活动无直接关系的各项损失，包括企业非流动资产处置损失、非货币性资产交换损失、债务重组损失、公益性捐赠支出、非常损失、盘亏损失等。该账户的借方登记发生的各项营业外支出，贷方登记期末转入"本年利润"账户的数额，结转后无余额。

该账户应按支出项目设置明细分类账，进行明细分类核算。"营业外支出"账户核算的内容和结构如下：

营业外支出	
发生的各种营业外支出	期末转入"本年利润"账户的余额

3."所得税费用"账户

"所得税费用"账户是损益类账户,用于核算企业确认的应从当期利润总额中扣除的所得税费用。该账户的借方登记企业按照税法规定计算确定的当期应交所得税,贷方登记期末转入"本年利润"账户的数额,期末全部结转后无余额。

该账户应按"当期所得税费用"、"递延所得税费用"设置明细分类账,进行明细分类核算。"所得税费用"账户核算的内容和结构如下:

所得税费用	
按税法规定计算的应交所得税	期末转入"本年利润"账户的余额

4."本年利润"账户

"本年利润"账户是所有者权益账户,核算企业当期实现的净利润(或净亏损)总额。期末结转利润时,将"主营业务收入"、"其他业务收入"、"营业外收入"等账户的余额转入"本年利润"账户的贷方,将"主营业务成本"、"营业税金及附加"、"其他业务成本"、"销售费用"、"管理费用"、"财务费用"、"资产减值损失"、"营业外支出"、"所得税费用"等账户的余额转入"本年利润"账户的借方。"投资收益"、"公允价值变动损益"账户,如为净收益("投资收益"、"公允价值变动损益"账户的余额在贷方),则转入"本年利润"账户的贷方;如为投资净损失("投资收益"、"公允价值变动损益"账户的余额在借方),则转入"本年利润"账户的借方。在"本年利润"账户中,将贷方金额与借方金额进行比较,以确定本期的利润或亏损。因此,"本年利润"账户如果平时收入大于费用,表现为贷方余额,为本年实现的累计净利润;如果平时费用大于收入,表现为借方余额,为本年累计发生的亏损净额。在年度中间,该账户的余额应保留在本账户,不予转账。年度终了,要将"本年利润"账户结清,如果是累计净利润,则从本账户的借方转出,转入"利润分配"账户的贷方;如果是累计净亏损,则从本账户的贷方转出,转入"利润分配"账户的借方。结转后,"本年利润"账户无余额。"本年利润"账户核算的内容和结构如下:

本年利润	
①转入的各项费用 ②年末转出本年净利润	①转入的各项收入 ②年末转出本年净亏损
年中:本年度自年初开始累计发生的净亏损	年中:本年度自年初开始累计实现的净利润

(三)利润形成的主要经济业务的核算

【例 4—41】 企业与兆维公司签订的一项合同,由于对方不能按时履行合同,收到兆维公司支付的合同违约金 3 000 元,存入银行。

这笔经济业务的发生,一方面,企业的银行存款增加,应记入"银行存款"账户的借方;另一方面,企业收到的这笔款项是与企业经营无直接关系的收入,应记入"营业外收入"账户的贷方。应编制会计分录如下:

借：银行存款　　3 000

　　贷：营业外收入　　3 000

【例 4—42】 以银行存款支付公益性捐赠款项 2 000 元。

公益性捐赠属于企业营业外支出。这笔经济业务的发生，一方面，企业的银行存款减少，应记入"银行存款"账户的贷方；另一方面，企业的营业外支出增加，应记入"营业外支出"账户的借方。应编制会计分录如下：

借：营业外支出　　2 000

　　贷：银行存款　　2 000

【例 4—43】 企业月末将各收入、费用类账户的余额转入"本年利润"账户。

根据前述内容，计算企业本期利润总额，具体如下：

利润总额＝营业利润＋营业外收入－营业外支出

＝营业收入－营业成本－营业税金及附加－管理费用－销售费用－财务费用－资产减值损失＋公允价值变动收益(－公允价值变动损失)＋投资收益(－投资损失)＋营业外收入－营业外支出

＝(主营业务收入＋其他业务收入)－(主营业务成本＋其他业务成本)－营业税金及附加－管理费用－销售费用－财务费用－资产减值损失＋公允价值变动收益(－公允价值变动损失)＋投资收益(－投资损失)＋营业外收入－营业外支出

结转前，将本章前 40 笔经济业务中涉及损益类账户的各账户余额进行整理，如表 4—15 所示。

表 4—15　　**损益类各账户余额表**　　单位：元

账户名称	借方余额	贷方余额
主营业务收入		556 000
其他业务收入		10 000
投资收益		1 835 000
营业外收入		3 000
主营业务成本	85 000	
其他业务成本	7 000	
营业税金及附加	3 320	
管理费用	18 240	
销售费用	12 000	
财务费用	1 200	
资产减值损失	—	
公允价值变动损益		—
营业外支出	2 000	
合　计	128 760	2 404 000

资产减值损失在本书中没有提及，公允价值变动损益的借方发生额与贷方发生额相等，余额为零。

【例 4—43—1】 将各项收入转入"本年利润"账户。

这笔经济业务的发生，一方面，将各项收入结转，记入各收入账户的借方；另一方面，本年利润增加，记入“本年利润”账户的贷方。应编制会计分录如下：

借：主营业务收入　　556 000
　　其他业务收入　　10 000
　　投资收益　　1 835 000
　　营业外收入　　3 000
　贷：本年利润　　2 404 000

【例4—43—2】 将各项费用转入“本年利润”账户。

这笔经济业务的发生，一方面，将各种费用结转，记入各费用账户的贷方；另一方面，各项费用转入“本年利润”账户，利润减少，记入“本年利润”账户的借方。应编制会计分录如下：

借：本年利润　　128 760
　贷：主营业务成本　　85 000
　　其他业务成本　　7 000
　　营业税金及附加　　3 320
　　管理费用　　18 240
　　销售费用　　12 000
　　财务费用　　1 200
　　营业外支出　　2 000

因此：

本期利润总额＝2 404 000－128 760＝2 275 240(元)

【例4—44】 假定无纳税调整项目，根据本月利润总额的25％的所得税税率计算应交所得税。

应交所得税＝2 275 240× 25％＝ 568 810(元)

这笔经济业务的发生，一方面，使当月的所得税费用增加，记入“所得税费用”账户的借方；另一方面，应交的税金增加，记入“应交税费——应交所得税”账户的贷方。应编制会计分录如下：

借：所得税费用　　568 810
　贷：应交税费——应交所得税　　568 810

【例4—45】 将“所得税费用”账户的余额结转转入“本年利润”账户。

这笔经济业务的发生，一方面，使企业的所得税费用结转入“本年利润”账户，利润减少，记入“本年利润”账户的借方；另一方面，所得税已结转，记入“所得税”账户的贷方。应编制会计分录如下：

借：本年利润　　568 810
　贷：所得税费用　　568 810

经过上述结转，本期所有的收入和费用全部汇集在“本年利润”账户，通过该账户的贷方余额，可确定本期的净利润为：

2 275 240－568 810＝1 706 430(元)

二、利润分配的核算

(一)利润分配的顺序

根据《公司法》等有关法律的规定，企业当年实现的净利润，一般按以下顺序进行分配：

1. 提取法定盈余公积

公司制企业的法定盈余公积金按照税后利润的10%提取，在计算提取法定盈余公积的基数时，不应包括企业年初未分配利润。公司法定盈余公积累计额为公司注册资本的50%以上时，可以不再提取法定盈余公积。

2. 提取任意盈余公积

公司从税后利润中提取法定盈余公积后，经股东大会或者股东决议，还可以从税后利润中提取任意盈余公积。

3. 向投资者分配利润或股利

向投资者分配利润一般应以可供分配的利润作为计算基数。可供分配的利润为当年实现的净利润减去已经计提的法定盈余公积、任意盈余公积(暂不考虑补亏等因素)，加上年初未分配的利润。有限责任公司按股东的出资比例向股东分配利润，股份有限公司按股东持有股份比例分配股利。

经过上述分配后，剩余部分即为企业留待以后分配的利润，即未分配利润。未分配利润是一种暂时未确定用途的利润，是企业留存收益的重要组成部分。

(二)利润分配应设置和运用的账户

1."利润分配"账户

"利润分配"账户是所有者权益类账户，用于核算企业利润的分配(或亏损的弥补)和历年分配(或弥补)后的积存金额。年内对利润进行分配时(提取企业盈余公积金、向投资者分配利润)，应记入"利润分配"账户的借方；应对亏损进行弥补时，记入"利润分配"账户的贷方。年末将"本年利润"账户的余额转入"利润分配"账户，其中，借方登记从"本年利润"账户贷方转入的全年发生净亏损，贷方登记从"本年利润"账户借方转入的全年实现净利润。年末贷方余额，反映尚未分配的利润；若为借方余额，则反映未予弥补的亏损额。"利润分配"账户核算的内容和结构如下：

利润分配

(1) 发生的利润分配数 (2)年末自"本年利润"账户转入的全年净亏损	(1) 盈余公积弥补亏损 (2)年末自"本年利润"账户转入的全年净利润
未弥补亏损	未分配利润

"利润分配"账户应按利润分配项目设置明细分类账，包括"盈余公积补亏"、"提取法定盈余公积"、"提取任意盈余公积"、"应付现金股利或利润"、"未分配利润"等明细科目。

年度终了，应将"利润分配"账户所属其他明细账户的余额转入"利润分配——未分配利润"明细账户。结转后，"利润分配"账户除"未分配利润"明细账户外，其他明细账户应无余额。

(1)"利润分配——盈余公积补亏"明细账户。该明细账户核算企业按规定用"盈余公积"弥补亏损等转入的数额。贷方登记企业用盈余公积金弥补亏损的数额，借方登记年末自本明细账户转入"利润分配——未分配利润"明细账户的数额，结转后该明细账户没有余额。

(2)"利润分配——提取法定盈余公积"明细账户。该明细账户核算企业按规定提取的法定盈余公积金。借方登记企业从利润中提取法定盈余公积的数额，贷方登记年末自本明细账户转入"未分配利润"明细账户的数额，结转后该明细账户没有余额。

(3)"利润分配——提取任意盈余公积"明细账户。该明细账户核算企业按规定提取的任意盈余公积。借方登记企业从利润中提取任意盈余公积的数额，贷方登记年末自本明细账户转入"未分配利润"明细账户的数额，结转后该明细账户没有余额。

(4)“利润分配——应付现金股利或利润”明细账户。该明细账户核算经股东大会或类似机构决议,分配给股东或投资者的现金股利或利润。借方登记企业根据有关决议应当分配给投资者的现金股利或利润数额,贷方登记年末自本明细账户转入“未分配利润”明细账户的数额,结转后该明细账户没有余额。

(5)“利润分配——未分配利润”明细账户。该明细账户的贷方登记自“本年利润”账户转入的本期盈利额,借方登记自“本年利润”账户转入的亏损额。年末,企业应将“利润分配”账户的其他各明细账户的余额转入本明细账户,将其他各明细账户结平。结平“本年利润”账户和“利润分配”账户的其他各明细账户后,“利润分配——未分配利润”明细账户如为贷方余额,则为企业尚未分配的利润;如为借方余额,则为企业尚未弥补的亏损。

各明细科目余额年末均转入“未分配利润”明细账户;结转后,各明细账户没有余额,只有“未分配利润”明细账户有余额。

2.“盈余公积”账户

“盈余公积”账户是所有者权益类账户,用于核算企业从净利润中提取的盈余公积。盈余公积是企业提取的各种积累资金,一般用于企业的发展、风险的防范和亏损的弥补,在一定条件下也可转增资本。“盈余公积”账户的贷方登记按规定提取的盈余公积;借方登记盈余公积的使用情况,包括用盈余公积弥补亏损、转增资本等;期末余额在贷方,反映企业现有的盈余公积。

“盈余公积”账户核算的内容和结构如下:

盈余公积

	期初余额
本期盈余公积的使用数(如弥补亏损、转增资本等)	本期盈余公积的提取数
	期末余额:盈余公积的实有数

盈余公积按用途不同,可以分为法定盈余公积和任意盈余公积。两者的区别在于其各自计提的依据不同。法定盈余公积是指企业以国家的法律或行政规章为依据,从净利润中提取的盈余公积;任意盈余公积是指企业经股东大会或类似机构批准,按照规定的比例从净利润中提取的盈余公积。

企业提取的盈余公积可以用于弥补亏损、转增资本(或股本)。“盈余公积”账户一般可以按照“法定盈余公积”和“任意盈余公积”设置明细账,进行明细分类核算。

3.“应付股利”账户

“应付股利”账户是负债类账户,用于核算企业经股东大会或类似机构决议,确定应分配给股东或投资者的现金股利或利润。该账户的贷方登记按利润分配方案应支付给投资者的现金股利或利润;借方登记实际支付的现金股利或利润;余额在贷方,反映尚未支付的现金股利或利润。

“应付股利”账户应按投资者设置明细账,进行明细分类核算。“应付股利”账户核算的内容和结构如下:

应付股利

借方	贷方
	期初余额
实际支付现金股利或利润	应支付而未支付的现金股利或利润
	期末余额：期末尚未支付的现金股利或利润

(三)利润分配的主要经济业务的核算

【例4—46】 年末，企业将“本年利润”账户的余额转入“利润分配”账户。

本年利润

借方		贷方	
转入的各项费用：	128 760	转入的各项收入：	2 404 000
		利润总额：	2 275 240
所得税费用：	568 810		
		净利润：	1 706 430
年末转出本年净利润：	1 706 430		
		年末结转后无余额	

通过例43、例44、例45可知，企业的净利润为1 706 430元，即“本年利润”账户的贷方余额为1 706 430元，将其转入“利润分配”账户。

这项经济业务的发生，一方面，净利润减少，应记入“本年利润”账户的借方；另一方面，待分配的利润增加，应记入“利润分配——未分配利润”账户的贷方。应编制会计分录如下：

借：本年利润　　1 706 430

　贷：利润分配——未分配利润　　1 706 430

通过这笔业务的结转，“本年利润”账户期末无余额。

【例4—47】 分别按净利润的10%和5%提取法定盈余公积和任意盈余公积。

法定盈余公积＝1 706 430×10%＝170 643(元)

任意盈余公积＝ 1 706 430×5%＝85 321.5 (元)

提取的法定盈余公积和任意盈余公积均属于盈余公积的提取。

这笔经济业务的发生，一方面是利润分配的发生，应记入“利润分配”账户的借方；另一方面，企业的盈余公积增加，应记入“盈余公积”账户的贷方。应编制会计分录如下：

借：利润分配——提取法定盈余公积　　170 643

　　　　　——提取任意盈余公积　　85 321.5

　贷：盈余公积——法定盈余公积　　170 643

　　　　　　——任意盈余公积　　85 321.5

【例4—48】 根据有关协议，应分配给投资者利润350 000元。

这笔经济业务的发生，一方面是利润分配的发生，应记入“利润分配”账户的借方；另一方面，企业支付给投资者的利润增加，应记入“应付股利”账户的贷方。应编制会计分录如下：

借:利润分配——应付现金股利或利润　　350 000

　　贷:应付股利　　350 000

【例 4—49】 年末,将"利润分配"账户下各明细账户的余额转入"未分配利润"明细账。

这笔经济业务的结转,最终使"利润分配"账户下除"未分配利润"明细账外其他各明细账户的余额均为零。"利润分配"账户的明细账户除"未分配利润"外,"提取盈余公积"、"提取任意盈余公积"、"应付现金股利或利润"三个明细账户均为借方余额,这笔经济业务的发生,使这三个明细账户的余额从贷方转入"未分配利润"账户的借方。应编制会计分录如下:

借:利润分配——未分配利润　　605 964.5

　　贷:利润分配——提取法定盈余公积　　170 643

　　　　　　　——提取任意盈余公积　　85 321.5

　　　　　　　——应付现金股利或利润　　350 000

经过上述结转后,"利润分配——未分配利润"明细分类账的借贷方相抵后,其贷差为1 100 465.5元,即为年末的未分配利润,结转到下年(为年初余额)。至此,"利润分配"账户的其他明细账户均已结平,没有余额。

利润形成和利润分配的总分类核算如图 4—6 所示。

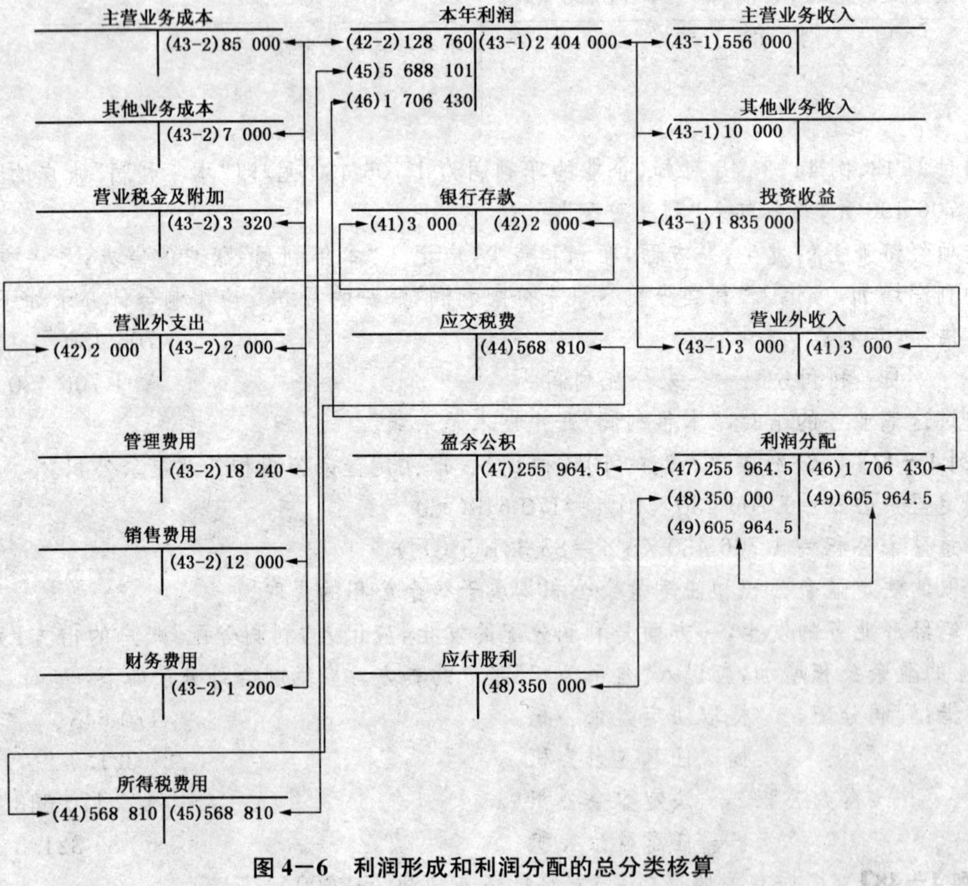

图 4—6　利润形成和利润分配的总分类核算

第八节　资金退出的核算

企业资金退出主要包括各种费用的支出、归还各项债务、上缴各种税金、向投资者分配利润等。这些业务的发生使这部分资金离开企业，其中有些业务的核算已在前几节中做了讲述，本节仅就其他业务进行简单说明。

一、归还各项债务

企业归还各项债务，包括应付账款、应付票据、短期借款、长期借款的偿还，使企业的资金退出企业。

【例4－50】 企业签发的不带息商业汇票31 356元到期，企业以银行存款兑付票据款。

这笔经济业务的发生，一方面，企业的银行存款减少，应记入"银行存款"账户的贷方；另一方面，企业签发的商业汇票到期兑付，企业负债减少，应记入"应付票据"账户的借方。应编制会计分录如下：

借：应付票据	31 356	
贷：银行存款		31 356

【例4－51】 归还到期的短期借款本金110 000元。

这笔经济业务的发生，一方面，企业银行存款减少，应记入"银行存款"账户的贷方；另一方面，归还短期借款本金，企业负债减少，应记入"短期借款"账户的借方。应编制会计分录如下：

借：短期借款	110 000	
贷：银行存款		110 000

【例4－52】 以银行存款支付短期借款利息3 600元（其中，2 400元借款利息已经在前两个月计提，每月计提1 200元）。

这笔经济业务的发生，一方面，企业银行存款减少，应记入"银行存款"账户的贷方；另一方面，支付的短期借款利息减少，应记入"应付利息"账户的借方。应编制会计分录如下：

借：应付利息	3 600	
贷：银行存款		3 600

本题中的短期借款利息都已在以前计提，当月的计提分录参见例22，当时计提时借记"财务费用"账户，贷记"应付利息"账户，前两个月计提利息时也做了同样的分录，因此，在实际支付短期借款利息时，应该将3个月的应付利息借记"应付利息"账户，贷记"银行存款"账户。

假如当月没有做过第22笔计提利息的分录，月末支付的短期借款利息3 600元中有2 400元是前两个月计提的，当时短期借款利息并未支付，形成了企业负债，现在支付这笔款项，使这项负债减少，应记入"应付利息"账户的借方，另外1 200元短期借款利息应由本月财务费用负担，使企业财务费用增加，记入"财务费用"账户的借方。此时，应编制会计分录如下：

借：应付利息	2 400	
财务费用	1 200	
贷：银行存款		3 600

二、上缴税金

【例4－53】 本期以银行存款缴纳所得税38 517元，城市维护建设税2 300元。

这笔经济业务的发生，一方面，企业的银行存款减少，应记入“银行存款”账户的贷方；另一方面，企业应交的税金已缴纳，负债减少，应记入“应交税费”账户的借方。应编制会计分录如下：

借：应交税费——应交所得税	38 517	
——应交城市维护建设税	2 300	
贷：银行存款		40 817

三、支付投资者利润

【例 4—54】 以银行存款实际支付给投资者利润 350 000 元。

这笔经济业务的发生，一方面，企业的银行存款减少，应记入“银行存款”账户的贷方；另一方面，企业将利润实际支付给投资者，使应付股利减少，应记入“应付股利”账户的借方。应编制会计分录如下：

借：应付股利	350 000	
贷：银行存款		350 000

四、固定资产处置

与前面所述问题不同的是，企业由于生产任务改变或技术进步等原因，有时还会出现一些资金调整业务。这种业务的出现，原则上不会减少企业的资产总额，仅仅是资产的形态在固定资产和流动资产之间可能发生一些变化，其中对固定资产的处置就是比较典型的例子。

企业因固定资产处置而减少的固定资产，一般通过“固定资产清理”账户进行核算。该账户是资产类账户，用于核算企业因出售、报废、毁损、对外投资、非货币性资产交换、债务重组等原因转出的固定资产价值以及在清理过程中发生的费用等。该账户的借方登记因以上各种原因转出的固定资产账面价值及清理过程中发生的清理费、支付的税费等，贷方登记出售收到的价款、残料回收的价值、变价收入及保险公司赔款等。该账户期末如余额在借方，反映企业尚未清理完毕的固定资产清理净损失；如余额在贷方，反映企业尚未清理完毕的固定资产清理净收益。清理完毕后应及时结转，若余额在借方，应转入“营业外支出”账户；若余额在贷方，应转入“营业外收入”账户，结转后无余额。

“固定资产清理”账户应按被清理的固定资产项目设置明细分类账，进行明细分类核算。“固定资产清理”账户核算的内容和结构如下：

固定资产清理

(1)转入清理的固定资产账面价值 (2)固定资产处置时发生的各项费用等 (3)结转的清理净收益	(1)出售固定资产的价款 (2)残料回收的价值 (3)变价收入 (4)向保险公司或过失人收取的赔偿收入等 (5)结转的清理净损失
结转前余额：固定资产清理后的净损失	结转前余额：固定资产清理后的净收益

企业因出售、报废和毁损等原因减少的固定资产，会计核算一般可以分为以下几个步骤：

(1)固定资产转入清理。企业因出售、报废、毁损、对外投资、非货币性资产交换、债务重组等转出的固定资产，应按该项固定资产的账面价值，借记“固定资产清理”账户；按已计提的累计折旧，借记“累计折旧”账户；按固定资产账面原价，贷记“固定资产”账户。已计提减值准备的，还应同时结转减值准备。

(2)发生的清理费用。清理过程中应支付的相关税费及其他费用，应借记“固定资产清理”账户，贷记“银行存款”、“应交税费——应交营业税”等账户。

(3)出售收入和残料等的处理。企业收回出售固定资产的价款、报废固定资产的残料价值和变价收入等，应冲减清理支出，按实际收到的出售价款及残料变价收入等，借记“银行存款”、“原材料”等账户，贷记“固定资产清理”账户。

(4)保险赔偿的处理。企业计算或收到的应由保险公司或过失人赔偿的报废、毁损固定资产的损失时，应冲减清理支出，借记“其他应收款”或“银行存款”账户，贷记“固定资产清理”账户。

(5)清理净损益的处理。固定资产清理完成后，如果属于生产经营期间正常的处理损失，应借记“营业外支出——处置非流动资产损失”账户，贷记“固定资产清理”账户；如果属于自然灾害等非正常原因造成的损失，应借记“营业外支出——非常损失”科目，贷记“固定资产清理”账户。如为贷方余额，则借记“固定资产清理”账户，贷记“营业外收入”账户。

【例4—55】 出售一座建筑物，原价为1 000 000元，已经使用了2年，计提折旧60 000元，支付清理费用10 000元，出售的价格收入为1 000 000元，营业税税率为5%(应计提的城市维护建设税和教育费附加略，假定该企业未计提减值准备)。

(1) 固定资产转入清理时：

借：固定资产清理	940 000	
累计折旧	60 000	
贷：固定资产		1 000 000

(2)支付清理费用时：

借：固定资产清理	10 000	
贷：银行存款		10 000

(3)计算应缴纳的营业税时：

借：固定资产清理	50 000	
贷：应交税费——应交营业税(1 000 000×5%)		50 000

(4)收到价款时：

借：银行存款	1 000 000	
贷：固定资产清理		1 000 000

这笔业务发生后，“固定资产清理”账户的余额为零，既没有净收益，也没有净损失，因此，不需要进行清理净损益的处理。

资金调整和退出的总分类核算程序如图4—7所示。

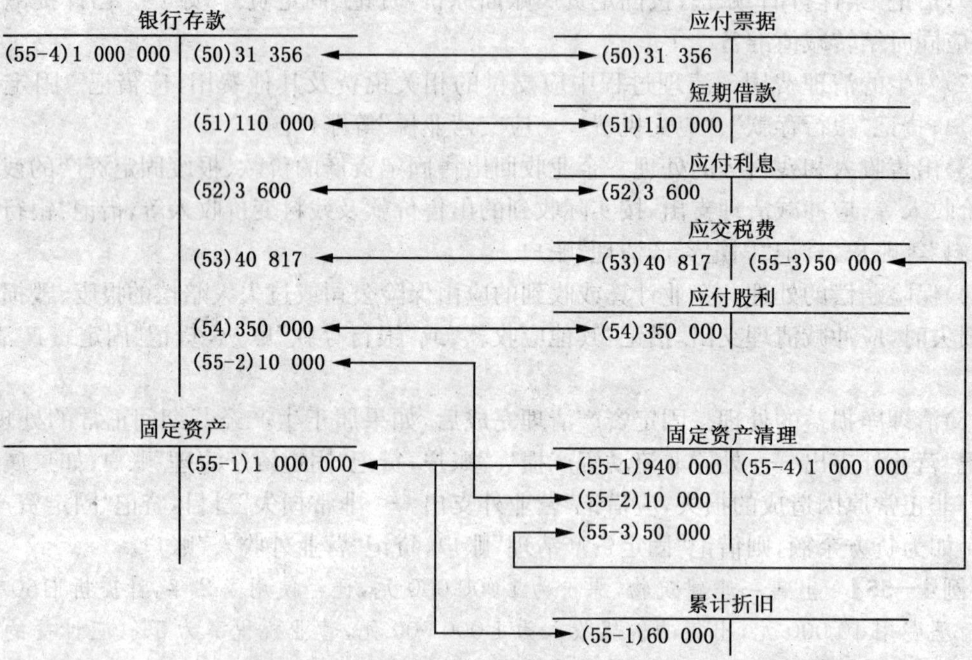

图 4—7 资金调整和退出的总分类核算程序

根据本章举例的全部经济业务编制的会计分录(在此假设资金投资业务发生在同一会计期间),登记有关总分类账户,分别结出本期发生额和期末余额,并根据总分类账户的发生额和余额记录,编制总分类账试算平衡表(见表 4—16),以检查账务处理的正确性。

库存现金

期初余额		2 000			
	(17)	68 000		(18)	68 000
	(24)	100		(23)	800
本期发生额		68 100	本期发生额		68 800
期末余额		1 300			

银行存款

期初余额		600 600			
	(1)	5 000 000		(5)	234 000
	(3)	110 000		(8)	4 880
	(4)	200 000		(10)	1 000
	(27)	234 000		(12)	20 000
	(30)	18 720		(14)	3 400
	(31)	100 000		(17)	68 000
	(32)	251 000		(20)	3 800
	(34)	11 700		(21)	2 100
	(39—2)	20 000		(37)	10 000
	(39—5)	120 000		(38)	2 000
	(39—7)	6 500 000		(39—1)	4 920 000
	(40—2)	40 000		(40—1)	1 045 000
	(40—5)	40 000		(42)	2 000
	(40—6)	1 080 000		(50)	31 356
	(41)	3 000		(51)	110 000
	(55—4)	1 000 000		(52)	3 600
				(53)	40 817
				(54)	350 000
				(55—2)	10 000
本期发生额		14 728 420	本期发生额		6 861 953
期末余额		8 467 067			

交易性金融资产

期初余额		—			
	(39—1)	4 800 000		(39—3)	600 000
	(39—6)	1 800 000		(39—7)	6 000 000
	(40—1)	1 000 000		(40—6)	1 060 000
	(40—3)	60 000			
本期发生额		7 660 000	本期发生额		7 660 000
期末余额		—			

应收票据

期初余额		—			
	(29)	46 800			
本期发生额		46 800	本期发生额		—
期末余额		46 800			

应收账款

期初余额		115 000			
	(28)	18 720		(30)	18 720
本期发生额		18 720	本期发生额		18 720
期末余额		115 000			

预付账款

期初余额		—			
	(12)	20 000		(13)	23 400
	(14)	3 400			
本期发生额		23 400	本期发生额		23 400
期末余额		—			

应收利息

期初余额		—			
	(40—1)	40 000		(40—2)	40 000
	(40—4)	40 000		(40—5)	40 000
本期发生额		80 000	本期发生额		80 000
期末余额		—			

应收股利

期初余额		—			
	(39—1)	20 000		(39—2)	20 000
	(39—4)	120 000		(39—5)	120 000
本期发生额		140 000	本期发生额		140 000
期末余额		—			

其他应收款

期初余额		500			
	(23)	800		(24)	800
本期发生额		800	本期发生额		800
期末余额		500			

在途物资

期初余额		—			
	(6)	4 200		(7)	4 200
	(9)	26 800		(11)	27 800
	(10)	1 000			
本期发生额		32 000	本期发生额		32 000
期末余额		—			

原材料

期初余额		103 000			
	(7)	4 200		(15)	15 700
	(11)	27 800		(35)	7 000
	(13)	20 000			
本期发生额		52 000	本期发生额		22 700
期末余额		132 300			

库存商品

期初余额		134 000			
	(26)	53 324		(33)	85 000
本期发生额		53 324	本期发生额		85 000
期末余额		102 324			

固定资产

期初余额		3 508 000			
	(2)	10 000		(55—1)	1 000 000
	(5)	200 000			
本期发生额		210 000	本期发生额		1 000 000
期末余额		2 718 000			

累计折旧

			期初余额		79 480
	(55—1)	60 000		(19)	18 500
本期发生额		60 000	本期发生额		18 500
			期末余额		37 980

固定资产清理

	(55—1)	940 000		(55—4)	1 000 000
	(55—2)	10 000			
	(55—3)	50 000			
本期发生额		1 000 000	本期发生额		1 000 000
期末余额		—			

无形资产

期初余额		25 000			
	(2)	55 000			
本期发生额		55 000	本期发生额		—
期末余额		80 000			

短期借款

			期初余额		150 000
	(51)	110 000		(3)	110 000
本期发生额		110 000	本期发生额		110 000
			期末余额		150 000

应付票据

			期初余额		—
	(50)	31 356		(9)	31 356
本期发生额		31 356	本期发生额		31 356
			期末余额		—

应付账款

			期初余额		54 040
	(8)	4 880		(6)	4 880
本期发生额		4 880	本期发生额		4 880
			期末余额		54 040

预收账款

			期初余额		—
	(32)	100 000		(31)	100 000
本期发生额		100 000	本期发生额		100 000
			期末余额		—

应付职工薪酬

			期初余额		—
	(18)	68 000		(16)	68 000
本期发生额		68 000	本期发生额		68 000
			期末余额		—

应交税费

	(5)	34 000	期初余额		—
	(6)	680		(27)	34 000
	(9)	4 556		(28)	2 720
	(13)	3 400		(29)	6 800
	(53)	40 817		(32)	51 000
				(34)	1 700
				(36)	3 320
				(44)	568 810
				(55—3)	50 000
本期发生额		83 453	本期发生额		718 350
			期末余额		634 897

应付利息

			期初余额		2 400
	(52)	3 600		(22)	1 200
本期发生额		3 600	本期发生额		1 200
			期末余额		—

应付股利

			期初余额		—
	(54)	350 000		(48)	350 000
本期发生额		350 000	本期发生额		350 000
			期末余额		—

长期借款

		期初余额		1 500 000
			(4)	200 000
本期发生额	—	本期发生额		200 000
		期末余额		1 700 000

实收资本

		期初余额		2 200 000
			(1)	5 000 000
			(2)	65 000
本期发生额	—	本期发生额		5 065 000
		期末余额		7 265 000

盈余公积

		期初余额		502 180
			(47)	255 964.5
本期发生额	—	本期发生额		255 964.5
		期末余额		758 144.5

本年利润

			期初余额		—
	(43—2)	128 760		(43—1)	2 404 000
	(45)	568 810			
	(46)	1 706 430			
本期发生额		2 404 000	本期发生额		2 404 000
			期末余额		—

利润分配

			期初余额		—
	(47)	255 964.5		(46)	1 706 430
	(48)	350 000		(49)	605 964.5
	(49)	605 964.5			
本期发生额		1 211 929	本期发生额		2 312 394.5
			期末余额		1 100 465.5

生产成本

期初余额		—			
	(15)	13 470		(26)	53 324
	(16)	50 000			
	(25)	27 090			
本期发生额		90 560	本期发生额		53 324
期末余额		37 236			

制造费用

	(15)	1 390		(25)	27 090
	(16)	10 000			
	(19)	13 000			
	(20)	1 800			
	(21)	900			
本期发生额		27 090	本期发生额		27 090
期末余额		—			

主营业务收入

			期初余额		—
	(43—1)	556 000		(27)	200 000
				(28)	16 000
				(29)	40 000
				(32)	300 000
本期发生额		556 000	本期发生额		556 000
			期末余额		—

其他业务收入

			期初余额		—
	(43—1)	10 000		(34)	10 000
本期发生额		10 000	本期发生额		10 000
			期末余额		—

营业外收入

			期初余额		—
	(43—1)	3 000		(41)	3 000
本期发生额		3 000	本期发生额		3 000
			期末余额		—

投资收益

			期初余额		—
	(39—1)	100 000		(39—4)	120 000
	(40—1)	5 000		(39—7)	1 700 000
	(43—1)	1 835 000		(40—4)	40 000
				(40—6)	80 000
本期发生额		1 940 000	本期发生额		1 940 000
			期末余额		—

公允价值变动损益

			期初余额		—
	(39—3)	600 000		(39—6)	1 800 000
	(39—7)	1 200 000		(40—3)	60 000
	(40—6)	60 000			
本期发生额		1 860 000	本期发生额		1 860 000
			期末余额		—

主营业务成本

期初余额		—			
	(33)	85 000		(43—2)	85 000
本期发生额		85 000	本期发生额		85 000
期末余额		—			

营业税金及附加

期初余额		—			
	(36)	3 320		(43—2)	3 320
本期发生额		3 320	本期发生额		3 320
期末余额		—			

管理费用

期初余额		—			
	(15)	840		(43—2)	18 240
	(16)	8 000			
	(19)	5 500			
	(20)	2 000			
	(21)	1 200			
	(24)	700			
本期发生额		18 240	本期发生额		18 240
期末余额		—			

财务费用

期初余额		—			
	(22)	1 200		(43—2)	1 200
本期发生额		1 200	本期发生额		1 200
期末余额		—			

销售费用

期初余额		—			
	(37)	10 000		(43—2)	12 000
	(38)	2 000			
本期发生额		12 000	本期发生额		12 000
期末余额		—			

其他业务成本

期初余额		—			
	(35)	7 000		(43—2)	7 000
本期发生额		7 000	本期发生额		7 000
期末余额		—			

营业外支出

期初余额		—		
	(42)	2 000	(43—2)	2 000
本期发生额		2 000	本期发生额	2 000
期末余额		—		

所得税费用

期初余额		—		
	(44)	568 810	(45)	568 810
本期发生额		568 810	本期发生额	568 810
期末余额		—		

表 4—16

总分类账试算平衡表

20 年 月 日

单位:元

账户名称	期初余额		本期发生额		期末余额	
	借 方	贷 方	借 方	贷 方	借 方	贷 方
库存现金	2 000		68 100	68 800	1 300	
银行存款	600 600		14 728 420	6 861 953	8 467 067	
交易性金融资产			7 660 000	7 660 000		
应收票据			46 800		46 800	
应收账款	115 000		18 720	18 720	115 000	
预付账款			234 000	234 000		
应收利息			80 000	80 000		
应收股利			140 000	140 000		
其他应收款	500		800	800	500	
在途物资			32 000	32 000		
原材料	103 000		52 000	22 700	132 300	
库存商品	134 000		53 324	85 000	102 324	
固定资产	3 508 000		210 000	1 000 000	2 718 000	
累计折旧		79 480	60 000	18 500		37 980
固定资产清理			1 000 000	1 000 000		
无形资产	25 000		55 000		80 000	
短期借款		150 000	110 000	110 000		150 000
应付票据			31 356	31 356		

续表

账户名称	期初余额		本期发生额		期末余额	
	借　方	贷　方	借　方	贷　方	借　方	贷　方
应付账款		54 040	4 880	4 880		54 040
预收账款			100 000	100 000		
应付职工薪酬			68 000	68 000		
应交税费			83 453	718 350		634 897
应付利息		2 400	3 600	1 200		
应付股利			350 000	350 000		
长期借款		1 500 000		200 000		1 700 000
实收资本		2 200 000		5 065 000		7 265 000
盈余公积		502 180		255 964.5		758 144.5
本年利润			2 404 000	2 404 000		
利润分配			1 211 929	2 312 394.5		1 100 465.5
生产成本			90 560	53 324	37 236	
制造费用			27 090	27 090		
主营业务收入			556 000	556 000		
其他业务收入			10 000	10 000		
营业外收入			3 000	3 000		
投资收益			1 940 000	1 940 000		
公允价值变动损益			1 860 000	1 860 000		
主营业务成本			85 000	85 000		
营业税金及附加			3 320	3 320		
管理费用			18 240	18 240		
财务费用			1 200	1 200		
销售费用			12 000	12 000		
其他业务成本			7 000	7 000		
营业外支出			2 000	2 000		
所得税费用			568 810	568 810		
合　计	4 488 100	4 488 100	33 090 602	33 090 602	11 700 527	11 700 527

第五章

会计凭证

会计核算是以账户和复式记账为核心的一个完整系统，而填制和取得会计凭证是会计核算工作的开始，是会计核算中直接的、重要的依据。只有规范、合法的会计凭证，才能保证账户记录和会计报表数据的真实和完整。因此，学习本章应达到以下要求：了解会计凭证的意义及会计凭证的传递和保管的有关规定，明确填制和审核原始凭证和记账凭证的有关内容，掌握会计凭证、原始凭证、记账凭证的概念及其分类。本章没有太多难点，只是规范性的要求、技术性的方法和技能较多，既要求记忆，更要求理解，也重在操作能力的提高。

第一节　会计凭证概述

一、会计凭证的概念

会计凭证简称凭证，是记录经济业务、明确经济责任、作为记账依据的证明。会计主体处理任何一项经济业务，都必须办理凭证手续，由执行或完成该项经济业务的有关人员填制或取得会计凭证，详细说明该项经济业务的内容，在会计凭证上签名并盖章，以明确对该项经济业务的真实性、准确性所负的责任。只有经过有关人员审核无误的会计凭证，才可以作为记账的依据。

二、会计凭证的意义

填制和审核会计凭证是会计工作的起点和基础，是对会计主体的经济业务活动进行核算和监督的基本环节，是会计核算的基本方法之一。因此，准确填制和严格审核会计凭证，对于如实反映经济业务的内容，保证账簿记录的真实性和可靠性，有效监督和控制经济业务的合法性和合理性，为会计信息的使用者提供真实可靠、相关有用的会计信息，具有重要的意义。

1. 提供会计信息

会计人员可以根据会计凭证，对日常大量、分散的各种经济业务，进行整理、分类、汇总，并经过会计处理，为经济管理提供有用的会计信息。

2. 监督、控制经济活动

会计凭证记录和反映了经济业务活动的发生、进程和完成情况等具体内容，通过对会计凭证的审核，可以检查经济业务的发生是否符合有关的法令、制度，是否符合业务经营、财务收支的方针和计划、预算的规定，以确保经济业务的合理、合法和有效性。监督经济业务的发生、发展，控制经济业务的有效实施，是发挥会计管理职能的重要内容。

3. 加强经济责任制

会计主体一旦发生经济业务，就要取得或填制适当的会计凭证，以证明经济业务已经发生或完成，同时要由有关的经办人员在凭证上签字、盖章，明确业务责任人。尤其是货币资金的收付，财产物资的购入、储存、领用等经营活动，都可以通过填制和审核会计凭证来检查和监督各责任人的责任，为加强企业内部经营管理的经济责任制提供充分的依据。

4. 提供记账依据

会计凭证是记账的依据，通过会计凭证的填制、审核，按一定方法对会计凭证进行整理、分类、汇总，为会计记账提供真实、可靠的依据。

三、会计凭证的种类

会计凭证是多种多样的，可以按照不同的标志进行分类，但主要是按其填制程序和用途进行分类。会计凭证按其填制程序和用途，可以分为原始凭证和记账凭证两大类。

(一)原始凭证

1. 原始凭证的概念

原始凭证又称原始单据，是在经济业务发生或完成时取得或编制的。它载明经济业务的具体内容，明确经济责任，是具有法律效力的书面证明。原始凭证是进行会计核算的原始资料和重要依据。

2. 原始凭证的种类

原始凭证的分类方法很多，本章只就其按来源、填制的手续、用途等几方面进行介绍。

(1)原始凭证按其来源的不同，可以分为外来原始凭证和自制原始凭证两种。

外来原始凭证是在经济业务发生或完成时，从其他单位或个人直接取得的原始凭证，如购货时取得的发货票、付款时取得的收据等。外来原始凭证的一般格式如表5—1、表5—2、表5—3所示。

表5—1

全国统一发票监制章 上海 国家税务总局监制

上海增值税专用发票

××××××××××　　　　**发票联**　　　　**No:**

开票日期：　年　月　日

<table>
<tr><td>购货单位</td><td colspan="5">名　　称：
纳税人识别号：
地 址 、电 话：
开户行及账号：</td><td>密码区</td><td colspan="2"></td><td rowspan="5">第三联：发票联　购货方记账凭证</td></tr>
<tr><td>货物或应税劳务名称</td><td>规格型号</td><td>单 位</td><td>数 量</td><td>单 价</td><td colspan="2">金 额</td><td>税 率</td><td>税额</td></tr>
<tr><td></td><td></td><td></td><td></td><td></td><td colspan="2"></td><td></td><td></td></tr>
<tr><td>合　计</td><td></td><td></td><td></td><td></td><td colspan="2"></td><td></td><td></td></tr>
<tr><td>价税合计(大写)</td><td colspan="8">(小写)</td></tr>
<tr><td>销货单位</td><td colspan="5">名　　称：
纳税人识别号：
地 址 、电 话：
开户行及账号：</td><td>备注</td><td colspan="2"></td></tr>
</table>

收款人：　　复核：　　开票人：　　销货单位：(章)

表 5—2

上海增值税普通发票

全国统一发票监制章 上海 国家税务总局监制

×××××××××××　　　　发票联　　　　No:

开票日期：　年　月　日

购货单位	名　　称： 纳税人识别号： 地 址 、电 话： 开户行及账号：					密码区			
货物或应税劳务名称		规格型号	单 位	数 量	单 价		金　额	税 率	税额
合　计									
价税合计(大写)							(小写)		
销货单位	名　　称： 纳税人识别号： 地 址 、电 话： 开户行及账号：					备注			

收款人：　　复核：　　开票人：　　销货单位：(章)

第一联：记账联　销货方记账凭证

表 5—3

收　据

RECEIPT

No.0000001

年　月　日

今收到________________________

____

____

金额(大写)　佰　拾　万　仟　佰　拾　元　角　分

收款单位(盖章)　　　　￥:________

存根(白)客户(红)记账(黄)

核准：　　会计：　　记账：　　出纳：　　经手人：

自制原始凭证是指由本单位内部经办经济业务的部门或人员，在办理经济业务时所填制的凭证。例如，购入商品、材料在验收入库时填制的收货单和收料单，发出材料时填制的领料单和退料单，出差人员填制的借款单和差旅费报销单，支付工资时填制的工资单，收到订金、押金和保证金时填制的收款收据等。自制原始凭证的一般格式如表 5—4、表 5—5、表 5—6、表 5—7所示。

表5—4

收 料 单

收 料 单

No.

供料单位：　　　　　　　　　　　　　　　　　　　　　　　年 月 日

编号	名 称	规格	单位	数量	单价	金 额								备 注
						十	万	千	百	十	元	角	分	
合计人民币（大写）						¥：								

部门负责人　　　　　保管员　　　　　收料员

第一联：存根　第二联：收据　第三联：记账

表5—5

领 料 单

领 料 单

No.

领料部门：　　　　　　　　　　年 月 日

编号	名 称	型号及规格	单位	数 量		计划价格	
				请 领	实 发	单 价	总 价
用途说明							

设备材料负责人　　　　发料员　　　　领料负责人　　　　领料人

第一联：存根　第二联：交会计付款　第三联：记账

表5—6

入 库 单

No.

交货单位：　　　　　　　　　　　　　　　　　　　　　　　年 月 日

序号	名 称	规格	单位	数量	单价	金 额	备 注
1							
2							
3							
4							
5							
6							
7							
合 计 人民币（大写）	佰 拾 万 仟 佰 拾 元 角 分 ¥______						

①存根（白）②交货人（红）③记账（绿）

交货单位：　　　　　保管员：　　　　　会计：

经 手 人：　　　　　地 址：　　　　　电话/传真：

表 5—7 **限额领料单**

领料部门： 凭证编号：

用　　途： 年　月　日 发料仓库：

材料类别	材料编号	材料名称及规格	计量单位	领用限额	实际领用	单价	金额	备注

供应部门负责人： 生产计划部门负责人：

日期	数量		领料人签章	发料人签章	扣除代用数量	退料			限额结余
	请领	实发				数量	收料	发料	

(2)原始凭证按其填制的手续不同，可以分为一次凭证、累计凭证、原始凭证汇总表三种。

一次凭证是指在一项或若干项同类经济业务发生或完成时一次填制完毕的会计凭证。其特点是一张凭证一次填制完成，已填制的凭证不能再重复使用，如现金收据、发货票等。外来的原始凭证一般均属于一次凭证。

累计凭证是指在一定时期内，连续地在一张凭证上记载若干项同类经济业务，定期根据其累计数作为记账依据的凭证。其特点是一张凭证在一定时期内随着经济业务发生而进行分次、重复填制，如限额领料单等。

原始凭证汇总表是指在会计核算工作中，为了简化记账凭证的编制工作，将一定时期内若干份记录同类经济业务的原始凭证汇总编制一张汇总凭证，用于集中反映某项经济业务总括发生情况的会计凭证，如收料凭证汇总表、发料凭证汇总表等。发出材料汇总表的一般格式如表 5—8 所示。

表 5—8

发出材料汇总表

年　月　日

会计科目	领料部门	原材料	燃　料	合　计
基本生产成本	一车间			
	二车间			
	小　计			
辅助生产成本	供电车间			
	锅炉车间			
	小　计			
制 造 费 用	一车间			
	二车间			
	小　计			
合　计				

会计负责人：　　　　复核：　　　　制表：

(3)原始凭证按其用途不同,可以分为通知凭证、执行凭证和计算凭证。

通知凭证是指要求、指示或命令企业进行某项经济业务的原始凭证,如付款通知单、罚款通知书等。

执行凭证是证明某项经济业务已经完成的原始凭证,如销货发票、领料单、材料验收单等。

计算凭证是对已进行或完成的经济业务进行计算而编制的原始凭证,如制造费用分配表、工资计算表、产品成本计算单等。

以上分类不是绝对孤立的,它们之间是相互依存、密切联系的。例如,罚款通知单对出具收据的单位来说是自制原始凭证,对接受收据的单位来说则是外来原始凭证,同时它既是一次凭证,又是通知凭证。

(二)记账凭证

1. 记账凭证的概念

记账凭证是会计人员根据审核无误的原始凭证或原始凭证汇总表填制的,反映经济业务内容、应借应贷方向及金额,并直接作为记账依据的会计凭证。记账凭证的基本内容是会计分录。在会计实务中,会计分录是通过填制记账凭证来完成的。记账凭证记载的是会计信息,从原始凭证到记账凭证是经济信息转换成会计信息的过程,是一种质的飞跃。记账凭证和原始凭证同属于会计凭证,但两者存在一定的差别:(1)原始凭证是由经办人员填制的,记账凭证是由会计人员填制的。(2)原始凭证是根据发生或完成的经济业务填制的,记账凭证是根据审核后的原始凭证填制的。(3)原始凭证仅用于记录、证明经济业务已经发生或完成,记账凭证要依据会计科目对已经发生或完成的经济业务进行归类、整理。

2. 记账凭证的分类

(1)记账凭证按其使用范围,分为通用记账凭证和专用记账凭证。

通用记账凭证是不分收、付款业务和转账业务,统一使用同一种格式的记账凭证。在经济业务比较简单、经营规模较小的单位,为了简化会计凭证,一般使用通用记账凭证记录所发生的各种经济业务。通用记账凭证的格式如表 5—9 所示。

表 5－9

记账凭证

年　月　日　　　　　　　　　　　　　　　　字第　　号

摘　要	会计科目	明细科目	借方金额								贷方金额								记账
			十	万	千	百	十	元	角	分	十	万	千	百	十	元	角	分	
合计　（附件　　张）																			

附单据　张

会计主管：　　　　审核：　　　　制证：　　　　记账：

专用记账凭证是指专门记录某一类经济业务的记账凭证。专用记账凭证按其与货币资金收付有无直接关系，又可分为收款凭证、付款凭证和转账凭证。收款凭证是用来记录现金和银行存款收入业务的记账凭证，是根据有关现金和银行存款收入业务的原始凭证填制的记账凭证。付款凭证是用来记录现金和银行存款付出业务的记账凭证，是根据现金和银行存款付出业务的原始凭证填制的记账凭证。转账凭证是用来记录不涉及现金和银行存款收付业务的记账凭证，是根据现金和银行存款收付以外的其他原始凭证填制的记账凭证。收款凭证、付款凭证和转账凭证的格式如表 5－10、表 5－11、表 5－12 所示。

表 5－10

收款凭证

借方科目：　　　　　　年　月　日　　　　　　　　字第　　号

摘　要	对方科目		借或贷	金　额										记账
	总账科目	明细科目		千	百	十	万	千	百	十	元	角	分	
合　计														

附单据　张

会计主管：　　　　记账：　　　　出纳：　　　　复核：　　　　制单：

表 5－11

付款凭证

贷方科目：　　　　　　年　月　日　　　　　　　　　　　字第　　号

摘　要	借方科目		借或贷	金额										记账
	总账科目	明细科目		千	百	十	万	千	百	十	元	角	分	
合　计														

附单据　张

会计主管：　　记账：　　出纳：　　复核：　　制单：

表 5－12

转账凭证

年　月　日　　　　　　　　　　　字第　　号

摘　要	总账科目	明细科目	借方金额								贷方金额								记账
			十	万	千	百	十	元	角	分	十	万	千	百	十	元	角	分	
合　计																			

附单据　张

会计主管：　　记账：　　复核：　　制证：

(2)记账凭证按其填制方式，分为复式记账凭证和单式记账凭证。

复式记账凭证是把一项经济业务完整地填列在一张记账凭证上，即该项经济业务所涉及的所有会计科目在一张记账凭证中集中反映。上述收款、付款、转账凭证都是复式记账凭证。复式记账凭证把每项经济业务涉及的所有会计科目集中地反映在一张会计凭证上，有利于反映经济业务的全貌，便于全面了解资金运动的来龙去脉，同时还可以减少记账凭证的数量，便于查账。但是，复式记账凭证不便于同时汇总计算每一会计科目的发生额，也不利于会计人员分工记账。一般企业大多使用复式记账凭证。

单式记账凭证是把一项经济业务所涉及的每个会计科目，分别填制记账凭证，每张记账凭证只填列一个会计科目的记账凭证。单式记账凭证便于同时汇总计算每一会计科目的发生额，也便于会计人员分工记账；但不便于反映经济业务的全貌及会计科目的对应关系，不便于查找记录差错。单式记账凭证一般适用于业务量较大、会计科目内部分工较细的会计主体。在采用单式记账凭证方法下，若一项经济业务涉及两个会计科目的，就要填制两张记账凭证；若一项经济业务涉及多个会计科目的，就要填制多张记账凭证。其中，填列借方账户的记账凭证，又称为借项记账凭证；填列贷方账户的记账凭证，又称为贷项记账凭证。其一般格式如表5－13、表5－14所示。

表 5－13 借项记账凭证

对应科目： 年 月 日 编号

摘 要	一级科目	二级或明细科目	金 额	记 账

附件 张

会计主管： 记账： 审核： 出纳： 制单：

表 5－14 贷项记账凭证

对应科目： 年 月 日 编号

摘 要	一级科目	二级或明细科目	金 额	记 账

附件 张

会计主管： 记账： 审核： 出纳： 制单：

(3)记账凭证按其汇总情况，分为汇总记账凭证和科目汇总表。

汇总记账凭证是指根据记账凭证，按照相同的会计科目汇总编制的记账凭证。汇总记账凭证经过汇总，仍能明确地反映账户的对应关系，并简化了凭证的归类整理工作，据以登记总分类账，简化了登账工作。汇总记账凭证又分为汇总收款凭证、汇总付款凭证和汇总转账凭证。科目汇总表又称记账凭证汇总表，是指根据记账凭证定期整理、汇总各账户的借贷方发生额，并据以登记总账的一种汇总性记账凭证。科目汇总表不能反映账户之间的对应关系。汇总收款凭证、汇总付款凭证和汇总转账凭证的格式如表 5－15、表 5－16、表 5－17 所示。

表 5－15 汇总收款凭证

借方科目：库存现金(或银行存款) 年 月 日 汇收字第 号

贷方科目	金 额				总账页数	
	1 日至 10 日 收字第 号 至第 号	11 日至 20 日 收字第 号 至第 号	21 日至 31 日 收字第 号 至第 号	合 计	借 方	贷 方
合 计						

会计主管： 记账： 审核： 制单：

表 5－16 汇总付款凭证

贷方科目：库存现金(或银行存款) 年 月 日 汇付字第 号

借方科目	金 额				总账页数	
	1 日至 10 日 付字第 号 至第 号	11 日至 20 日 付字第 号 至第 号	21 日至 31 日 付字第 号 至第 号	合 计	借 方	贷 方
合 计						

会计主管： 记账： 审核： 制单：

表 5－17　　汇总转账凭证

贷方科目：　　年　月　日　　汇转字第　　号

借方科目	金　额				总账页数	
	1 日至 10 日 转字第　号 至第　号	11 日至 20 日 转字第　号 至第　号	21 日至 31 日 转字第　号 至第　号	合 计	借 方	贷 方
合　计						

会计主管：　　记账：　　审核：　　制单：

第二节　原始凭证的填制和审核

一、原始凭证的基本要素

在会计实务中，由于各种经济业务的内容和经济管理的要求不同，原始凭证的名称、格式和内容多种多样，其填制与审核的具体内容也会因此而多种多样。为了满足经营管理的需要，自制原始凭证应备有补充的内容。为了便于使用原始凭证，有关部门制定了统一的凭证格式，如银行结算凭证、增值税专用发票等。但是，原始凭证作为反映经济业务已经发生或已经完成的原始证据，必须反映经济业务发生或完成的情况，并明确有关经济人的责任，所以，各种原始凭证都必须具备一些基本内容，具有一些基本要素。这些基本要素主要包括以下六个方面：

1. 凭证的名称

标明原始凭证所记录业务内容的种类，反映原始凭证的用途，如发货票、入库单等。

2. 填制凭证的日期

填制原始凭证的日期一般是业务发生或完成的日期。如果在业务发生或完成时，因各种原因未能及时填制原始凭证的，应以实际填制日期为准。销售商品、产品时未能及时开出发票的，补开发货票的日期应为实际填制时的日期。

3. 填制凭证单位或填制人姓名

4. 经办人员的签名或盖章

经办人员签名或盖章是为了通过该项内容明确经济责任。

5. 接受凭证单位的名称

将接受凭证单位与填制凭证单位或填制人员相联系，标明经济业务的来龙去脉。

6. 经济业务内容

经济业务内容主要表明经济业务的项目、名称、数量、单价和金额及有关的附注说明。数量、单价和金额主要表明经济业务的计量，这是原始凭证的核心。

二、原始凭证的填制要求

原始凭证是经济业务的原始记录，是会计工作的基础。为了保证会计核算资料的真实、正确和及时，原始凭证的填制应遵循一定的要求。

1. 真实可靠

凭证填制的内容、数字等，必须根据实际情况填列，确保原始凭证所反映的经济业务真实可靠，符合实际情况。

2. 内容完整

原始凭证的内容必须完整、齐全。凭证的填制日期、经济业务的内容、数量、金额都必须认真填写，不得遗漏。经办人员或责任人要签名或盖章，对外开具的原始凭证应加盖的公章或财务专用章不得遗漏。

3. 填制及时

原始凭证应在经济业务发生或完成时及时填制，并按照规定的程序和手续传递至有关业务部门和会计部门，以便及时办理后续业务。

4. 填写规范

原始凭证的填写应做到文字简明，字迹清晰，书写规范。必须使用蓝色或黑色墨水书写，不得使用铅笔和圆珠笔。填写支票必须使用碳素笔。属于需要套写的凭证，必须一次套写清楚，不得使用未经国务院公布的简化字。阿拉伯数字要逐个填写，不得连写。数字前应填写人民币符号"￥"，若是用外币结算的凭证，数字前必须填写外币符号，如"HK＄"(港元)、"US＄"(美元)、"￡"(英镑)等，且数字与货币符号之间不得留有空位。凡是阿拉伯数字前写有人民币或其他货币符号的，数字后面不再写"元"。所以，以"元"为单位的阿拉伯数字，除表示单价等情况外，一律填写到角、分；无角、分的，角位和分位可写上"00"或用符号"—"表示；分位应写上"0"，不得用符号"—"代替。汉字大写金额，一律用正楷或行书书写，如壹、贰、叁、肆、伍、陆、柒、捌、玖、拾、佰、仟、万、亿、元、角、分、零、整等，以防涂改，不得用一、二、三、四、五、六、七、八、九、十、0、毛等字样代替，不得任意自造简化字。大写金额最后如为"元"或"角"的，应加"整"字断尾；如为"分"的，分字后面不写"整"字。大写金额数字前印有人民币字样的，应加填"人民币"字样，且其与金额数字之间不得留有空位。金额中间如有一个"0"或连续几个"0"的，大写金额只用一个"零"字表示。如金额￥50 040.60，汉字大写金额应写为：人民币五万零肆拾元陆角整。

三、原始凭证的审核

为了正确反映并监督各项经济业务，会计部门的经办人员必须严格审核各项经济业务的原始凭证，以确保会计审核资料的真实、合法和准确。原始凭证的审核主要包括以下三个方面的内容：

1. 合规性审核

根据有关的法令、制度、政策等，审核原始凭证所记录的经济业务是否合规、合法，有无违反法令、制度的行为；审核经济业务是否按规定的程序予以办理，对于弄虚作假、涂改或经济业务不合法的凭证，应拒绝受理，并报请上级有关人员处理。

2. 完整性审核

根据原始凭证的要素，逐项审核原始凭证的内容是否完整，原始凭证各项目是否按规定填写齐全，是否按规定手续办理。若原始凭证的内容填写不全，手续不完备，应退经办人员补办完整后，才予以办理。

3. 技术性审核

根据原始凭证的填写要求，审核原始凭证的摘要和数字及其他项目是否填写正确，数量、单价、金额、合计是否填写正确，大、小写金额是否相符。若有差错，应退经办人员予以更正。

第三节　记账凭证的填制和审核

一、记账凭证的基本要素

记账凭证是用来将经济信息转换成会计信息，对经济业务进行分类核算的凭证。它可以根据每项经济业务编制，既可以根据每项经济业务的原始凭证编制，也可以根据若干项同类原始凭证汇总编制。由于记账凭证所反映经济业务的内容不同，因此，在具体格式上也有一些差异。但所有的记账凭证，都必须满足记账的要求，且具备下列基本要素：

1. 填制单位名称。

2. 记账凭证名称。

3. 填制凭证的日期和凭证的编号。

4. 应借、应贷的会计科目名称和记账金额。

5. 经济业务的内容摘要。

6. 所附原始凭证或原始凭证汇总表的张数。

7. 填制人员、复核人员、记账人员、会计主管、机构负责人的签名或盖章；此外，收付款凭证还需有出纳人员的签章。

二、记账凭证的填制要求

为了保证记账凭证能够真实、正确、完整地反映经济业务，记账凭证的填制必须符合以下要求：

1. 必须根据审核无误的原始凭证填制记账凭证

填制记账凭证时，必须以审核无误的原始凭证或原始凭证汇总表为依据。记账凭证可以根据每一张原始凭证填制，也可以根据若干张同类原始凭证汇总填制，还可以根据原始凭证汇总表填制。但不得将不同内容和类别的原始凭证汇总填制在一张记账凭证上。

2. 正确确定应使用的记账凭证

使用专用记账凭证的单位，应根据经济业务的性质，先确定使用收款凭证、付款凭证还是转账凭证。涉及库存现金和银行存款之间的划转业务，只需填制付款凭证，以避免重复记账。在同一笔经济业务中，既涉及库存现金（或银行存款）的收付业务，又涉及转账业务时，应同时编制收款（或付款）凭证和转账凭证。

3. 正确、简明填写摘要

摘要是对经济业务的简要说明。记账凭证的摘要栏要用简练、明确的语句概括经济业务要点，这主要是为了便于查阅凭证和登记账簿。摘要的填写没有统一的规格，不强求一致，视需要而定，只要能确切说明问题就可以。

4. 正确使用会计科目，编制会计分录

正确确定应借、应贷的会计科目，填写会计科目的全称，不得简写或只写科目编号而不写名称。要写明一级科目、二级科目，必要时也要写三级科目，以便登记总分类账和明细分类账。

5. 应注明记账凭证的附件

记账凭证所附的原始凭证必须完整无缺，并在记账凭证上注明原始凭证的张数，以便核对。一般的记账凭证都要附原始凭证，只有更正错账和期末结账的记账凭证可以不附原始凭证。如果一张原始凭证记录的经济业务涉及几张记账凭证时，应将该张原始凭证附在其中一张记账凭证上，未附原始凭证的记账凭证上应注明附有原始凭证的记账凭证编号，也可以附上该原始凭证的复印件，以便以后查阅。

6. 凭证按顺序编号

记账凭证应按业务发生顺序，按不同种类的记账凭证连续编号。如果采用通用记账凭证格式，一般按月编制顺序号；如果采用专用记账凭证格式，则采用字号编号，如收款凭证用"现（现金）收字第××号"、"银（银行）收字第××号"，付款凭证用"现（现金）付字第××号"、"银（银行）付字第××号"，转账凭证用"转字第××号"。对于一笔业务需要编制多张记账凭证的，则应在原编号后面用分数的形式表示，如第4笔转账业务需要编制2张转账凭证，则其编号分别为"转字 $4\frac{1}{2}$"、"转字 $4\frac{2}{2}$"。

7. 填写内容齐全，责任明确

记账凭证中的各项内容必须填写齐全，并按规定程序办理签章手续，不得简化。各种记账凭证都必须由会计主管人员或其指定专人审核后签名、盖章，才能作为记账的依据。收款凭证、付款凭证需经审核签章后，才能交出纳人员办理收、付款业务。对于已办妥收、付款业务的收、付款凭证及其所附的所有原始凭证，必须当即加盖"收讫"、"付讫"戳记，并由出纳员在收、付款的记账凭证上签字和盖章。

三、记账凭证的审核

记账凭证是根据审核无误的原始凭证填制的，是登记账簿的依据。为了保证账簿记录的准确性，记账前必须对已编制的记账凭证由专人进行认真、严格的审核。记账凭证的审核主要包括以下三项内容：

1. 合规性审核

根据现行的有关制度、政策、准则等的规定，按原始凭证的审核要求复审所附的原始凭证；审核记账凭证是否附有原始凭证，所附原始凭证的内容和张数与记账凭证所填列的内容是否相符，所附原始凭证的金额合计与记账凭证的金额是否一致；审核记账凭证所确定的会计分录是否合规、合法。

2. 完整性审核

根据记账凭证的要素，逐项审核记账凭证的内容是否按规定要求填制完整齐全，如日期、凭证编号、附件张数、有关人员是否签名盖章等。

3. 技术性审核

根据记账凭证的填制要求，审核记账凭证的摘要填写是否简明扼要、清楚易懂，应借、应贷会计科目及金额是否准确，核算内容是否符合会计制度和会计政策的要求。

在记账凭证的审核中，如果发现错误，应及时查明原因，分别不同的情况，按规定的方法进行更正或重新填制。其中，如果是由原始凭证错误引起的记账凭证错误，凡是尚未登记账簿的，应责成经办人退回原填制单位或填制人更正或补填，记账凭证的制证人员根据更正或补填的原始凭证，一般应重新填制记账凭证，或采用划线更正法进行更正；凡是已经登记入账的，则不抽出原来的原始凭证，责成经办人员另外补填原始凭证，按补填正确的原始凭证，选用正确的错账更正方法进行更正。如果是记账凭证本身填制错误，凡是尚未登记入账的，应责成制证人员重新填制；对于已经登记入账的记账凭证，在当年内发现填写错误时，可以用红字填写一张与原内容相同的记账凭证，在“摘要”栏注明“注销某月某日某号填写凭证”字样，同时再用蓝字重新填制一张正确的记账凭证，注明“订正某月某日某号凭证”字样。如果会计科目没有错误，只是金额错误，也可以将正确数字与错误数字之间的差额，另编一张调整的记账凭证，调增金额用蓝字，调减金额用红字。发现以前年度记账凭证有错误的，应当用蓝字填制一张更正的记账凭证。

第四节 会计凭证的传递和保管

一、会计凭证的传递

会计凭证的传递是指会计凭证从填制或取得起，经过审核、记账、装订到归档为止，在有关部门和人员之间按规定的时间、程序办理业务手续和进行处理的过程。各种会计凭证所记载的经济业务事项不同，涉及的部门和人员不同，据以办理的业务手续也不同。因此，需为各种会计凭证规定一个合理的传递程序和在各个环节停留的时间。例如，一张会计凭证，填制后交到哪个部门、哪个岗位、由谁来接办业务手续，直至归档保管为止；又如，有的凭证一式几联，哪一联应传到哪个部门，有何用途等，都是会计凭证传递程序所要确定的。会计凭证传递时间则要规定办理各项业务手续所需要的时间，以使各个工作环节环环相扣、相互督促，提高工作效率。会计凭证传递程序和传递时间，可分别若干主要业务，绘制成流程图或流程表，以便于有关人员遵守执行。会计凭证的传递是会计制度的一个重要组成部分，在会计制度中作出明确的规定并正确地组织会计凭证的传递，对于及时地处理经济业务和加强会计监督，具有重要意义。正确地组织会计凭证的传递，便于及时、真实地反映和监督经济业务的发生和完成情况，便于有关部门和人员及时沟通情况，加速业务处理过程，便于分工协作和发挥会计的监督作用。

会计凭证的传递组织工作一般包括以下内容：

1. 从传递过程看，应根据企业经济业务情况的特点，企业单位内部的机构设置和人员分工情况以及管理上的要求等，具体规定各种凭证的联数和流转的环节，使有关部门和人员能够按规定处理经济业务，利用凭证了解企业经济业务情况，为有关人员和部门及时提供数据；还要注意流程合理，避免不必要的环节，影响传递速度。

2. 从传递时间看，应根据有关部门和人员办理经济业务手续的需要，确定会计凭证在各个环节停留的时间。既要防止时间过紧，影响业务手续的完成；又要避免时间过长，影响工作效率。

3. 从交接手续看，应建立凭证交接的签收制度。为了确保会计凭证的安全和完整，在各个环节中应指定专人办理交接手续，做到责任明确，手续完备、严密、简便易行。会计凭证的传递办法，在报经本单位领导批准后，各有关部门和人员必须遵照执行。会计部门应对其执行情况进行监督和检查，发现有不合理、不完善之处，应及时研究、修订。

二、会计凭证的整理

会计凭证的整理一般包括以下一些工作：

1. 每月记完账后，会计工作人员应将本月各种记账凭证加以整理，检查有无缺号、重号以及附件是否完整齐全。

2. 在确认记账凭证和所附原始凭证完整无缺后，按照有关规定将凭证折叠整齐，按凭证编号的顺序，加上封面、封底，装订成册，并在装订线上加贴封签。

3. 装订成册的封面上应写明单位名称和会计凭证的名称，还要填写此册记账凭证所包含的经济业务事项发生的年、月，凭证的起止号码和起止日期，以及记账凭证和原始凭证的张数等。并且，在记账凭证的封面上应加盖单位负责人和财务负责人的印章，装订人应在装订线封签处签名或盖章。

会计凭证封面的格式如表5－18所示。

表5－18

会计凭证封面

自　年　月　日起至　月　日止

册数号	
	本月共　册
	本册第　册

记账凭证种类	凭单起讫号数	附原始凭证张数
收款凭证	共　张自第　号至第　号	共　张
付款凭证	共　张自第　号至第　号	共　张
转账凭证	共　张自第　号至第　号	共　张
记账凭证	共　张自第　号至第　号	共　张
备　注		

20　年　月　日装订

会计主管人员：　　复核：　　装订员：

如果某些记账凭证所附的原始凭证张数较多，如收、发料单，也可以把这些原始凭证单独保管。在封面上注明记账凭证的日期、编号、种类，同时在有关记账凭证上注明“附件另订”和原始凭证名称及编号。

三、会计凭证的保管

会计凭证是一个单位重要的经济档案和历史资料，必须建立严密的保管制度。本单位以及有关部门、单位，可能因为各种需要查阅会计凭证，特别是在发生贪污、盗窃、违法乱纪行为时，会计凭证是进行法律处理的有效证据。因此，任何单位必须对会计凭证妥善保管，不得丢失或任意销毁，做到既要保证会计凭证的安全和完整，又要便于凭证的事后调阅和查找。会计凭证归档保管的具体内容如下：

1. 装订成册的会计凭证，应指定专人负责保管当年的会计凭证，在会计年度终了后，可暂由本单位会计部门保管1年，期满后，原则上应把会计部门编造的清册移交本单位的档案保管部门。已经存档的会计凭证，在需要查阅时，必须经过一定的审批手续。查阅时不得拆散原卷册。原始凭证不得外借。外单位因特殊需要使用原始凭证时，经本单位领导人批准，可以复制。向外单位提供的原始凭证复制件，应在专设的登记簿上登记，并由提供人员和收取人员共同签章。

2. 会计凭证的保管期和销毁。会计凭证的保管期和销毁必须严格按照《会计档案管理办法》的有关规定执行，任何人不得随意销毁会计凭证。对于保管期满需要销毁的会计凭证，必须开列清单，按照规定报经批准后，才能销毁。在销毁会计凭证时，应按照规定由有关部门派员监销。在销毁前，监销人员应认真清点核对；销毁后，在销毁清单上签章，并将监销情况向本单位负责人报告。对于应永久保存的会计凭证，必须永久保存，不得销毁。

第六章

会计账簿

会计账簿是以会计凭证为依据，由具有一定格式而又相互联系的账页所组成，用来序时地、分类地记录和反映各项经济业务的簿籍。设置和登记账簿是会计核算的一种专门方法。本章主要介绍了账簿的分类、设置账簿的重要性、基本要求以及登记账簿、账项调整、对账和结账等相关内容。本章难点不多，但它是会计核算的基础工作，要求学生不仅掌握理论知识，更重要的是学会实际操作。通过学习，掌握账簿的概念、分类、设置、登记规则和错账的更正方法，明确账簿的启用、更换等有关规定。

第一节　会计账簿概述

一、会计账簿的概念和作用

（一）会计账簿的概念

会计账簿是以会计凭证为依据，由具有一定格式而又相互联系的账页所组成，用来序时地、分类地记录和反映各项经济业务的簿籍。设置和登记账簿是会计核算的一种专门方法，也是会计核算的中心环节。

会计凭证可以连续反映各项经济业务，但它大量反映的只是互不联系的个别的经济业务，提供的是分散的、缺乏系统性的信息资料，不能把各经济单位在一定时期的全部经济业务系统、完整地反映出来。因此，每个经济单位还应该设置和登记账簿，把分散在会计凭证中的核算资料加以归类整理，进而登记账簿，为经济管理提供系统、完整的会计核算资料，并为编制会计报表提供依据。

（二）会计账簿的作用

设置账簿可以全面、系统地记载和提供企业经济活动的各种数据，是会计核算工作的重要环节，它对加强经济核算、改善和提高经济管理水平具有重要的作用。

1. 可以全面、系统地提供会计信息，并为会计报表的编制提供依据

通过设置和登记账簿，可以为经营管理提供比较系统、完整的会计核算资料。虽然会计凭证也可以提供会计信息，但会计凭证只能零散地记录和反映个别经济业务，不能全面、系统地反映经济业务的完成情况。只有通过账簿的设置与登记，才能把会计凭证所提供的大量核算资料归类到各种账簿中，提供总括指标和详细指标，并进行序时记录和反映。通过账簿的设置与登记，可以正确地反映各项会计信息的具体情况，提供经营管理所必需的会计信息，并为编制会计报表提供依据。

2. 可以保护企业财产物资的安全完整，确保各项资金合理使用

通过设置和登记账簿，可以连续反映各项财产物资的增减变动及其结存情况，并借助财产清查、账目核对等方法，反映财产物资的具体情况，发现问题及时解决，从而保证财产物资的安全完整，合理使用各项资金。

3. 可以提供经营成果的详细资料，为财务成果的分配提供依据

通过账簿的设置与登记，可以确定财务成果的形成，确定财务成果后，才能按规定的方法进行利润分配或亏损弥补。通过设置和登记账簿，还可以提供经营成果形成的详细内容，并为财务成果的分配提供依据。

4. 可以为考核经营业绩、加强经济核算、进行会计监督和会计分析提供依据

通过设置和登记账簿，提供各项会计核算资料，并利用这些资料进行会计分析，以便改善经营管理，同时有利于参照会计核算资料进行会计检查，实施会计监督。账簿是重要的经济档案，设置账簿有利于保存会计资料，便于日后查考。

二、会计账簿的种类

账簿可以按不同的标准进行分类，分类的标准主要有以下三种，即按用途、外表形式和账页格式进行分类。

(一)会计账簿按用途分类

会计账簿按用途不同，可以分为序时账簿、分类账簿和备查账簿。

1. 序时账簿

序时账簿又称日记账，是按照时间顺序逐日逐笔登记经济业务发生情况的账簿。按其记录的内容不同，序时账簿又分为普通日记账和特种日记账两种。

普通日记账是用来登记全部经济业务发生情况的日记账。通常把每天所发生的经济业务，按照业务发生的先后顺序，编成会计分录记入账簿中。

特种日记账是用来记录某一类经济业务发生情况的日记账。通常把某一类比较重要的经济业务，按照业务发生的先后顺序记入账簿中。为了加强对货币资金的监督和管理，特种日记账又分为现金日记账和银行存款日记账。

普通日记账实质上是把会计分录按照经济业务发生的先后顺序记入日记账中，以此作为连续登记分类账的依据，所以，又称其为分录日记账；特种日记账只把重要的项目按经济业务发生的先后顺序记入日记账中，反映某个特定项目的详细情况。

在会计实务中，为了简化记账的手续，除了现金和银行存款收付要记入现金日记账和银行存款日记账以外，其他各项目一般不再设置特种日记账进行登记。

2. 分类账簿

分类账簿是按照总分类账户和明细分类账户分类记录经济业务的账簿。分类账簿按照记载内容的详细程度划分，分为总分类账簿和明细分类账簿。

总分类账簿又称总分类账、总账，是根据总分类科目开设账户，用来分类记录全部经济业务，提供总括核算指标的分类账簿。通常，总分类账簿可以提供企业资产、负债、所有者权益、收入、费用和利润等方面总括的会计信息。任何企业都要设置总分类账。总分类账必须按总分类科目设置，一般采用订本式账簿，账页格式一般有三栏式、多栏式两种。

明细分类账簿又称明细分类账或明细账，是根据总分类科目所属二级或明细科目开设账户，用来分类记录某类经济业务，提供比较详细的核算指标的分类账簿。明细分类账对于加强

财产物资管理、款项的结算、收入及费用开支的监督，有着重要的作用。明细分类账必须按照二级科目或明细科目设置，一般采用活页式账簿。明细账的格式，应根据它所反映经济业务内容的特点和管理的需要来设置，一般有三栏式、数量金额式和多栏式三种。

3. 备查账簿

备查账簿又称辅助账簿，是对某些在序时账簿和分类账簿中未能记载或记载不全的经济业务进行补充登记的账簿，如租入固定资产登记簿、合同登记簿、委托加工材料登记簿、应收票据备查簿、应付票据备查簿、代管商品物资备查簿等。备查账簿记录的内容不受总分类账的制约，是对日记账和明细分类账的补充。备查账簿可以为某些经济业务的内容提供必要的参考资料或补充信息。各单位可根据实际需要，灵活设置备查账簿。

(二)会计账簿按外表形式分类

会计账簿按外表形式不同，可以分为订本式账簿、活页式账簿和卡片式账簿。

1. 订本式账簿

订本式账簿又称订本账，是在启用前就把连续编号的若干账页固定装订成册的账簿。这种账簿的优点是能够避免账页散失，防止账页被抽换；缺点是账页固定后，不能根据需要增减账页，容易造成账页浪费，也不便于分工记账。订本账主要适用于现金日记账、银行存款日记账和总账。

2. 活页式账簿

活页式账簿又称活页账，是把若干张零散的账页放置在活动账夹之内的账簿。这种账簿的优点是可以任意增减空白账页，不会浪费账页，使用灵活，便于对账页重新排列，也便于分工记账，有利于提高工作效率；缺点是账页容易散失，容易被抽换。活页账主要适用于各种明细账。

3. 卡片式账簿

卡片式账簿又称卡片账，是由若干分散的具有专门格式的硬卡组成，存放在卡片箱内的账簿。这种账簿的优缺点与活页账簿相同。卡片账主要适用于记载内容比较复杂的财产明细账，如固定资产卡片、低值易耗品等。在实际使用时，卡片上应连续编号，并加盖有关人员的印章，卡片箱应由专人负责保管，以保证真实、安全。

(三)会计账簿按账页格式分类

会计账簿按账页格式不同，可以分为三栏式账簿、多栏式账簿和数量金额式账簿。

1. 三栏式账簿

三栏式账簿是指账簿的账页格式只开设“借”、“贷”、“余”(或“收”、“付”、“余”)三个栏目记录金额。

2. 多栏式账簿

多栏式账簿是指账簿的账页格式设若干专栏，集中反映某一总账账户或明细账户核算内容的账簿。

3. 数量金额式账簿

数量金额式账簿的账页格式是在“借”、“贷”、“余”(或“收”、“付”、“余”)三栏下再设“数量”、“单价”和“金额”栏，以便全面记录反映经济业务的数量和金额。

会计账簿的分类如图 6－1 所示。

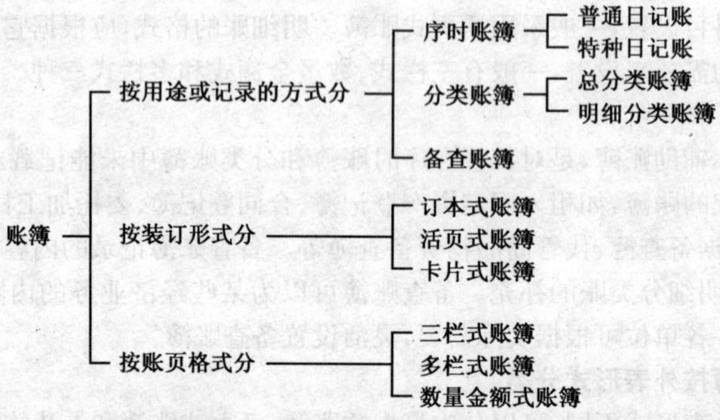

图 6—1　会计账簿的分类

三、会计账簿的基本内容

账簿的种类、形式和格式多种多样，但一般应具备以下基本内容：

1. 封面

每本账簿都应在它的封面上标明账簿名称，如总账、材料明细账、库存商品明细账、现金日记账等。

2. 扉页

为了保证账簿记录的合理性，明确经济责任，应在账簿的扉页（首页）设置账簿启用表，在表内载明单位名称、账簿启用日期和截止日期、账簿册数、账簿页数（如为活页账，应在装订成册后记明页数）、会计主管和经管人员一览表及签章、账户目录等。如果经管账簿的会计人员离职或工作调动，需要调换记账人员时，应办理交接监交手续，在经管账簿人员一览表上注明交接日期和接办人员姓名，并由接办人员签章。

3. 账页

账页是构成账簿的主要组成部分，用来具体记录经济业务，其格式因记录的经济业务内容不同而有所不同，但一般包括以下六个方面的内容：

(1)账户名称（或总账科目、二级或三级明细科目）。

(2)“登账日期”栏。

(3)“凭证种类和号数”栏。

(4)“摘要”栏。

(5)“金额”栏（借方、贷方的金额和余额）。

(6)账页号数（总页次和分户页次）。

第二节　会计账簿的启用与登记要求

一、设置账簿应遵循的原则

会计主体必须根据自身的业务特点及经营管理的需要，设置相应的账簿体系及具体的账簿。各单位的具体情况不同，账簿设置的方法也不尽一致。设置账簿应遵循以下原则：

1. 账簿的设置，应确保全面、系统地核算各项经济业务，为经营管理提供系统、分类的会计核算资料，以满足会计信息使用者对会计信息的需求。

2. 账簿的设置，应在满足实际需要的前提下，尽量节约人力、物力，以便提高会计工作效率。

3. 账簿的设置，体系要完整、组织要严密，有关账簿之间还要保持统驭关系或制约关系，以提供科学、完整的核算指标。

一般情况下，每个会计主体都应设置日记账、总分类账和明细分类账。

二、会计账簿的启用

为了保证账簿记录的合法性和账簿资料的完整性，保证会计核算工作的质量，明确责任，必须按照一定的规则启用账簿。

首先，启用新的会计账簿，应当在账簿封面上写明单位、账簿名称。

其次，填写账簿扉页上的账簿使用登记表及账户目录，其格式和内容如表 6－1、表 6－2 所示。

表 6－1　　账簿启用登记和经管人员一览表

<table>
<tr><td>单位名称</td><td colspan="5"></td></tr>
<tr><td>账簿名称</td><td colspan="5"></td></tr>
<tr><td>账簿页数</td><td colspan="5">自第　　页起至第　　页止共　　页</td></tr>
<tr><td>启用日期</td><td colspan="5"></td></tr>
<tr><td>单位领导人签章</td><td colspan="2"></td><td colspan="2">会计主管人员签章</td><td></td></tr>
<tr><td>经管人员职别</td><td>姓名</td><td>经管或接管日期</td><td>签章</td><td>移交日期</td><td>签章</td></tr>
<tr><td></td><td></td><td>年　月　日</td><td></td><td>年　月　日</td><td></td></tr>
<tr><td></td><td></td><td>年　月　日</td><td></td><td>年　月　日</td><td></td></tr>
<tr><td></td><td></td><td>年　月　日</td><td></td><td>年　月　日</td><td></td></tr>
<tr><td></td><td></td><td>年　月　日</td><td></td><td>年　月　日</td><td></td></tr>
<tr><td></td><td></td><td>年　月　日</td><td></td><td>年　月　日</td><td></td></tr>
</table>

表 6－2　　账户目录

科目名称	页号	科目名称	页号	科目名称	页号	科目名称	页号

三、会计账簿的登记要求

会计账簿作为重要的会计档案资料和会计信息的主要储存工具，必须按照规定的方法，依据审核无误的记账凭证进行登记。进行账簿登记，一般应遵循下列基本要求：

1.登记账簿时,应将会计凭证日期、编号、业务内容摘要、金额和其他有关资料逐项记入账内。要求做到数字准确,摘要清楚,登记及时。

2.登记完毕后,要在会计凭证上签名或盖章,并注明已经登账的符号(如“√”),表示已经过账。

3.登记账簿要用蓝黑或黑色墨水书写,不得使用圆珠笔(银行的复写账簿除外)或铅笔书写。但在下列情况下,可以用红色墨水记账:

(1)在不设借、贷等栏的多栏式账页中,登记减少数。

(2)按照红字冲账的记账凭证,冲销错误记录。

(3)在三栏式账户的“余额”栏前,如未印明余额的方向,在“余额”栏内登记负数余额。

(4)会计制度中规定用红字登记的其他记录。

4.账簿中书写的文字和数字上面要留适当空距,不要写满格,一般应占格长的$\frac{1}{2}$,以便留有改错的空间。

5.各种账簿按页次顺序连续登记,不得跳行、隔页。如果发生跳行、隔页,应将空行、空页划线注销,或注明“此行空白”或“此页空白”字样,并由记账人员签名或盖章。

6.凡需要结出余额的账户,应当定期结出余额,现金日记账和银行存款日记账必须每天结出余额。结出余额后,应在“借或贷”等栏内写明“借”或“贷”等字样。没有余额的账户,应在“借或贷”等栏内写“平”字,并在“余额”栏“元”位上用“0”表示。

7.每一账页登记完毕、结转下页时,应结出本页合计数及余额,写在本页最后一行和下页第一行有关栏内,并在本页的“摘要”栏内注明“转后页”字样,在次页的“摘要”栏内注明“承前页”字样。

8.会计账簿记录发生错误,应根据错误的性质和发现时间的不同,按规定的办法进行更正,不允许用涂改、挖补、刮擦、药水等方法更正错误。

第三节　会计账簿的格式与登记方法

一、日记账的设置与登记

日记账又称序时账簿,是按照时间顺序逐日逐笔登记经济业务发生情况的账簿。按照日记账记录的内容不同,又分为普通日记账和特种日记账两种。

(一)普通日记账的设置与登记

普通日记账是用来登记全部经济业务发生情况的日记账。通常把每天所发生的经济业务,按照业务发生的先后顺序,编成会计分录记入账簿中。由于其主要内容是会计分录,所以又称为分录日记账。普通日记账的账页格式有两栏式和多栏式两种。

1. 两栏式普通日记账的设置与登记

两栏式普通日记账的格式如表6－3所示。

表 6—3　　　　　　　　　　　　普通日记账(两栏式)　　　　　　　　　　　第　页

年		凭证编号	摘　要	账户名称	借方金额	贷方金额	过账(√)
月	日						

两栏式普通日记账的登记方法如下：

(1)“日期”栏，填写经济业务发生或完成的时间。

(2)“凭证编号”栏，填写会计凭证的种类及编号。

(3)“摘要”栏，填写该笔经济业务的简要内容。

(4)“账户名称”栏，填写该笔会计分录所涉及的会计科目名称。

(5)“借方金额”栏，填写应借账户的金额。

(6)“贷方金额”栏，填写应贷账户的金额。

(7)“过账”栏，为避免漏记或重复登记，在此栏中打“√”符号，表示已经将此金额过入分类账。

2. 多栏式普通日记账的设置与登记

多栏式普通日记账是指为常用的会计科目专门设置金额栏予以登记，并把专栏内汇总的发生额一次过入分类账。

多栏式普通日记账的格式如表 6—4 所示。

表 6—4　　　　　　　　　　　　普通日记账(多栏式)

年		凭　证		科　目		科　目		科　目		其他			
月	日	字	号	借方	贷方	借方	贷方	借方	贷方	账户名称	借方	贷方	过账

多栏式普通日记账的登记方法是：“其他”栏的分录要逐笔过账，与两栏式普通日记账的过账方法相同。对于设有专栏的，只需在月末计算合计数，将合计数一次过入总账。

普通日记账可以全面反映经济业务的发生情况及账户的对应关系。如果单位规模较大，业务多而复杂，使用一本日记账不便于分工记账，而且过账的工作量又比较大，所以，这种日记账使用较少。

(二)特种日记账的设置与登记

特种日记账是用来记录某一类经济业务发生情况的日记账。通常把某一类比较重要的经济业务，按照业务发生的先后顺序记入账簿中。为了加强对货币资金的监督和管理，我国《企业会计准则》规定，每个单位都要设置现金日记账和银行存款日记账，其账页格式有三栏式和多栏式两种。

1. 三栏式日记账

（1）现金日记账，是由出纳人员根据现金收款凭证、现金付款凭证和银行存款付款凭证（记录从银行提取现金业务），按经济业务发生时间的先后顺序，逐日逐笔进行登记，用来反映库存现金每日收入、支出和结余情况的账簿。库存现金的明细核算是通过设置和登记现金日记账进行的。其账页格式一般是三栏式，即账页的“金额”栏设“借方”、“贷方”、“余额”三栏。为了清晰反映库存现金和银行存款收付业务的具体内容，在“摘要”栏后，还专设“对应科目”栏，登记对方科目名称。三栏式现金日记账的格式见表6－5。

表6－5　现金日记账（三栏式）

年		凭证		摘要	对方科目	借方	贷方	余额
月	日	字	号					

现金日记账的登记方法如下：

①“日期”栏，登记记账凭证的日期，应与现金或银行存款实际收付日期一致。

②“凭证”栏，登记入账的收付款凭证的种类和编号。记账后，应在凭证上注明所登记账簿的页数，以便查对。

③“摘要”栏，简要说明登记入账的经济业务的内容。

④“对方科目”栏，登记库存现金或银行存款收入的来源科目、支出的用途科目。

⑤“借方”、“贷方”、“余额”栏，现金日记账与银行存款日记账是由出纳人员根据审核无误的收付款凭证逐日逐笔登记的，每日的现金或银行存款收付业务登记完毕后，应当各自结算出当日收入、支出合计数，并结出余额，做到“日清”；每月末同样计算现金或银行存款各自的收入、支出合计数，并结出余额，通常称为“月结”。

（2）银行存款日记账，是由出纳人员根据银行存款收款凭证、银行存款付款凭证和现金付款凭证（记录从现金存入银行的业务），按经济业务发生时间的先后顺序，逐日逐笔进行登记，用来反映银行存款的增减变动和结余情况的账簿。银行存款日记账通常采用三栏式，其格式及内容如表6－6所示。

表6－6　银行存款日记账

年		凭证		现金支票号数	转账支票号数	对方科目	摘要	借方	贷方	余额
月	日	字	号							

银行存款日记账的登记方法如下：

①“日期”栏，登记记账凭证的日期。

②“凭证”栏，登记入账的收付款凭证的种类和编号。记账后，应在凭证上注明所登记账簿的页数，以便查对。

③“摘要”栏，简要说明登记入账的经济业务的内容。

④“现金支票号数”和“转账支票号数”栏，如果所记录的经济业务是以支票付款结算的，应在这两栏内填写相应的支票号数，以便与开户银行对账。

⑤“对方科目”栏，登记银行存款收入的来源科目、支出的用途科目。

⑥“借方”、“贷方”、“余额”栏，现金日记账与银行存款日记账是由出纳人员根据审核无误的收付款凭证逐日逐笔登记的，每日的现金或银行存款收付业务登记完毕后，应当各自结算出当日收入、支出合计数，并结出余额，做到“日清”；每月末应计算银行存款全月的收入、支出合计数，并结出余额，做到“月结”。

现金日记账的每日结存余额，应与库存现金的实有数核对相符；银行存款日记账的每日结余余额，应定期与银行对账单核对相符，每月至少要核对一次，并通过编制银行存款余额调节表检查银行存款记录的正确性。如果一个单位按规定在银行开设了不同的银行存款账户，则应分别设置银行存款日记账。现金日记账和银行存款日记账还应定期与会计人员登记的现金总账和银行存款总账核对相符。

2. 多栏式日记账

在一些收付款业务频繁发生的单位，可采用多栏式现金和银行存款日记账。这样不仅可以反映每一笔收付业务的来龙去脉，而且便于分析和汇总对应科目的发生额。

多栏式日记账是在三栏式日记账的基础上发展起来的，即在日记账账页中，按对方科目设置若干专栏，逐日逐笔登记现金或银行存款收付业务的序时账。多栏式日记账的借方和贷方都是多栏设置的，可以将其列入一个账簿中，但账簿的账页就会太长，实际工作中不便于操作。所以，分别设置两本日记账，即现金（银行存款）收入日记账和现金（银行存款）支出日记账，其格式如表6－7、表6－8所示。

表6－7　　现金（银行存款）收入日记账

年		凭证		摘要	贷方科目				支出合计	结余
月	日	字	号		银行存款			收入合计		

表6－8　　现金（银行存款）支出日记账

年		凭证		摘要	借方科目				
月	日	字	号		银行存款	…	其他应收款	…	支出合计

多栏式日记账可以采用以下两种登记方法：

(1)由出纳人员根据审核后的收付款凭证，逐日逐笔登记现金和银行存款收入日记账和支出日记账，每日应将支出日记账中的当日支出合计数，转记收入日记账中的“支出合计”栏内，以结算当日账面结余额。会计人员应对多栏式现金和银行存款日记账的记录加强检查、监督，并负责于月末根据多栏式现金和银行存款日记账各专栏的合计数，分别登记总账的有关账户。

(2)另外设置现金和银行存款出纳登记簿，由出纳人员根据审核后的收付款凭证逐日逐笔登记，以便逐笔将库存现金收付情况同银行核对收付款项。然后，将收付款凭证交由会计人员据以逐日汇总登记多栏式现金和银行存款日记账，并于月末根据日记账登记总账。出纳登记簿与多栏式现金和银行存款日记账要相互核对。

上述第一种做法可以简化核算工作，第二种做法可以加强内部牵制。总之，采用多栏式现金和银行存款日记账可以减少收、付款凭证的汇总编制手续，简化总账登记工作，而且可以清晰地反映账户的对应关系，了解现金和银行存款收付款项的来龙去脉。多栏式日记账可以反映某一类经济业务的来龙去脉，由于设有若干栏，使每笔经济业务的借贷关系非常明确；同时，月末还可以根据合计数一次记入总账，减少了登记总账的工作量。但因为设置了若干栏，账页的篇幅可能过长，因此，多栏式日记账主要适用于规模较大、财会人员较多的企业。

二、总分类账的设置与登记

分类账簿是按照总分类账户和明细分类账户分类记录经济业务的账簿。分类账簿按照记载内容的详细程度划分，分为总分类账簿和明细分类账簿。

总分类账簿又称总分类账、总账，是根据总分类科目开设账户，用来分类记录全部经济业务，提供总括核算指标的分类账簿。通常，总分类账簿可以提供企业资产、负债、所有者权益、收入、费用和利润等方面总括的会计信息。任何企业都要设置总分类账。

总分类账必须按总分类科目设置，一般采用订本式账簿，账页格式一般有三栏式、多栏式两种。

(一)三栏式总分类账的设置与登记

三栏式总分类账在账页中设置借方、贷方和余额三个金额栏，其账页格式及内容如表6—9所示。

表6—9　　总分类账(三栏式)

会计科目：　　第　页

年		凭证		摘要	借方	贷方	借或贷	余额
月	日	字	号					

(二)多栏式总分类账的设置与登记

为适应将序时记录和分录记录结合在一起登记的需要，可以采用多栏式总分类账，又称日记总账。多栏式总分类账按照会计事项所涉及的全部科目设置专栏，适用于业务较少和采用计算机进行会计核算的单位。多栏式总分类账的格式如表6—10所示。

表 6－10　　　　总分类账(多栏式)

<table>
<tr><td colspan="2">年</td><td colspan="2">凭　证</td><td rowspan="2">摘　要</td><td rowspan="2">发生额</td><td colspan="2">科目</td><td colspan="2">科目</td><td colspan="2">科目</td><td rowspan="2">……</td></tr>
<tr><td>月</td><td>日</td><td>字</td><td>号</td><td>借</td><td>贷</td><td>借</td><td>贷</td><td>借</td><td>贷</td></tr>
<tr><td></td><td></td><td></td><td></td><td></td><td></td><td></td><td></td><td></td><td></td><td></td><td></td><td></td></tr>
</table>

由于采用的会计核算程序不同，总分类账的登记方法和登记程序也不一样。它可以直接根据记账凭证，按照经济业务发生的时间顺序逐笔登记；也可以根据科目汇总表登记；还可以根据汇总记账凭证按期或分次汇总登记。具体登记方法参见“账务处理程序”一章。采用三栏式总分类账时，月末要在全部经济业务登记完之后，结出各账户的本期发生额和期末余额。

三、明细分类账的设置与登记

明细分类账简称明细账，是根据总分类科目所属二级或明细科目开设账户，用来分类记录某类经济业务，提供比较详细的核算指标的分类账簿。明细分类账所提供的有关活动的详细资料，也是编制会计报表的依据之一。

各个单位在设置总分类账的基础上，还应根据管理的需要，为财产物资管理、款项的结算、收入、费用、利润等有关总账科目设置各种明细账，进行明细分类核算。这样，既能根据总分类账了解某一科目的总括情况，又能根据有关的明细分类账进一步了解该科目的详细情况。

明细分类账的通用格式有三种，即三栏式明细分类账、数量金额式明细分类账和多栏式明细分类账。

(一) 三栏式明细分类账

三栏式明细分类账的账页格式与三栏式总分类账相同，账页只设置“借方”、“贷方”和“余额”三个金额栏，不设数量栏。这种格式主要适用于那些只需要进行金额核算而不需要进行数量核算的债权、债务结算科目，如“应收账款”、“应付账款”、“实收资本”等账户的明细核算。其账页格式和内容如表 6－11 所示。

表 6－11　　　　应收账款明细分类账

明细分类账户名称：

<table>
<tr><td colspan="2">年</td><td colspan="2">凭　证</td><td rowspan="2">摘　要</td><td rowspan="2">借　方</td><td rowspan="2">贷　方</td><td rowspan="2">借或贷</td><td rowspan="2">余　额</td></tr>
<tr><td>月</td><td>日</td><td>字</td><td>号</td></tr>
<tr><td></td><td></td><td></td><td></td><td></td><td></td><td></td><td></td><td></td></tr>
</table>

(二) 数量金额式明细分类账

数量金额式明细分类账的账页格式是在“收入”、“发出”、“结存”三栏下，再分别设“数量”、“单价”和“金额”栏。它主要适用于既要提供价值指标，又要提供数量指标的账户，如“原材料”、“材料采购”、“库存商品”等账户的明细核算。其账页格式和内容如表 6－12、表 6－13 所示。

表 6—12　　原材料明细分类账　　第　页

材料编号________　　　　存放地点________

材料类别________　　　　最高存量________

材料名称______规格______计量单位______　　　　最低存量________

年		凭证号数	摘　要	收　入			发　出			结　存		
月	日			数量	单价	金额	数量	单价	金额	数量	单价	金额

表 6—13　　材料采购明细账　　第　页

材料科目________

类别或名称________

年		凭证号数	收料单号数	发票号数	供应单位名称	材料名称及规格	计量单位	发票数量	实收数量	实际成本			计划成本		材料成本差异	
月	日									发票金额	运杂费	合计	单价	总额	超支	节约

(三)多栏式明细分类账

多栏式明细分类账是根据经营管理的需要和经济业务的特点，在一张账页记录某一总账科目所属各明细科目的内容，按该总账科目的明细专栏记录。这种格式主要适用于费用、成本和收入、利润等账户的明细分类核算，如“生产成本”、“主营业务成本”、“销售费用”、“管理费用”、“营业外支出”、“主营业务收入”、“营业外收入”等账户的明细分类账。具体来说，又有借方多栏式、贷方多栏式和借方贷方多栏式三种格式。

1. 借方多栏式明细分类账

有关成本费用等明细核算适合采用借方多栏式明细分类账的账页格式，即在“借方”栏内按成本或费用项目设置若干小栏，若需冲减有关费用的事项，可以在明细账中以红字在借方登记，其格式见表 6—14。

表 6—14　　×××明细账

年		凭　证		摘　要	借　方				贷　方	余　额
月	日	字	号					合计		

2. 贷方多栏式明细分类账

有关收入等明细核算适合采用贷方多栏式明细分类账的账页格式，即在“贷方”栏内按收入的具体项目设置若干小栏，若需冲减有关收入的事项，可以在明细账中以红字在贷方登记，其格式见表 6—15。

表 6—15 ×××明细账

年		凭证		摘要	借方	贷方				余额
月	日	字	号						合计	

3. 借方贷方多栏式明细分类账

这种账页的格式，适合于在“借方”栏和“贷方”栏均需按具体明细项目设置若干小栏的明细核算，如“本年利润”明细账，其格式见表 6—16。

表 6—16 ×××明细账

年		凭证		摘要	借方			贷方				余额
月	日	字	号			…	合计		…	合计		

四、总分类账户与明细分类账户平行登记

(一)总分类账户与明细分类账户的关系

总分类账户和明细分类账户所记录的经济业务内容是相同的，所不同的只是提供核算资料有详细程度的差别。因此，总分类账户与其所属明细分类账户的关系是：总分类账户提供的总括核算资料起着对明细分类账户统驭的作用，每一个总分类账户对其所属的明细分类账户进行综合和控制。设有明细分类账户的总分类账户，称为统制账户。而明细分类账户提供的详细核算资料，对总分类账户起着补充说明的作用，每一个明细分类账户就是对统制账户核算内容的必要补充。

在会计核算中，并非所有的总分类账户都需要开设明细分类账户，但毕竟大多数总分类账户都要设置明细分类账户。因此，需要明确设置明细分类账户的原则，既保证管理上的需要，又不流于烦琐。一般来讲，对于比较重要的财产物资账户，如原材料、库存商品等，对于比较主要的所有者权益和债权、债务账户，如实收资本、应收账款、应付账款等，对于收入、成本费用支出账户等，可以设置明细分类账户。为了满足经营管理的要求，明细分类账户要按一定的标志分户设置。例如，原材料、库存商品等账户，按每种实物品名设置；而应收账款、应付账款等账户，则按关系单位或关系人设置。

(二)总分类账户与明细分类账户的平行登记

根据总分类账户与其所属明细分类账户之间的上述关系，在会计核算中，为了便于进行账户记录的核对，保证核算资料的完整性和正确性，总分类账户与其所属的明细分类账户必须采用平行登记的方法。所谓平行登记，是指对发生的每项经济业务，都要以会计凭证为依据，一方面要登记有关总分类账户，另一方面还要登记该总分类账户所属有关明细分类账户的方法。

1. 总分类账户与明细分类账户平行登记的要点

(1)依据相同。对于需要提供详细指标的每项经济业务，应根据会计凭证，既登记有关总分类账户，又要登记其所属明细分类账户。

(2)期间相同。对每项经济业务在记入总分类账户和明细分类账户的过程中，可以有先有后，但必须在同一会计期间全部登记入账。

(3)方向相同。在某一总分类账户及其所属明细分类账户中登记经济业务时，方向必须相同。即总分类账户记入借方，明细分类账户也记入借方；总分类账户记入贷方，明细分类账户也记入贷方。

(4)金额相等。每项经济业务记入总分类账户的金额必须与记入其所属明细分类账户的金额合计数相等。但是，这种金额相等只表明其数量关系，不一定都是借方发生额相等和贷方发生额相等的关系。

2. 总分类账户与明细分类账户平行登记的方法

在平行登记时，首先，设置并登记总分类账户及其所属明细分类账户的期初余额；其次，根据记账凭证上列明的会计分录，在有关总分类账户中进行总括登记，并根据记账凭证及其所附的原始凭证在总分类账户所属的明细分类账户中进行详细登记；最后，分别在总分类账户及其所属明细分类账户中结出本期发生额和期末余额，并检查它们是否相等。

平行登记的结果使总分类账户和其所属明细分类账户之间存在特定的数量关系，这种关系用公式表示如下：

总分类账户本期发生额＝总分类账户所属明细分类账户本期发生额合计

总分类账户期末余额＝总分类账户所属明细分类账户期末余额合计

下面以“原材料”、“应付账款”为例，说明总分类账户和明细分类账户平行登记的方法。

【例 6－1】 A公司2×15年9月份“原材料”和“应付账款”两个总分类账户和所属各明细分类账户的月初余额如下：

“原材料”总分类账户的借方余额为30 000元，其所属明细分类账户的月初余额如表6－17所示。

表 6－17 **原材料明细账**

名 称	数 量	单 价	金 额
甲材料	2 000千克	10元	20 000元
乙材料	2 000千克	5元	10 000元
合 计			30 000元

“应付账款”总分类账户的贷方余额为15 000元，其所属明细分类账户余额为：信达公司贷方余额为10 000元，恒信公司贷方余额为5 000元。

假设本月发生的材料收发业务及与供应单位的结算业务如下：

1. 9月5日，仓库发出甲材料1 500千克，单价10元，计15 000元；乙材料1 000千克，单价5元，计5 000元；共计20 000元。上述材料直接用于制造产品。

2. 9月8日，向信达公司购进甲材料1 000千克，单价10元，计10 000元，货款未付。

3. 9月14日，向恒信公司购进乙材料800千克，单价5元，计4 000元，货款未付。

4. 9月20日，通过银行结算偿还信达公司15 000元，恒信公司5 000元，共计20 000元。

根据上述资料，采用平行登记的方法登记"原材料"总分类账户和"应付账款"总分类账户及其所属明细分类账户。具体做法如下：

(1)将月初余额分别记入"原材料"和"应付账款"两个总分类账户及其所属各明细分类账户。

(2)根据上述有关经济业务，编制会计分录如下：

①借：生产成本　　20 000
　　贷：原材料——甲材料　　15 000
　　　　　　——乙材料　　5 000

②借：原材料——甲材料　　10 000
　　贷：应付账款——信达公司　　10 000

③借：原材料——乙材料　　4 000
　　贷：应付账款——恒信公司　　4 000

④借：应付账款——信达公司　　15 000
　　　　　　——恒信公司　　5 000
　　贷：银行存款　　20 000

(3)依据上列会计分录平行登记"原材料"和"应付账款"两个总分类账户及其所属各明细分类账户，并分别计算本期发生额和期末余额。登账结果分别如表6—18、表6—19、表6—20、表6—21、表6—22、表6—23所示。

表6—18　　**总分类账户**

第　页

会计科目：原材料　　单位：元

2×15年		凭证		摘要	借方	贷方	借或贷	余额
月	日	字	号					
9	1			月初余额			借	30 000
	5		(1)	生产领用		20 000	借	10 000
	8		(2)	购进	10 000		借	20 000
	14		(3)	购进	4 000		借	24 000
	30			本月发生额及余额	14 000	20 000	借	24 000

表 6—19 **原材料明细分类账户**

材料名称:甲材料 单位:千克,元

2×15年		凭证		摘要	单价	收入		发出		结存	
月	日	字	号			数量	金额	数量	金额	数量	金额
9	1			月初余额	10					2 000	20 000
	5		(1)	生产领用	10			1 500	15 000	500	5 000
	8		(2)	购进	10	1 000	10 000			1 500	15 000
	30			本月发生额及余额	10	1 000	10 000	1 500	15 000	1 500	15 000

表 6—20 **原材料明细分类账户**

材料名称:乙材料 单位:千克,元

2×15年		凭证		摘要	单价	收入		发出		结存	
月	日	字	号			数量	金额	数量	金额	数量	金额
9	1			月初余额	5					2 000	10 000
	5		(1)	生产领用	5			1 000	5 000	1 000	5 000
	14		(3)	购进	5	800	4 000			1 800	9 000
	30			本月发生额及余额	5	800	4 000	1 000	5 000	1 800	9 000

表 6—21 **总分类账户**

第 页

会计科目:应付账款 单位:元

2×15年		凭证		摘要	借方	贷方	借或贷	余额
月	日	字	号					
9	1			月初余额			贷	15 000
	8		(2)	购进材料		10 000	贷	25 000
	14		(3)	购进材料		4 000	贷	29 000
	20		(4)	偿还货款	20 000		贷	9 000
	30			本月发生额及余额	20 000	14 000	贷	9 000

表 6—22 **应付账款明细分类账户**

明细科目:信达公司 单位:元

2×15年		凭证		摘要	借方	贷方	借或贷	余额
月	日	字	号					
9	1			月初余额			贷	10 000
	8		(2)	购进材料		10 000	贷	20 000
	20		(4)	偿还货款	15 000		贷	5 000
	30			本月发生额及余额	15 000	10 000	贷	5 000

表 6—23 **应付账款明细分类账户**

明细科目：恒信公司 单位：元

2×15年		凭证		摘要	借方	贷方	借或贷	余额
月	日	字	号					
9	1			月初余额			贷	5 000
	14		(3)	购进材料		4 000	贷	9 000
	20		(4)	偿还货款	5 000		贷	4 000
	30			本月发生额及余额	5 000	4 000	贷	4 000

(三)总分类账户与明细分类账户的核对

在根据平行登记的方法登记总分类账户及其所属各明细分类账户之后，为了检查账户记录是否正确，应当对总分类账户和明细分类账户登记的结果进行相互核对。主要是核对总分类账户与其所属明细分类账户的发生额和余额是否相等，以便及时地发现和更正错账，保证账簿记录的正确性，其方法是编制总分类账户和明细分类账户发生额及余额对照表。

下面以上述“原材料”和“应付账款”总分类账户及其所属明细分类账户平行登记的结果，说明总分类账户与明细分类账户核对的方法，如表 6—24、表 6—25 所示。

表 6—24 **原材料总账及原材料明细账** 单位：元

材料账户	月初余额		本期发生额		月末余额	
	借方	贷方	借方	贷方	借方	贷方
甲材料明细账	20 000		10 000	15 000	15 000	
乙材料明细账	10 000		4 000	5 000	9 000	
总分类账户	30 000		14 000	20 000	24 000	

表 6—25 **应付账款总账及应付账款明细账** 单位：元

应付账款账户	月初余额		本期发生额		月末余额	
	借方	贷方	借方	贷方	借方	贷方
信达公司		10 000	15 000	10 000		5 000
恒信公司		5 000	5 000	4 000		4 000
总分类账户		15 000	20 000	14 000		9 000

第四节 账项调整

按照权责发生制原则，必须合理地反映相互连接的各会计期应得的收入和应负担的费用，使各期的收入和费用在相互适应的基础上进行配比，从而比较正确地计算出各期的盈亏。因此，在期末结账之前，必须对账簿记录做必要的调整。

期末进行账项调整虽然主要是为了在利润表中正确反映本期的经营成果，但是，收入和费用的调整必然影响到有关资产、负债、所有者权益项目发生相应的增减变动。因此，期末账项调整也可以正确地反映企业期末的财务状况。

一般地，企业年末结账前应予调整的项目分为应计项目（应收收入、应付费用）、递延项目（预收收入、预付费用）和估计项目。

一、应计项目

应收收入又称应计收入，是指本会计期内已实现而尚未收取现金的各项收入，如应收利息、应收租金等。应计收入的调整一方面增加收入，另一方面增加资产。收入账于结账时转入“本年利润”账户，以正确计算当期损益；资产账则结转至下期，待现金收取时再予以冲销。

应付费用又称应计费用，是指本会计期已发生而尚未支付现金的各项费用，如应付职工薪酬、应付利息等。应计费用的调整一方面应确认费用，另一方面应增加负债。费用账于结账时转入“本年利润”账户，以正确计算当期损益；负债账则于下期支付时，再予以冲销。

二、递延项目

预收收入是指在提供产品或劳务之前先行收取的款项，因尚未向客户提供产品或劳务，故列为一项负债，但随着产品的交付或劳务的提供，此项收入便逐渐实现了。

预付费用是指预先支付，然后才享受权利的款项。此项交易一般在现金付出时记作资产，随着劳务的享用而逐渐转化为一项费用。

预收收入或预付费用一般会随着经济业务的继续，逐渐转为已实现收入或已发生费用。这样，原记录的项目应在期末将实现的收入从预收收入账（负债账）转入收入账，将已发生费用从预付费用（资产账）转入费用账。

三、估计项目

除了应计项目和递延项目外，为了使收入与成本密切配合，以正确计算利润，还有一些账项需要调整。在计算此类金额时，常需考虑未来的事项作为依据，故此类账项成为估计项目，如坏账准备的计提、固定资产折旧的提取等。

第五节　对账与结账

一、对账

对账是指对账簿、账户记录所进行的核对工作。为了保证各种账簿记录的完整和正确，为编制会计报表提供真实可靠的数据资料，必须做好对账工作。通过对账，达到账证相符、账账相符、账实相符。

（一）账证核对

账证核对是指各种账簿的记录与有关会计凭证进行核对。这种核对主要是在日常编制凭证和记账过程中逐笔进行的。将现金和银行存款日记账、总分类账、明细分类账的记录与原始凭证和记账凭证核对。账簿与原始凭证核对，主要是对账簿记录的经济业务的真实性、合法性进行检查；账簿与记账凭证核对，主要是检查过账工作是否正确，即账簿的记录是否按照记账凭证指明的账户、方向和金额进行登记。

（二）账账核对

账账核对是指各种账簿之间的有关数字进行核对。其主要内容有：

1. 总分类账中全部账户的借方余额合计数，应与贷方余额合计数核对相符；

2. 总分类账中各账户的期末余额，应与其所属各明细分类账的期末余额之和核对相符；

3. 总分类账中“库存现金”、“银行存款”账户的余额，应与日记账核对相符。

4. 会计部门有关财产物资明细账的期末余额，应与财产物资保管部门或使用部门的明细分类账的期末余额核对相符。

(三)账实核对

账实核对是指各种账簿的记录与有关财产物资的实有数额要核对相符。其主要内容有：

1. 银行存款日记账的余额，要定期与银行对账单核对相符；

2. 现金日记账的账面余额，应每日与库存现金实有数核对相符；

3. 各种财产物资明细分类账的账面数量，应与保管账的数量及实存数量核对相符；

4. 各种应收、应付、应交款明细分类账的账面余额，应与有关单位定期核对相符。

对账一般应在月末将本月内的全部经济业务登记入账、结出各账户的期末余额之后、结账之前进行。

二、结账

结账是指在本期内所发生的经济业务全部登记入账的基础上，于会计期末按照规定的方式结算账目，包括结计出本期发生额和期末余额。各个单位的经济活动是连续不断进行的，为了总结每一会计期间(月份、季度、半年度、年度)的经济活动情况，考核经营成果，编制会计报表，就必须在每一会计期末进行结账。

(一)结账的主要程序

1. 结账前，必须将本期内发生的各项经济业务全部登记入账。实行权责发生制的单位，应按照权责发生制的要求，进行账项调整的账务处理，并在此基础上，进行其他有关转账业务的账务处理，以计算确定本期的成本、费用、收入和利润。

2. 结账时，应结出现金日记账、银行存款日记账以及总分类账和明细分类账各账户的本期发生额和期末余额，并将期末余额结转下期。

(二)结账的方法

结账是计算并登记各种账簿本期发生额和期末余额的工作，一般按月进行，称为月结；有的账目还应按季结算，称为季结；年度终了，还应进行年终结账，称为年结。

1. 月结

每月结账时，应在各账户本月份最后一笔记录下面划一条通栏红线，表示本月结束；然后，在红线下面结出本月发生额和月末余额，如果没有余额，则在“余额”栏内写上“平”或“0”符号。同时，在“摘要”栏内注明“本月合计”或“×月份发生额及余额”字样，最后，再在下面划一条通栏红线，表示完成月结工作。

2. 季结

季结的结账方法与月结基本相同，但应在“摘要”栏内注明“本季合计”或“第×季度发生额及余额”字样。

3. 年结

办理年结时，应在12月份月结下面(需办理季结的，应在第四季度的季结下面)结算填列全年12个月的月结发生额和年末余额，如果没有余额，则在“余额”栏内写上“平”或“0”符号，并在“摘要”栏内注明“本年合计”或“年度发生额及余额”字样；然后，将年初借(贷)方余额抄列于下一行的借(贷)方栏内,并在“摘要”栏内注明“年初余额”字样,同时将年末借(贷)方余额再列入下一行的“贷(借)”方栏内,在“摘要”栏内注明“结转下年”字样;最后,分别加计借贷方合计数,并在合计数下面划通栏双红线表示封账,完成年结工作。需要更换新账的,应在新账有关账户的第一行“摘要”栏内注明“上年结转”或“年初余额”字样,并将上年的年末余额以相同方向记入新账中的“余额”栏内。

第六节 错账查找与更正方法

一、错账查找方法

错账,往往是记账和结算账户时发生的错误,如漏记账、重复记账、记反账、记账串户、记错金额等。为了迅速地更正错账,首先必须采用比较合理的方法和技巧查找错账。

结账时,如果试算不平衡,就可以肯定记账发生了错误,应迅速查找,不得拖延,更不允许伪造平衡,造成错上加错。查找错账可以通过下列方法进行:

(一)顺查法

顺查法是沿着“制证→过账→结账→试算→编表”的顺账务处理程序,从头到尾进行的普通检查,其检查步骤如下:

(1)将记账凭证与原始凭证核对,检查有无制证错误。

(2)将记账凭证及所有原始凭证与账簿记录逐笔核对,检查有无记账错误。

(3)结算各账户的发生额及期末余额,检查有无计算错误。

(4)检查试算平衡表上有无抄写和计算错误。

(5)检查会计报表有无差错。

(二)逆查法

逆查法是沿着“编表→试算→结账→过账→制证”的逆账务处理程序,从尾到头进行的普遍检查,其检查步骤如下:

(1)检查会计报表有无差错。

(2)检查试算平衡表本身。复核试算平衡表内各栏金额合计数是否平衡;检查表内各账户的期初余额加减本期发生额是否等于期末余额;核对表内该账户的各栏是否抄错。

(3)检查各账户的发生额及余额的计算是否正确。

(4)将记账凭证、原始凭证与账簿记录逐笔核对,检查记账有无错误。

(5)检查记账凭证的填制是否正确。

顺查法和逆查法检查范围全面,不易遗漏,但工作量大,时间较长。

(三)重点抽查法

重点抽查法是在已初步掌握情况的基础上,有重点地抽取账簿记录中某些部分进行局部检查的方法。例如,两个数据核对时,只是元位不同,其余数位都相同,则只找元、角、分位数,其他数字则不必逐一检查。采用这种检查方法的目的是缩小查找范围,比较省力、有效。重点抽查法范围小,节时省力,但差错难以发现。

(四)偶合法

偶合法是根据账簿记录错误中最常见的规律,推测错账的类型与错账有关的记录进行查账的方法。常用的方法有以下几种:

1. 差额检查法

差额检查法是直接从账账之间的差额数字来查找错误的方法。例如，库存现金日记账余额为 32 600 元，库存现金总账的余额为 32 000 元，相差 600 元。可直接根据账面记录数来查找。如果是一方漏登的话，则看有没有一笔或两笔业务的金额恰好是 600 元。如果是一方重登的话，则看有没有两个数字相同且合计起来与这个差数(600 元)相等。

2. 差额除二法

差额除二法是将账账之间的差额数字除以 2，按商数来查找错误的方法。这种方法适用于查找记反账的错误。例如，库存商品期初为 5 000 元，验收入库 1 000 元，但由于记错方向，库存商品期末余额只有 4 000 元，与实际相差 2 000 元。用这个差额数字 2 000 除以 2，商数为 1 000，便在账簿里查找有无 1 000 元的业务记反账的情况。

3. 差额除九法

差额除九法是把账账之间的差额数字除以 9，根据商数分析、判断查找错误的方法。这种方法适用于查找数字错位和邻数倒置所引起的错误。

数字错位是指在记账时，记错了数字的位数，如将 150 记成了 1 500(由小变大)；或将 450 记成了 45(由大变小)。这就会使正确的数字缩小 0.9 倍或扩大 9 倍。数字错位所造成的差额总是 9 的倍数。如果由小变大，正确数与错误数的差额是一个负数，这个差额数除以 9 所得的商数的绝对值就是正确的数，商数乘以 10 所得到的数的绝对值便是错写的数字。例如，前面 150 记成了 1 500，导致差额为－1 350，除以 9，商数为－150，其绝对值 150 就是正确的数字，－150 乘以 10 得－1 500，其绝对值便是错写的数字。如果由大变小，正确数与错误数的差额是一个正数，这个差额数除以 9 所得的商数便是记错的数字，将商数乘以 10 所得到的数就是正确的数字。例如，前面 450 记成了 45，导致差额为 405，除以 9，商数为 45，便是错写的数字，45 乘以 10 得 450，即是正确的数字。所以，可以根据这个道理来寻找错误可能发生在什么地方。

邻数倒置是指在记账时，把相邻的两个数互换了位置。例如，将 1 480 错记成 1 840，或将 1 840 错记成 1 480。两个数字颠倒后，就会造成差额为 9 的倍数。如果前小后大颠倒为前大后小，正确数与错误数的差额则是一个负数。这个差额数除以 9 所得商数的有效数字，就是相邻颠倒两个数的差值。例如，前面将 1 480 错记成 1 840，差额数－360 除以 9，商数为－40，有效数字就是－4，是相邻颠倒两个数的差值(即 4－8)。如果前大后小颠倒为前小后大，正确数与错误数的差额则是一个正数。这个差额数除以 9 所得商数的有效数字，就是相邻颠倒两个数的差值。例如，前面将 1 840 错记成 1 480，差额数 360 除以 9，商数为 40，有效数字就是 4，是相邻颠倒两个数的差值(即 8－4)。因此，可以在差值相同的两个相邻数范围内去查找错误可能发生在什么地方。

二、错账类型

由于各种原因，记账错误是难免的，如果账簿记录发生错误，应首先判断错账类型，即错误的具体情况。错账类型归纳起来有以下几种：

1. 记账凭证正确，根据记账凭证登记账簿发生错误。如金额写错、方向写错、余额计算错误等。

2. 记账凭证错误，且根据错误的记账凭证已登记入账。这种情况又可以划分出以下几种情况：

(1)记账凭证所用会计科目错误,或者记账方向错误。例如,本应该借记"银行存款"科目,而错为借记"库存现金"科目;又如,本应该借记"银行存款"科目,而错为贷记"银行存款"科目;等等。

(2)记账凭证所用会计科目和记账方向没有错误,但金额错误。例如,金额多记或者少记。

特别需要说明的是,登账前发现原始凭证有错或记账凭证有错,不列入这里的错账更正内容。

三、错账的更正方法

账簿记录应做到整洁,记账应力求正确,如果账簿记录发生错误,应按规定的方法进行更正。更正错账的方法有:

(一)划线更正法

划线更正法又称红线更正法,是指对账簿记录中的错误文字或者数字,用划线注销,并作更正的一种方法。在结账以前,如果发现账簿记录有错误,而其所依据的记账凭证没有错误,即纯属记账时的文字或数字笔误,应采用划线更正法进行更正。更正的方法是:先将错误的文字或数字上划一条红色横线,表示注销;然后在划线上方用蓝色字迹写上正确的文字或数字,作出更正记录,并在划线处加盖更正人图章,以明确责任。必须注意:对于文字的错误,可只划去错误的部分;但对于数字的错误,不得只划线更正其中个别的数字,而应当全部划线更正,并保持被划去的字迹仍可清晰辨认。

(二)红字更正法

红字更正法又称红字冲销法,是指由于记账凭证错误而使账簿记录发生错误,用红字冲销原记账凭证,以更正账簿记录的一种方法。在记账以后,如果发现记账凭证错用了会计科目,或所记的金额大于正确的金额,可采用红字更正法。

1. 根据记账凭证所记录的内容记账以后,发现记账凭证中的应借、应贷会计科目或记账方向有错误,且记账凭证同账簿记录的金额相同,应采用红字更正法。更正的方法是:

(1)先使用红字金额填制一张与原错误记账凭证内容完全相同的记账凭证,并据以用红字登记入账,冲销原有错误的账簿记录。

(2)再用蓝字或黑字填制一张正确的记账凭证,据以用蓝字或黑字登记入账。

采用红字更正法更正错账时应注意:若错误的记账凭证在采用复式记账凭证的情况下,一个科目运用发生错误,也必须根据复式记账原理,将原有错误记账凭证全部冲销,以反映更正原错误凭证的内容,不得只用红字填制更正单个会计科目的单式记账凭证;在采用单式记账凭证的情况下,应只用红字填制更正单个会计科目的单式记账凭证。下面举例说明在采用复式记账凭证情况下更正错账的方法。

【例 6-2】 企业以转账支票支付办公用品一批,价值 1 000 元,在填制记账凭证时误记入"制造费用"账户,并据以登记入账。其错误记账凭证所反映的会计分录为:

借:制造费用　　1 000

　　贷:银行存款　　1 000

该项分录应借记"管理费用"账户。在更正时,应用红字金额编制以下记账凭证进行更正:

借:制造费用　　[1 000]

　　贷:银行存款　　[1 000]

根据更正错账的记账凭证以红字金额记账后，表明已全部冲销原有错误记录，然后用蓝字或黑字填制以下正确分录，并据以登记入账：

借：管理费用　　1 000

　　贷：银行存款　　1 000

2. 根据记账凭证所记录的内容记账以后，发现记账凭证中应借、应贷的会计科目、记账方向都没有错误，记账凭证和账簿记录的金额相一致，只是所记金额大于应记的正确金额，应采用红字更正法。更正的方法是：将多记的金额用红字填制一张与原错误记账凭证相同的记账凭证，并据以登记入账，以冲销多记金额，求得正确金额。

【例6－3】 生产车间生产产品领用材料200元，在填制记账凭证时，误记金额为2 000元，但会计科目、借贷方向均无错误。其错误记账凭证所反映的会计分录为：

借：生产成本　　2 000

　　贷：原材料　　2 000

在更正时，应用红字金额1 800元，编制以下记账凭证进行更正：

借：生产成本　　1 800

　　贷：原材料　　1 800

根据更正错误的记账凭证以红字金额记账后，即可反映其正确金额为200元。

如果记账凭证所记录的文字、金额与账簿记录的文字、金额不符，应首先采用划线法更正，然后用红字冲销法更正。

(三)补充登记法

补充登记法是根据记账凭证所记录的内容记账以后，发现记账凭证中应借、应贷的会计科目和记账方向都没有错误，记账凭证和账簿记录的金额相一致，只是所记金额小于应记的正确金额，应采用补充登记法。更正的方法是：首先计算出少记的金额，然后用蓝字或黑字金额填制一张与原错误记账凭证所记载的借贷方向、应借应贷会计科目相同的记账凭证，并据以登记入账，以补记少记金额，求得正确金额。

【例6－4】 企业接受投资者投入设备一台，价值10 000元，在填制记账凭证时，误记金额为1 000元，但会计科目、借贷方向均无错误。其错误记账凭证所反映的会计分录为：

借：固定资产　　1 000

　　贷：实收资本　　1 000

在更正时，应用蓝字或黑字编制以下记账凭证进行更正：

借：固定资产　　9 000

　　贷：实收资本　　9 000

根据更正错误的记账凭证以蓝字或黑字记账后，即可反映其正确的金额为10 000元。

第七节 会计账簿的更换与保管

一、会计账簿的更换

为了保持会计账簿资料的连续性，清晰地反映各个会计年度的财务状况和经营成果，在每一会计年度结束、新的会计年度开始时，应按照会计制度的规定，进行账簿的更换，并把上年度的会计账簿归档保管。

现金日记账、银行存款日记账、总分类账及明细分类账都要每年更换新账，但固定资产明细账或固定资产卡片可以继续使用，不必每年更换新账。各种需要更换的账簿年终结账时，各账户的年末余额都要直接抄入新账的有关账户中。因会计制度改变而需要变更账户名称及其核算内容的，应在上年度结账时，编制余额调整分录，按照本会计年度的账户名称、核算内容，将上年度有关账户的余额进行合并或分解结出新账中应列出的余额，然后再过渡到新账中的各有关账户。或者在上年度结账后，通过编制余额调整工作底稿的方式将上年度有关账户余额分解、归并为本年度有关账户的余额，然后开设本年度账，并将余额抄入有关账户第一行并标明余额方向，同时在"摘要"栏内注明"上年结转"或"年初余额"字样。上年末编制的余额调整分录，应与上年度的会计凭证一并归档保管；编制的余额调整工作底稿，应与上年度的账簿一并归档保管。过入新账的有关账户余额的转让事项，无需再编制转让分录。

二、会计账簿的保管

各种账簿与会计凭证和会计报表一样，必须按照国家统一的会计规范的规定妥善保管，做到既安全完整，又在需要时方便查找。年度终了，各种账户在结转下年、建立新账后，一般都要把旧账送交总账会计集中统一管理。会计账簿暂由本单位财会部门保管一年，期满之后，由财会部门编造清册移交本单位的档案部门保管。

各种账簿应当按年度分类归档，编造目录，妥善保管。既保证在需要时迅速查阅，又保证各种账簿的安全和完整。保管期满后，还要按规定的审批程序经批准后才能销毁。

第七章

财产清查

财产清查是指通过对财产物资及库存现金的实地盘点，以及对银行存款、各种债权债务的核查，将一定时点的实存数与账面结存数核对，借以查明账实是否相符的一种专门方法。通过本章的学习，要求理解财产清查的重要意义，熟悉财产清查的不同类别；了解财产清查的准备工作，掌握财产物资的盘存制度；掌握货币资金、实物资产、往来款项的清查方法及相应的清查结果的账务处理。

第一节 财产清查的意义和种类

一、财产清查的意义

财产清查是指通过对财产物资及库存现金的实地盘点，以及对银行存款、各种债权债务的核查，将一定时点的实存数与账面结存数核对，借以查明账实是否相符的一种专门方法。

对于任何会计主体而言，对于各项财产物资的增减变动和结存情况，都必须通过填制会计凭证和登记账簿进行反映，并通过物资管理，保证账簿记录与实物、实际款项相符。从理论上讲，账簿上所记录财产增减变动的结果应该与各项财产的实际增减变动及实有数量相一致。但在实际工作中，由于种种原因，财产物资的账面记录往往与其实存数发生差异，造成账实不符。主要表现在：在账簿记录中发生了重记、漏记、错记等情况，或者由于结算中凭证传递的时间差异，造成结算双方账实不符；财产物资在收发过程中，由于计量或检验不准而造成品种、数量或质量上的差错，从而发生与原始记录不相一致；或者由于管理不善、制度不严而造成财产被损坏、丢失、贪污盗窃；因自然因素、技术等原因造成财产物资发生增减变化和损失。因此，为保证会计记录的真实性和准确性，提高会计信息质量，掌握各项财产的真实情况，保护财产物资的安全完整，必须对单位各项财产物资进行定期或不定期的清查，以保证账实相符。

财产清查对于保证会计记录的真实可靠，保护企业财产的安全与完整，具有重要的意义。

(一)保证会计核算资料真实可靠，提高会计信息质量

通过财产清查，可以确定查明各项财产物资的实存数，将实存数和账存数进行核对，查明原因，及时调整账簿记录，做到账实相符，确保账簿记录的真实、可靠，从而为经济管理提供可靠的数据资料。

(二)加强财产物资管理，保护财产的安全完整

通过财产清查，可以查明各项财产物资是否完整，有无短缺、毁损情况，及时发现问题，并采取相应的措施堵塞漏洞，改进工作，健全管理制度，切实保护财产的安全和完整，促进制度的贯彻执行。

(三)挖掘财产物资的潜力,加速资金周转

通过财产清查,可以查明各项财产物资的储备和利用情况,以便采取不同的措施,提高物资使用效率。对储备不足的物资,应及时予以补充,确保经营周转的需要;对闲置、积压、过期的财产物资,应及时处理,促使财产物资的有效利用,充分发挥财产物资的潜力,加速资金周转。

二、财产清查的种类

财产清查可以按以下不同标准进行分类:

(一)按照财产清查的范围,可以分为全面清查和局部清查

1. 全面清查

全面清查是指对企业所有的财产物资、货币资金和各种债权债务进行全面盘点和核对。全面清查的对象一般包括货币资金、有价证券、存货、固定资产以及各项债权债务。

全面清查的范围广、时间长、工作量大,一般在年终决算之前,或单位撤销、合并或改变隶属关系前,开展全面的资产评估、清产核资前,或单位主要领导调离工作前,才需要进行全面清查。

2. 局部清查

局部清查是指根据需要,对企业部分财产物资、货币资金和债权债务进行盘点和核对。局部清查的对象主要是流动性较大的财产物资,如对库存现金,应由出纳员在每日业务终了时清点核对;对于银行存款和借款,应由出纳员每月同银行进行核对;对于原材料、在产品和库存商品等,除了年度清查外,每月要有计划地重点抽查;对贵重物品,要经常性清点;在更换财产物资保管人员时,应对其经管的财产物资进行清查交接;对于债权债务,至少每年核对一至两次等。

局部清查的范围小、内容少、时间短,但专业性强,通常根据管理的需要而进行。

(二)按照财产清查的时间,可以分为定期清查和不定期清查

1. 定期清查

定期清查是指根据管理制度的规定,按预先计划安排的时间对财产进行的清查。定期清查通常在年末、季末或月末结账时进行。定期清查的对象不定,可以是全面清查,也可以是局部清查。一般年终结账时所进行的定期清查是全面清查。

2. 不定期清查

不定期清查是指企业事先没有既定的清查时间表,而是根据实际需要所进行的临时性清查。不定期清查可以是全面清查,也可以是局部清查。一般在下列情况下需要进行不定期清查:

(1)更换财产物资的保管员时,对其经管的财产物资或现金进行清查,以明确经济责任;

(2)发生非常灾害或意外损失时,对受损的财产物资进行清查;

(3)企业撤销、合并或改变隶属关系时,需要进行清查;

(4)上级或有关部门进行临时性检查时,需要进行清查。

第二节　财产清查的准备工作

财产清查是一项复杂的技术性工作,涉及面广,人员多,因此,必须做好清查前的组织准备和业务准备工作，以保证财产清查工作顺利进行。

一、财产清查前的准备工作

（一）组织上的准备

在准备进行财产清查工作时，企业应成立财产清查领导小组，负责财产清查的领导和组织工作。领导小组一般由主管财务的单位负责人或总会计师，以及各有关职能部门的主管人员、专业人员和保管人员组成。领导小组的主要职能是制定财产清查计划，确定财产清查的对象和范围，安排财产清查工作的进度，配备财产清查人员等。在清查过程中，应及时掌握工作进度，检查和督促清查工作，处理清查过程中出现的问题。在财产清查工作结束后，应总结清查结果，写出清查报告，对发生的盘盈、盘亏等问题提出处理意见。

（二）业务上的准备

业务上的准备是顺利进行财产清查的必要条件，各部门应主动配合，做好准备工作。会计部门必须在财产清查之前将所有发生的经济业务登记入账，结出余额，并做到账账相符、账证相符。财产物资保管部门和人员应将截至财产清查时点之前的各项财产物资的收发业务全部登记入账，结出各账户余额，并与会计部门的有关总账、明细账核对相符；同时，将所保管的实物分类整理、码放整齐，以便进行实物清点。财产清查小组应做好清查使用的计量器具的校验，并准备好相应的登记表。

二、财产物资的盘存制度

进行实物财产的清查，需要先确定实物财产的结存数，因此，也涉及财产物资盘存制度的选择。财产物资的盘存制度有实地盘存制和永续盘存制两种。

（一）实地盘存制

实地盘存制是指企业平时对各项财产物资的收发，根据会计凭证在有关账簿中只登记增加数，不登记减少数，月末通过实地盘点，将盘点的实存数作为账面结存数，然后倒挤推算出本期发出数的一种盘存制度。其计算公式为：

本期发出数＝期初结存数＋本期收入数－期末结存数

在实地盘存制下，平时工作手续简便，省去了物资减少数及每日结存数的详细记录，但是，其核算不够严密，账簿中无法随时反映实物财产的减少数和结存数，并有可能将损耗、浪费、被盗等的实物财产全部算入本期的支出（减少）额，不利于对实物财产的控制，也不易发现管理中存在的问题。所以，实地盘存制的实用性较差，一般只适用于一些价值低、品种杂、进出频繁的物资，其他财产物资一般不宜采用。

（二）永续盘存制

永续盘存制又称“账面盘存制”，是指平时对各项实物财产的增减变动都必须根据会计凭证逐日逐笔地在有关账簿中登记，并随时结算出其账面结存数量的一种盘存制度。其计算公式为：

期末结存数＝期初结存数＋本期收入数－本期发出数

采用永续盘存制，需要按照实物财产的项目设置数量金额式明细账并详细记录，以便及时反映各项实物财产的收入、发出和结存的情况。

永续盘存制的优点是有利于加强对财产物资的管理，账簿记录以凭证为依据，可以随时了解财产物资的收入、发出和结存状况。通过账簿记录中的账面结存数，结合不定期的实地盘点，将实际盘存数和账面数相核对，可以查明溢余或短缺的原因；通过账簿记录，还可以随时反映出财产物资是过多还是不足，以便及时合理地组织货源，加速资金周转。永续盘存制的缺点是核算工作量大，需要较多的人力、物力。

企业可根据财产物资的类别和管理要求，对有些财产物资实行永续盘存制，对另一些财产物资实行实地盘存制，但不管采用哪种方法，前后各期应保持一致。

第三节 财产清查的内容和方法

一、货币资金的清查

货币资金的清查包括对库存现金的清查、银行存款的清查和对其他货币资金的清查。

(一)库存现金的清查

对库存现金的清查一般采取实地盘点法，即通过盘点库存现金的实存数，并与现金日记账的账面余额进行核对，以查明账实是否相符。

库存现金的清查包括出纳人员每日终了前进行的库存现金账款核对和清查小组进行的定期或不定期的库存现金盘点、核对。清查小组清查又分为定期清查和不定期清查，在清查过程中，出纳人员必须在场。

出纳人员的清查是在每日业务终了时，在将现金收、付凭证全部登记入账并结出结余数后，将结余数与库存现金的实有数核对，做到账款相符。

在清查小组清查前，出纳员要将截至清查时的现金收、付凭证全部登记入账，并结出余额。清查小组盘点现金时，出纳员必须在场，清查人员要认真审核现金收、付凭证和账簿记录，检查经济业务的合理和合法性。特别要注意检查有无违反现金管理规定的情况发生，以加强和完善现金的内部控制和管理制度。对于现金的盘点结果，要填制库存现金盘点报告表，由盘点人和出纳员共同签字盖章，方能生效。库存现金盘点报告表是反映现金实有数的原始凭证，是查找现金溢缺原因和据以调整账簿的重要依据。库存现金盘点报告表的格式如表7－1所示。

表7－1　　库存现金盘点报告表

单位名称：　　　　年　月　日

实存金额	账存金额	实存与账存对比结果		备　注
		盘　盈	盘　亏	
盘点人(签章)：		出纳员(签章)：		

(二)银行存款的清查

银行存款的清查一般采用询证核对法,即指由业务往来的一方抄录往来清单,请另一方进行核对,以查明往来账项无误的一种方法。银行存款是企业存放在银行的款项,由银行负责保管。企业在银行的存款实有数是通过银行对账单反映的,通过逐笔核对本单位的银行存款日记账与银行转来的对账单,以查明账实是否相符。如果两者金额相符,则说明无错误;若两者金额不一致,原因主要有两个:一是双方或一方记账错误,对于这种情况,应及时查明原因,及时予以更正;二是存在未达账项。

所谓未达账项,是指由于企业与银行取得有关凭证的时间不同,发生的一方已经取得凭证登记入账而另一方由于未取得凭证尚未入账的款项。具体有以下四种情况:

1. 企业已收款入账,银行尚未收款入账。如企业已将销售产品收到的支票送存银行,对账前银行尚未入账的款项。

2. 企业已付款入账,银行尚未付款入账。如企业开出支票购货,根据支票存根已登记银行存款的减少,而银行尚未接到支票,未登记银行存款减少。

3. 银行已收款入账,企业尚未收款入账。如银行收到外单位采用托收承付结算方式购货所付的款项,已登记入账,而企业未收到银行通知未入账的款项。

4. 银行已付款入账,企业尚未付款入账。如银行根据有关规定代企业支付了款项,已登记企业银行存款的减少,而企业因未收到付款凭证尚未记账的款项。

对未达账项,应通过编制银行存款余额调节表进行检查核对,如没有记账错误,调节后的双方余额应相等。

【例 7—1】 某企业 2×15 年 8 月 31 日银行存款日记账的余额为 86 850 元,银行转来对账单的余额为 124 500 元。经逐笔核对,发现以下未达账项:

(1)送存银行转账支票 90 000 元,企业已登记银行存款增加,银行未记账;

(2)开出转账支票 67 500 元,持票单位未到银行办理转账,银行未记账;

(3)委托银行代收某公司购货款 72 000 元,银行登记入账,企业未记账;

(4)银行代付电话费 6 000 元,银行登记入账,企业未记账。

(5)另外,8 月 15 日开出转账支票一张,系付应付账款 6 500 元,当时编制的银行付款凭证为:

借:应付账款 650

　　贷:银行存款 650

该错误凭证已登记入账。

根据上述既存在会计差错、又存在未达账项的情况,应先更正会计差错,再编制银行存款余额调节表。

(1)采用补充登记法更正差错:

借:应付账款 5 850

　　贷:银行存款 5 850

更正差错后,某企业 2×15 年 8 月 31 日基本存款账户银行存款日记账的余额为81 000元。

(2)编制银行存款余额调节表,如表 7—2 所示。

表 7—2 银行存款余额调节表

2×15 年 8 月 31 日 单位:元

项 目	金 额	项 目	金 额
企业银行存款日记账余额	81 000	银行对账单余额	124 500
加:银行已收、企业未收	72 000	加:企业已收、银行未收	90 000
减:银行已付、企业未付	6 000	减:企业已付、银行未付	67 500
调节后的存款余额	147 000	调节后的存款余额	147 000

需要注意的是,编制银行存款余额调节表只是为了核对账目,不能作为调整银行存款账面余额的原始凭证。要等到以后收到有关结算凭证后,再按正常程序根据凭证登记入账。

上述银行存款的清查方法也适用于其他货币资金、银行借款的清查。

二、实物资产的清查

实物资产是指原材料、在产品、库存商品等存货以及固定资产等具有实物形态的财产物资。实物资产的清查,不仅要查明实存数(包括实存的数量和金额)与账存数是否相符,而且要确认是否有积压、损坏、变质等情况,以便及时进行处理。

(一)实物资产的清查方法

1. 实地盘点法

实地盘点法是指在财产物资的存放现场逐一清点计数或用其他计量方法确定实物数量的一种方法。实物资产的清查主要采用实地盘点法来进行。

不同品种的实物资产,由于其形态、体积、重量、堆放地点和方式等不同,采用的实地盘点方法也不同:对能够逐一清点的实物,可以通过点数、过磅、度量等方法来确定其实存数量;对于大量成堆、难以逐一清点的大宗物资,如煤炭、沙石等,则可以采用量方、计尺等,按其堆放体积进行技术推算来确定实存数量。

2. 查询核实法

查询核实法是通过向对方单位发函调查等查询方式,并与本单位的账存数相核对的方法。查询核实法适用于委托加工、保管和出租、出借物资的清查。

(二)实物资产的清查记录

在实物资产的清查过程中,实物保管人员与盘点人员必须同时在场,以明确经济责任。对各项实物资产的盘点结果,应及时在“盘存单”中予以登记,并由盘点人员、财产物资的保管人员及有关责任人签字盖章。盘存单至少一式两份,一份由实物保管人员留存,一份交会计部门用于与账面结存数额相核对。盘存单的一般格式如表 7—3 所示。

表 7—3 盘 存 单

单位名称: 盘点时间: 编号:

财产类别: 存放地点:

序 号	名 称	规格型号	计量单位	实存数量	单 价	金 额	备 注

盘点人签章: 保管人员签章:

盘存单是记录实物资产盘点结果的书面文件，也是反映资产实有数的原始凭证。为了进一步查明盘点结果同账簿余额是否一致，还应根据盘存单和账簿记录编制实存账存对比表。实存账存对比表是非常重要的原始凭证，反映了各种实物资产实存和账存的差异，既是经批准后调整账簿记录的依据，也是分析差异原因、查明责任的依据。实存账存对比表的一般格式如表7—4所示。

表7—4 **实存账存对比表**

单位名称： 年 月 日

序号	名称	规格型号	计量单位	单价	实存		账存		实存与账存				备注
									盘盈		盘亏		
					数量	单价	数量	单价	数量	单价	数量	单价	

盘点人员： 主管人员： 会计： 制表：

三、往来款项的清查

企业的往来款项主要包括应收款、应付款、预收款、预付款、暂收暂付款等。对于往来款项的清查，主要采用“询证核对法”，即同对方单位核对账目的方法。

进行往来款项核对时，应先将本单位往来账目核对清楚，确认其准确无误。然后，按明细科目逐个填发对账单，送交各往来单位，以供核对。

对账单的格式一般是一式两联，其中一联由对方留存，一联作为回单，要求对方核对后注明结果并签章退回。如果退回的对账单注明是核对相符的，可以直接在对账单上注明“核对无误”；如果注明是核对不符的，则要求注明对方账面金额及不符情况，作为进一步核对的依据。往来款项对账单的一般格式如表7—5所示。

表7—5 **往来款项对账单**

××单位：

本公司与贵单位的业务往来款项有下列各项目，为了核对账目，特函请查证是否相符，请在回单联中注明后盖章寄回。

单位：	地址：	编号：	
账 户	截止日期	经济事项概要	账面余额

此致

敬礼

清查单位：签章

年 月 日

往来款项的清查核对，根据管理的需要或债权、债务的重要程度，可以只核对余额，也可以核对一定时期内全部往来账目及余额。对没有收到对账单回联的，应再次送单核对；多次核对而无回复的，应进行追查。

收到对方寄回的回单后，清查人员应根据清查中发现的问题和情况，及时编制往来款项清查报告表，其一般格式如表 7－6 所示。

表 7－6 **往来款项清查报告表**

总分类账户： 年 月 日

明细分类账户		清查结果		核对不符原因分析			备注
名称	账面余额	核对相符金额	核对不符金额	未达账项金额	有争议款项金额	其他	

清查人员： 单位负责人：

第四节 财产清查结果的处理

财产清查中发现的盘盈、盘亏和毁损，在报请有关上级审批前，根据已查明属实的财产盘盈、盘亏和毁损的数字编制记账凭证，据以登记有关账簿，调查账簿记录，使各项财产的账存数和实存数一致。

经批准后，应根据差异发生的原因和审批后的处理意见，将处理结果编制记账凭证，分别登记入账，予以核销。

为了正确反映和监督财产清查过程中已查明的各种财产物资的盘盈、盘亏和毁损及其报批后的转销数额，需要设置“待处理财产损溢”账户。该账户的借方登记待处理的各种财产的盘亏、毁损金额和各种财产盘盈报经批准后的转销数，贷方登记待处理的各项财产的盘盈金额和各项财产盘亏或毁损报经批准后的转销数。企业的财产损溢应查明原因，在期末结账前处理完毕，处理后该账户应无余额。该账户下设“待处理流动资产损溢”和“待处理固定资产损溢”两个明细分类账户，分别对流动资产和固定资产进行核算。“待处理财产损溢”账户的基本结构如下所示：

待处理财产损溢

(1)批准前各种财产的盘亏、毁损金额 (2)各种财产盘盈报经批准后的转销数	(1)批准前各项财产的盘盈金额 (2)各项财产盘亏或毁损报经批准后的转销数
期末无余额	

下面分别就不同的财产清查对象，阐述财产清查结果的账务处理。

一、库存现金清查结果的账务处理

在库存现金清查中发现溢余的库存现金，应按溢余的金额，借记“库存现金”账户，贷记“待处理财产损溢——待处理流动资产损溢”账户，待查明原因后，按以下要求进行处理：

一是如为库存现金短缺，属于应由责任人赔偿的部分，借记“其他应收款——应收库存现金短缺款”或“库存现金”等账户，贷记“待处理财产损溢——待处理流动资产损溢”账户；属于应由保险公司赔偿的部分，借记“其他应收款——应收保险赔款”账户，贷记“待处理财产损溢——待处理流动资产损溢”账户；属于无法查明的其他原因，根据管理权限，经批准后处理，借记“管理费用——库存现金短缺”账户，贷记“待处理财产损溢——待处理流动资产损溢”账户。

二是如为库存现金溢余，属于应支付给有关人员或单位的，应借记“待处理财产损溢——待处理流动资产损溢”账户，贷记“其他应付款——应付库存现金溢余”账户；属于无法查明原因的库存现金溢余，经批准后，借记“待处理财产损溢——待处理流动资产损溢”账户，贷记“营业外收入——库存现金溢余”账户。

【例 7—2】 在库存现金清查中，发现库存现金较账面余额多出 100 元。

借：库存现金　　100

　　贷：待处理财产损溢——待处理流动资产损溢　　100

后经反复核查，上述库存现金长款原因不明，经批准转作营业外收入处理。

借：待处理财产损溢——待处理流动资产损溢　　100

　　贷：营业外收入　　100

如果经查明应退回给有关单位或人员的，应贷记“其他应付款”账户。

【例 7—3】 在库存现金清查中，发现库存现金较账面余额短缺 260 元。

借：待处理财产损溢——待处理流动资产损溢　　260

　　贷：库存现金　　260

后经调查，上述库存现金短缺属于出纳员张力的责任，应由该出纳员赔偿。

借：其他应收款——张力　　260

　　贷：待处理财产损溢——待处理流动资产损溢　　260

收到上述出纳员张力的赔款 260 元时：

借：库存现金　　260

　　贷：其他应收款——张力　　260

二、存货清查结果的账务处理

存货盘盈时，首先应当借记有关存货账户，贷记“待处理财产损溢——待处理流动资产损溢”账户。待查明原因，按规定手续批准后，再借记“待处理财产损溢——待处理流动资产损溢”账户，贷记“管理费用”账户。

存货盘亏时，首先也应计入待处理财产损溢，借记“待处理财产损溢——待处理流动资产损溢”账户，贷记“原材料”、“库存商品”等有关存货账户；涉及增值税的，还应贷记“应交税费——应交增值税(进项税额转出)”账户。待查明原因，按规定手续报批后，属于定额内耗损或日常收发计量上的错误，经批准后，应当记入“管理费用”账户；应由过失人赔偿或保险公司赔偿的部分，应当借记“其他应收款”账户；对于自然灾害等不可抗力原因造成的损失，没有保险赔偿的部分，应当记入“营业外支出——非常损失”账户；对于无法收回的其他损失，经批准后，记入“管理费用”账户。

【例 7—4】 甲公司年末对存货进行盘点，发现盘盈 A 材料 200 件，单价为 15 元/件。

会计分录如下：

借：原材料——A材料　　3 000

　　贷：待处理财产损溢——待处理流动资产损溢　　3 000

待甲公司有关负责人批准这一事项时，应编制会计分录如下：

借：待处理财产损溢——待处理流动资产损溢　　3 000

　　贷：管理费用　　3 000

【例7—5】 假如甲公司年末对存货进行盘点，发现库存B材料短缺2 300千克，单价为4元。分析其原因，一是由于计量器具不准造成材料领用时多发700千克；二是定额内自然损耗200千克；三是保管员失职造成100千克丢失；四是火灾造成毁损1 300千克，没有保险赔偿。增值税税率为17%。

首先，对盘亏的材料进行账簿调整，应编制会计分录如下：

借：待处理财产损溢——待处理流动资产损溢　　10 764

　　贷：原材料——B材料　　9 200

　　　　应交税费——应交增值税(进项税额转出)　　1 564

上述盘亏的材料，上报批准后，应编制会计分录如下：

借：其他应收款——保管员　　468

　　管理费用　　4 212

　　营业外支出　　6 084

　　贷：待处理财产损溢——待处理流动资产损溢　　10 764

根据我国《企业会计准则》的规定，为了真实、客观地反映企业期末存货的实际价值，企业应定期或者至少每年年度终了，对存货进行全面清查。如果由于存货遭受毁损，或全部或部分陈旧过时，或销售价格低于成本等原因，使存货成本高于可变现净值的，应按可变现净值低于成本的差额，提取存货跌价准备。

三、固定资产清查结果的账务处理

企业对于盘盈的固定资产，报请批准处理前，应按现行市场价格及资产的新旧程度，确定盘盈固定资产的价值，借记"固定资产"账户，贷记"以前年度损益调整"账户。

【例7—6】 乙公司在财产清查中，发现未入账的设备一台，目前市场上同类机器的价格为40 000元，估计有6成新。应编制会计分录如下：

借：固定资产　　24 000

　　贷：以前年度损益调整　　24 000

企业对于盘亏的固定资产，应按盘亏固定资产的账面价值，借记"待处理财产损溢——待处理固定资产损溢"账户；按已提的折旧，借记"累计折旧"账户；如已提固定资产减值准备的，还应按已提的减值准备，借记"固定资产减值准备"账户；按固定资产的原价，贷记"固定资产"账户。报经批准以后，按过失人和保险公司赔偿的金额，借记"其他应收款"账户；按盘亏固定资产价值扣除过失人及保险公司赔偿金额后的差额，借记"营业外支出"账户，贷记"待处理财产损溢——待处理固定资产损溢"账户。

【例7—7】 甲公司于年末进行固定资产盘点，发现账面上一台机器设备原值为10万元，增值税税率为17%，已计提折旧5万元，"固定资产减值准备"相关明细账的余额为2万元，盘点时并未发现该设备。后来查明原因，该设备被偷窃，并已经通过相关部门批准处理。会计处理如下：

(1)发现盘亏该设备时:

借:待处理财产损溢——待处理固定资产损溢 47 000

累计折旧 50 000

固定资产减值准备 20 000

贷:固定资产 100 000

应交税费——应交增值税(进项税额转出) 17 000

(2)查明原因,获准处理时:

借:营业外支出 47 000

贷:待处理财产损溢——待处理固定资产损溢 47 000

根据我国《企业会计准则》的规定,为了真实、客观地反映企业期末固定资产的实际价值,企业应定期或者至少每年年度终了,对固定资产进行全面清查。如果由于固定资产遭受毁损,或技术陈旧、长期闲置等原因,导致其可收回金额低于其账面价值,应按可收回金额低于其账面价值的差额,计提固定资产减值准备。

四、往来款项清查结果的处理

企业应当定期或至少每年年度终了,对应收、应付款项进行全面清查。对于长期无法收回和长期无法支付的款项,要及时进行处理。在清查过程中发现的确实无法收回的应收款项,以及无法支付的应付款项,不通过"待处理财产损溢"账户核算,而是在报经批准后直接转销。

对于确实无法收回的应收款项,应借记"坏账准备"账户,贷记"应收账款"或"其他应收款"等账户。

对于确实无法支付的应付款项,可直接确认为企业的营业外收入。

第八章

财务报表

编制财务报表是会计核算工作的重要环节。通过编制财务报表，可以全面、系统、概括地反映会计主体在一定时期的经济活动的情况和结果。财务报表主要由资产负债表、利润表、现金流量表、所有者权益（或股东权益，下同）变动表和附注组成。

通过本章的学习，读者应掌握资产负债表和利润表的结构、内容及编制方法，了解现金流量表的结构和内容以及会计报表附注的相关内容。

第一节 财务报表概述

一、财务报表的意义和作用

财务报表是指企业对反映在各种账簿中的会计事项的资料进行汇总整理而成的，用表格的形式综合反映企业某一特定日期财务状况和某一会计期间经营成果、现金流量的书面文件。编制财务报表是会计核算工作的重要环节，也是会计核算的最终成果。

在企业的日常会计核算中，对于所发生的各项经济业务，会计人员都要按照有关规定，依据一定的核算程序，采用会计上的专门方法，对经济业务在会计凭证和会计账簿中进行登记，反映会计主体的经营活动和财务收支情况。但是，由于会计凭证和账簿自身的特点所决定，它们反映的资料比较分散，不能将大量的会计核算资料综合地对外进行报告，不便于投资者、债权人等会计信息资料的使用者了解企业的财务状况和经营成果及现金流量情况，也难以满足单位本身经营管理的需要。因此，各企业应当按照规定，在日常会计核算的基础上，定期对日常会计核算资料加以归纳整理，编制财务报表，全面、系统、概括地反映会计主体在一定时期经济活动的情况和结果。

财务报表是企业对外提供财务会计信息的主要形式，在日常的经济运行过程中，发挥着越来越重要的作用，主要表现在以下几个方面：

1. 财务报表所提供的财务会计信息资料，是国家进行宏观经济管理的重要信息来源。各会计主体的财务会计报告经过层层汇总，反映出某一行业、部门、地区乃至全国的经济活动情况。国家经济管理部门根据掌握的信息资料，了解各地区、各行业、各部门的经济情况，制定合理的经济政策，对整个国民经济进行有效的宏观调控。

2. 财务报表为企业外部的会计信息资料的使用者进行决策，以及进行企业控制和监督提供了重要依据。企业外部的会计信息资料的使用者主要包括企业的投资者、债权人、潜在的投资者和债权人以及政府机构等。在这些企业的利害关系人中，投资者、债权人以及潜在的投资者和债权人可以根据会计报表所提供的有关信息，作出科学合理的决策，并对企业的经营情况进行控制和监督。政府职能部门可以通过财务报表提供的信息，了解企业各项法律法规、财经纪律的贯彻执行情况，对企业实行有效的监管。

3. 财务报表是企业内部加强经营管理的重要依据。通过财务报表所提供的信息，有利于企业管理当局掌握企业的生产经营状况、经营成果和现金流量情况，及时找出问题，分析原因，以便进行科学合理的决策，寻找出提高企业经济效益的途径和方法。

二、财务报表的构成及分类

(一)财务报表的构成

财务报表是财务会计报告的主干部分，它是用表格的形式综合反映企业某一特定日期的财务状况与某一特定时期的经营成果和现金流动情况的书面文件。它是企业根据日常的会计核算资料归集、加工和汇总后形成的，是企业会计核算的最终成果，具体包括资产负债表、利润表、现金流量表、所有者权益(或股东权益，下同)变动表和附注。

资产负债表反映企业在某一特定日期所拥有的资产、需偿还的债务以及股东(投资者)拥有的净资产情况。

利润表反映企业在一定会计期间的经营成果，即利润或亏损的情况，表明企业运用所拥有资产的获利能力。

现金流量表反映企业在一定会计期间现金和现金等价物流入和流出的情况。

所有者权益变动表反映构成所有者权益的各组成部分当期的增减变动情况。企业的净利润及其分配情况是所有者权益变动的组成部分，相关信息已经在所有者权益变动表及其附注中反映，企业不需要再单独编制利润分配表。

附注是财务报表不可或缺的组成部分，是对在资产负债表、利润表、现金流量表和所有者权益变动表等报表中列示项目的文字描述或明细资料，以及对未能在这些报表中列示项目的说明等。

(二)财务报表的分类

企业的财务报表按其编报时间、编制单位、服务对象，可分为不同的种类。

1. 按照财务报表的编报时间分类

按照财务报表的编报时间不同，可以分为中期财务报表和年度财务报表。中期财务报表是以短于一个完整会计年度的报告期间为基础编制的财务报表，包括月报、季报和半年报等。中期财务报表至少应当包括资产负债表、利润表、现金流量表和附注，其中，中期资产负债表、利润表和现金流量表应当是完整报表，其格式和内容应当与年度财务报表相一致。与年度财务报表相比，中期财务报表中的附注披露可以适当简略。

2. 按照财务报表的编制单位分类

按照财务报表的编制单位不同，可以分为个别报表、汇总报表和合并报表。个别报表也称基层报表，是指由独立核算的基层单位在自身会计核算基础上对账簿进行加工而编制的财务报表。汇总报表是指由各级主管部门根据所属基层单位报送的财务报表，连同本部门的财务报表汇总编制的财务报表。合并报表是指一个企业对另外企业的投资占被投资企业资本总额半数以上，对被投资企业拥有控制权时，将被投资企业的财务报表与本企业的财务报表合并编制的财务报表。

3. 按照财务报表的服务对象分类

按照财务报表的服务对象不同，可以分为内部报表和外部报表。内部报表是指为适应企业内部经营管理的需要而编制的不对外公布的财务报表，它一般不需要规定统一的格式，也没有统一的指标体系，如费用、成本报表等。外部报表是指企业主要向外提供的财务报表，主要供投资者、债权人、政府部门和社会公众等有关方面使用，通常有统一的格式和规定的指标体系，如资产负债表、利润表、现金流量表等。

三、财务报表的编制要求

财务报表应根据登记完整、审核无误的账簿和其他有关资料进行编制。为了确保财务报表的质量，编制时应遵循以下基本要求：

(一)内容完整

财务报表必须按照会计准则规定的报表种类、格式和内容编制。凡规定编报的报表，必须编报齐全，不得漏编、漏报。对于应当填列的报表指标，不论是表内项目还是补充资料，都必须填列齐全。报表主体部分难以反映的某些会计事项，应在报表附注中予以披露。

(二)数字真实

为了充分发挥财务报表的作用，体现客观性会计原则，财务报表的数字必须客观真实、计算准确，如实反映企业的财务状况、经营成果和现金流量。为了使财务报表数字客观真实，在编制报表之前，应做到有关凭证和账簿核对相符、有关账簿之间核对相符、账簿与实物核对相符。不得任意估计、编造数字，严禁弄虚作假，以保证财务报表的质量。

(三)编报及时

根据及时性会计原则，为了便于财务报表的使用者及时利用会计报表资料，财务报表必须在规定的期限内及时编制，及时报送有关部门和人员，以便于财务报表使用者作出科学的决策。

第二节　资产负债表

一、资产负债表的概念和作用

资产负债表是反映企业某一特定日期财务状况的财务报表，即反映企业在某一特定日期资产、负债及所有者权益构成情况的财务报表。它是以“资产＝负债＋所有者权益”这一会计恒等式为基础设计的，按照一定的分类标准和一定的顺序，把企业一定日期的资产、负债及所有者权益各项目予以适当排列，并对日常工作中形成的大量数据进行浓缩整理后编制而成的。

资产负债表是企业最基本和最重要的财务报表之一，任何企业和单位都应按有关规定定期编制和报送资产负债表。资产负债表具有以下作用：

1. 通过资产负债表可以了解企业某一特定日期的资产总额及其结构，即企业拥有或控制的经济资源及其分布情况。

2. 通过资产负债表可以了解企业资金来源的构成，即企业某一日期的负债总额及其结构、所有者权益的构成情况等。

3. 通过资产负债表提供的资料可以进行财务指标分析，如计算流动比率、速动比率等，以了解企业的财务实力和偿债能力，便于投资者和债权人进行正确的决策。

4. 通过比较分析前后期的资产负债表，可以了解企业资产、负债及所有者权益的变动情况，分析企业的发展变化趋势。

二、资产负债表的结构和内容

资产负债表的结构是按照“资产＝负债＋所有者权益”这一会计恒等式展开的。其基本结构有两种：账户式和报告式。

账户式资产负债表是将资产负债表分为左、右两方。左方列示资产项目，按各项资产的流动性大小依次排列；右方列示负债及所有者权益项目，负债按照债务的偿还期限从短到长依次排列，负债列于所有者权益前面，所有者权益按投资者投入和企业税后利润积累顺序排列。左方资产项目的合计数等于右方负债及所有者权益项目的合计数。我国《企业会计准则》规定，我国企业的资产负债表采用账户式结构，具体如表 8－1 所示。

表 8－1 **资产负债表** 会企 01 表

编制单位： ____年____月____日 单位：元

资 产	期末余额	年初余额	负债和所有者权益（或股东权益）	期末余额	年初余额
流动资产：			流动负债：		
货币资金			短期借款		
交易性金融资产			交易性金融负债		
应收票据			应付票据		
应收账款			应付账款		
预付款项			预收款项		
应收利息			应付职工薪酬		
应收股利			应交税费		
其他应收款			应付利息		
存货			应付股利		
一年内到期的非流动资产			其他应付款		
其他流动资产			一年内到期的非流动负债		
流动资产合计			其他流动负债		
非流动资产：			流动负债合计		
可供出售金融资产			非流动负债：		
持有至到期投资			长期借款		
长期应收款			应付债券		
长期股权投资			长期应付款		
投资性房地产			专项应付款		
固定资产			预计负债		
在建工程			递延所得税负债		
工程物资			其他非流动负债		
固定资产清理			非流动负债合计		
生产性生物资产			负债合计		
油气资产			所有者权益（或股东权益）：		
无形资产			实收资本（或股本）		
开发支出			资本公积		
商誉			减：库存股		
长期待摊费用			盈余公积		
递延所得税资产			未分配利润		
其他非流动资产			所有者权益（或股东权益）合计		
非流动资产合计					
资产总计			负债和所有者权益（或股东权益）总计		

报告式资产负债表是依据“资产－负债＝所有者权益”的顺序将资产、负债、所有者权益项目上下依次排列，全部资产项目合计数减去全部负债项目合计数的差额为所有者权益项目的合计数。其简易格式如表8－2所示。

表8－2　　资产负债表(报告式)

编制单位：　　____年____月____日　　单位：元

项　目	行　次	年初数	期末数
资产 货币资金 交易性金融资产 应收票据 …			
资产合计			
负债 短期借款 应付票据 应付账款 …			
负债合计			
所有者权益 实收资本 资本公积 …			
所有者权益合计			

三、资产负债表的编制方法

(一)“年初余额”栏

资产负债表“年初余额”栏内各项目的数字，应根据上年末资产负债表“期末余额”栏内所列数字填列。

如果本年度资产负债表规定的各个项目的名称和内容同上年度不相一致，应对上年年末资产负债表各项目的名称和数字按照本年度的规定进行调整，填入本表“年初余额”栏内。

(二)“期末余额”栏

资产负债表“期末余额”栏内各项目的数字，应根据有关账户(总账或明细账)的期末余额直接或经分析计算后填列。具体填列方法如下：

1. 根据总分类账户的余额直接填列

资产负债表中大部分项目采用这种直接填列方法。例如，资产项目中直接根据各账户的借方余额填列的账户(如出现贷方余额，则用“－”号表示)有交易性金融资产、应收票据、应收股利、应收利息、工程物资、固定资产清理、递延税款借项等项目；负债及所有者权益项目中直接根据各账户的贷方余额填列的账户(如出现借方余额，则用“－”号表示)有短期借款、应付票据、应付职工薪酬、应付股利、应交税费、其他应交款、其他应付款、预计负债、长期借款、专项应付款、递延税款贷项、实收资本(或股本)、资本公积、盈余公积等项目。

2. 根据总分类账户的余额计算分析填列

具体有关项目的填列方法如下：

(1)“货币资金”项目，应根据“库存现金”、“银行存款”、“其他货币资金”账户的期末余额合计填列。

(2)“存货”项目，反映企业期末在库、在途和在加工中的各种存货的可变现净值。本项目应根据“材料采购”、“原材料”、“低值易耗品”、“库存商品”、“周转材料”、“委托加工物资”、“委托代销商品”、“生产成本”等账户的期末余额合计，减去“受托代销商品款”、“存货跌价准备”账户期末余额后的金额填列。材料采用计划成本核算，以及库存商品采用计划成本核算或售价核算的企业，还应按加或减材料成本差异、商品进销差价后的金额填列。

(3)“长期股权投资”项目，应根据“长期股权投资”账户的期末余额，减去“长期投资减值准备”账户中有关股权投资减值准备期末余额后的金额填列。

(4)“固定资产”项目，应根据“固定资产”账户的期末余额，减去“累计折旧”账户期末余额后的金额填列。

(5)“在建工程”项目，应根据“在建工程”账户的期末余额，减去“在建工程减值准备”账户期末余额后的金额填列。

(6)“无形资产”项目，应根据“无形资产”账户的期末余额，减去“累计摊销”和“无形资产减值准备”账户期末余额后的金额填列。

(7)“长期待摊费用”项目，应根据“长期待摊费用”账户的期末余额减去1年内(含1年)摊销的数额后的金额填列。

(8)“未分配利润”项目，应根据“本年利润”账户的期末余额减去“利润分配”账户的期末余额的差额填列。未弥补的亏损，在本项目内以“－”号填列。

3. 根据明细分类账户的期末余额计算分析填列

具体包括以下项目：

(1)“应收账款”项目，应根据“应收账款”和“预收账款”账户所属各明细账户的期末借方余额合计，减去“坏账准备”账户中有关应收账款计提的坏账准备期末余额后的金额填列。如果“应收账款”账户所属明细账户期末有贷方余额，则应在本表“预收款项”项目内填列。

(2)“预付款项”项目，应根据“预付账款”账户所属各明细账户的期末借方余额合计填列。如果“预付账款”账户所属有关明细账户期末有贷方余额，则应在本表“应付账款”项目内填列。如果“应付账款”账户所属明细账户有借方余额，也应包括在本项目内。

(3)“应付账款”项目，应根据“应付账款”账户所属各有关明细账户的期末贷方余额合计填列。如果“应付账款”账户所属各明细账户和“预付账款”期末有借方余额，则应在本表“预付款项”项目内填列。

(4)“预收款项”项目，应根据“预收账款”账户所属各有关明细账户的贷方余额合计填列。如果“预收账款”账户所属有关明细账户有借方余额，则应在本表“应收账款”项目内填列；如果“应收账款”账户所属各明细账户有贷方余额，也应包括在本项目内。

4. 根据总账账户和明细账户的余额计算分析填列

资产负债表的有些项目，需要依据总账账户和明细账户两者的余额分析填列。如“长期借款”项目，应根据“长期借款”总账账户余额扣除“长期借款”账户所属各明细账户中将自资产负债表日起1年内到期且企业不能自主地将清偿义务展期的长期借款后的金额填列。

(三)资产负债表编制举例

【例8－1】 甲公司2×15年12月31日有关总分类账户及明细分类账户的期末余额如

表 8—3 所示。

表 8—3　　总分类账户及明细分类账户的期末余额

2×15 年 12 月 31 日　　单位:元

账户名称	借　方	贷　方	账户名称	借　方	贷　方
库存现金	1 000		短期借款		85 000
银行存款	145 000		应付票据		45 000
交易性金融资产	56 000		应付账款		85 000
应收账款	65 000		——D 企业		125 000
——A 企业	75 000		——E 企业	40 000	
——B 企业		10 000	预收账款		20 000
坏账准备		4 000	——F 企业		20 000
——应收账款		4 000	其他应付款		10 500
预付账款	25 000		应付职工薪酬		9 000
——C 企业	25 000		应交税费		22 500
其他应收款	7 500		应付股利		28 500
原材料	185 000		长期借款		195 000
生产成本	40 000		其中:1 年内到期的长期借款		70 000
库存商品	80 000		实收资本		715 000
长期待摊费用	25 000		资本公积		15 000
长期股权投资	150 000		盈余公积		275 000
固定资产	980 000		本年利润		268 000
累计折旧		210 000	利润分配	178 000	
无形资产	50 000		合　计	1 997 500	1 997 500

根据上述资料,编制甲公司 2×15 年 12 月 31 日的资产负债表,如表 8—4 所示(年初数略)。

表 8—4　　资产负债表　　会企 01 表

编制单位:甲公司　　2×15 年 12 月 31 日　　单位:元

资　产	期末余额	年初余额	负债和所有者权益(或股东权益)	期末余额	年初余额
流动资产:			流动负债:		
货币资金	146 000		短期借款	85 000	
交易性金融资产	56 000		交易性金融负债		
应收票据			应付票据	45 000	
应收账款	71 000		应付账款	125 000	
预付款项	65 000		预收款项	30 000	
应收利息			应付职工薪酬	9 000	

续表

资　产	期末余额	年初余额	负债和所有者权益(或股东权益)	期末余额	年初余额
应收股利			应交税费	22 500	
其他应收款	7 500		应付利息		
存货	305 000		应付股利	28 500	
一年内到期的非流动资产			其他应付款	10 500	
其他流动资产			一年内到期的非流动负债	70 000	
流动资产合计	650 500		其他流动负债		
非流动资产：			流动负债合计	425 500	
可供出售金融资产			非流动负债：		
持有至到期投资			长期借款	125 000	
长期应收款			应付债券		
长期股权投资	150 000		长期应付款		
投资性房地产			专项应付款		
固定资产	770 000		预计负债		
在建工程			递延所得税负债		
工程物资			其他非流动负债		
固定资产清理			非流动负债合计	125 000	
生产性生物资产			负债合计	550 500	
油气资产			所有者权益(或股东权益)：		
无形资产	50 000		实收资本(或股东)	715 000	
开发支出			资本公积	15 000	
商誉			减:库存股		
长期待摊费用	25 000		盈余公积	275 000	
递延所得税资产			未分配利润	90 000	
其他非流动资产			所有者权益(或股东权益)合计	1 095 000	
非流动资产合计	995 000				
资产总计	1 645 500		负债和所有者权益(或股东权益)总计	1 645 500	

由此可见，资产负债表按照资产、负债、所有者权益（或股东权益）分类分项列示，能较好地满足报表使用者了解企业财务状况的需要。同时，资产负债表用前后期对比方式排列，表中各项目不仅列示期末数，还列示了年初数，便于报表使用者通过对比分析，了解企业财务状况的变化情况。

第三节　利润表

一、利润表的概念及作用

利润表是反映企业在一定会计期间经营成果的报表。利润表把一定期间的营业收入与其同一会计期间相关的营业费用进行配比，以计算出企业一定时期的净利润（或净亏损）。由于利润表是企业经营业绩的综合体现，又是进行利润分配的主要依据，因此，利润表也是会计报表中的主要报表，每个企业都必须按要求编制利润表。利润表具有以下几个方面的作用：

1. 通过利润表可以反映企业一定时期的利润形成过程及经营成果。利润表清楚地反映了一个企业在一定期间内的收入情况以及与之相配比的费用发生情况，体现了收入和费用间的配比关系，综合地反映了企业的利润实现过程以及通过配比而计算出的经营成果。

2. 通过利润表提供的不同时期的比较数字（本期金额、上期金额），可以分析、预测企业的盈利能力和企业未来一定时期内的利润发展趋势，衡量企业的经营管理水平，便于投资者和债权人做出正确的投资决策。

二、利润表的结构和内容

根据计算利润的方法不同，利润表的结构有单步式和多步式两种。

单步式利润表是指只通过一个步骤，即“利润＝营业收入－营业成本和费用”，就能计算出利润的利润表。利润的计算过程表现为营业收入减去营业成本和费用的简单过程。单步式利润表的基本结构如表 8－5 所示。

表 8－5 **利润表（单步式）**

编制单位： ____年____月 单位：元

项　目	本期金额	上期金额
一、收益		
营业收入		
公允价值变动收益		
投资收益		
营业外收入		
收益合计		
二、费用		
营业成本		
营业税金及附加		
销售费用		
管理费用		
财务费用		
营业外支出		
所得税费用		
资产减值损失		
费用支出合计		
三、净利润		

单步式利润表的优点在于步骤简化，结构简单，比较直观，编制方便。但由于这种结构的利润表，营业收入和营业费用的配比是一次性完成的，利润的计算过程缺少层次性，不能全面而科学地揭示出收入与费用不同层次的配比关系，不利于报表使用者进行经营分析和获利能力的评价。因此，单步式利润表主要适用于经济业务比较简单的企业。

多步式利润表的利润计算是通过多步骤来完成的，在这种利润表中，不同层次的收入与费用相互配比，计算出不同层次意义上的“利润”，即营业利润、利润总额和净利润。因为企业在一定会计期间所实现的利润是由不同性质的收入与费用（或成本）带来的，利润的计算应该反映这种不同性质的收入与费用配比的结果，所以，利润要经过多次计算来完成。

利润表主要反映以下几个方面的内容：(1)营业收入，由主营业务收入和其他业务收入组成。(2)营业利润，由营业收入减去营业成本（主营业务成本、其他业务成本）、营业税金及附加、销售费用、管理费用、财务费用、资产减值损失，加上公允价值变动收益（减去公允价值变动损失），加上投资收益（减去投资损失）。(3)利润总额，由营业利润加上营业外收入，减去营业外支出。(4)净利润，由利润总额减去所得税费用。(5)每股收益，普通股或潜在普通股已公开交易的企业，以及正处于公开发行普通股或潜在普通股过程中的企业，还应当在利润表中列示每股收益信息，包括基本每股收益和稀释每股收益两项指标。(6)其他综合收益，反映企业根据企业会计准则规定未在损益中确认的各项利得和损失扣除所得税影响后的净额。(7)综合收益总额，是企业净利润与其他综合收益的合计总额。

多步式利润表的基本结构如表 8—6 所示。

表 8—6　　利润表（多步式）

会企 02 表

编制单位：　　　　　　　　____年____月　　　　　　　　单位：元

项　目	本期金额	上期金额
一、营业收入		
减：营业成本		
营业税金及附加		
销售费用		
管理费用		
财务费用		
资产减值损失		
加：公允价值变动收益（损失以“—”号填列）		
加：投资收益（损失以“—”号填列）		
其中：对联营企业和合营企业的投资收益		
二、营业利润（亏损以“—”号填列）		
加：营业外收入		
减：营业外支出		
其中：非流动资产处置损失		
三、利润总额（亏损总额以“—”号填列）		
减：所得税费用		
四、净利润（净亏损以“—”号填列）		
五、每股收益		
（一）基本每股收益		
（二）稀释每股收益		
六、其他综合收益		
七、综合收益总额		

在多步式利润表中，收入应当按照其重要性分项列示，费用应当按照其性质分项列示，上下加减。虽然多步式利润表的层次较为复杂，但可以清晰地反映出每项收入与费用之间的内在联系，便于报表使用者对企业经营情况进行分析，有利于不同企业之间进行比较。所以，我国企业一般采用多步式利润表。

三、利润表的编制

(一)利润表的编制步骤

如前所述，我国企业的利润表主要分以下三个步骤编制：

第一步，以营业收入为基础，减去营业成本、营业税金及附加、销售费用、管理费用、财务费用、资产减值损失，加上公允价值变动收益（减去公允价值变动损失）和投资收益（减去投资损失），计算出营业利润。

第二步，以营业利润为基础，加上营业外收入，减去营业外支出，计算出利润总额。

第三步，以利润总额为基础，减去所得税费用，计算出净利润（或净亏损）。

普通股或潜在普通股已公开交易的企业，以及正处于公开发行普通股或潜在普通股过程中的企业，还应当在利润表中列示每股收益信息。

(二)利润表项目的填列方法

利润表各项目均需填列“本期金额”和“上期金额”两栏。

在编制中期利润表时，“本期金额”栏应分为“本期金额”和“年初至本期末累计发生额”两栏，分别填列各项目本中期（月、季或半年）各项目的实际发生额，以及自年初起至本中期（月、季或半年）末止的累计实际发生额。“上期金额”栏应分为“上年可比本中期金额”和“上年初至可比本中期末累计发生额”两栏，应根据上年可比中期利润表“本期金额”下对应的两栏数字分别填列。上年度利润表与本年度利润表的项目名称和内容不一致的，应对上年度利润表项目的名称和数字按本年度的规定进行调整。

利润表“本期金额”、“上期金额”栏内的各项数字，除“每股收益”项目外，应当按照相关科目的发生额分析填列。

(三)利润表项目的填列说明

1.“营业收入”项目，反映企业经营主要业务和其他业务所确认的收入总额。本项目应根据“主营业务收入”和“其他业务收入”账户的发生额分析填列。

2.“营业成本”项目，反映企业经营主要业务和其他业务所发生的成本总额。本项目应根据“主营业务成本”和“其他业务成本”账户的发生额分析填列。

3.“营业税金及附加”项目，反映企业经营业务应负担的消费税、营业税、城市建设维护税、资源税、土地增值税和教育费附加等。本项目应根据“营业税金及附加”账户的发生额分析填列。

4.“销售费用”项目，反映企业在销售商品过程中发生的包装费、广告费等费用和为销售本企业商品而专设的销售机构的职工薪酬、业务费等经营费用。本项目应根据“销售费用”账户的发生额分析填列。

5.“管理费用”项目，反映企业为组织和管理生产经营发生的管理费用。本项目应根据“管理费用”账户的发生额分析填列。

6.“财务费用”项目，反映企业筹集生产经营所需资金等而发生的筹资费用。本项目应根据“财务费用”账户的发生额分析填列。

7.“资产减值损失”项目，反映企业各项资产发生的减值损失。本项目应根据“资产减值损失”账户的发生额分析填列。

8.“公允价值变动收益”项目，反映企业应当计入当期损益的资产或负债的公允价值变动收益。本项目应根据“公允价值变动损益”账户的发生额分析填列。如为净损失，本项目以“一”号填列。

9.“投资收益”项目，反映企业以各种方式对外投资所取得的收益。本项目应根据“投资收益”账户的发生额分析填列。如为投资损失，本项目以“一”号填列。

10.“营业利润”项目，反映企业实现的营业利润。如为亏损，本项目以“一”号填列。

11.“营业外收入”项目，反映企业发生的与经营业务无直接关系的各项收入。本项目应根据“营业外收入”账户的发生额分析填列。

12.“营业外支出”项目，反映企业发生的与经营业务无直接关系的各项支出。本项目应根据“营业外支出”账户的发生额分析填列。

13.“利润总额”项目，反映企业实现的利润。如为亏损，本项目以“一”号填列。

14.“所得税费用”项目，反映企业应从当期利润总额中扣除的所得税费用。本项目应根据“所得税费用”账户的发生额分析填列。

15.“净利润”项目，反映企业实现的净利润。如为亏损，本项目以“一”号填列。

(四)利润表编制举例

【例 8—2】 甲公司 2×15 年全年有关损益类账户的发生额如下：

主营业务收入	800 000 元
主营业务成本	645 000 元
其他业务收入	525 000 元
其他业务成本	300 000 元
营业税金及附加	5 700 元
营业外收入	73 500 元
销售费用	15 000 元
管理费用	75 000 元
财务费用	4 800 元
所得税费用	111 870 元
投资收益	8 000 元(贷方)
营业外支出	14 000 元

根据上述资料，编制甲公司 2×15 年度的利润表，见表 8—7。

表 8—7　　利润表　　会企 02 表

编制单位：甲公司　　2×15 年　　单位：元

项　目	本期金额	上期金额(略)
一、营业收入	1 325 000	
减：营业成本	945 000	
营业税金及附加	5 700	
销售费用	15 000	

续表

项　目	本期金额	上期金额(略)
管理费用	75 000	
财务费用	4 800	
资产减值损失		
加:公允价值变动收益(损失以“—”号填列)		
投资收益(损失以“—”号填列)	8 000	
其中:对联营企业和合营企业的投资收益		
二、营业利润(亏损以“—”号填列)	287 500	
加:营业外收入	73 500	
减:营业外支出	14 000	
其中:非流动资产处置损失		
三、利润总额(亏损总额以“—”号填列)	347 000	
减:所得税费用	111 870	
四、净利润(净亏损以“—”号填列)	235 130	
五、每股收益		
(一)基本每股收益		
(二)稀释每股收益		
六、其他综合收益		
七、综合收益总额		

第四节　现金流量表

一、现金流量表的概念和作用

现金流量表是反映一定会计期间现金和现金等价物流入和流出的报表。它是反映企业财务状况变动情况的动态报表。现金流量表所指的现金概念包括库存现金、银行存款、其他货币资金和现金等价物。

现金流量表以现金的流入和流出反映企业在一定会计期间内的经营活动、投资活动和筹资活动的动态情况,它的主要目的是为报表使用者提供企业一定会计期间内现金流入和流出的有关信息,以便于报表使用者了解和评价企业获取现金和现金等价物的能力,并据以预测企业未来的现金流量。现金流量表的作用主要表现在以下几个方面:

1. 现金流量表通过列示影响现金变化的各要素对现金流量的影响,反映企业所进行的各项财务活动。报表使用者可以据此了解企业财务活动的管理水平,正确评价企业的经营业绩,评价企业的偿债能力和支付股利(利润)的能力,评价企业进行筹资的程度和能力。

2. 现金流量表可以反映财务状况的变动情况。报表使用者可以通过现金流量表了解期末现金与期初现金的差异及其发生变动的原因,预测企业在未来期间产生现金流入的能力。

3. 现金流量表对资产负债表和利润表中未反映的内容进行补充。资产负债表是对某一时点企业财务状况的反映,但不能反映财务状况的变动情况及变动的原因;利润表按权责发生制反映企业的经营成果,与现金变化存在着差异。现金流量表较好地解决了这些问题,它不仅可以反映一定时期内现金的变化,而且能够说明现金变化的原因,对资产负债表和利润表起到补充说明的作用,为正确进行财务决策提供了依据。

二、现金流量的含义及其分类

现金流量是指一定会计期间内企业现金和现金等价物的流入和流出。企业从银行提取现金、用现金购买短期到期的国库券等现金和现金等价物之间的转换,不属于现金流量。

现金是指企业库存现金以及可以随时用于支付的存款,包括库存现金、银行存款和其他货币资金(如外埠存款、银行汇票存款、银行本票存款等)等。不能随时用于支付的存款,不属于现金。

现金等价物是指企业持有的期限短、流动性强、易于转换为已知金额现金、价值变动风险很小的投资。期限短,一般是指从购买日起3个月内到期。现金等价物通常包括3个月内到期的债券投资等。权益性投资变现的金额通常不确定,因而不属于现金等价物。企业应当根据具体情况,确定现金等价物的范围,一经确定,不得随意变更。

企业产生的现金流量分为以下三类:

1. 经营活动产生的现金流量

经营活动是指企业投资活动和筹资活动以外的所有交易和事项。经营活动产生的现金流量主要包括销售商品或提供劳务、购买商品、接受劳务、支付工资和缴纳税款等流入和流出的现金和现金等价物。

2. 投资活动产生的现金流量

投资活动是指企业长期资产的购建和不包括在现金等价物范围内的投资及其处置活动。投资活动产生的现金流量主要包括购建固定资产、处置子公司及其他营业单位等流入和流出的现金和现金等价物。

3. 筹资活动产生的现金流量

筹资活动是指导致企业资本及债务规模和构成发生变化的活动。筹资活动产生的现金流量主要包括吸收投资、发行股票、分配利润、发行债券、偿还债务等流入和流出的现金和现金等价物。偿付应付账款、应付票据等商业应付款等属于经营活动,不属于筹资活动。

三、现金流量表的结构和内容

我国企业现金流量表采用报告式结构,分类反映经营活动产生的现金流量、投资活动产生的现金流量和筹资活动产生的现金流量,最后汇总反映企业某一期间现金及现金等价物的净增加额。

我国企业现金流量表的格式如表8－8所示。

表 8—8　　　　　　　　　　**现金流量表**　　　　　　　　　　会企 03 表

编制单位：　　　　　　　　　　年　　　月　　　　　　　　　　单位：元

项　目	本期金额	上期金额
一、经营活动产生的现金流量		
销售商品、提供劳务收到的现金		
收到的税费返还		
收到的其他与经营活动有关的现金		
经营活动现金流入小计		
购买商品、接受劳务支付的现金		
支付给职工以及为职工支付的现金		
支付的各项税费		
支付的其他与经营活动有关的现金		
经营活动现金流出小计		
经营活动产生的现金流量净额		
二、投资活动产生的现金流量		
收回投资所收到的现金		
取得投资收益所收到的现金		
处置固定资产、无形资产和其他长期资产收回的现金净额		
处置子公司及其他营业单位收到的现金净额		
收到的其他与投资活动有关的现金		
投资活动现金流入小计		
购建固定资产、无形资产和其他长期资产所支付的现金		
投资支付的现金		
取得子公司及其他营业单位支付的现金净额		
支付的其他与投资活动有关的现金		
投资活动现金流出小计		
投资活动产生的现金流量净额		
三、筹资活动产生的现金流量		
吸收投资收到的现金		
取得借款收到的现金		
收到的其他与筹资活动有关的现金		
筹资活动现金流入小计		
偿还债务支付的现金		
分配股利、利润或偿付利息支付的现金		
支付的其他与筹资活动有关的现金		
筹资活动现金流出小计		
筹资活动产生的现金流量净额		
四、汇率变动对现金及现金等价物的影响		
五、现金及现金等价物净增加额		
加：期初现金及现金等价物余额		
六、期末现金及现金等价物余额		

现金流量表补充资料

补充资料	本期金额	上期金额
1.将净利润调节为经营活动现金流量：		
净利润		
加：资产减值准备		
固定资产折旧、油气资产折耗、生产性生物资产折旧		
无形资产摊销		
长期待摊费用摊销		
处置固定资产、无形资产和其他长期资产的损失（收益以“－”号填列）		
固定资产报废损失（收益以“－”号填列）		
公允价值变动损失（收益以“－”号填列）		
财务费用（收益以“－”号填列）		
投资损失（收益以“－”号填列）		
递延所得税资产减少（收益以“－”号填列）		
递延所得税负债增加（收益以“－”号填列）		
存货的减少（增加以“－”号填列）		
经营性应收项目的减少（增加以“－”号填列）		
经营性应付项目的增加（减少以“－”号填列）		
其他		
经营活动产生的现金流量净额		
2.不涉及现金收支的重大投资和筹资活动：		
债务转为资本		
一年内到期的可转换公司债券		
融资租入固定资产		
3.现金及现金等价物净增加情况：		
现金的期末余额		
减：现金的期初余额		
加：现金等价物的期末余额		
减：现金等价物的期初余额		
现金及现金等价物净增加额		

四、现金流量表的编制

直接法是指通过现金收入和支出的主要类别反映来自企业经营活动的现金流量。在实务中，一般是以利润表中的主营业务收入为起算点，调整与经营活动各项目有关的增减变动，然后分别计算出经营活动各现金流量。直接法的主要优点是显示了经营活动现金流量的各项流入、流出内容。相对间接法而言，直接法更能体现现金流量表的目的，有助于预测未来的经营活动现金流量，更能揭示企业从经营活动中产生足够的现金来偿付其债务的能力、进行再投资的能力和支付利润（股利）的能力。

间接法是指以本期净利润为起算点，调整不涉及现金的收入、费用、营业外收支以及应收应付等项目的增减变动，据此计算并列示经营活动的现金流量。间接法的原理在于，利润表中反映的净利润是按权责发生制确定的，其中有些收入、费用项目并没有实际发生现金流入和流出。通过对这些项目进行调整，即可将净利润调整为经营活动的现金流量。间接法有助于分析影响现金流量的原因，以及从现金流量角度分析企业净利润的质量。

我国《企业会计准则》要求企业按直接法编制现金流量表，并在补充资料中提供按间接法将净利润调整为经营活动现金流量的信息。

采用直接法编制经营活动的现金流量时，一般以利润表中的营业收入为起算点，调整与经营活动有关项目的增减变动，然后计算出经营活动的现金流量。采用直接法具体编制现金流量表时，可以采用工作底稿法或T型账户法，也可以根据有关科目记录分析填列。

第五节 所有者权益变动表

一、所有者权益变动表的内容及结构

所有者权益变动表是指反映构成所有者权益各组成部分当期增减变动情况的报表。当期损益、直接计入所有者权益的利得和损失，以及与所有者的资本交易导致的所有者权益的变动，应当分别列示。

在所有者权益变动表中，企业至少应当单独列示反映下列信息的项目：(1)净利润；(2)直接计入所有者权益的利得和损失项目及其总额；(3)会计政策变更和差错更正的累积影响金额；(4)所有者投入资本和向所有者分配利润等；(5)提取的盈余公积；(6)实收资本或股本、资本公积、盈余公积、未分配利润的期初和期末余额及其调节情况。

所有者权益变动表的格式如表8—9所示。

表8—9　　所有者权益(股东权益)变动表　　会企:04表

编制单位:　　＿＿＿＿年度　　单位:元

项目	本年金额						上年金额					
	实收资本(或股本)	资本公积	减:库存股	盈余公积	未分配利润	所有者权益合计	实收资本(或股本)	资本公积	减:库存股	盈余公积	未分配利润	所有者权益合计
一、上年年末余额												
加:会计政策变更												
前期差错更正												
二、本年年初余额												
三、本年增减变动金额(减少以"—"号填列)												
(一)净利润												
(二)其他综合收益												
上述(一)和(二)小计												
(三)所有者投入和减少资本												
1.所有者投入资本												
2.股份支付计入所有者权益的金额												

续表

项目	本年金额						上年金额					
	实收资本（或股本）	资本公积	减：库存股	盈余公积	未分配利润	所有者权益合计	实收资本（或股本）	资本公积	减：库存股	盈余公积	未分配利润	所有者权益合计
3. 其他												
（四）利润分配												
1. 提取盈余公积												
2. 对所有者（或股东）的分配												
3. 其他												
（五）所有者权益内部结转												
1. 资本公积转增资本（或股本）												
2. 盈余公积转增资本（或股本）												
3. 盈余公积弥补亏损												
四、本年年末余额												

二、所有者权益变动表的填列方法

（一）“上年年末余额”项目

“上年年末余额”项目，反映企业上年资产负债表中实收资本（或股本）、资本公积、库存股、盈余公积、未分配利润的年末余额。

（二）“会计政策变更”、“前期差错更正”项目

“会计政策变更”、“前期差错更正”项目，分别反映企业采用追溯调整法处理的会计政策变更的累积影响金额和采用追溯重述法处理的会计差错更正的累积影响金额。

（三）“本年增减变动额”项目

1.“净利润”项目，反映企业当年实现的净利润（或净亏损）金额。

2.“直接计入所有者权益的利得和损失”项目，反映企业当年直接计入所有者权益的利得和损失金额。

（1）“可供出售金融资产公允价值变动净额”项目，反映企业持有的可供出售金融资产当年公允价值变动的金额。

（2）“权益法下被投资单位其他所有者权益变动的影响”项目，反映企业对按照权益法核算的长期股权投资，在被投资单位当年实现的净损益以外其他所有者权益当年变动中应享有的份额。

（3）“与计入所有者权益项目相关的所得税影响”项目，反映企业根据《企业会计准则第 18 号——所得税》规定应计入所有者权益的当年所得税影响金额。

3.“所有者投入和减少资本”项目，反映企业当年所有者投入的资本和减少的资本。

（1）“所有者投入资本”项目，反映企业当年所有者投入的资本，包括实收资本和资本溢价。

（2）“股份支付计入所有者权益的金额”项目，反映企业处于等待期中的权益结算的股份支付当年计入资本公积的金额。

4.“利润分配”项目，反映企业当年的利润分配金额。

(1)“提取盈余公积”项目，反映企业按照规定提取的盈余公积。

(2)“对所有者(或股东)的分配”项目，反映对所有者(或股东)分配的利润(或股利)金额。

5.“所有者权益内部结转”项目，反映企业构成所有者权益的组成部分之间的利润(或股利)金额。

(1)“资本公积转增资本(或股本)”项目，反映企业以资本公积转增资本或股本的金额。

(2)“盈余公积转增资本(或股本)”项目，反映企业以盈余公积转增资本或股本的金额。

(3)“盈余公积弥补亏损”项目，反映企业以盈余公积弥补亏损的金额。

第六节　财务报表附注

一、财务报表附注的概念和作用

附注是对在资产负债表、利润表、现金流量表和所有者权益变动表等报表中列示项目的文字描述或明细资料，以及对未能在这些报表中列示项目的说明等。

企业编制财务报表附注，可以提高会计信息的可比性，增进会计信息的可理解性，促使会计信息充分披露，从而提高会计信息的质量，使报表使用者对企业的财务状况、经营成果和现金流动情况获得更充分的了解，并有利于报表使用者作出正确的决策。

二、财务报表附注的主要内容

1. 财务报表的编制基础。

2. 遵循企业会计准则的声明。

3. 重要会计政策的说明，包括财务报表项目的计量基础和会计政策的确定依据等。

4. 重要会计估计的说明，包括下一会计期间很可能导致资产、负债账面价值重大调整的会计估计的确定依据等。

5. 会计政策和会计估计变更以及差错更正的说明。

6. 对已在资产负债表、利润表、现金流量表和所有者权益变动表中列示的重要项目的进一步说明，包括终止经营税后利润的金额及其构成情况等。

7. 或有和承诺事项、资产负债表日后非调整事项、关联方关系及其交易等需要说明的事项。

企业应当在附注中披露在资产负债表日后、财务报告批准报出日前提议或宣布发放的股利总额和每股股利金额(或向投资者分配的利润总额)。

下列各项未在与财务报表一起公布的其他信息中披露的，企业应当在附注中披露：

1. 企业注册地、组织形式和总部地址。

2. 企业的业务性质和主要经营活动。

3. 母公司以及集团最终母公司的名称。

第九章

会计核算程序

通过本章学习，应该了解会计实务中使用较为普遍的各种会计核算形式，以及各种会计核算形式的特点、使用的会计凭证和账簿及其账务处理的程序和过程；要求重点掌握记账凭证核算程序、科目汇总表核算程序以及汇总记账凭证核算程序的编制方法。

第一节　会计核算程序概述

一、会计核算程序的概念

会计核算程序又称账务处理程序，是指凭证和账簿组织、记账程序和记账方法三者有机结合的方式，它是记账和生成会计数据与信息的步骤和方法。具体来说，会计核算程序是指从整理、审核原始凭证及填制记账凭账开始，到登记日记账、明细分类账及总分类账，再到编制会计报表的全过程的组织程序和方法。会计核算程序的核心是账簿组织，因为不仅会计凭证的种类、格式和填制方法要取决于账簿组织，而且记账程序和方法也要适应账簿组织的情况。

账簿组织是指设置账簿的种类、格式和各种账簿之间的关系。记账程序是填制会计凭证，根据凭证登记各种账簿，根据账簿记录编制会计报表的工作程序。各种不同的账簿组织和不同的记账程序、记账方法结合在一起，就构成了各种不同的会计核算程序。

二、选用会计核算程序的基本要求

在实际工作中，由于各个单位的业务性质、规模大小及经济活动的繁简程度各有不同，因此，企业对会计核算的要求也不同。为了保证会计信息质量和核算工作的优质高效，充分发挥会计核算的基本职能，为企业正确的经营决策做好必要的基础工作，各单位必须从各自的具体情况出发，正确地选择、科学地组织自己的会计核算程序。科学、合理的会计核算程序均应符合下列基本要求：

1. 要与本单位经济活动的性质、规模大小、业务繁简程度及经济管理的特点相适应，有利于加强会计核算，有利于组织分工协作，有利于建立岗位责任制。

2. 要能够准确、及时、完整、系统地提供会计资料，全面、系统地反映企业经济活动情况，以满足企业内部及外部各有关方面对会计信息使用者的需要。

3. 既要保证会计资料的质量，又要简化会计核算的手续，节约人力、物力，提高工作效率。

4. 要有利于建立会计工作的岗位责任制，要有利于会计人员的分工和协作。

三、会计核算程序的种类

根据上述会计核算程序设计的基本要求，结合我国会计工作的实际情况，形成了以下几种主要的会计核算程序：

1. 记账凭证核算程序；
2. 科目汇总表核算程序；
3. 汇总记账凭证核算程序；
4. 多栏式日记账核算程序。

第二节　记账凭证核算程序

一、记账凭证核算程序的特点

记账凭证核算程序是一种最基本的会计核算程序，是指对发生的每项经济业务，都要根据原始凭证或原始凭证汇总表编制记账凭证，然后根据记账凭证直接登记总分类账的一种会计核算程序。它反映了会计核算程序的一般内容，其他会计核算程序是在记账凭证核算程序的基础上发展、演变而来的。记账凭证核算程序的显著特点是：直接根据每张记账凭证逐笔登记总分类账。

二、记账凭证核算程序的凭证和账簿组织

在记账凭证核算程序下，记账凭证一般采用收款凭证、付款凭证和转账凭证三种格式，也可采用通用记账凭证格式。账簿的设置一般包括日记账、总分类账和明细分类账，日记账包括库存现金日记账和银行存款日记账。日记账、总分类账一般采用三栏式；明细分类账根据管理的需要，采用三栏式、多栏式或数量金额式。

三、记账凭证核算程序的工作步骤

1. 根据原始凭证或原始凭证汇总表编制收款凭证、付款凭证和转账凭证。
2. 根据收款凭证、付款凭证逐笔登记库存现金日记账、银行存款日记账。
3. 根据原始凭证或原始凭证汇总表或各种记账凭证登记有关明细分类账。
4. 根据记账凭证登记总分类账。
5. 月(期)终，库存现金日记账、银行存款日记账的余额和各种明细分类账的余额的合计数，分别与总分类账中有关账户的余额相核对。
6. 月(期)终，根据总分类账户和明细分类账户的资料编制会计报表。

记账凭证核算程序的工作步骤如图 9—1 所示。

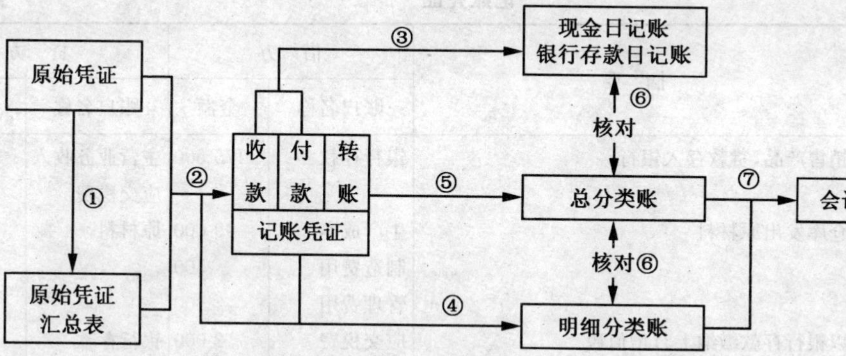

图 9—1　记账凭证核算程序的工作步骤

四、记账凭证核算程序的优缺点及适用范围

1. 优点：记账层次清楚，技术方法易于理解和掌握，核算程序比较简单。其总分类账能比较详细地反映经济业务的发生和完成情况，便于查账。

2. 缺点：登记总账的工作量较大，因此，对于经济业务较多的企业，既不利于记账，也不利于对账。

3. 适用范围：适用于规模较小、业务量较少、记账凭证不多的企业和单位。

五、记账凭证核算程序举例

1. 资料：友谊公司 2×15 年 2 月 1 日总分类账户的余额如表 9—1 所示。

表 9—1　　**友谊公司 2×15 年 2 月 1 日总分类账户的余额**　　单位：元

账户名称	借方余额	账户名称	贷方余额
库存现金	1 000	短期借款	50 000
银行存款	98 000	应付账款	6 000
应收账款	40 000	其他应付款	500
原材料	200 000	应交税费	2 000
周转材料	4 000	应付职工薪酬	5 500
生产成本	200 000	实收资本	1 120 000
库存商品	240 000	盈余公积	35 000
固定资产	564 000	本年利润	15 000
		累计折旧	113 000
合　计	1 347 000	合　计	1 347 000

2. 根据该公司 2 月份的经济业务（具体业务省略，摘要代替）编制记账凭证（以会计分录代替），如表 9—2 所示。

表 9—2　　　　　　　　　　　　　　记账凭证　　　　　　　　　　　　　　单位：元

2×15年		凭证号数	摘要	借方		贷方	
月	日			账户名称	金额	账户名称	金额
2	1	银收 1	销售产品，货款存入银行	银行存款	175 500	主营业务收入	150 000
						应交税费	25 500
	4	转 1	仓库发出原材料	生产成本	99 000	原材料	100 000
				制造费用	500		
				管理费用	500		
	5	银付 1	以银行存款缴纳上月增值税	应交税费	2 000	银行存款	2 000
	6	转 2	购入原材料，货款未付	原材料	100 000	应付账款	117 000
				应交税费	17 000		
	7	现付 1	以库存现金预支采购员差旅费	其他应收款	350	库存现金	350
	8	银付 2	向银行提取现金，备发工资	库存现金	15 000	银行存款	15 000
	9	现付 2	以现金发放工资	应付职工薪酬	15 000	库存现金	15 000
	11	银付 3	以银行存款偿还银行借款	短期借款	23 000	银行存款	23 000
	13	银收 2	通过银行收回应收账款	银行存款	40 000	应收账款	40 000
	15	银付 4	以银行存款支付电费	生产成本	1 200	银行存款	1 872
				制造费用	250		
				管理费用	150		
				应交税费	272		
	16	现收 1	采购员回公司报销差旅费 340 元，并交回库存现金 10 元	库存现金	10	其他应收款	10
		转 3		管理费用	340	其他应收款	340
	17	银付 5	购入周转材料，以银行存款支付	周转材料	800	银行存款	936
				应交税费	136		
	19	银付 6	向银行提取现金备用	库存现金	700	银行存款	700
	20	银付 7	以银行存款支付产品销售费用	销售费用	600	银行存款	600
	27	现付 3	以库存现金支付公司管理部门办公用品费	管理费用	100	库存现金	117
				应交税费	17		
	28	转 4	领用周转材料	制造费用	50	周转材料	70
				管理费用	20		
	28	转 5	分配工资费用	生产成本	13 500	应付职工薪酬	15 000
				制造费用	500		
				管理费用	1 000		
	28	转 6	提取辅助车间职工基本养老保险费	制造费用	250	应付职工薪酬	250
	28	转 7	提取职工福利费	制造费用	2 000	累计折旧	3 000
				管理费用	1 000		
	28	转 8	结转制造费用	生产成本	3 550	制造费用	3 550
	28	转 9	完工产品交库	库存商品	120 000	生产成本	120 000
	28	转 10	结转已销产品成本	主营业务成本	130 000	库存商品	130 000
	28	转 11	结转产品销售收入	主营业务收入	150 000	本年利润	150 000
	28	转 12	结转产品销售成本	本年利润	130 000	主营业务成本	130 000
	28	转 13	结转产品销售费用	本年利润	600	销售费用	600
	28	转 14	结转管理费用	本年利润	3 110	管理费用	3 110

3. 根据收款凭证、付款凭证登记现金日记账、银行存款日记账，见表9—3、表9—4。

表9—3 现金日记账 第 页

2×15年		凭证		摘要	对方科目	收入	支出	结余
月	日	字	号					
2	1			月初余额				1 000
	7	现付	1	预支采购员差旅费	其他应收款		350	650
	8	银付	2	提现备发工资	银行存款	15 000		15 650
	9	现付	2	发放工资	应付职工薪酬		15 000	650
	16	现收	1	采购员交回差旅费余款	其他应收款	10		660
	19	银付	6	向银行提现备用	银行存款	700		1 360
	27	现付	3	支付办公用品费	管理费用 应交税费		117	1 243
	28			本月发生额及月末余额		15 710	15 467	1 243

表9—4 银行存款日记账 第 页

2×15年		凭证		摘要	对方科目	收入	支出	结余
月	日	字	号					
2	1			月初余额				98 000
	1	银收	1	产品销售	主营业务收入 应交税费	175 500		273 500
	5	银付	1	缴纳增值税	应交税费		2 000	271 500
	8	银付	2	提现备发工资	库存现金		15 000	256 500
	11	银付	3	偿还银行借款	短期借款		23 000	233 500
	13	银收	2	收回销货款	应收账款	40 000		273 500
	15	银付	4	支付电费	生产成本 制造费用 管理费用		1 872	271 628
	17	银付	5	购入周转材料	周转材料 应交税费		936	270 692
	19	银付	6	提现备用	库存现金		700	269 992
	20	银付	7	支付产品销售费用	销售费用		600	269 392
	28			本月发生额及月末余额		215 500	44 108	269 392

4. 根据原始凭证、原始凭证汇总表或收款凭证、付款凭证、转账凭证，登记各种明细账（只以"原材料"、"应付账款"明细分类账为例说明，其余明细分类账从略），见表9—5、表9—6。

表 9—5　　原材料明细分类账

类别：　　名称和规格：甲　　计量单位：千克　　第　页

2×15年		凭证号数	摘要	收入			发出			结存		
月	日			数量	单价	金额	数量	单价	金额	数量	单价	金额
2	1		月初结存							60 000	2	120 000
	4	领料单201号	发出材料				30 000	2	60 000			
	6	收料单101号	购入材料	30 000	2	60 000						
	28		本月发生额及月末余额	30 000	2	60 000	30 000	2	60 000	60 000	2	120 000

类别：　　名称和规格：乙　　计量单位：千克　　第　页

2×15年		凭证号数	摘要	收入			发出			结存		
月	日			数量	单价	金额	数量	单价	金额	数量	单价	金额
2	1		月初结存							2 000	4	80 000
	4	领料单202号	发出材料				10 000	4	40 000			
	6	收料单102号	购入材料	10 000	4	40 000						
	28		本月发生额及月末余额	10 000	4	40 000	10 000	4	40 000	20 000	4	80 000

表 9—6　　应付账款明细账

户名：大华公司　　第　页

2×15年		凭证号数		摘要	借方	贷方	借或贷	余额
月	日	字	号					
2	1			月初余额			贷	6 000
	6	转	2	购入材料，货款未付		117 000	贷	123 000
	28			本月发生额及月末余额		117 000	贷	123 000

5. 根据记账凭证，逐笔登记总分类账，如表 9—7、表 9—8、表 9—9、表 9—10、表9—11、表 9—12、表 9—13、表 9—14、表 9—15、表 9—16、表 9—17、表 9—18、表 9—19、表9—20、表 9—21、表 9—22、表 9—23、表 9—24、表 9—25、表 9—26、表 9—27、表 9—28、表 9—29所示。

表 9—7

会计科目:库存现金

单位:元

2×15 年		凭证		摘 要	借 方	贷 方	借或贷	余 额
月	日	字	号					
2	1			月初余额			借	1 000
	7	现付	1	预支采购员差旅费		350	借	650
	8	银付	2	提现备发工资	15 000		借	15 650
	9	现付	2	发放工资		15 000	借	650
	16	现收	1	采购员交回差旅费余款	10		借	660
	19	银付	6	向银行提现备用	700		借	1 360
	27	现付	3	支付公司管理部门办公用品费		117	借	1 243
	28			本月发生额及月末余额	15 710	15 467	借	1 243

表 9—8

会计科目:银行存款

单位:元

2×15 年		凭证		摘 要	借 方	贷 方	借或贷	余 额
月	日	字	号					
2	1			月初余额			借	98 000
	1	银收	1	产品销售	175 500		借	273 500
	5	银付	1	缴纳增值税		2 000	借	271 500
	8	银付	2	提现备发工资		15 000	借	256 500
	11	银付	3	偿还银行借款		23 000	借	233 500
	13	银收	2	收回销货款	40 000		借	273 500
	15	银付	4	支付电费		1 872	借	271 628
	17	银付	5	购入周转材料		936	借	270 692
	19	银付	6	提现备用		700	借	269 992
	20	银付	7	支付产品销售费用		600	借	269 392
	28			本月发生额及月末余额	215 500	44 108	借	269 392

表 9—9

会计科目:应收账款

单位:元

2×15 年		凭证		摘 要	借 方	贷 方	借或贷	余 额
月	日	种类	字号					
2	1			月初余额			借	400 000
	13	银收	2	通过银行收回应收账款		400 000	平	
				本月发生额及本月余额		400 000	平	0

表 9—10

会计科目:原材料

单位:元

2×15 年		凭证		摘 要	借 方	贷 方	借或贷	余 额
月	日	字	号					
2	1			月初余额			借	200 000
	4	转	1	仓库发生原材料		100 000	借	100 000
	6	转	2	购入原材料,已验收入库	100 000		借	200 000
	28			本月发生额及月末余额		100 000	借	200 000

表 9—11

会计科目:周转材料　　单位:元

2×15年		凭证		摘要	借方	贷方	借或贷	余额
月	日	种类	字号					
2	1			月初余额			借	4 000
	17	银付	5	购进	800		借	4 800
	28	转	4	领用		70	借	4 730
	28			本月发生额及月末余额	800	70	借	4 730

表 9—12

会计科目:生产成本　　单位:元

2×15年		凭证		摘要	借方	贷方	借或贷	余额
月	日	种类	字号					
2	1			月初余额			借	200 000
	4	转	1	领用材料	99 000		借	299 000
	15	银付	4	电费	1 200		借	300 200
	28	转	5	生产工人工资	13 500		借	313 700
	28	转	8	制造费用	3 550		借	317 250
	28	转	9	完工产品交库		120 000	借	197 250
	28			本月发生额及月末余额	117 250	120 000	借	197 250

表 9—13

会计科目:库存商品　　单位:元

2×15年		凭证		摘要	借方	贷方	借或贷	余额
月	日	种类	字号					
2	1			月初余额			借	240 000
	28	转	9	完工产品交库	120 000		借	360 000
	28	转	10	结转已销产品成本		130 000	借	230 000
	28			本月发生额及月末余额	120 000	130 000	借	230 000

表 9—14

会计科目:固定资产　　单位:元

2×15年		凭证		摘要	借方	贷方	借或贷	余额
月	日	种类	字号					
2	1			月初余额			借	564 000

表 9—15

会计科目:短期借款　　单位:元

2×15年		凭证		摘要	借方	贷方	借或贷	余额
月	日	种类	字号					
2	1			月初余额			贷	50 000
	11	银付	3	偿还银行借款	23 000		贷	27 000
	28			本月发生额及月末余额	23 000		贷	27 000

表 9—16

会计科目:应付账款　　　　　　　　　　　　　　　　　　单位:元

2×15 年		凭证		摘　要	借　方	贷　方	借或贷	余　额
月	日	种类	字号					
2	1			月初余额			贷	6 000
	6	转	2	购料款未付		117 000	贷	123 000
	28			本月发生额及月末余额		117 000	贷	123 000

表 9—17

会计科目:其他应付款　　　　　　　　　　　　　　　　　　单位:元

2×15 年		凭证		摘　要	借　方	贷　方	借或贷	余　额
月	日	种类	字号					
2	1			月初余额			贷	500

表 9—18

会计科目:应交税费　　　　　　　　　　　　　　　　　　单位:元

2×15 年		凭证		摘　要	借　方	贷　方	借或贷	余　额
月	日	种类	字号					
2	1			月初余额			贷	2 000
	1	银收	1	应交增值税(销项税额)		25 500	贷	27 500
	5	银付	1	交纳增值税(已交税金)	2 000		贷	25 500
	6	转	2	支付增值税(进项税额)	17 000		贷	8 500
	15	银付	4	支付增值税(进项税额)	272		贷	8 228
	17	银付	5	支付增值税(进项税额)	136		贷	8 092
	27	现付	3	支付增值税(进项税额)	17		贷	8 075
	28			本月发生额及月末余额	19 425	25 500	贷	8 075

表 9—19

会计科目:应付职工薪酬　　　　　　　　　　　　　　　　　　单位:元

2×15 年		凭证		摘　要	借　方	贷　方	借或贷	余　额
月	日	种类	字号					
2	1			月初余额			贷	5 500
	9	现付	2	以库存现金发放工资	15 000			
	28	转	5	工资按用途分配		15 000	贷	5 500
	28	转	6	提取辅助车间职工基本养老保险费		250	贷	5 750
				本月发生额及月末余额	15 000	15 250	贷	5 750

表 9—20

会计科目:实收资本　　　　　　　　　　　　　　　　　　单位:元

2×15 年		凭证		摘　要	借　方	贷　方	借或贷	余　额
月	日	种类	字号					
2	1			月初余额			贷	1 120 000

表 9—21

会计科目:盈余公积　　单位:元

2×15年		凭证		摘　要	借　方	贷　方	借或贷	余　额
月	日	种类	字号					
2	1			月初余额			贷	35 000

表 9—22

会计科目:本年利润　　单位:元

2×15年		凭证		摘　要	借　方	贷　方	借或贷	余　额
月	日	种类	字号					
2	1			月初余额			贷	15 000
	28	转	11	结转产品销售收入		150 000	贷	165 000
	28	转	12	结转产品销售成本	130 000		贷	35 000
	28	转	13	结转产品销售费用	600		贷	34 400
	28	转	14	结转管理费用	3 110		贷	31 290
	28			本月发生额及本月余额	133 710	150 000	贷	31 290

表 9—23

会计科目:累计折旧　　单位:元

2×15年		凭证		摘　要	借　方	贷　方	借或贷	余　额
月	日	种类	字号					
2	1			月初余额			贷	113 000
	28	转	7	提取折旧		3 000	贷	116 000
				本月发生额及本月余额		3 000	贷	116 000

表 9—24

会计科目:其他应收款　　单位:元

2×15年		凭证		摘　要	借　方	贷　方	借或贷	余　额
月	日	种类	字号					
2	7	现付	1	预借差旅费	350		借	350
	16	现收	1	交回差旅费余额		10	借	340
	16	转	3	报销差旅费		340	平	0
	28			本月发生额及本月余额	350	350	平	0

表 9—25

会计科目：制造费用　　单位：元

2×15 年		凭证		摘　要	借　方	贷　方	借或贷	余　额
月	日	种类	字号					
2	4	转	1	领用间接材料	500		借	500
	15	银付	4	车间照明用电	250		借	750
	28	转	4	领用周转材料	50		借	800
	28	转	5	车间管理人员工资	500		借	1 300
	28	转	6	提取辅助车间职工基本养老保险费	250		借	1 550
	28	转	7	车间用固定资产折旧	2 000		借	3 550
	28	转	8	结转“生产成本”账户		3 550	平	0
	28			本月发生额及本月余额	3 550	3 550	平	0

表 9—26

会计科目：主营业务收入　　单位：元

2×15 年		凭证		摘　要	借　方	贷　方	借或贷	余　额
月	日	种类	字号					
2	1	银收	1	产品销售		150 000	贷	1 500 000
	28	转	11	结转“本年利润”账户	150 000		平	0
	28			本月发生额及本月余额	150 000	150 000	平	0

表 9—27

会计科目：主营业务成本　　单位：元

2×15 年		凭证		摘　要	借　方	贷　方	借或贷	余　额
月	日	种类	字号					
2	28	转	10	结转已销产品成本	130 000		借	130 000
	28	转	12	结转“本年利润”账户		130 000	平	0
	28			本月发生额及本月余额	130 000	130 000	平	0

表 9—28

会计科目：管理费用　　单位：元

2×15 年		凭证		摘　要	借　方	贷　方	借或贷	余　额
月	日	种类	字号					
2	4	转	1	领用材料	500		借	500
	15	银付	4	电费	150		借	650
	16	转	3	差旅费	340		借	990
	27	现付	3	办公用品费	100		借	1 090
	28	转	4	领用周转材料	20		借	1 110
	28	转	5	企业管理人员工资	1 000		借	2 110
	28	转	7	固定资产折旧费	1 000		借	3 110
	28	转	14	结转“本年利润”账户		3 110	平	0
	28			本月发生额及本月余额	3 110	3 110	平	0

表 9—29

会计科目:销售费用　　单位:元

2×15 年		凭证		摘 要	借 方	贷 方	借或贷	余 额
月	日	种类	字号					
2	20	银付	7	以银行存款支付产品销售费用	600		借	600
	28	转	13	结构“本年利润”账户		600	平	
				本月发生额及本月余额	600	600	平	0

6. 编制资产负债表和利润表(见表 9—30、表 9—31)

表 9—30

资产负债表

会企 01 表

编制单位:友谊公司　　2×15 年 2 月 28 日　　单位:元

资　产	期末余额	年初余额	负债和所有者权益(或股东权益)	期末余额	年初余额
流动资产:		略	流动负债:		略
货币资金	270 635		短期借款	27 000	
交易性金融资产			交易性金融负债		
应收票据			应付票据		
应收账款	0		应付账款	123 000	
预付款项			预收款项		
应收利息			应付职工薪酬	5 750	
应收股利			应交税费	8 075	
其他应收款	0		应付利息		
存货	631 980		应付股利		
一年内到期的非流动资产			其他应付款	500	
其他流动资产			一年内到期的非流动负债		
流动资产合计	902 615		其他流动负债		
非流动资产:			流动负债合计	164 325	
可供出售金融资产			非流动负债:		
持有至到期投资			长期借款		
长期应收款			应付债券		
长期股权投资			长期应付款		
投资性房地产			专项应付款		
固定资产	448 000		预计负债		
在建工程			递延所得税负债		
工程物资			其他非流动负债		
固定资产清理			非流动负债合计		
生产性生物资产			负债合计	164 325	
油气资产			所有者权益(或股东权益):		
无形资产			实收资本(或股东)	1 120 000	
开发支出			资本公积		
商誉			减:库存股		
长期待摊费用			盈余公积	35 000	
递延所得税资产			未分配利润	31 290	
其他非流动资产			所有者权益(或股东权益)合计	1 186 290	
非流动资产合计	448 000				
资产总计	1 350 615		负债和所有者权益(或股东权益)总计	1 350 615	

表 9－31　　　　　　　　　　　　　利润表　　　　　　　　　　　　　会企 02 表

编制单位:友谊公司　　　　　　　　2×15 年 2 月　　　　　　　　　　单位:元

项　目	行次	本期金额	本年累计金额
一、营业收入		150 000	略
减:营业成本		130 000	
营业税金及附加			
销售费用		600	
管理费用		3 110	
财务费用			
资产减值损失			
加:公允价值变动收益(损失以"－"号填列)			
投资收益(损失以"－"号填列)			
其中:对联营企业和合营企业的投资收益			
二、营业利润(亏损以"－"号填列)		16 290	
加:营业外收入			
减:营业外支出			
其中:非流动资产处置损失			
三、利润总额(亏损总额以"－"号填列)		16 290	
减:所得税费用			
四、净利润(净亏损以"－"号填列)		16 290	
五、每股收益			
(一)基本每股收益			
(二)稀释每股收益			
六、其他综合收益			
七、综合收益总额			

第三节　科目汇总表核算程序

一、科目汇总表核算程序的特点

科目汇总表核算程序又称记账凭证汇总表核算程序,是定期(5 天或 10 天)或月终将全部记账凭证,按相同的会计科目分类汇总编制科目汇总表,然后,据以登记总分类账的一种会计核算程序。科目汇总表核算程序的特点是:设置科目汇总表,并定期根据记账凭证填制科目汇总表;然后,根据科目汇总表登记总分类账。

二、科目汇总表核算程序的凭证和账簿组织

在科目汇总表核算程序下,记账凭证可以采用通用格式,也可以采用收款凭证、付款凭证和转账凭证三种形式。除设置有关记账凭证外,还需设置科目汇总表。科目汇总表是指根据记账凭证汇总编制,列示有关总分类账户的本期发生额,据以登记总分类账的一种记账凭证汇总表。在编制科目汇总表时,首先,将汇总期内各项经济业务所涉及的会计科目按总分类账上

会计科目的先后顺序，填写在科目汇总表的左方；其次，根据汇总期内的所有记账凭证，按会计科目分别加总借方发生额和贷方发生额，并填入该科目的借方栏及贷方栏；最后，进行发生额的试算平衡。科目汇总表的主要作用是作为记账凭证与总分类账的中间环节，以减少登记总分类账的工作量。科目汇总表的编制时间根据企业经济业务量的多少来确定，可以3天、5天汇总一次，编制一张科目汇总表，登记一次总账；也可以按10天汇总一次，登记一次总账；更可以按月编制一张科目汇总表，一个月登记一次总账。科目汇总表根据汇总天数而采用不同的格式，一般有以下两种格式，见表9－32、表9－33。

表9－32　　科目汇总表(1)

年　月　日至　日　　第　号

会计科目	账页	本期发生额		记账凭证起讫号数
		借方	贷方	
合计				

表9－33　　科目汇总表(2)

年　月　日

会计科目	账页	1日至10日		11日至20日		21日至30日		本月合计	
		借方	贷方	借方	贷方	借方	贷方	借方	贷方
合计									

三、科目汇总表核算程序的工作步骤

1. 根据各种原始凭证，编制原始凭证汇总表。

2. 根据原始凭证或原始凭证汇总表，编制收款凭证、付款凭证和转账凭证。

3. 根据收款凭证、付款凭证，登记库存现金日记账和银行存款日记账。

4. 根据原始凭证或原始凭证汇总表、收款凭证、付款凭证和转账凭证，逐笔登记各种明细分类账。

5. 根据收款凭证、付款凭证和转账凭证，编制科目汇总表。

6. 根据科目汇总表，登记总分类账。

7. 月终，库存现金日记账、银行存款日记账的余额以及各种明细分类账的余额合计数分别与总分类账户的余额核对相符。

8. 月终，根据总分类账和明细分类账编制会计报表。

科目汇总表核算程序的工作步骤如图9－2所示。

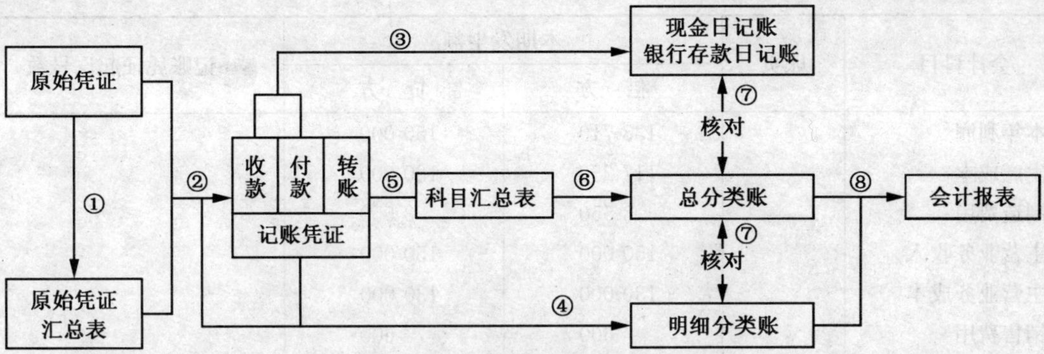

图 9－2　科目汇总表核算程序的工作步骤

四、科目汇总表核算程序的优缺点及适用范围

1. 优点：由于这种程序是根据科目汇总表在期末一次登记总分类账，所以，运用科目汇总表可以大大减轻登记总账的工作量；而且，因为进行了借方与贷方发生额的试算平衡，可以保证会计核算资料的质量；同时，科目汇总表的编制并不复杂，记账程序容易掌握。

2. 缺点：科目汇总表无法表明账户之间的对应关系，因而不便于对企业的经济活动进行分析和检查。

3. 适用范围：适用于规模较大、经济业务较多、记账凭证数量较大的企业。

五、科目汇总表核算程序举例

1. 资料：见记账凭证核算程序举例的经济业务及所编制的记账凭证。

2. 根据记账凭证，按月汇总编制科目汇总表，如表 9－34 所示。

表 9－34　　科目汇总表

2×15 年 2 月 1 日至 28 日　　第 1 号

会计科目	账页	本期发生额		记账凭证起讫号数
		借　方	贷　方	
库存现金	略	15 710	15 467	库存现金收款凭证
银行存款		215 500	44 108	第 1 号至第 1 号
应收账款			40 000	库存现金付款凭证
其他应收款		350	350	第 1 号至第 3 号
原材料		100 000	100 000	银行存款收款凭证
				第 1 号至第 2 号
周转材料		800	70	银行存款付款凭证
库存商品		120 000	130 000	第 1 号至第 7 号
累计折旧			3 000	转账凭证第 1 号
短期借款		23 000		至第 15 号
应付账款			117 000	
应付职工薪酬		15 000	15 250	
应交税费		19 425	25 500	

续表

会计科目	账页	本期发生额		记账凭证起讫号数
		借 方	贷 方	
本年利润		133 710	150 000	
生产成本		117 250	120 000	
制造费用		3 550	3 550	
主营业务收入		150 000	150 000	
主营业务成本		130 000	130 000	
销售费用		600	600	
管理费用		3 110	3 110	
合 计		1 048 005	1 048 005	

3. 根据科目汇总表登记总分类账(以“银行存款”、“应交税费”账户为例说明,其余账户从略),如表 9—35 所示。

表 9—35 **总分类账**

会计科目:银行存款 单位:元

2×15 年		凭证		摘 要	借 方	贷 方	借或贷	余 额
月	日	种类	字号					
2	1			月初余额			借	98 000
	28	科汇	1	发生额	215 500	44 108	借	269 392
	28			本月发生额及月末余额	215 500	44 108	借	269 392

会计科目:应交税费 单位:元

2×15 年		凭证		摘 要	借 方	贷 方	借或贷	余 额
月	日	种类	字号					
2	1			月初余额			借	2 000
	28	科汇	1	发生额	19 425	25 500	借	8 075
	28			本月发生额及月末余额	19 425	25 500	贷	8 075

第四节 汇总记账凭证核算程序

一、汇总记账凭证核算程序的特点

汇总记账凭证核算程序是定期将一定期间内所有记账凭证加以汇总,编制汇总记账凭证,然后再根据汇总记账凭证登记总分类账的一种会计核算程序。

汇总记账凭证核算程序的特点是:运用汇总记账凭证汇总各种记账凭证,然后根据汇总记账凭证登记总分类账。显然,汇总记账凭证核算程序与科目汇总表核算程序的相似之处,都是设置一种凭据,汇总一定时期(若干)的记账凭证,然后据之登记总分类账。

二、汇总记账凭证核算程序的凭证和账簿组织

在汇总记账凭证核算程序下，除了设置各种记账凭证外，还要定期根据记账凭证编制汇总记账凭证。记账凭证通常分为收款凭证、付款凭证和转账凭证，相应地，汇总记账凭证也分为汇总收款凭证、汇总付款凭证与汇总转账凭证。

汇总记账凭证也是根据记账凭证汇总编制的，其汇总期限一般不超过 10 天，月终结算出合计数，据以登记总分类账。

汇总收款凭证是根据库存现金收款凭证、银行存款收款凭证定期汇总编制的，分别按"库存现金"、"银行存款"账户的借方设置。根据需要，通常是定期 5 天或 10 天汇总填列一次，每月编制一张，月末时，根据每个贷方科目发生额的合计数，登记对应总账的贷方；同时，逐笔登记到"库存现金"、"银行存款"总账的借方。

汇总付款凭证则是根据库存现金付款凭证、银行存款付款凭证定期汇总编制的，编制时按其对应的借方科目进行归类汇总。涉及库存现金和银行存款之间的相互划转业务，只需编入汇总付款凭证中。

汇总转账凭证是根据转账凭证定期汇总编制的，习惯上按转账凭证的贷方科目设置，根据转账凭证按其借方账户（对应账户）定期归类汇总。汇总转账凭证同样 5 天或 10 天汇总填列一次，每月编制一张，月末时，根据汇总转账凭证中的汇总合计数，分别记到总分类账的应贷账户的贷方，以及各个应借账户的借方。为了便于汇总，在编制转账凭证时，要求编制"一借一贷"或"多借一贷"的会计分录，不要编制"一借多贷"的会计分录。

三、汇总记账凭证核算程序的工作步骤

1. 根据原始凭证或原始凭证汇总表，编制记账凭证。
2. 根据收款凭证、付款凭证，逐笔登记库存现金日记账和银行存款日记账。
3. 根据原始凭证及原始凭证汇总表、各种记账凭证，逐笔登记各种明细分类账。
4. 根据收款凭证、付款凭证、转账凭证，定期编制汇总收款凭证、汇总付款凭证和汇总转账凭证。
5. 期（月）终，根据汇总收款凭证、汇总付款凭证和汇总转账凭证，登记总分类账。
6. 期（月）终，根据对账的具体要求，将库存现金日记账和银行存款日记账的余额及各种明细分类账的余额合计数，分别与总分类账的余额核对相符。
7. 期（月）终，根据总分类账、明细分类账，编制会计报表。

汇总记账凭证核算程序的工作步骤如图 9－3 所示。

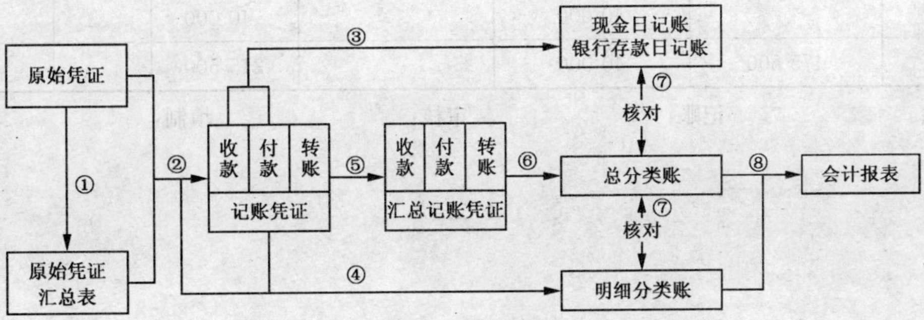

图 9－3 汇总记账凭证核算程序的工作步骤

四、汇总记账凭证核算程序的优缺点和适用范围

1. 优点：由于这种程序将日常发生的大量记账凭证分散在平时整理，月末一次登记入账，因而减轻了登记总账的工作量；另外，汇总记账凭证是根据科目间的对应关系分类汇总编制的，因而能反映账户之间的对应关系，便于核对账目。

2. 缺点：汇总转账凭证是按每一贷方科目汇总的，没有考虑经济业务的性质，因而不利于会计核算工作的分工；而且，汇总记账凭证的编制工作量很大；总分类账中的记录比较简略，难以具体反映企业的经营活动。

3. 适用范围：汇总记账凭证核算程序适用于规模较大、业务较多的企业。

五、汇总记账凭证核算程序举例

1. 资料。见记账凭证核算程序的部分经济业务及所编制的记账凭证。

2. 根据收款凭证、付款凭证、转账凭证编制汇总收款凭证、汇总付款凭证、汇总转账凭证，如表 9－36、表 9－37、表 9－38 所示。

表 9－36 汇总收款凭证

借方科目：库存现金　　2×15 年 2 月　　汇收字第 1 号

贷方科目	金额				总账页数	
	1 日至 10 日 现收字第　号 至第　号	11 日至 20 日 现收字第 1 号 至第　号	21 日至 28 日 现收字第　号 至第　号	合计	借方	贷方
其他应收款		10		10		
合　计		10		10		

会计主管：　　记账：　　审核：　　填制：

借方科目：银行存款　　2×15 年 2 月　　汇收字第 2 号

贷方科目	金额				总账页数	
	1 日至 10 日 银收字第 1 号 至第　号	11 日至 20 日 银收字第 2 号 至第　号	21 日至 28 日 银收字第 3 号 至第　号	合计	借方	贷方
主营业务收入	150 000			150 000		
应交税费	25 500			25 500		
应收账款		40 000		40 000		
合　计	175 500	40 000		215 500		

会计主管：　　记账：　　审核：　　填制：

表 9—37 **汇总付款凭证**

贷方科目:库存现金　　　　2×15 年 2 月　　　　汇付字第 1 号

借方科目	金额				总账页数	
	1 日至 10 日 现付字第 1 号 至第　　号	11 日至 20 日 现付字第　　号 至第　　号	21 日至 28 日 现付字第 3 号 至第　　号	合计	借方	贷方
其他应收款	350			350		
应付工资	15 000			15 000		
管理费用			100	100		
应交税费			17	17		
合　计	15 350		117	15 467		

会计主管:　　　　记账:　　　　审核:　　　　填制:

贷方科目:银行存款　　　　2×15 年 2 月　　　　汇付字第 2 号

借方科目	金额				总账页数	
	1 日至 10 日 银收字第 1 号 至第　　号	11 日至 20 日 银收字第 3 号 至第　　号	21 日至 28 日 银收字第　　号 至第　　号	合计	借方	贷方
应交税费	2000	272		2 272		
库存现金	15 000	700		15 700		
短期借款		23 000		23 000		
生产成本		1 200		1 200		
制造费用		250		250		
管理费用		150		150		
周转材料		936		936		
销售费用		600		600		
合　计	17 000	27 108		44 108		

会计主管:　　　　记账:　　　　审核:　　　　填制:

表 9—38 **汇总转账凭证**

贷方科目:原材料　　　　2×15 年 2 月　　　　汇转字第 1 号

借方科目	金额				总账页数	
	1 日至 10 日 转字第 1 号 至第　　号	11 日至 20 日 转字第 3 号 至第　　号	21 日至 28 日 转字第　　号 至第　　号	合计	借方	贷方
生产成本	99 000			99 000		
制造费用	500			600		
管理费用	500			400		
合　计	100 000			100 000		

会计主管:　　　　记账:　　　　审核:　　　　填制:

3. 根据汇总记账凭证登记总分类账(以"库存现金"、"银行存款"账户为例说明,其余账户从略),如表9—39所示。

表9—39　　　　总分类账

会计科目:库存现金　　　　单位:元

2×15年		凭证		摘　要	对方科目	借　方	贷　方	借或贷	余　额
月	日	种类	字号						
2	1			月初余额				借	1 000
	28	汇收	1		其他应收款	10			
	28	汇付	2		银行存款	15 700			
	28	汇付	1		其他应收款		350		
	28				应付职工薪酬		15 000		
					管理费用		100		
					应交税费		17		
				本月发生额及本月余额		15 710	15 467	借	1 243

会计科目:银行存款　　　　单位:元

2×15年		凭证		摘　要	对方科目	借　方	贷　方	借或贷	余　额
月	日	种类	字号						
2	1			月初余额				借	98 000
	28	汇收	2		主营业务收入	150 000			
					应交税费	25 500			
					应收账款	40 000			
	28	汇付	2		应交税费		2 272		
					库存现金		15 700		
					短期借款		23 000		
					生产成本		1 200		
					制造费用		250		
					管理费用		150		
					周转材料		936		
					销售费用		600		
	28			本月发生额及本月余额		215 500	44 108	借	269 392

第五节　多栏式日记账核算程序

一、多栏式日记账核算程序的特点

多栏式日记账核算程序是设置多栏式库存现金日记账和银行存款日记账,并据以登记总分类账;对于转账业务,可逐笔登记总分类账或填制转账凭证科目汇总表后据以登记总分类账的一种会计核算程序。

多栏式日记账核算程序的特点是：库存现金、银行存款日记账采用多栏式，起到汇总收款凭证和汇总付款凭证的作用。利用多栏式库存现金日记账和多栏式银行存款日记账中设置的各个专栏，将各个对应账户的发生额加以汇总，然后据以登记总分类账，以简化收款、付款凭证的登记工作。

二、多栏式日记账核算程序的凭证和账簿组织

在多栏式日记账核算程序中，也要设置有关的记账凭证、明细分类账和总分类账，其格式如记账凭证核算程序，但其登记汇总分类账的主要依据，是多栏式库存现金日记账和多栏式银行存款日记账。

多栏式库存现金日记账和多栏式银行存款日记账是根据收款凭证、付款凭证序时逐笔登记，分别按其对方科目在日记账中设置的专栏进行登记，每月终了，予以合计。即库存现金日记账和银行存款日记账的收入部分，均按对应的贷方账户设置专栏；支出部分，均按对应的借方账户设置专栏。月终时，即可根据这些日记账的本月收、支发生额合计数，登入总分类账库存现金、银行存款账户的借方和贷方，并根据各专栏的本期发生额合计，登入总分类账各该账户的借方和贷方。对于库存现金和银行存款之间相互划转的业务，由于已分别包括在库存现金日记账和银行存款日记账的收入和支出合计数内，所以，无需再根据对应账户的专栏登记总分类账。

三、多栏式日记账核算程序的工作步骤

1. 根据原始凭证，编制原始凭证汇总表。
2. 根据原始凭证和原始凭证汇总表，编制收款凭证、付款凭证和转账凭证。
3. 根据收款凭证、付款凭证，逐笔登记多栏式库存现金日记账、多栏式银行存款日记账。
4. 根据原始凭证或原始凭证汇总表及记账凭证，登记各种明细分类账。
5. 月终，根据多栏式库存现金日记账和多栏式银行存款日记账，登记总分类账；同时，根据转账凭证科目汇总表或转账凭证，登记总分类账。
6. 月终，各种明细分类账的余额合计数分别与相应的总分类账余额核对相符。
7. 月终，根据总分类账和明细分类账编制会计报表。

多栏式日记账核算程序的工作步骤如图 9—4 所示。

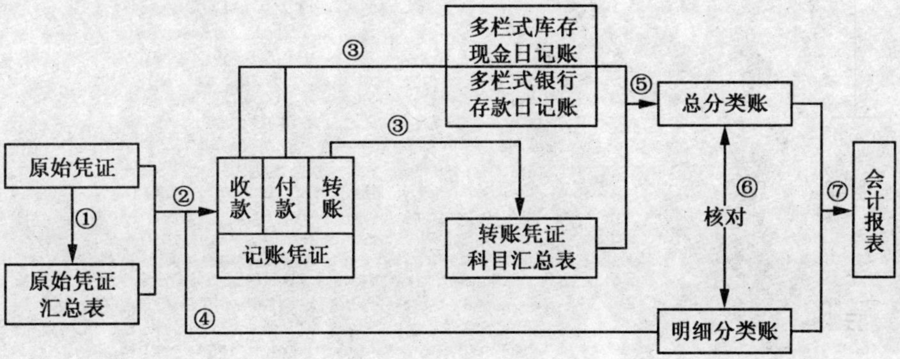

图 9—4 多栏式日记账核算程序的工作步骤

四、多栏式日记账核算程序的优缺点和适用范围

1. 优点：可以简化登记总分类账的工作量，可以具体反映有关库存现金、银行存款收支业务。

2. 缺点：多栏式日记账的篇幅较大，记账不方便，而且转账凭证科目汇总表仍反映不出账户的对应关系。

3. 适用范围：适用于企业规模不大、收付款业务较多、所用会计科目较少的单位。

第十章

会计信息系统概述

会计是一个信息系统，它旨在向利害攸关的各个方面传递企业或其他经济个体的以财务信息为主的经济信息。在一个会计信息系统中，会计数据和会计信息在互相交换着，会计数据经过处理变成会计信息，会计信息又会转为另一个功能模块的会计数据。会计的功能模块是指具有相对独立完成会计数据的输入、处理和输出功能的各个组成部分。会计信息系统是一种基于会计管理的活动，为企业管理提供有用的分析和辅助决策信息。本章对会计信息系统的概念及其发展阶段做了概括性的介绍，并以金蝶标准版为例，介绍了部门级会计信息系统的功能结构、各自系统间的数据联系，以及会计信息系统的工作流程。

第一节 会计信息系统的含义

一、会计数据与会计信息

(一)会计数据

会计数据通常是指记录下来的会计事实，是产生会计信息的源泉。一般来说，会计数据包括数字数据和非数字数据，它们还不能作为人们判断、得出结论的可靠依据。在会计工作中，从不同渠道取得的各种原始资料、原始凭证及记账凭证等，都属于会计数据。

(二)会计信息

会计信息是经过加工或者处理后的会计数据，是对会计数据的解释。它可以用数字、符号、文字、图表等来表示。依靠会计信息可以反映和监督企业的生产经营活动，并做出财务决策。

(三)会计数据与会计信息的关系

会计信息和会计数据是既有紧密联系又有本质区别的两个概念。会计信息是通过对会计数据的处理而产生的，会计数据也只有按照一定的要求或需要进行加工或处理，变成会计信息后，才能满足管理的需要，为管理者所用。但是，会计数据与会计信息并没有截然的界限，有的会计数据对一些管理人员来说是会计信息，对另一些管理人员来说则需要在此基础上进一步加工处理，才能成为会计信息。比如，某车间某月某部件的成本资料，对车间的管理人员来说是会计信息，但对企业领导来说，需要的是企业的成本资料，因此，该部件的车间成本资料仅是会计数据，还需要做进一步的处理，才能变成企业领导需要的会计信息。会计数据与会计信息的这种相对关系可用图 10－1 表示。

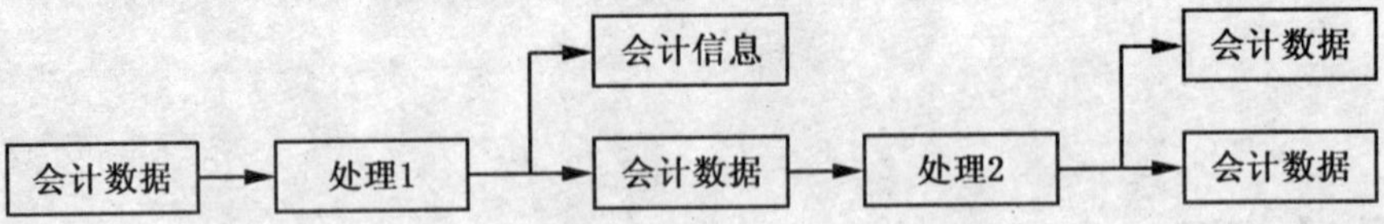

图 10－1 会计数据与会计信息的关系

在一个会计信息系统中，数据和信息在互相转换着，数据和信息又不断地流动着，数据流不断变为信息流，信息流又不断变为数据流。所以，会计数据处理一般也称为会计信息处理。

二、会计是一个信息系统

信息在当代社会已成为最重要的战略资源之一，企业决策离不开信息，信息反映企业经营环境的客观真实情况，要使企业在社会竞争中立于不败之地，必须随时掌握反映客观真实的信息。企业决策所需信息大部分来自会计系统，从而通过信息分析所做的决策在很大程度上依赖于会计信息。

会计是以货币为主要计量单位，运用特有的一套方法，对经济过程中所有财产、物资和发生劳动消耗的原始数据进行收集、存储、加工和传输，并提供给有关部门和人员作为经济管理中所需要的各种以财务信息为主的经济信息，以反映过去的经济活动，控制目前的经济活动，并预测未来的经济活动。

会计是一个信息系统，它旨在向利害攸关的各个方面传递企业或其他经济个体的以财务信息为主的经济信息。会计的各项活动体现了对信息的不同作用。填制和审核凭证是收集信息、初步确认信息；设置账户是为了取得某种信息，预先设置好塑造该种信息的模型或框架；复式记账是信息的分类；登记账簿是进一步确认信息；财产清查是确认账面信息；成本计算是通过各种分类方法，把有关成本信息从发生的总费用中提炼出来；编制会计报表是汇总信息；经济活动分析是会计信息的反馈；会计管理是会计信息的使用；会计检查主要是审查会计信息。

企业在发生经济业务时，首先是填制和审核凭证，然后在开设好的账户中，用复式记账的方法来登记账簿；要定期或不定期地进行财产清查，期末要进行成本计算，在账证、账账、账实相符的基础上，编制会计报表，达到账表相符、表表相符；要不时地对经济活动进行分析考核，运用会计信息进行管理，并依据国家有关的财经政策审查会计信息的合理、合法性。所有这些会计活动有着紧密的内在联系，它们相互依存、环环紧扣，构成了一个有秩序的数据处理和信息生成的过程。这一过程可分为若干部分，每一部分都有各自的信息处理任务；但所有部分又互相联系、互相配合，服从于一个统一的目标，形成一个会计活动的有机整体。这个有机整体，就称为会计信息系统。

三、传统会计系统与会计信息系统的比较

(一)传统会计系统与会计信息系统的相同点

1. 目标一致

无论是传统会计系统还是会计信息系统，其最终目标都是为了加强经营管理，提供会计信息，参与经营决策，提高经济效益。

2. 都要遵循基本的会计理论和会计方法

会计理论是会计学科的结晶，会计方法是会计工作的总结。会计信息系统会引起会计理

论和会计方法上的变化，但这种变化是渐进型的，而不是突变型的。会计信息系统必须遵循基本的会计理论和会计方法。

3. 共同遵守会计法规和会计准则

会计法规是进行会计工作的法律依据，会计准则是指导会计工作的规范。会计信息系统不能置会计法规和会计准则于不顾，相反，应当更严格地执行，从措施上、技术上杜绝可能的失误。

4. 基本工作要求相同

传统会计系统与会计信息系统都包括以下基本工作：

(1)采集数据，予以输入。

(2)对数据进行加工处理，如排序、分类、计算和传递。

(3)存储记录和资料。

(4)制定各种程序，规定需要何种数据，于何时、何地取得该项数据，以及如何使用和传递。

(5)编制输出报表。

5. 复式借贷记账的原理相同

不管是传统会计系统还是会计信息系统，对发生的经济业务都要运用借贷平衡原理，编制会计分录，记入账户，再进行排序、分类、计算、记录、判断等加工处理，然后编制会计报表。计算机可以对输入的原始资料按照事先编好的程序自动地产生会计分录，并在棋盘式账户（矩阵簿记）中记账，它所遵循的依然是复式借贷记账原理。

6. 都必须保存会计档案

会计档案是会计的重要历史资料，必须按照规定妥善保管。建立会计信息系统后，大部分会计档案的物理性质发生了变化，由手工会计下纸质的会计档案变为磁性介质的会计档案，备份消失和复制很容易，这就要求采用更科学的方法，加强对会计档案的保管。

(二)传统会计系统与会计信息系统的区别

1. 所用的计算工具不同

在传统会计系统中，使用的计算工具主要是算盘、计算器等，会计信息系统所使用的计算工具主要是电子计算机。

2. 载有数据、信息的媒体不同

在传统会计系统中，所有信息都是以纸张为载体，会计信息系统是以磁性介质作为信息载体。

3. 账簿形式和错误更正方法不同

在传统会计系统中，规定日记账、总分类账要用订本式账簿，明细账可以用活页式账册；账簿记录的错误要用划线更正法、补充登记法或红字冲正法更正。会计信息系统打印输出的账页可装订成活页式，不可能是订本式，只有到一定时期，再装订成一本订本式账册，作为会计档案保管；在会计信息系统中，输入数据要经过逻辑性校验（例如，会计科目逻辑校验、借贷金额平衡校验），因此不需要用划线更正法来更改账簿记录，如果账簿记录有问题，那么一定是合法性问题，往往采用输入“更正凭证”，加以更改，类似于红字冲正法，以便留下改动痕迹。

4. 账务处理程序不同

在传统会计系统中，在进行会计数据处理时，要根据会计业务的繁简和管理上的需要，选用不同账务处理程序中的某一种，规定凭证、账簿、报表之间的关系，以及怎样来进行记账。但无论采取何种方式，都避免不了重复转抄的根本弱点，随之而来的是会计人员和处理环节增多，若不加强内部牵制和相互核对，免不了出现错误和舞弊。在会计信息系统账务处理中，整个处理过程分为输入、处理、输出三个环节，控制的重点是在输入这个环节，从输入会计凭证到输出会计账表，一气呵成，一切中间过程都在机内操作，是肉眼看不见的，而需要的任何中间资料，都可以通过查询得到满足。因此，在会计信息系统中有数据处理业务一体化的倾向，这样就废除了传统会计系统中不同的账务处理程序。

5. 账户设置方法和账簿登记方法不同

在传统会计系统中，要为会计六大要素分别设置资产、负债、所有者权益、利润、收入、费用等类账户，并要设置总分类账和不同的明细分类账。而在会计信息系统中，把设置账户定义为：为了将来取得某种信息，预先设置好塑造该种信息的模型（亦称房间）。所有的账户都给予一个科目号（房间号），这个科目号的第一位，就标志这个会计科目的大类别，前四位标志了总账的会计科目，这样就可以很方便地进行总账、明细账、日记账等各种处理。它完全打破了传统会计系统中各种账簿的不同处理方式和核对方法，已经实现了数出一间（都从凭证上来）、数据共享（同时产生日记账、总分类账、明细分类账、报表等）。

6. 会计工作的组织体制不同

在传统会计系统中，会计工作组织体制以会计事务的不同性质作为主要依据。一般在传统会计中划分以下专业组：材料组、成本组、工资组、资金组、综合组等，它们之间通过信息资料传递、交换，建立联系，相互稽核牵制，使会计工作正常运行。在会计信息系统中，会计工作的组织体制以数据的不同形态作为主要依据。一般会计信息系统中划分以下专业组：数据（信息）收集组、凭证编码组、数据处理组、信息分析组、系统维护组等。很明显，这两种工作组织体制是截然不同的。会计信息系统将传统会计系统对数据分散收集、分散处理、重复记录的操作方式，改变成集中收集、统一处理、数据共享的操作方式，使会计信息的提取、应用更适应现代化管理的要求。

7. 会计人员素质不同

在传统会计系统中，主要业务人员均是会计专业人员，其骨干是会计师；会计信息系统中的人员应由会计专业人员和电子计算机软件、硬件和操作人员组成，会计人员不但要精通本专业，还要熟悉电子计算机的操作，形成复合型人才，其中骨干应是了解电子计算机的高级会计人员。

8. 对账、结账和期末账项调整的方式、方法不同

在传统会计系统中，填制记账凭证的差错、记账或过账的差错、数量或金额计算上的差错以及财产物资的盘盈或盘亏等，都难免发生。因此，在结账之前应进行对账，确保账证相符、账账相符和账实相符。在会计信息系统中，同样需要对账，但对账的形式和方法都发生了变化。例如，在会计信息系统中，不存在记账和过账上的差错。输入的凭证都经过计算机的逻辑校验，所有的日记账、明细账、总账都出于同一数据源，不会发生账证、账账不符的情况。如果要确保输入凭证本身的正确性，那么，控制重点应放在输入凭证的审核上。至于财产物资的盘盈或盘亏，只能依靠手工盘点，制作盘点表，输入计算机，与机内的账存数进行核对，以确定盘盈或盘亏。在应计制情况下，手工操作的期末结账通过一系列的账项调整，把应归属本期的收入和费用完全登记入账，以计算确定本期的利润或亏损，把经营成果在账上揭示出来；还要分别结算出每个账户的本期发生额及期末余额，并将期末余额转为下期的期初余额。这一系列工作都要通过手工编制各种转账凭证来进行。在会计信息系统中，这些工作都由计算机根据预先编好的程序来完成。只要给了结账的指令，计算机就自动完成这一系列工作，并自动生成各种有规律的转账机制凭证，并打印输出。一旦结账完毕，计算机能完全摒弃修改，已结的账就

不能再任意更改了。

9. 内部控制制度不同

在传统会计系统中，内部控制是通过凭证传递程序，规定每个工作点应完成的任务，并在传递程序中选择控制点，在日常处理业务工作中相互校验、核对来实现的。此外，还通过对账，检查是否账证相符、账账相符、账实相符等内部控制方式来保证数据的正确性，堵塞漏洞。而在会计信息系统中，由于账务处理程序和会计工作组织体制的变化，除原始数据的收集、审核、编码仍由原会计人员手工操作外，其余的处理都由计算机部门负责。很明显，原来的内部控制方式部分地被计算机所代替，由人工控制转为人机控制。后者的控制要求更为严密，范围更广，因此，必须加强会计信息系统中的内部控制。

10. 会计系统的设计方法不同

在传统会计系统中，会计系统一般由会计师根据会计法规、会计准则、上级主管机构制定的统一的会计制度，并参考同行业的经验，针对企业工作的需要，拟订撰写而成。在会计信息系统中，有了电子计算机，会计数据处理高度自动化，账册、报表都要根据打印机的要求重新设计，不但要遵循手工情况下的会计准则和会计制度，还要遵循电算化下的一些特定的电算化制度。区别更大的是会计信息系统需要经过一系列相当复杂的过程开发出来，预先要编制好程序，然后才能指挥计算机按照指令，一步步完成会计工作的要求。这样一个过程，称为系统开发过程。系统开发就是在对原传统会计系统分析的基础上，进行系统设计、系统编程和调试，从而建立一个新的会计信息系统。

四、计算机环境下会计信息系统的运行平台

随着以计算机为代表的信息技术在会计工作中日益广泛和深入的应用，会计信息系统已不再是单纯的手工系统。计算机环境下的会计信息系统是一种基于会计管理活动，由人、计算机软硬件(含程序和数据文件)和运行规程三元素组成的人机交互系统，其核心部分是功能完备的会计软件。计算机环境下会计信息系统的运行平台包括计算机、网络、系统软件、会计软件和数据文件等。下面我们简单介绍会计软件和会计数据文件。

(一)会计软件

会计软件是指专门用于会计核算、管理和决策工作的计算机应用软件，包括采用各种计算机语言编制的用于会计核算、管理和决策工作的计算机程序、设计文档、使用说明书和相关的数据文件等，其中，程序一般存储在电子或光电介质上进行保管，但只有将它正确地安装到电子计算机中，使计算机硬件、网络和软件有机地集成，并通过会计软件的运行，才能使会计信息系统正常地工作。

(二)会计数据文件

由于会计信息系统是一种用于财务部门的管理信息系统，为了支持它的运行，在系统开通和使用前，需要组织和存储所有会计科目、客户和供应商等数据文件。系统一旦运行起来后，AIS 还需要组织和存储记账凭证、明细账、总账、会计报表等数据文件，以便支持各种会计核算、管理和决策的需求。

五、会计信息系统的目标与基本功能

(一)会计信息系统的目标

由于会计信息系统是为企业服务的，是企业会计管理工作中必不可少的组成部分，因此，

会计信息系统的目标应服从于企业、信息系统、会计管理三者的目标。企业的目标是通过提供客户满意的服务，获取更多的利润；信息系统的目标是向信息系统的使用者(用户)提供决策有用的信息；会计管理的目标是要提高企业的经济效益，以获取更多的利润。由此，会计信息系统的具体目标可以确定为向企业内外部的会计信息使用者和决策者提供需要的会计信息，使企业为客户提供满意的服务和提高企业经济效益，获取更多的利润。

具体到自动化会计信息系统的应用，其总目标是完成会计核算，提供组织管理和决策所需要的财务信息。这一总目标可以分解成以下子目标：

1. 及时、准确、可靠地采集和录入各种凭证。

2. 正确、有效地完成明细账、日记账、总账的登记工作。

3. 及时、正确地完成各项业务核算工作。

4. 及时、准确、完整地提供组织所需的财务信息，如各种证、账、表的查询和输出。

5. 全面、有效地实现会计数据的及时传递和共享。

(二)会计信息系统的基本功能

从信息处理的角度看，会计信息系统的基本功能应是：

1. 输入功能。按照事先设定的各种会计规则和方法，记录日常运营交易活动中的会计信息，确认能够进入会计信息系统处理的相关信息。

2. 处理功能。加工来自企业各项业务活动中的会计数据，包括计量、分类、汇总、调整、结账等。

3. 输出功能。输出加工前、后的会计信息(含价值信息和非价值信息)，包括根据既定的报表格式与时间要求，生成相应财务会计的对外会计报表和管理会计需要的内部会计报告(例如，生成产品成本报告、作业成本报告、营业费用分析报告、客户信用度分析报告、销售变动趋势报告、生产率增长率报告等)，传送给不同的使用者，以辅助人们利用会计信息进行决策，履行资产咨询和信息披露责任。

六、会计信息系统的特点

(一)系统的庞大复杂性

会计信息系统是企业管理信息系统的一个子系统，但它也是一个可以独立存在和运行的系统，由许多职能子系统组成，如账务处理子系统、工资核算子系统、固定资产核算子系统、材料核算子系统、成本核算子系统等，内部结构较为复杂，各子系统在运行过程中进行信息的收集、加工、传送、使用，联结成一个有机的整体。

(二)与企业其他管理子系统有紧密的联系

会计信息系统全面地反映企业各个环节的价值信息，它跟其他管理子系统和企业外部的联系也十分复杂。会计信息系统从其他管理子系统和系统外界获取信息，也将处理结果提供给有关系统，因此，会计信息系统的外部接口比较复杂。

(三)确保会计信息的真实、公允、全面、完整和安全、可靠性等特点

会计信息系统应确保存放在系统中的会计信息的真实、公允、全面、完整和安全、可靠性等需求，为此，系统应对会计信息的采集、存储、处理、加工等操作提供有关的控制和保护措施。

(四)内部控制严格

会计信息系统中的数据不仅在处理时要层层复核，保证其正确性，还要保证在任何条件下以各种方式进行核查核对留有审计线索，防止犯罪破坏，为审计工作的开展提供必要的条件。

(五)会计核算程序的规范性和科学性

会计对每类经济业务的处理都规定了严格的准则和方法,因此,会计信息系统对企业经营管理活动的会计核算程序一定要符合上述要求,具有很强的规范性和科学性。

七、会计信息系统的主要应用

(一)生成外部报告

企业使用会计信息系统生成专门报告,满足投资者、债权人、税务人员、监管机构和其他部门和人员的信息需求。这些报告包括财务报表、所得税申报表,以及监管银行、公共事业机构等所需的报告。由于这些报告格式和所需的内容对于许多机构来说相对固定并相似,软件供应商能够根据相应的法规提供会计软件,自动处理这些报告,因此,所需的信息一旦被记录下来,将比过去在手工处理的环境下更快、更方便地生成外部报告。

(二)支持日常事务处理

管理者需要会计信息系统处理企业运行中的日常事务,如处理客户定单、提供商品和服务、给客户开发票以及收现金等。计算机系统善于处理重复性交易事项,目前有许多会计软件支持这些日常事务。其他技术,如扫描产品编码的扫描仪,能够提高业务处理的效率。

(三)非日常性的决策

各机构还需要信息系统帮助制定非日常性的决策,如哪种产品销路好、获利高,哪一类顾客最常来购物及其信用度等。这些信息对于计划生产新产品、确定产品存货量以及向顾客推销产品至关重要。非标准化的信息需求需要动态和随机地对数据库中的数据进行查询。

(四)计划与控制

信息系统还要提供计划与控制功能。有关预算和标准成本的信息存储在信息系统中,生成的报告自动将预算指标与实际数进行比较。例如,使用扫描仪记录买进和卖出的项目,不仅可以低廉的成本收集大量的信息,而且让使用者能够在更详尽的层面上制定具体计划并进行控制。又如,收入和费用分析能够在个别的产品层面上进行。历史数据能够从数据库调出来,在电子数据表或其他程序中使用,以预测增长率和现金流量。计划制定人员能够使用数据挖掘技术(使用软件搜索数据库中海量的历史数据),揭示长期的发展趋势和相互的关系。

(五)实施内部控制

内部控制包括制定的政策、用于保护企业资产不丢失或不被盗用和维护财务数据准确性的控制。在计算机会计信息系统内设立控制规则以帮助实现以上控制目标是可能的。例如,信息系统能够使用口令,阻止个人对没有授权的数据表格和报告的访问和非法输入。此外,数据权限表能够自动检测错误,并阻止可能违反已有规则的数据输入。

八、会计信息系统的使用者

会计信息系统所产生的会计信息有众多的使用者。这是因为企业具有很多的利益人士和集团,他们经常会利用企业产生的会计信息进行分析,以做出各种判断和决策。一般来说,会计信息的使用者可分为内部使用者和外部使用者。

(一)会计信息的内部使用者

会计信息的内部使用者是指企业内部各级管理者,包括总经理、各部门和班组的领导等。会计信息是企业内部各级管理人员正确、有效地制定运营决策和控制的重要依据。

例如,某企业已建立了企业级的会计信息系统:在企业总经理的办公电脑上,可以随时查询和监控企业的生产、销售、利润等计划或预算的执行情况，从而及时发现问题，据此对计划或预算做出适当调整；在采购部经理的办公电脑上，可以随时查询和监控库存存货量实时变化的信息，从而制定适时的采购计划；在企业财务总监的办公电脑上，可以随时查询和监控企业生产、运营成本和现金流量等信息，据此可以及时、有效地调动和控制企业的现金收支；企业各班组长也可以在他们的终端上，随时查询和监控其下属员工的生产耗费及其与标准或定额成本间的差异，据此实施对生产作业的成本控制。

(二)会计信息的外部使用者

会计信息的外部使用者是指与企业有利益关系的外部人士和团体，主要包括股东、债权人、审计师、客户、供应商、政府机构、其他社会公益组织等。

其中，股东是企业的投资和所有者，但他们不参与企业日常性的经营和管理，却十分关心企业经营成果的会计信息，用于分析和评估企业的获利能力，进而做出买卖企业股票的投资决策；债权人从企业的盈利和财务状况等会计信息，得出企业的偿债能力，从而做出对企业的贷款政策；外部审计师主要根据会计信息系统提供的财务报告和记录的交易信息，为公众提供各种投资咨询服务；企业有纳税义务，政府税务部门以企业会计信息系统提供的财务报表和其他会计信息作为课税的依据；等等。

九、会计信息系统在企业管理信息系统中的地位

会计信息系统是企业管理信息系统中的一个重要的子系统。根据会计信息系统的定义，它是一个处理会计业务，并为企业管理者和决策者提供会计、财务、定向和决策信息的实体，它通过收集、存储、传输、加工、分析、反馈和利用会计信息，对经济活动进行跟踪、反映和控制。由于会计是以货币的价值形式反映和监督企业整个生产经营活动的过程，因此，会计信息系统反映的内容涉及供、产、销每个环节和企业的每个部门及员工。由此可见，会计信息是企业生产、管理决策中使用最多、最广泛的信息，在现代企业决策中处于十分重要的地位。会计信息系统在企业管理信息系统中的重要地位，是由它本身的特点决定的。

十、信息系统环境中会计人员的角色

信息系统中会计人员的角色可以分为使用者、管理者、咨询人员、评估者以及会计和税务服务提供者。在大多数企业中，会计的日常核算工作最先被自动化了，会计人员在日常职能方面花费的时间越来越少。他们应该补充和强化对业务过程及制定和计划战略决策的数据组织的理解。会计人员作为管理者，必须了解业务及其目标，以及信息系统如何帮助企业实现目标和支持业务。在小企业，会计人员可能管理整个信息系统；在大企业，与 CIO 非常接近，因此要理解数据库的内容、各种用户需求以及内控技术。作为咨询人员，会计人员如何获取、设计、安装和改进信息系统，他们了解信息系统如何支持业务过程，也了解财务报告需求和内部控制风险，但是应用越来越复杂，会计人员应该专注于某个行业或专注于一两个软件供应商。咨询和设计信息系统需要业务过程、风险和控制以及信息技术知识。作为评估者，会计人员可以提供多种与会计信息系统相关或基于会计信息系统的评价服务，如内审、外审、其他鉴证服务。

第二节　会计信息系统的发展

一、会计信息系统的三个发展阶段

会计信息系统经历了手工和电子计算机环境两大阶段，其中，手工会计信息系统经历了漫长的发展，形成了较为完善的（手工操作）理论体系。从20世纪50年代起，以计算机和网络为代表的现代信息技术被引入到会计实务领域，会计信息系统发生了很大变化，该发展变化大致可以划分为：

（1）面向会计事务处理的阶段；

（2）面向企业整体管理的阶段；

（3）面向企业间价值链决策管理的阶段。

（一）面向会计事务处理的阶段

会计信息系统的初级发展阶段——面向会计事务处理的阶段，可分为两个小阶段，前期为电子数据处理阶段（Electronic Data Processing，简称EDP），后期为在财务部门独立使用的部门级会计信息系统阶段。

1. EDP阶段

20世纪40年代末，第一台电子计算机问世，计算机的应用领域主要在科学计算，特别是军事科研部门的科学计算。由于计算机准确、快速的运算特点，人们对它的应用效率很快得到了认知，并意识到它在数据处理方面的巨大作用，并尝试使用电子计算机来辅助人们进行企业管理。例如，1954年，美国通用电气公司使用电子计算机实现了工资核算和成本会计核算。人们初步认识到，使用电子计算机后，可以使许多核算工作进入自动化的状态，大大提高了工作效率和工作质量。

随着工业化社会的发展，生产自动化水平不断提高，生产和流通量与日俱增，管理工作越来越复杂，因此，对数据处理的效率和质量提出了新的需求；同时，由于电子计算机硬件的飞速发展，使它的性能价格比逐渐优化，在软件方面产生了独立于应用程序的数据文件系统以及各种高级语言的诞生，特别是COBOL语言的使用，为企业各种核算工作提供了一个自动化的工作环境，产生了管理信息系统的早期形态，称其为电子数据处理（EDP），EDP阶段延续到20世纪60年代末期。

这时，企业的计算机应用水平还较低，企业管理中计算机被应用到个别部门解决局部的计算和管理要求，开发的计算机软件的应用功能也比较简单，着眼于代替部分手工劳动，降低劳动强度，提高劳动效率。计算机被应用到个别部门解决局部的计算和管理要求，人们利用计算机来处理工资计算、存取款、库存材料的收发核算等数据处理量大、计算简单且重复次数多的经济业务。在这个阶段，还没有形成计算机会计信息系统，只有多种相互独立的会计核算程序，一种会计核算程序仅能对应某项会计业务，独立完成，没有相互联系。会计核算程序模拟手工核算方式。这一阶段会计信息系统的特点是：

（1）会计信息的采集、输入和处理是后台批处理的。

（2）各项业务中的会计信息处理大多独立地进行，没有形成整体的会计信息系统。

（3）会计信息核算方式和基本流程模拟手工方式，是一种基于输出视角的处理模式，重点服务于满足外部会计或称财务会计的需求。

2. 部门级会计信息系统阶段

到了 20 世纪 70 年代，随着小型机和微型计算机的大量普及，财务部门内部越来越多的会计事务使用计算机进行处理。当财务部门内部的计算机应用达到一定程度时，人们开始考虑将财务部门内的各个计算机应用进行集成，使各个应用程序能够共享数据，这种集成可以称为部门内的信息集成。所谓"信息集成"，可以用"来源唯一、实时共享"来概括。来源唯一是指任何数据由一个部门、一位员工从一个应用程序录入，这样可以减少重复劳动，提高效率，避免差错，明确责任；实时共享是指将数据存入统一的数据库，按一定规则处理，然后对相关人员授权，使他们能实时共享不断变化的信息，高效而且有效地执行业务或做出决策。

在这个阶段，会计信息系统的设计目标是综合处理发生在企业各业务环境中的各种会计信息，并为企业管理部门提供一定的管理和辅助决策信息。这一阶段的会计信息系统可称为会计管理信息系统，实现了部门内的信息集成。其主要特点有：

(1)会计信息的采集、输入和处理虽然仍是后台批处理的，但会计信息系统突破了传统的数据处理范围，开始形成了整体性的会计信息系统。会计信息系统中各子系统有机地结合在一起，实现了它们间的信息传递、共享和部门内的信息集成。

(2)会计信息系统的结构打破了手工方式的一些模式。在实现信息共享的基础上，重视会计数据的综合加工、分析和深层次的应用，为财务部门和企业其他管理部门提供辅助管理信息。

(3)会计信息系统功能较为完备，包括账务处理、应收应付、成本核算、预算和资金管理、财务分析等诸多子系统。

(4)会计信息系统是企业财务部门专用的信息系统，它在物理上独立于企业其他部门的信息系统，虽然联机应用已经成熟，但由于会计信息系统的输入被动地依赖业务部门提供数据，它对管理决策的支持只能是提供事后的统计分析评价，而无法有效地进行事中控制。又由于会计信息系统采集的仅仅是那些影响组织资产、负债或所有者权益构成的经济事件的数据，信息使用者不能获得市场、竞争对手、协作方等有关信息，因此，仍只能进行事后的统计和分析而无法进行有效的事前计划预测和事中控制。

(5)会计信息系统与其他业务系统之间形成相互独立的"信息孤岛"，这是面向事务处理阶段的信息系统的固有特征。如果企业缺乏一个长期和统一的信息系统发展规划，在建立不同业务系统时不考虑将来可能的集成，那么，这些"信息孤岛"的消除是相当困难的；反之，信息孤岛就能在信息系统向更高阶段跳跃时自然消除。

(二)面向企业整体管理的阶段

从 20 世纪 70 年代中后期开始，市场竞争转到如何提高 T、Q、C 和 S 上。其含义是：T(Time)——产品的交货时间或新产品的上市时间；Q(Quality)——质量；C(Cost)——成本；S(Service)——售前和售后服务。企业越来越深刻地认识到：要提高企业的市场竞争力，单纯地提高某个职能部门工作的效率是远远不够的，需要业务过程中涉及到的各个职能部门紧密协同，才能从整体上提高企业的效率和效益。"整体大于部分之和"的管理思想日益受到重视。企业开始按照业务过程来设立组织结构，按照项目小组来组织人力资源。员工不再是庞大流水线上的小小螺丝钉，而是参与多个专门业务过程团队的多面手。企业通过培养员工的多种才能来避免简单重复劳动给员工带来的枯燥感，调动员工的积极性和创造性。

在这个阶段，会计信息系统作为整个企业管理信息系统的一个有机子系统，已经与企业管理信息系统高度集成，因此，其设计目标应充分考虑企业整体管理和决策的需求。企业管理信息系统和会计信息系统具有以下主要特点：

1. 全面改造企业的业务流程，实现企业业务流程、会计工作流程和信息流程的集成，从而使企业的物流、资金流、信息流和业务流整合为一体；实现了企业内的信息和过程集成，彻底消除了“信息孤岛”的现象，大大提高了信息的共享性。

2. 这个阶段的管理信息系统的系统平台大多是基于C/S结构的网络系统，不仅在客户端和数据库服务器间合理分配数据和功能，而且覆盖的范围也不再局限于财会部门和其他业务部门的网络，而是整个企业的网络系统。在这个阶段，会计信息系统是企业管理信息系统的有机组成部分。

3. 这个阶段的企业管理信息系统（包括会计信息系统）是事件驱动型的信息系统。所谓“事件驱动”，是指会计信息的采集、存储、处理、传输嵌入在业务处理系统中，或者说管理信息系统和企业的业务执行系统融为一体，在业务发生时能够实时采集详细的业务、财务信息，执行处理和控制规则。由于会计信息的采集和处理的实时性，使会计信息系统不仅能执行事后的统计分析评价，而且能够进行有效的事中控制。这种系统的核心是集成，即集成业务处理和信息处理，集成财务信息和非财务信息，集成核算与管理。

4. 会计工作的重点由财务会计转向同时重视财务会计和管理会计的工作，使会计信息系统的应用价值大大向前迈进了一步。

5. 在高度集成的环境下，由于会计信息系统能实时地采集到那些影响组织资产、负债或所有者权益构成的经济事件的财务信息，因此，不仅可以做到事后分析和决策，还可以进行有效的事中控制。

6. 在这个环境下，利用已有业务和财务的综合信息和决策模型，可以建立决策支持系统，以协助管理者解决多样化和不确定性问题，包括对各项计划的监控、预算和成本的管理控制等，以制定高层管理决策和企业发展策略。

（三）面向企业间价值链决策管理的阶段

进入20世纪90年代后期，市场竞争主要是围绕新产品的竞争而展开。这是因为：一个新产品的价格总是高于其价值的，通过竞争，价格才逐渐接近价值。一个产品失去其独占期，就意味着这个产品生命周期的结束。除了传统的对企业提供产品的低成本、高质量要求外，当今的企业生产经营需要能够适应以下的市场环境变化：市场细分、产品生命周期缩短、产品交货期缩短、产品复杂性增加、定制产品数量增加、环保要求日益增强、劳动力成本提高和工作时间缩短。此时，企业的业绩越来越受到外部世界的影响，内部成本效益达到最优的某些企业仍然可能是不成功的。因为也许这个企业存在更能满足顾客需要的竞争对手，他们或成功地将某些业务职能外包，或与贸易伙伴建立了更好的战略联盟，所以，企业不仅需要了解并改进、协调每项内部职能，还需要在客户、供应商间建立高效的协作关系，企业之间的竞争实质上是企业间的价值链或企业联盟之间过程集成的有效性和效率的竞争。价值链管理理念和理论应运而生。

伴随着价值链管理理论的出现，价值链会计管理理念也逐渐形成。价值链管理把企业资源的范畴从过去的单个企业扩大到整个价值链的企业群。企业关心的将不再仅仅是企业自身，而是它所置身其中的整个价值链的集成利益和发展能力。企业联盟的形成在会计管理上就构成了企业联盟价值链会计管理，它将突破传统会计以一个会计主体为监管范围的限定。价值链会计管理的核心是如何实现快速和准确地反映整个价值链的会计核算与管理，包括如何产生、采集、记录、核算、反映、控制和分析价值链上的会计和财务信息，如何执行价值链上各成本中心、利润中心、物料中心等会计管理和监控作用等。为达到上述目标，价值链会计管理信息系统是最重要的技术基础和赖以生存的环境。因为只有在价值链企业群中实现了整体信息化后，在现代信息技术包括网络技术、计算机硬件技术、软件技术、分布式技术、数据库技术、数据仓库技术、数据挖掘技术和ERP应用系统等的支持下，才能在整个价值链上实现信息的实时、准确地采集、记录、核算、集成、共享、跟踪、反馈，并有效地实现各中心的会计管理和监控工作，进而提高整个价值链上会计管理工作的含金量。价值链会计管理信息系统应具有以下特点：

1. 价值链会计管理信息系统目标的双重性

为了提升整个价值链企业联盟的全球竞争能力，价值链会计管理信息系统的目标定位一定要打破企业分割的局面，应从整个价值链企业联盟整体的长远战略和策略发展的需求出发，实现企业间信息和过程的集成。因此，会计管理信息化的目标应具有双重性：不仅要提高所有各联盟企业内部会计管理、控制和决策能力，还要从价值链企业联盟的整体价值管理活动（例如，价值链的成本控制活动、物流控制活动等）出发，提升整个价值链会计管理工作的监管、分析和决策能力。并按事先规定的法则，在联盟企业有关业务发生时，提取相应价值链会计管理的会计、财务、业务、市场、客户和竞争对手等综合信息，以支持价值链企业联盟综合管理、监控和高层决策管理的需求，从而提升价值链企业联盟整体会计管理工作的水平和价值。

2. 价值链会计管理信息化技术平台

为了支持价值链企业联盟间的会计管理信息化战略目标的实现，价值链企业联盟的信息技术平台特别是网络平台，必须由分散的各企业内部网络系统提升到由互联网技术支持的各联盟企业的内联网（Intranet）和企业间的外联网（Extranet）协同工作的网络平台；应用系统的结构也应从C/S结构提升到B/S结构。

（1）价值链会计管理信息系统的分布能力

由于价值链会计管理信息化目标具有双重性，即一方面要提升企业内部的会计管理水平，另一方面同时要提升价值链企业群的整体会计管理能力，因此，企业联盟间协同工作的网络和数据处理平台应具有较强的分布能力，包括分布处理能力、分布存储能力和功能分布能力。只有在分布能力的支持下，信息技术平台才能同时分别地支持企业内部会计管理的局部应用和企业联盟间的协同会计管理的全局应用，使两者之间既有关联，又有独立的运行空间而互不干扰。

（2）支持异构环境的能力

价值链信息平台是由不同企业的局域网、广域网连接而成的，这些网络具有不同的网络硬件平台、网络协议、操作系统、数据库系统和应用软件系统，如何使这些异构的系统能够协同运行是该平台必须解决的问题，也是价值链信息平台必须具备的能力。

（3）良好的开放性

价值链信息平台的开放性体现在外部系统在允许的前提下能够较容易地连接到平台上，外部用户能够较容易地按照被允许的权限访问系统。只有良好的开放性的平台，才能够真正发挥电子商务、网络化交易的优势。

（4）良好的可靠性和安全性

价值链信息平台是多个企业的基础平台，它的可靠性影响着价值链中的每一个企业。协调分散系统间的互动，确保至关重要的业务信息不丢失或破坏，保证流程调度、数据处理的安全可靠，保证数据的完整性和一致性等，是该平台必须具备的能力。

价值链信息平台的安全威胁着平台上的每一个企业，而开放性、平台的动态化又增大了平台的风险，所以，构建完善的安全风险防范体系，使平台具有良好的安全性，是信息平台发挥作用的保障和基础。价值链信息平台是一个整体，这就要求安全体系也应该是一体化的。

3. 实现企业间的信息和过程集成

价值链是一个利益共同体，有共同的利益追求，为了更好地发挥价值链联盟的优势，提高核心竞争力，链中企业内部、企业之间需要集成。集成的目的是建立起一个架构，使业务流程能够顺畅地流转，由此需要构建集成化的信息平台支持业务运作。从集成的角度看，最高效的价值链信息平台应该是一个以业务流程为核心的过程集成平台，但由于价值链随时面临动态变化的可能，而且每一个企业可能同时处于不同的企业链中，与不同的合作伙伴集成，实现企业间的信息和过程集成。由于在价值链上实现了过程集成，企业决策者能够更好地掌握市场变化，更加及时、准确、细致地了解企业内外部环境，AIS也终于能够有效地进行事前预测和计划，并具有全过程的计划、执行、控制、分析、决策功能。

4. 价值链会计管理计划和会计控制作用的提升

价值链是由具有不同产权主体的企业构成的企业链群，是一个开放的动态系统。这个系统中的各个企业之间是一种竞争—合作关系(Co-operation)，这些企业联合起来，追求一套达成一致的目标，同时仍然保持各自的独立性。在这种情况下，要真正实现价值链的管理，控制是必不可少的。价值链管理的主要对象是业务流程，管理的结果需要由企业的财会信息和业务信息反映，显然，会计信息是最综合和全面的，也是最具可比性的。因此，建立和完善会计控制，保证财会信息的准确、真实、完整变得尤为重要。

计划是控制的前提，也是管理的重要环节。在对价值链这样一个松散的、动态的企业链进行管理时，计划管理无疑是重要的管理方式和途径之一。计划是协调的结果，也是各企业具体经营的目标，它使链中各企业明确自身具体目标的同时，了解整个价值链的总体目标，并明确了解自身对价值链的价值贡献。这在一定程度上有利于激励企业追求价值链的总体价值，使各企业的追求趋于一致，从而实现价值链管理的根本目的。

二、会计软件的分类

会计软件是指专门用于会计核算和管理工作的计算机应用软件。从不同的分类视角看，会计软件的种类很多，可以从会计软件的使用范围分类，从网络环境、应用系统的结构分类，从会计信息系统的不同发展阶段的需求分类等。

(一)通用和专用会计软件

从会计软件的使用范围分类，会计软件可分为通用软件和专用软件。其中，通用会计软件一般是指由专业软件公司研制，公开在市场上销售，能适应不同行业、不同单位会计核算与管理基本需要的会计软件，其特点是软件可以在多个单位使用，一次开发，多次使用，研制效益比较高。专用会计软件一般是指由使用单位自行开发或委托其他专业公司开发，供本单位使用的会计核算软件。由于这类软件在研制开发过程中只考虑某一个单位会计处理的特殊性，因此，软件在该单位使用很方便，但却常不能适用于其他单位的会计核算和管理工作。

(二)单机和网络版会计软件

从会计软件所支持能同时上机用户的数量和相应的网络和应用系统结构分类，会计软件可分为单机版和网络版，网络版又分为主机系统版、F/S版、C/S版、多层C/S版、B/S版等。

单机版的会计软件又称为单用户会计软件，它通常是指会计软件安装在一台计算机上，计算机软、硬件资源在某一个时刻只为一个用户所独占。

网络版的会计软件又称为多用户会计软件，它把会计软件的一部分(C/S 版等)或者全部(主机系统版)安装在多用户环境的服务器或主机上，系统中可有多个用户同时使用会计软件，实现资源共享。

(三)部门级、企业级和集团企业会计软件

从会计信息系统的不同发展阶段的需求分类，会计软件可分为部门级会计软件、企业级(财务业务一体化)会计软件、集团企业会计软件。

部门级会计软件是指软件所支持的会计信息系统是企业财会部门专用的信息系统，它在物理上独立于企业其他部门的信息系统，会计信息的采集、输入和处理是后台批处理的，会计信息系统与其他业务系统之间形成相互独立的“信息孤岛”。

企业级(财务业务一体化)会计软件是指软件所支持的会计信息系统是企业整体管理信息系统的一个有机子系统，会计信息系统与其他业务系统进行集成，通常作为 MRPⅡ、ERP 等系统的一个模块出现。其最显著的功能是多数会计原始信息将在业务系统中实时、自动地采集，并自动生成记账凭证和完成自动记账，克服了“信息孤岛”的弊端，大大提高了工作效率和信息的及时性。

集团企业会计软件是指软件所支持的会计信息系统是运行在集团企业协同网络平台上集团企业管理系统的一个子系统，此时，会计信息系统的最大特征是，会计信息系统目标具有双重性，即一方面要满足单个企业会计管理的需求，另一方面还要满足集团企业整体会计管理的需求。

第三节　会计信息系统的功能——以金蝶标准版做简介

一、会计信息系统的功能结构

部门级会计信息系统的主要功能是进行账务处理和完成各项业务核算。在实际应用中，一般对各项业务分别设置相应的功能来完成核算任务。部门级会计信息系统的功能结构如图 10—2 所示。

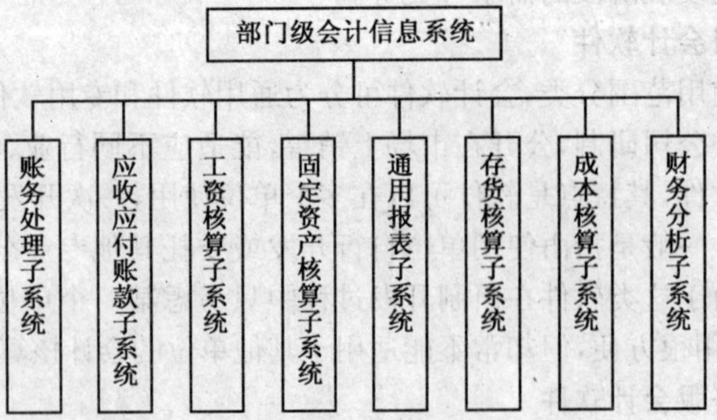

图 10—2　部门级会计信息系统的功能结构

(一)账务处理子系统

账务处理子系统完成全部记账凭证的记账、算账、结账、对账和转账，生成日记账、总账以及除各子系统生成的明细账外的所有明细账，编制和产生各类会计报表和财务分析报告。在实际应用中，从灵活性和适用性上考虑，往往将报表编制和财务分析功能分离出来，形成相对独立的通用报表子系统。

账务处理子系统既是自动化系统数据处理的核心，又是连接其他各个子系统数据关系的桥梁。因为在自动化方式下，只有经过会计部门的账务处理，各个专门核算系统汇集的会计数据才能转变为反映企业经营成果和财务状况的会计报表信息。这样，账务处理子系统就成为会计信息的集中地。因此，分析账务处理子系统所做的主要工作，将是理解自动化会计信息系统的关键。

(二)应收应付账款子系统

应收应付账款子系统完成各应收账款和应付账款的记录、冲销、报告及分析预测等工作。在实际应用中，应收账款的核算与销售业务有直接的关系，因此，有不少系统将销售核算与应收账款核算合并为一个单独的子系统；相应地，应付账款的核算与采购业务也有着直接的关系，因此，也有不少系统将采购核算与应付账款核算合并为一个子系统。

(三)工资核算子系统

工资核算子系统完成工资的计算、工资费用的汇总和分配、计税等工作。

(四)固定资产核算子系统

固定资产核算子系统完成固定资产卡片管理、固定资产增减变动核算、折旧的计提和分配等工作。

(五)通用报表子系统

通用报表子系统可以定义常用的会计和财务分析报表，也可以按照用户的需求定义各种内部报表。该子系统与其他子系统相连，就可以根据会计核算数据，如总账及明细账等数据，完成各种会计报表的编制与汇总，生成其他各种内部报表、外部报表、汇总报表和分析报表，根据报表数据生成各种分析图等。目前，很多会计软件的报表子系统都做成了一个可以进行二次开发的电子表处理平台，成为人们进行报表事务处理的工具。

(六)存货核算子系统

存货核算子系统完成存货购进的核算、货款的支付、存货的入库、存货收发结存的核算，并自动编制材料费用分配转账凭证，自动计算和分配材料成本差异等。在实际应用中，也有系统根据企业会计管理的需要，将采购业务的核算与存货核算合并成一个系统。

(七)成本核算子系统

成本核算子系统完成各种费用的归集和分配，计算产品的单位成本和总成本，并为成本管理和利润核算提供相应的成本数据。成本核算与组织的生产过程密切相关，生产过程不同，成本核算方法也各不相同，相应建立的处理流程和功能也各具特色。

(八)财务分析子系统

财务分析子系统根据上述各子系统提供的财务和会计信息，对企业财务活动进行事后分析，并对企业未来的财务状况、经营成果进行预测，从而为企业财务决策提供辅助的依据。

二、各子系统间的数据联系

各子系统间的数据联系如表10—1所示。

高等院校会计与财务管理系列教材
上海市第三期本科教育高地建设项目

《基础会计》练习册

（第二版）

丁小云　袁树民　主编

上海财经大学出版社

第二版前言

本书是《基础会计》的配套书。全书主要包括练习题和答案两个部分，其编写目的旨在帮助会计初学者更好地掌握《基础会计》这门课程。本书也可供普通高校和继续教育的学员和教师作为复习备考、教师辅导的参考书。

本书按照《基础会计》教材的章节顺序，根据最新会计准则和该课程教学大纲的要求，针对教材中的重点和难点，精心设计了各种类型的练习，包括名词解释、单项选择题、多项选择题、判断题、简答题、实务题、案例分析等。在编写过程中，我们力求做到使各类练习具有典型性、科学性、系统性和实用性。

本书由丁小云、袁树民担任主编，其中第一章由袁树民编写，第二章、第三章、第七章、第八章由丁小云编写，第四章由王丹编写，第五章、第六章、第九章由姜雅净、李雪琴编写，第十章由袁树民、王秀春编写，最后由袁树民和丁小云共同修改、补充和定稿。

由于时间仓促，水平有限，本书在编写内容上难免有疏漏和错误，恳请读者批评指正。

作　者

2016年3月

目　录

第一章 总论

一、名词解释

会计信息系统　会计管理活动　会计　会计对象　资金运动　会计目标　会计职能
会计职业　会计主体　持续经营　会计分期　货币计量　权责发生制　收付实现制
真实性　相关性　明晰性　可比性　重要性　谨慎性　及时性　实质重于形式
会计基本程序　会计核算方法　会计法律规范　会计道德规范

二、单项选择题

1. 会计的基本职能是(　　)。
   A. 分析与考核　B. 预测和决策　C. 反映与核算　D. 反映与控制
2. 会计的主要方法是(　　)。
   A. 会计核算方法　B. 会计分析方法　C. 会计预测方法　D. 会计决策方法
3. 外部会计信息使用者了解会计信息最主要的途径是(　　)。
   A. 财务报告　B. 账簿　C. 财产清查　D. 会计凭证
4. 下列不属于会计核算方法的是(　　)。
   A. 设置账户　B. 编制财务预算　C. 财产清查　D. 编制财务报表
5. 下列关于会计主体的表述，正确的是(　　)。
   A. 会计主体必然是法律主体，法律主体不一定是会计主体
   B. 企业内部的二级单位不能作为会计主体
   C. 在企业集团情况下，母子公司可以成为一个会计主体
   D. 只有在政府部门注册登记，能够独立承担民事责任的实体，才是会计主体
6. (　　)要求会计核算所提供的经济信息应当有助于信息使用者作出经济决策。
   A. 真实性　B. 相关性　C. 可比性　D. 及时性

三、多项选择题

1. 现代会计学的两大分支为(　　)。
   A. 财务会计　B. 成本会计　C. 管理会计　D. 审计
2. 会计的本质是(　　)。
   A. 会计核算　B. 提供信息　C. 参与管理　D. 会计计量
3. 下列各项中，构成会计核算基本前提的有(　　)。

A. 会计主体　　B. 持续经营　　C. 会计分期　　D. 货币计量
E. 权责发生制

4. 会计的基本程序有(　　)。
A. 会计确认　　B. 会计计量　　C. 会计记录　　D. 财务报告

5. 可以作为会计计量尺度的有(　　)。
A. 货币　　B. 实物　　C. 时间　　D. 价值

四、判断题

1. 预测和决策是会计的两个重要职能。(　　)
2. 凡是会计主体,都应进行独立核算。(　　)
3. 随着社会经济的发展和经济管理水平的提高,会计职能也得到了不断的充实和发展。(　　)
4. 会计不仅是一个经济信息系统,还是一种管理活动。(　　)
5. 企业把融资租入的固定资产视为自有固定资产核算,体现了实质重于形式的会计信息质量要求。(　　)

五、简答题

1. 为什么说经济越发展,会计越重要?
2. 如何理解会计的定义?
3. 为什么说从会计信息使用者的角度来考察会计信息是有益的?
4. 何为会计目标? 何为会计职能? 试阐述二者之间的关系。
5. 企业会计核算的前提条件有哪些?
6. 会计信息的质量要求有哪些?
7. 权责发生制与收付实现制的区别是什么?
8. 试说明会计核算方法包括的基本内容。为什么说这些方法构成一个完整系统?
9. 试指出我国会计规范体系的内容,并说明它们之间的相互关系。

六、实务题

1. 根据下述资料,分析判断会计在处理这些经济业务时是否完全正确;若有错误,主要违背了哪项会计假设或会计信息质量要求。

(1)甲作为某会计师事务所的合伙人之一,某日从事务所出纳处拿了500元现金给自己的孩子购买玩具,会计将500元记为事务所的办公费支出。

(2)某会计师事务所收到某外资企业支付的业务咨询费2 000美元,会计没有将其折算为人民币反映,而直接记入美元账户中。

(3)A公司计提固定资产折旧采用年数总和法,而这之前计提折旧均采用直线法。

(4)某公司于2015年年末发现公司销售萎缩,无法实现年初确定的销售收入目标,但考虑到在2016年春节前后,公司销售可能会出现较大幅度的增长,公司为此提前预计商品销售,在2015年年末制作了若干存货出库凭证,并确认销售收入实现。

(5)某会计师事务所6月30日收到B公司的预付审计费用10 000元,会计将其作为6月份的收入处理。

(6)7 月 15 日，会计将 7 月 1 日至 15 日的收入、费用汇总后计算出半个月的利润，并编制了利润表。

(7)C 公司在编报资产负债表时，没有将融资租入的固定资产列入，理由是融资租入的资产从法律形式上讲并不拥有其所有权。

(8)某公司对可能发生的资产减值损失未计提资产减值准备，对售出商品可能发生的保修义务也未确认预计负债。

2. 假设 A 公司 2015 年 9 月发生以下经济业务，要求按照权责发生制和收付实现制确认当月收入与费用：

(1)销售产品 40 000 元，款项已经存入银行。

(2)销售产品 10 000 元，收到货款 8 000 元。

(3)本月应计未付银行借款利息 4 000 元。

(4)收到上月份客户所欠的购货款 40 000 元。

(5)收到客户交来的预付货款 8 000 元，该批商品下个月交货。

(6)本月应付水电费 2 000 元，下月支付。

作业用表

单位：元

业务号	权责发生制		收付实现制	
	收入	费用	收入	费用
1				
2				
3				
4				
5				
6				
合 计				

七、案例分析

面对牛劲十足的股市，小李跃跃欲试，于是他开始留意相关的信息资料，某一天他看到南星股份有限公司(以下简称南星公司)的相关财务报告：

(1)主要财务指标。

指 标	2015 年年末	2015 年第三季度	2015 年中期	2014 年年末
每股收益(元)	0.0307	0.0089	0.0130	0.0200
每股收益(扣除后)(元)	0.0308	0.0089	0.0130	0.0200
每股净资产(元)	0.9332	0.9113	0.9152	0.9024
每股公积金(元)	0.2282	0.2282	0.2282	0.2282
销售毛利率(%)	37.01	38.95	33.55	42.48

续表

指　标	2015年年末	2015年第三季度	2015年中期	2014年年末
主营业务利润率(%)	36.68	38.54	33.13	41.54
净利润率(%)	6.82	4.03	7.87	6.57
净资产收益率(%)	3.29	0.98	1.39	1.72
股东权益(%)	35.99	47.20	50.35	58.41
流动比率	3.14	4.06	3.61	0.98
速动比率	1.56	3.57	3.01	0.74
每股经营现金流量(元)	−0.2730	−0.1035	−0.0684	0.0305
会计师事务所意见	无保留	未审计	未审计	无保留
报表公布日	2016年4月21日	2015年10月31日	2015年8月31日	2015年4月1日

(2)资产负债表摘要。

单位:万元

指　标	2015年末期	2015年中期	2014年末期	2014年中期
货币资金	3 269.91	7 296.13	217.11	3 008.88
存货	27 321.57	5 068.72	5 060.93	6 787.65
应收账款	2 467.15	3 119.11	867.08	2 647.08
其他应收款	9 532.35	9 610.30	8 599.92	19 281.86
流动资产	54 448.71	30 645.31	21 009.03	35 103.57
固定资产	9 828.97	9 134.78	9 161.25	17 851.62
无形资产及其他资产	2 6231.26	8 600.00	8 600.00	12 708.02
总资产	91 353.59	64 036.48	54 429.11	66 672.54
短期借款	7 437.50	7 250.00	7 300.00	11 000.00
预收账款	341.46	3.73	0.00	2.00
应付账款	9.33	1.10	—	1 408.00
流动负债	17 363.74	8 486.26	21 422.00	19 620.36
长期负债	24 000.00	22 000.00	—	12 000.00
总负债	41 363.74	30 486.26	21 422.00	31 620.36
资本公积金	8 039.96	8 039.96	8 039.96	8 039.96
股东权益	32 874.17	32 241.77	31 791.14	31 320.64

(3)单季度利润表摘要。

单位:万元

指 标	2016 年第一季度	2015 年第四季度	2015 年第三季度	2015 年第二季度
一、营业收入	4 343.04	8 123.47	2 063.06	2 673.37
营业成本	2 710.42	5 267.48	951.91	1 742.75
营业税金及附加	11.66	20.81	8.25	10.69
销售费用	164.85	97.70	18.96	0.03
管理费用	505.71	1 033.51	691.37	297.90
财务费用	502.34	711.33	451.13	470.05
投资收益	—	−70.00	−23.17	10.54
二、营业利润	448.07	992.69	−58.56	151.94
营业外收入	—	0.00	0.68	0.00
营业外支出	1.00	2.12	2.00	0.00
三、利润总额	447.07	920.58	−83.05	162.48
所得税费用	27.38	23.97	0.00	0.00
四、净利润(新准则)	419.69	—	—	—
母公司所有者净利润	424.82	769.91	−135.57	1 223.44
少数股东损益	−5.13	126.70	52.52	39.04

(4)单季度现金流量表摘要。

单位:万元

指 标	2016 年第一季度	2015 年第四季度	2015 年第三季度	2015 年第二季度
经营现金流入小计	4 687.67	7 534.48	3 430.03	3 170.47
经营现金流出小计	5 196.52	1 3507.21	4 665.33	5 348.12
经营现金流量净额	−508.84	−5 972.73	−1 235.30	−2 177.65
投资现金流入小计	—	7.93	−14.36	—
投资现金流出小计	—	3.15	0.00	—
投资现金流量净额	—	4.78	−14.36	—
筹资现金流入小计	—	11 080.00	4 000.00	19 800.00
筹资现金流出小计	651.84	11 293.48	652.63	10 381.12
筹资现金流量净额	−651.84	−213.48	3 347.37	9 418.88
现金等的净增加额	−1 160.68	−6 123.93	2 097.71	7 255.60

(5)南星公司基本信息。

南星公司的主营业务为宝石及珠宝饰品的加工、批发、销售,翡翠原材料的批发销售,文化旅游项目的开发,工艺美术品等的代购、代销等。2015 年 1～9 月,公司实现主营业务收入7 760.76万元,主营业务利润2 990.74万元,净利润 313.12 万元。在报告期内,因新增贷款、支付股改费用、诉讼费用等原因，致使财务费用、管理费用上升，公司 7～9 月的净利润为亏损。

看着这些资料，小李不由产生了一些疑问：

①这些信息对他判断是否购买该公司股票有何帮助？

②这些信息是怎样产生的？

③这些信息反映了该公司的哪些情况？如何理解这些信息？

④还有哪些单位或个人关心这些信息？

带着这些疑问，小李找到你，请你做一番解答。

第二章

会计要素与会计等式

一、名词解释

会计要素　资产　流动资产　负债　所有者权益　收入　费用　利润
直接计入所有者权益的利得和损失　留存收益

二、单项选择题

1. 企业的原材料属于会计要素中的(　　)。
   A. 负债　　B. 所有者权益　　C. 资产　　D. 费用
2. 某机床厂生产的机床对该厂来讲属于(　　)。
   A. 流动资产　　B. 非流动资产　　C. 固定资产　　D. 递延资产
3. 预付账款属于会计要素中的(　　)。
   A. 资产　　B. 负债　　C. 所有者权益　　D. 收入
4. 下列事项中,属于流动负债内容的是(　　)。
   A. 销售商品,货款尚未收到　　B. 购买材料,货款未付
   C. 以现金购买办公用品　　D. 收到某单位前欠货款
5. 一个企业的资产总额和权益总额(　　)。
   A. 必然相等　　B. 有时相等
   C. 不会相等　　D. 只在期末时相等
6. 下列经济业务中,会引起资产和负债同时增加的是(　　)。
   A. 以银行存款偿还前欠货款　　B. 收到投资款存入银行
   C. 以银行存款购买材料　　D. 取得短期借款存入银行
7. 下列经济业务中,会引起资产和权益同时减少的是(　　)。
   A. 用银行存款偿还应付账款　　B. 用银行借款直接归还应付账款
   C. 购买材料,货款暂未支付　　D. 工资计入产品但未支付
8. 企业应付票据到期,因无款支付而转为应付账款。此项业务属于(　　)的变化业务。
   A. 资产项目间此增彼减　　B. 负债项目间此增彼减
   C. 资产项目和负债项目同时增加　　D. 资产项目和负债项目同时减少
9. 企业销售商品取得收入,款项存入银行。此项业务属于(　　)的变化业务。
   A. 收入发生引起资产增加　　B. 收入发生引起负债减少
   C. 费用发生引起资产减少　　D. 费用发生引起负债增加

10. 以下各项属于固定资产的是(　　)。
A. 正在生产之中的机床　　B. 已经生产完成并验收入库的机床
C. 为生产产品所用的机床　　D. 为生产产品所用的包装物

三、多项选择题

1. 下列会计要素中,反映企业财务状况的有(　　)。
A. 资产　　B. 负债　　C. 所有者权益　　D. 收入
E. 费用　　F. 利润
2. 下列等式中,正确的会计等式有(　　)。
A. 资产=负债+所有者权益
B. 收入-费用=利润
C. 资产=权益
D. 资产=负债+所有者权益+(收入-费用)
E. 资产+负债-费用=所有者权益+收入
3. 下列项目中,属于企业流动资产的有(　　)。
A. 存放在银行的存款　　B. 存放在仓库的材料
C. 厂房和机器　　D. 企业的办公楼
E. 企业的办公用品
4. 属于引起会计等式左右两边会计要素变动的经济业务有(　　)。
A. 购买材料 10 000 元,以银行存款支付货款
B. 以银行存款归还前欠货款 20 万元
C. 以银行存款偿还银行借款
D. 收到某单位前欠货款 20 000 元存入银行
E. 收到某单位投来机器一台,价值 50 万元
5. 企业的期间费用包括(　　)。
A. 制造费用　　B. 管理费用　　C. 销售费用　　D. 财务费用
6. 经济业务的发生引起会计要素变动的基本类型有(　　)。
A. 资产与权益项目同时增加　　B. 资产项目之间此增彼减
C. 资产与权益项目之间此增彼减　　D. 资产与权益项目同时减少
E. 权益项目之间此增彼减
7. 下列经济业务中,只会引起会计等式右边会计要素发生增减变动的业务有(　　)。
A. 以银行存款偿还前欠货款　　B. 某企业将本企业所欠货款转作投入资本
C. 将资本公积转增资本　　D. 向银行借款,存入银行
E. 投资者追加对本企业的投资

四、判断题

1. 会计要素中既有反映财务状况的要素,也有反映经营成果的要素。(　　)
2. 与所有者权益相比,负债一般有规定的偿还期,而所有者权益没有。(　　)
3. 企业取得收入,意味着便会形成利润。(　　)
4. 所有者权益在数额上相当于企业的净资产。(　　)

5. 资产、负债与所有者权益的平衡关系反映了企业资金运动的静态状况，如考虑收入、费用等动态要素，则资产与权益总额的平衡关系必然被破坏。（　　）

6. 企业的利润通常表现为企业净资产的增加额。（　　）

7. 任一经济业务的发生，都会引起会计等式左右两边数额发生变化。（　　）

8.“资产＝负债＋所有者权益”是基本会计等式，而扩展会计等式是“资产＝负债＋所有者权益＋(收入－费用)”。（　　）

9. 企业的营业收入包括主营业务收入、其他业务收入和营业外收入。（　　）

10. 企业以存款购买原材料，该项业务会引起等式左右两方的会计要素发生一增一减的变化。（　　）

11. 企业接受捐赠物资，计价 10 万元，该项经济业务会引起收入增加，权益增加。（　　）

五、简答题

1. 会计要素包括哪些内容?
2. 资产的定义是什么？有哪些特征?
3. 负债的定义是什么？有哪些特征?
4. 怎样理解资产和权益的平衡关系?
5. 经济业务的发生，会引起会计基本等式发生哪些类型的变化?

六、实务题

1. 资料：假设 C 企业 12 月 31 日的资产、负债和所有者权益情况如下表所示：

C 企业的财务状况　　单位：元

资　产	金　额	负债及所有者权益	金　额
库存现金	1 000	短期借款	10 000
银行存款	27 000	应付账款	32 000
应收账款	35 000	应交税费	9 000
原材料	52 000	长期借款	B
长期投资	A	实收资本	240 000
固定资产	200 000	资本公积	23 000
合　计	375 000	合　计	C

[要求]

(1)计算表中的 A、B、C；

(2)计算该企业的流动资产总额；

(3)计算该企业的流动负债总额；

(4)计算该企业的净资产总额。

2. 资料：大兴公司 4 月 30 日的有关资料如下表所示：

序号	项　目	资产	负债	所有者权益
1	开户银行的存款			
2	生产用机器设备			
3	管理部门办公大楼			
4	已提取的盈余公积金			
5	签发并承兑的商业汇票			
6	预付某单位购货款			
7	应付给供应单位的购料款			
8	库存的原材料			
9	采购员预借的差旅费			
10	向银行借入的短期借款			
11	国家投入的资本			
12	购货单位未付的购货款			
13	应付给食堂的代扣职工伙食费			
14	尚未分配的利润			
15	应交未交的所得税			
16	已入账的专利权			
17	预收某单位购货款			

［要求］

根据上述资料确定资产、负债、所有者权益项目，在上列表格相应的空栏处划“√”表示。

3. 举例说明下列各类经济业务：

(1)资产增加，负债增加；

(2)资产增加，所有者权益增加；

(3)资产类项目此增彼减；

(4)资产减少，所有者权益减少；

(5)资产减少，负债减少；

(6)费用增加，负债增加；

(7)收益增加，资产增加；

(8)收益增加，负债减少。

4. 资料：某公司 5 月 31 日的资产负债表显示，资产总计375 000元，负债总计112 000元。该公司 6 月发生以下业务：

(1)用银行存款购入全新机器一台，价值 30 000 元；

(2)投资者投入原材料，价值 10 000 元；

(3)以银行存款偿还所欠供应单位账款 5 000 元；

(4)收到供应单位所欠账款 8 000 元，存入银行；

(5)将一笔长期负债 50 000 元转为对本企业的投资；

(6)按规定将 20 000 元资本公积转为实收资本。

[要求]

(1)根据 6 月份发生的经济业务,说明经济业务对会计要素的影响。

(2)计算 6 月份的资产总额、负债总额、所有者权益总额。

七、案例分析

张某是一所大学的会计学教授,尽管他的教龄已经十多年了,但是他从来没有亲自实践过。于是,他选择了某一年,对自己的收支、拥有财产的情况进行了详细记录。

1 月 1 日,张某首先列出了现有的财产及货币价值,如下表所示:

单位:元

有关财产及债务	金　额
一幢与他人相连的房屋	800 000
家具、家庭用品	80 000
一辆已经用了 3 年的小汽车	240 000
银行往来账户	50 000
欠银行的借款	30 000

12 月 31 日,张某总结了他 1 年发生的交易,如下表所示:

单位:元

有关事项	金　额
月收入:	
月工资(扣除个人所得税)	14 000
月支出:	
偿还银行欠款(其中 2 000 元为利息)	5 000
电费、电话费、取暖费	1 000
家庭日常开销	2 800
汽车日常护养费	1 000
衣物、旅游	1 600
收支相抵后盈余	2 600

同时,张某又将来年的财产重新列了一张表格,如下表所示:

单位:元

有关财产及债务	金 额
一幢与他人相连的房屋	920 000
家具、家庭用品	72 000
一辆用了4年的小汽车	180 000
银行往来账户	81 200
欠银行的借款	0

从这些表格中可以看出,张某1年来的财富有所增加,可是,财富是如何增加的呢?

[要求]

假如你被张某选中,要你为他分析,他的财富是否增加?若增加,是如何增加的呢?他要求你给他编制一张表来显示他1年来财富增加的情况。

第三章

账户与复式记账

一、名词解释

会计科目　账户　记账方法　复式记账法　借贷记账法　总分类账户　明细分类账户

二、单项选择题

1. 本年利润属于(　　)的会计科目。
   A. 损益类　B. 所有者权益类　C. 成本类　D. 资产类
2. 公允价值变动损益属于(　　)的会计科目。
   A. 损益类　B. 所有者权益类　C. 成本类　D. 资产类
3. 存货跌价准备属于(　　)的会计科目。
   A. 损益类　B. 所有者权益类　C. 成本类　D. 资产类
4. 资产减值损失属于(　　)的会计科目。
   A. 损益类　B. 所有者权益类　C. 成本类　D. 资产类
5. 下列各项中,不属于企业资产的是(　　)。
   A. 出租的包装物　B. 经营租赁出租的固定资产
   C. 经营租赁租入的固定资产　D. 融资租入的固定资产
6. 本期的期末余额转入下期,就是下期的(　　)。
   A. 期初余额　B. 本期增加额　C. 本期减少额　D. 期末余额
7. 借贷记账法的理论依据是(　　)。
   A. 会计要素的分类　B. 会计等式原理
   C. 会计核算原则　D. 会计循环原理
8. 采用借贷记账法,账户的借方是登记增加额还是登记减少额,取决于账户的(　　)。
   A. 结构　B. 性质　C. 金额大小　D. 类别
9. 下列会计分录中,属于简单会计分录的有(　　)。
   A. 一借一贷　B. 一借多贷　C. 多借一贷　D. 多借多贷
10. (　　)账户通常没有余额。
    A. 资产类　B. 负债类　C. 所有者权益类　D. 损益类
11. 下列错误中,能够通过试算平衡查找的是(　　)。
    A. 重记经济业务　B. 漏记经济业务　C. 借贷方向相反　D. 借贷金额不等

12. 当生产车间或管理部门领用材料时,该项材料应确认为(　　)。

A. 资产　　B. 负债　　C. 费用　　D. 收入

13. 体现"管理费用"账户特点的是(　　)。

A. 期末无余额　　B. 期末有借方余额

C. 期末有贷方余额　　D. 期末同时有借、贷方余额

14. 不属于产品制造成本的是(　　)。

A. 生产工人工资　　B. 制造产品耗用材料

C. 生产用固定资产折旧　　D. 厂部管理人员工资

15. 属于总分类账户提供内容的是(　　)。

A. 某一经济业务的总括资料　　B. 某一经济业务的详细资料

C. 某一经济业务的实际资料　　D. 某一经济业务的具体资料

16. 编制试算平衡表的目的是(　　)。

A. 检查账户记录的正确性　　B. 确保所有交易已被记录

C. 加速从顾客处收取现金　　D. 增加资产及所有者权益

三、多项选择题

1. 一笔完整的会计分录一般应该包括以下内容:(　　)。

A. 账户名称　　B. 记账符号　　C. 账户性质　　D. 记账金额

E. 记账程序

2. 会计科目按其所提供信息的详细程度及其统驭关系不同,可分为(　　)。

A. 资产类科目　　B. 负债类科目　　C. 总分类科目　　D. 明细分类科目

3. 下列各项中,体现账户特点的有:(　　)。

A. 按相反的方向记录增加额和减少额

B. 账户的余额一般与记录的增加额在同一方向

C. 期初余额与上期余额在同一方向

D. 上期的余额等于本期的期初余额

E. 上期的期初余额等于本期的期初余额

4. 下列各项中,体现会计科目与账户之间区别的有(　　)。

A. 账户是分类的项目　　B. 账户记录经济业务的内容

C. 会计科目提供具体的数据资料　　D. 账户具有登记经济业务增加变动的结构

E. 账户提供具体的数据资料

5."销售商品尚未收款"业务,涉及下列各项的有(　　)。

A. 应付账款　　B. 应收账款　　C. 营业收入　　D. 库存商品

E. 本年利润

6."投资者对企业追加投资"业务涉及下列各项的有(　　)。

A. 资产增加　　B. 负债增加　　C. 所有者权益增加　　D. 费用增加

E. 收入增加

7. 下列各项中,需要设置明细分类账的总分类账户有(　　)。

A. 累计折旧　　B. 本年利润　　C. 利润分配　　D. 银行存款

E. 实收资本

8. 采用借贷记账法，账户的借方登记(　　)。

A. 资产增加　　B. 负债增加　　C. 所有者权益增加　D. 收入增加

E. 费用增加

9. 借贷记账法的试算平衡可按下列公式进行：(　　)。

A. 全部账户的借方期初余额合计数＝全部账户的贷方期初余额合计数

B. 全部账户的本期借方发生额合计数＝全部账户的本期贷方发生额合计数

C. 全部账户的借方期末余额合计数＝全部账户的贷方期末余额合计数

D. 全部账户的增加额＝全部账户的减少额

10. 下列错误中，不能通过试算平衡发现的有(　　)。

A. 借贷两方同时多记了相等的金额

B. 漏记了某项经济业务

C. 只登记了借方金额，未登记贷方金额

D. 借贷方向记错，但金额相等

E. 借贷方一方多记了金额，另一方少记了金额

四、判断题

1. 单式记账法有时也会在经济业务发生后，在相关的两个账户中进行登记。(　　)

2. 借、贷二字不仅是作为记账符号，其本身的含义也应该考虑，“借”只能表示债权增加，“贷”只能表示债务增加。(　　)

3. 借贷记账法的要求是：如果在一个账户中记借方，在另一个或几个账户中也一定记借方。(　　)

4. 管理费用账户的借方发生额应于期末时采用一定的方法分配计入产品成本。(　　)

5. 生产车间计提折旧的时候，应借记“生产成本”账户，贷记“固定资产”账户。(　　)

6. “库存现金”和“银行存款”账户是固定的对应账户。(　　)

7. 企业所有者权益账户的期末余额在贷方。(　　)

8. 试算平衡表中借贷发生额合计如果平衡，说明记账肯定没有问题。(　　)

9. 账户的对应关系是指某个账户内借方与贷方的对应关系。(　　)

10. 企业的利润通常表现为企业净资产的增加额。(　　)

五、简答题

1. 为了有效地发挥会计科目的作用，各会计主体在设置会计科目时，应遵循哪些原则？

2. 简述会计科目和账户的联系和区别。

3. 复式记账法的原理是什么？

4. 复式记账法的意义是什么？

5. 总分类账户与其所属明细分类账户的关系是什么？

6. 平行登记的要点主要包括哪些方面？

六、实务题

1. 大兴公司4月30日的有关资料列示如下：

序 号	项 目	资 产	负 债	所有者权益
1	开户银行的存款			
2	生产用机器设备			
3	管理部门办公大楼			
4	已提取的盈余公积金			
5	签发并承兑的商业汇票			
6	预付某单位购货款			
7	应付给供应单位的购料款			
8	库存的原材料			
9	采购员预借的差旅费			
10	向银行借入的短期借款			
11	国家投入的资本			
12	购货单位未付的购货款			
13	应付给食堂的代扣职工伙食费			
14	尚未分配的利润			
15	应交未交的所得税			
16	已入账的专利权			
17	预收某单位购货款			

[要求]

根据上述资料确定资产、负债、所有者权益项目，在上列表格相应的空栏处填上相应的会计科目。

2. 茂名厂1月31日资产、负债、所有者权益状况如下表所示：

茂名厂资产、负债、所有者权益平衡表

1月31日

单位：元

资 产	金 额	负债及所有者权益	金 额
库存现金	200	短期借款	18 000
银行存款	36 000	应付账款	8 000
应收账款	5 800	应交税费	4 000
其他应收款	400	实收资本	964 000
原材料	52 000	本年利润	22 000
生产成本	9 600		
库存商品	12 000		
固定资产	900 000		
合 计	1 016 000	合 计	1 016 000

该厂2月份发生下列经济业务：

(1)从银行存款中提取现金600元。

(2)财务科以现金预借给采购员李立差旅费600元。

(3)以银行存款缴清上月欠缴税金4 000元。

(4)从大丰厂购入材料16 000元，货款尚未支付。

(5)外单位投入新机器一台，作为对茂名厂的投资，价值70 000元。

(6)向银行借入短期借款30 000元，存入银行。

(7)以银行存款偿还大丰厂货款24 000元(包括上月所欠8 000元和本月所欠16 000元)。

(8)生产车间领用材料32 000元，全部投入产品生产。

(9)收到新华厂还来上月所欠货款5 800元，存入银行。

(10)以银行存款归还银行短期借款18 000元。

[要求]

(1)编制以上资料的会计分录。

(2)根据资料分清资产、负债、所有者权益的增减变化及其结果，编制2月末的资产、负债、所有者权益平衡表。具体格式如下：

资产、负债、所有者权益平衡表

年　月　日

单位：元

资产项目	月初余额	本月增加数	本月减少数	期末余额	负债及所有者权益项目	月初余额	本月增加数	本月减少数	期末余额
合　计					合　计				

3. 根据下述账户中的有关数据，计算每个账户的未知数据。

单位：元

账户名称	期初余额	本期增加发生额	本期减少发生额	期末余额
原材料	84 500	9 360	14 800	?
库存商品	53 000	?	78 000	51 400
应付账款	67 800	12 000	?	54 700

续表

账户名称	期初余额	本期增加发生额	本期减少发生额	期末余额
实收资本	850 000	150 000	200 000	?
银行存款	21 800	14 657	?	27 435
盈余公积	8 000	3 000	?	9 500
其他应付款	8 300	?	9 800	7 350

4.(1)大同工厂2月份发生的部分经济业务如下：

①从兴达厂借用塑料箱10只，每只塑料箱的押金为110元，计1 100元，当即以银行存款支付。

②收到中和厂还来前欠货款64 000元，其中6 000元直接归还银行短期借款，其余存入银行。

③生产产品领用库存材料300元。

④从银行存款户提取现金24 000元，准备发放工资。

⑤产品生产完毕验收入库，结转完工产品成本60 000元。

⑥从银行借入短期借款46 000元，存入银行。

⑦从兴达厂购入材料12 000元，货款未付。

⑧以银行存款归还上述购料欠款12 000元。

⑨收到国家作为追加投资投入的资本28 000元，存入银行。

(2)将上述经济业务编制会计分录，登记入账后的账户记录如下：

生产成本

③300	⑤60 000

原材料

⑦1 200	③300

银行存款

②6 000	①1 100
⑥46 000	④24 000
⑨28 000	⑧12 000

库存商品

⑤60 000	

短期借款

②58 000	

实收资本

	⑥46 000
	⑨28 000

应付职工薪酬

	④24 000

应付账款

⑧12 000	

其他应付款

①1 100	

应收账款

	②64 000
	⑦12 000

［要求］

根据所给资料，判断已编制会计分录的正确性；如有错，请写出正确的会计分录

5. 资料见实务题第 2 题。

［要求］

(1)开设各有关账户，登记期初余额。

(2)根据第 2 题编制的会计分录，在有关账户中进行登记。

(3)结出各账户的本期发生额和期末余额。

(4)编制试算平衡表。

总分类账户本期发生额和期末余额试算平衡表

2 月 28 日　　　　单位：元

账户名称	期初余额		本期发生额		期末余额	
	借方	贷方	借方	贷方	借方	贷方
合　计						

七、案例分析

你的朋友是做杂货生意的，他向你提供了如下有关他企业的信息资料。请你帮他了解他在年末经营状况如何、当年的经营业绩怎样？

有关信息资料简表

单位：元

有关信息	金 额
支付给雇工的工资	3 744
年末货车价值	4 800
销售成本	70 440
自付薪金	15 600
销售收入	110 820
年末商店和土地的价值	60 000
存入银行的现金	2 100
水、电费等各项杂费	10 500
年末欠供应商的款项	2 400

从朋友处你还获知当年该地区的地产已经升值。但是，由于房屋经过一般修缮后又被损坏了，所以，总的来说，它的价值仍然维持在1年前的相同水平上。另一方面，货车1年前价值6 000元，但是经过1年的折旧，价值比以前减少了。

[要求]

(1)评价该杂货店1年来的经营业绩；

(2)告诉杂货店年末的财务状况；

(3)如果不计算折旧，则该杂货店1年的净收益是多少？

第四章

企业主要经济业务的核算

一、名词解释

物资采购成本　成本计算　制造费用　管理费用　财务费用　销售费用
营业外收入　营业外支出　主营业务收入　主营业务成本　其他业务收入
其他业务成本　营业税金及附加　交易性金融资产　持有至到期投资
可供出售金融资产　营业利润　利润总额　净利润

二、单项选择题

1. 在我国，应收票据是指（　　）。
A. 支票　B. 银行本票　C. 银行汇票　D. 商业汇票
2. 企业计提本月的短期借款利息，应借记（　　）账户。
A. "管理费用"　B. "财务费用"　C. "应付利息"　D. "销售费用"
3. 下列项目中，不属于营业外支出的是（　　）。
A. 自然灾害造成的非常损失　B. 公益性捐赠支出
C. 无法收回的应收账款　D. 固定资产盘亏损失
4. 以下属于企业期末结转入"生产成本"账户的是（　　）。
A. "制造费用"　B. "管理费用"　C. "财务费用"　D. "销售费用"
5. "所得税费用"账户能与（　　）账户发生对应关系。
A. "主营业务收入"　B. "其他业务收入"
C. "本年利润"　D. "利润分配"
6. 企业设置"固定资产"账户是用来反映企业固定资产的（　　）。
A. 磨损价值　B. 累计折旧　C. 原始价值　D. 净值
7. 车间的办公费应作为（　　）记入"制造费用"账户的借方。
A. 直接生产费用　B. 间接生产费用　C. 直接计入费用　D. 间接计入费用
8. 企业购进材料，开出商业承兑汇票一张，该款项应作为（　　）加以确认。
A. 负债　B. 资产　C. 费用　D. 收入
9. 下列费用中，不应计入产品成本的有（　　）。
A. 直接材料费　B. 直接人工费　C. 期间费用　D. 制造费用
10. 下列项目中，属于营业外收入的有（　　）。
A. 销售产品的收入　B. 库存现金盘盈

C. 对外提供劳务的收入　　D. 投资收益

11. 下列项目中，属于营业外支出的有(　　)。

A. 无法收回的应收账款　　B. 支付的广告费

C. 固定资产盘亏和毁损　　D. 销售多余材料的成本

12. "利润分配"账户的年末贷方余额表示(　　)。

A. 已分配的利润额　　B. 未分配的利润额

C. 未弥补的亏损额　　D. 已实现的净利润

13. "本年利润"账户的期末贷方余额表示(　　)。

A. 实现的利润总额　　B. 实现的净利润额

C. 截至本期本年累计实现的利润总额　　D. 截至本期本年累计实现的净利润额

14. 企业年终结转后，(　　)账户应无余额。

A. "利润分配"　　B. "本年利润"　　C. "盈余公积"　　D. "应交税费"

15. 某企业购买原材料一批，发票注明买价为10 000元，增值税为1 700元，入库前的挑选整理费用为600元，则这批原材料的实际成本为(　　)元。

A. 10 000　　B. 11 700　　C. 10 600　　D. 12 300

16. 预付账款不多的企业，可以不设"预付账款"账户，而将预付的款项记入(　　)。

A. "应付账款"账户的借方　　B. "应付账款"账户的贷方

C. "应收账款"账户的借方　　D. "应收账款"账户的贷方

17. 2016年3月6日，AS企业以赚取差价为目的，从二级市场上购入一批甲公司发行的股票600万股，作为交易性金融资产，取得时公允价值每股为4.2元，含已宣告但尚未发放的现金股利0.2元，另支付交易费用8万元，全部价款以银行存款支付。则取得交易性金融资产的入账价值为(　　)万元。

A. 2 400　　B. 2 528　　C. 2 408　　D. 2 520

18. 2016年1月6日，AS企业以赚取差价为目的，从二级市场上购入一批债券作为交易性金融资产，面值总额为500万元，利率为3%，3年期，每年付息一次，该债券自2015年1月1日发行。取得时公允价值为525万元，含已到付息期但尚未领取的2015年的利息，另支付交易费用l0万元。全部价款以银行存款支付。则交易性金融资产的入账价值为(　　)万元。

A. 525　　8. 510　　C. 500　　D. 535

19. 下列项目中，应计入交易性金融资产取得成本的是(　　)。

A. 支付的交易费用

B. 支付的不含应收股利的购买价款

C. 支付的已到付息期但尚未领取的利息

D. 购买价款中已宣告尚未领取的现金股利

20. 企业在发生交易性金融资产的下列有关业务中，不应贷记"投资收益"账户的是(　　)。

A. 收到持有期间获得的现金股利

B. 收到持有期间获得的债券利息

C. 资产负债表日，持有的股票市价大于其账面价值

D. 企业转让交易性金融资产收到的价款大于其账面价值的差额

三、多项选择题

1. 物资采购成本一般包括(　　)等内容。

A. 买价　B. 采购人员差旅费　C. 装卸费　D. 运输费

E. 运输保险费

2. 产品的制造成本包括(　　)等。

A. 构成产品实体的材料消耗　B. 生产工人工资

C. 车间机器设备的折旧费　D. 车间照明用电费

3. 计提短期借款利息,应借记(　　)账户,贷记(　　)账户。

A. "管理费用"　B. "财务费用"　C. "应付利息"　D. "预提费用"

4. 企业支付短期借款利息时,可能借记的会计科目有(　　)。

A. 短期借款　B. 银行存款　C. 应付利息　D. 财务费用

5. 企业分配工资时,应借记的科目有(　　)。

A. 制造费用　B. 生产成本　C. 管理费用　D. 销售费用

6. 与"在途物资"账户的借方发生对应关系的一般有(　　)账户。

A. "银行存款"　B. "预收账款"　C. "应付票据"　D. "应付账款"

7. 下列(　　)是在销货过程中产生的债权。

A. 应收账款　B. 应收票据　C. 预收账款　D. 其他应收款

8. 下列经济业务取得的收入应通过"其他业务收入"账户核算的是(　　)。

A. 原材料的销售　B. 出售固定资产　C. 出租无形资产　D. 出租包装物

9. 下列项目中,应计入营业外支出的有(　　)。

A. 固定资产盘亏损失　B. 债务重组损失

C. 公益救济性捐赠支出　D. 销售多余材料的成本

10. 下列账户中,期末应将余额转入"本年利润"账户的是(　　)。

A. 主营业务收入　B. 主营业务成本　C. 管理费用　D. 制造费用

E. 所得税费用　F. 财务费用

11. "营业税金及附加"账户用来核算企业经营活动发生的(　　)等相关税费。

A. 增值税　B. 营业税　C. 消费税　D. 城市维护建设税

12. 利润总额的构成因素为(　　)。

A. 营业利润　B. 营业外收入　C. 营业外支出　D. 所得税费用

13. 企业购入材料款未付,其借方可能涉及的账户有(　　)的。

A. "应付票据"　B. "原材料"　C. "在途物资"　D. "应交税费"

14. 下列各项中,应确认投资收益的事项有(　　)。

A. 持有至到期投资在持有期间按摊余成本和实际利率计算确认的利息收入

B. 可供出售金融资产在资产负债表日公允价值与其账面价值的差额

C. 交易性金融资产取得当期获得现金股利

D. 交易性金融资产在资产负债表日的公允价值大于账面价值的差额

E. 企业在持有以公允价值计量且其变动计入当期损益的金融资产期间取得的利息或现金股利,应当确认为投资收益

15. (　　)账户没有余额。

A.“应交税费”　　　　　　　　　　　B.“营业外收入”
C.“营业税金及附加”　　　　　　　　D.“其他业务成本”

四、判断题

1. 固定资产的价值随其损耗，逐步地转移到产品成本和期间费用中去，所以，“固定资产”账户反映固定资产的实际价值。（　　）

2.“制造费用”与“管理费用”账户的借方发生额都应于期末时采用一定的方法计入产品成本。（　　）

3. 企业销售产品向国家缴纳的增值税是通过“营业税金及附加”账户来核算的。（　　）

4.“累计折旧”账户属于资产类账户，所以其余额在借方。（　　）

5. 因为制造费用是产品成本的一个组成部分，所以属于直接费用。（　　）

6.“利润分配”账户期末一般没有余额。（　　）

7. 10 月 31 日，“本年利润”账户的贷方余额为20 000元，表示 10 月份实现的利润总额。（　　）

8. 12 月 31 日，“本年利润”账户的借方余额为20 000元，表示全年发生的亏损总额。（　　）

9.“预付账款”与“应付账款”账户性质相同，结构相同。（　　）

10. 企业的期间费用包括财务费用、管理费用和销售费用。（　　）

五、简答题

1. 企业筹资的渠道有哪些？

2. 物资采购成本的内容有哪些？

3. 简述产品生产成本的计算步骤。

4. 比较主营业务收入和其他业务收入的异同。

5. 按照管理层持有意图，企业的对外投资可以怎样分类？

6. 什么是利润？写出营业利润、利润总额和净利润的公式。

六、实务题

（一）筹集资金

1. 收到国家追加投资投入的货币资金 100 000 元，已存入银行。

2. 取得短期借款 20 000 元，存入银行。

3. 接受华光公司投入的新设备一台，经双方协商确认其价值为 10 000 元。

4. 因兴建厂房，向银行借入期限为 3 年的借款 80 000 元，存入银行。

5. 收到联营公司投入商标权，双方确认价为 200 000 元，予以入账。

6. 向汽车制造公司购入运输卡车一辆，价值 250 000 元，增值税税率为 17%，以银行存款支付。

[要求]

根据上述经济业务，编制会计分录。

会计分录

顺序号	年		摘　要	一级账户	二级、明细账户	借方金额	贷方金额	过　账
	月	日						

(二)供应过程

1.(1)从A公司购入甲材料200千克，单价100元，增值税进项税额为3 400元，开出3月期商业承兑汇票一张抵付货款及增值税，材料尚未收到。

(2)向下列公司购入甲材料，货款及增值税暂欠：

①B公司：500千克，单价100元，增值税8 500元；

②C公司：1 000千克，单价100元，增值税17 000元。

(3)以银行存款支付，向A、B、C公司购入甲材料的运输费2 000元。

(4)上项甲材料已到达，验收入库，并按实际成本结转。

(5)向B公司购入下列材料，货款及增值税暂欠：

①乙材料：1 000千克，单价50元，增值税8 500元；

②丙材料：2 000千克，单价60元，增值税20 400元。

(6)以银行存款支付乙材料、丙材料共同发生的运输费900元(运输费按两种材料的重量比例分摊)。

(7)以银行存款偿还上项所欠B、C公司的款项。

(8)上项乙材料、丙材料已到达，验收入库，并按实际成本结转。

[要求]

(1)根据上述经济业务，编制会计分录。

(2)按材料品种开设在途物资明细账，并登记在途物资明细账。

(3)编制材料物资采购成本计算表。

会计分录

顺序号	年		摘　要	一级账户	二级、明细账户	借方金额	贷方金额	过　账
	月	日						

“在途物资”明细分类账

物资名称：甲材料　　　　单位：元

年		凭证号码	摘　要	借方			贷方	结余
月	日			买价	采购费用	合计		

"在途物资"明细分类账

物资名称:乙材料　　　　　　　　　　　　　　　　　　　　　　　　　　单位:元

年		凭证号码	摘　要	借方			贷方	结余
月	日			买价	采购费用	合计		

"在途物资"明细分类账

物资名称:丙材料　　　　　　　　　　　　　　　　　　　　　　　　　　单位:元

年		凭证号码	摘　要	借方			贷方	结余
月	日			买价	采购费用	合计		

材料物资采购成本计算表

编制单位:　　　　　　　　　20　年　　月　　日　　　　　　　　　　单位:元

成本项目	材料		材料		材料	
	总成本	单位成本	总成本	单位成本	总成本	单位成本
买价						
采购费用						
合　计						

2.(1)以银行存款向宇通公司预付货款100 000元,定购一批原材料。

(2)原材料验收入库。

①假定宇通公司交付材料的价款为85 470元,增值税额为14 530元。

②假定宇通公司交付材料的价款为90 000元,增值税额为15 300元,星海公司以银行存款补付货款5 300元。

③假定宇通公司交付材料的价款为80 000元,增值税额为13 600元,星海公司收到宇通公司退回的货款6 400元。

(3)从乙公司赊购一批原材料,价款80 000元,增值税税率为13 600元。由乙公司代垫运费100元,原材料已验收入库。

(4)购入一批原材料,价款20 000元,增值税3 400元,收到发票,货款已通过银行转账支付,材料尚在运输途中。

(5)上述材料运达企业并验收入库,结转材料采购成本。

[要求]

根据上述经济业务,编制会计分录。

(三)生产过程

1. 从仓库发出材料,具体如下表所示:

材料类别	A材料			B材料			合　计
用途	数量(吨)	单价(元)	金额(元)	数量(吨)	单价(元)	金额(元)	金额(元)
产品生产领用							
其中:甲产品	40	300	12 000	30	200	6 000	18 000
乙产品	10	300	3 000	50	200	10 000	13 000
生产车间领用				10	200	2 000	2 000
管理部门领用				2	200	400	400
合　计	50	300	15 000	92	200	18 400	33 400

2. 从银行提取现金 72 000 元,以备发放工资。

3. 以现金 72 000 元支付本月职工工资。

4. 以银行存款支付生产车间房屋修理费 800 元。

5. 分配结转本月工资费用,其中(单位:元):

生产甲产品生产工人工资	40 000
生产乙产品生产工人工资	15 000
车间管理人员工资	9 000
行政管理人员工资	8 000
合　计	72 000

6. 以银行存款支付本月电话费,其中,车间负担 1 200 元,管理部门负担 2 500 元。

7. 计提本月固定资产折旧 1 600 元,其中,车间使用固定资产计提折旧 1 200 元,行政管理部门使用固定资产计提折旧 400 元。

8. 采购员李兵因公出差,暂支差旅费 500 元,当即以现金支付。

9. 李兵出差回来,报销差旅费 700 元,余额以现金支付。

10. 以银行存款支付公司管理部门办公用品费 1 300 元。

11. 计提本月短期借款利息 1 200 元。

12. 按产品实际生产工时分配结转本月的制造费用(甲产品生产工时为 12 000 工时、乙产品生产工时为 8 000 工时)。

13. 结转完工产品成本:甲产品 500 件,全部完工并验收入库,结转其生产成本;乙产品未完工。

[要求]

(1)根据上述经济业务,编制会计分录。

(2)根据会计分录,登记制造费用"T"形账户,并编制制造费用分配表。

(3)编制产品生产成本计算表。

(4)登记生产成本明细账。

会计分录

顺序号	年		摘　要	一级账户	二级、明细账户	借方金额	贷方金额	过　账
	月	日						

借方	制造费用	贷方

制造费用分配表

产品名称	分配标准（生产工时）	分配率	分配金额
合 计			

产品生产成本计算表

成本项目	甲产品	
	总成本	单位成本
直接材料		
直接人工		
制造费用		
产品生产成本		

生产成本明细分类账

产品品种：甲产品　　　　单位：元

年		凭证号	摘 要	借 方				贷 方	借或贷	余 额
月	日			直接材料	直接人工	制造费用	合计			

生产成本明细分类账

产品品种：乙产品　　　　单位：元

年		凭证号	摘 要	借 方				贷 方	借或贷	余 额
月	日			直接材料	直接人工	制造费用	合计			

(四)销售过程

1. 向大发公司销售甲产品 50 件,每件售价 1 000 元,增值税税率为 17%,产品已发出,但款项尚未收到。

2. 以银行存款支付甲产品的运输费、包装费 700 元。

3. 收到大发公司开出的转账支票一张,支付前欠货款及增值税。

4. 销售材料一批,增值税发票上注明该批材料货款为 1 000 元,增值税额为 170 元,价款已全部收取并存入银行。

5. 结转上述材料的销售成本 700 元。

6. 接受红达公司的定货,按合同约定红达公司预付乙产品购货款 30 000 元,款项已收讫并存入银行。

7. 按合同规定向红达公司销售乙产品 80 件,每件售价 800 元,货款计 64 000 元,增值税为 10 880 元,收到红达公司的余款并存入银行。

8. 发出乙产品 20 件给红星公司,每件售价 800 元,增值税税率为 17%,收到红星公司签发的面值为 18 720 元、期限为 6 个月的商业承兑汇票一张。

9. 以银行存款支付乙产品的展销费 1 000 元。

10. 售给东风公司甲产品 30 件,每件售价 1 000 元;乙产品 30 件,每件售价 800 元。增值税税率为 17%,当即收妥款项并存入银行。

11. 结转本月已销甲、乙产品的成本,其中,甲产品每件 800 元,乙产品每件 600 元。

12. 结算本月应交城市维护建设税 1 300 元。

13. 结算应付本月销售机构职工工资 6 500 元。

[要求]

根据上述经济业务,编制会计分录。

顺序号	年		摘　要	一级账户	二级、明细账户	借方金额	贷方金额	过　账
	月	日						

续表

顺序号	年		摘　要	一级账户	二级、明细账户	借方金额	贷方金额	过　账
	月	日						

(五)资金投资的核算

1.(1)20×7年5月13日,甲公司支付价款1 060 000元从二级市场上购入乙公司发行的股票100 000股,每股价格为10.60元(含已宣告但尚未发放的现金股利0.60元),另支付交易费用1 000元。甲公司将持有的乙公司股权划分为交易性金融资产,且持有乙公司股权后对其无重大影响。

(2)5月23日,收到乙公司发放的现金股利。

(3)6月30日,乙公司股票价格涨到每股13元。

(4)8月15日,将持有的乙公司股票全部售出,每股售价15元。

[要求]

根据上述经济业务,编制会计分录。

2.(1)20×7年1月1日,ABC企业支付价款1 020 000元(含已到付息期但尚未领取的利息20 000元)从二级市场上购入某公司发行的债券,另发生交易费用20 000元。该债券面值1 000 000元,剩余期限为2年,票面年利率为4%,每半年付息一次,ABC企业将其划分为交易性金融资产。

(2)20×7年1月5日,收到该债券20×6年下半年的利息20 000元;

(3)20×7年6月30日,该债券的公允价值为1 150 000元(不含利息);

(4)20×7年7月5日,收到该债券半年利息;

(5)20×7年12月31日,该债券的公允价值为1 100 000元(不含利息);

(6)20×8年1月5日,收到该债券20×7年下半年利息;

(7)20×8年3月31日,ABC企业将该债券出售,取得价款1 180 000元(含1季度利息10 000元)。

[要求]

根据上述经济业务,编制会计分录。

(六)财务成果的核算

1. 以银行存款支付公益性捐赠款项3 000元。

2. 收到红达公司的合同违约金 2 000 元，存入银行。

3. 计提本月短期借款利息 800 元。

4. 销售材料一批，增值税发票上注明该批材料货款为 1 000 元，增值税额为 170 元，价款已全部收取并存入银行。

5. 结转上述材料的销售成本 700 元。

6. 采购员报销差旅费 900 元，原预借 1 000 元，余额退回。

7. 本月发生的其他各种销售收入及销售成本、费用汇总如下：

主营业务收入	80 000 元
主营业务成本	41 000 元
营业税金及附加	4 000 元
销售费用	5 000 元

期末，结转各损益类账户。

8. 按照利润总额的 25%计算所得税，并予以结转。

9. 年末，将"本年利润"账户的余额转入"利润分配"账户。

10. 按照净利润的 10%计算法定盈余公积金，按照净利润的 5%计算任意盈余公积。

11. 企业决定向投资者分配利润 10 000 元。

12. 年末，将"利润分配"账户下各明细账户余额转入"未分配利润"明细账。

［要求］

(1)根据上述经济业务，编制会计分录。

(2)开设"本年利润"账户，根据有关会计分录登记并进行结账。

(3)开设"利润分配——未分配利润"、"利润分配——提取法定盈余公积"、"利润分配——提取任意盈余公积"、"利润分配——应付现金股利和利润"T 形明细账，并根据有关会计分录登记该明细账，结出年末余额。

顺序号	年		摘　要	一级账户	二级、明细账户	借方金额	贷方金额	过　账
	月	日						

续表

顺序号	年		摘　要	一级账户	二级、明细账户	借方金额	贷方金额	过　账
	月	日						

借方　　本年利润　　贷方

借方　　利润分配——未分配利润　　贷方

借方　　利润分配——提取法定盈余公积　　贷方

借方　　利润分配——提取任意盈余公积　　贷方

借方	利润分配——应付现金股利或利润　　　　贷方

(七)资金调整和退出

1. 临时借款 60 000 元到期，以银行存款归还。

2. 以银行存款归还短期借款本金 120 000 元和利息 3 600 元(其中，前两个月已计提了 2 400元)。

3. 以银行存款上缴所得税 12 000 元。

4. 公司的运输卡车一辆，原价 150 000 元，已提折旧 50 000 元，在一次交通事故中报废，收到过失人赔偿款 80 000 元，存入银行，并结转固定资产净损益。

[要求]

根据上述经济业务，编制会计分录。

会计分录

顺序号	年		摘　要	一级账户	二级、明细账户	借方金额	贷方金额	过　账
	月	日						

续表

顺序号	年		摘　要	一级账户	二级、明细账户	借方金额	贷方金额	过　账
	月	日						

(八)综合练习

1. 向四达公司购入甲材料 1 000 千克，每千克 79 元；乙材料 400 千克，每千克 49 元。增值税 16 762 元，款未付。

2. 以银行存款支付购买甲、乙材料的运输费 1 400 元(按两种材料的重量分摊)。

3. 向四达公司采购的甲、乙材料已到达本厂并验收入库，按其实际采购成本转账。

4. 采购员李林因公出差，暂借差旅费 300 元，当即以现金付清。

5. 采购员李林出差回来报销差旅费 280 元，退回多余现金 20 元。

6. 从银行提取现金 141 360 元，以备发工资。

7. 以现金发放本月应发职工工资 141 360 元。

8. 以现金支付生产车间文具用品费 400 元。

9. 以银行存款支付车间设备保险费 1 800 元。

10. 计提银行借款利息 150 元。

11. 结算本月份应付的职工工资，其用途如下：

A 产品生产工人工资	91 200 元
B 产品生产工人工资	22 800 元
车间管理人员工资	9 576 元
厂部管理人员工资	17 784 元

12. 以现金支付本月车间电话费 300 元。

13. 本月应提固定资产折旧如下：

基本生产车间固定资产折旧	3 600 元
企业管理部门固定资产折旧	1 200 元

14. 汇总本月材料发出情况如下：

A 产品生产领用甲材料 18 450 元，乙材料 10 000 元。

B 产品生产领用甲材料 1 670 元，乙材料 12 000 元。

车间一般耗用甲材料 1 700 元。

企业管理部门耗用乙材料 590 元。

15. 按本月 A、B 产品的生产工时比例分配结转制造费用(A、B 产品的生产工时分别为 8 000工时和4 000工时)。

A 产品应分摊的制造费用＝

B 产品应分摊的制造费用＝

借方	制造费用	贷方

16. 本月投产的 A 产品已全部完工，经验收入库，结转完工产品的生产成本；B 产品尚未完工。

借方	生产成本——A 产品	贷方

17. 售给大华公司 A 产品 400 件，每件售价 500 元；B 产品 500 件，每件售价 300 元。应收取的增值税为59 500元，款项尚未收到。

18. 以银行存款支付广告费 4 550 元。

19. 收到大华公司还来前欠款，当即存入银行。

20. 结转本月份售出的 A 产品生产成本计100 000元，B 产品生产成本计80 000元。

21. 销售材料一批，增值税发票上注明该批材料货款为5 000元，增值税税率为 17%，价款已全部收取并存入银行。

22. 结转上述材料的销售成本 3 000 元。

23. 计算已销产品应缴纳的城市维护建设税 17 500 元。

24. 以银行存款支付公益性捐赠款项 1 000 元。

25. 收到红达公司的合同违约金 7 000 元，存入银行。

26. 将本月损益类账户金额转入“本年利润”账户。

27. 计算应交所得税(所得税税率为 25%)。

应交所得税＝

28. 将所得税转入“本年利润”账户。

29. 将税后净利润转入“利润分配”账户。

30. 按税后净利润的 10%提取法定盈余公积，按税后净利润的 20%支付给投资者利润。

[要求]

根据上述经济业务，编制会计分录。

顺序号	年		摘　要	一级账户	二级、明细账户	借方金额	贷方金额	过账
	月	日						

续表

顺序号	年		摘　要	一级账户	二级、明细账户	借方金额	贷方金额	过账
	月	日						

续表

顺序号	年		摘　要	一级账户	二级、明细账户	借方金额	贷方金额	过账
	月	日						

七、案例分析

李平是一家公司的销售经理，年薪 8 万元。一年前他辞去公职，投资500 000元（该500 000元为个人从银行借入的款项，年利率 8%）开办了一家公司，从事铝合金材料的生产业务。该公司开业一年来，有关收支项目的发生情况如下：

1. 铝合金销售收入为 470 000 元；
2. 出租场地的租金收入为 50 000 元；
3. 购进材料 210 000 元，本年完工的铝合金产品共计消耗材料 150 000 元，且全部售出。
4. 支付的广告支出为 5 000 元；
5. 支付各种税费 22 000 元（不含增值税）；
6. 支付雇员工资 150 000 元；
7. 购置设备支出 130 000 元，其中，本年应负担该批设备的磨损成本30 000元；
8. 李平的个人支出为 60 000 元。

[要求]

确定该公司的经营成果，并运用你掌握的会计知识，评价李平辞职是否合适。

第五章

会计凭证

一、名词解释

会计凭证　原始凭证　记账凭证　自制原始凭证　外来原始凭证　一次原始凭证　累计原始凭证

二、单项选择题

1. 发料单属于(　　)。

A. 外来原始凭证　　B. 自制原始凭证

C. 记账凭证　　D. 汇总凭证

2. 企业的限额领料单一般属于(　　)。

A. 外来原始凭证　　B. 自制累计凭证

C. 记账凭证　　D. 自制一次性凭证

3. 下列不能作为会计核算的原始凭证的是(　　)。

A. 罚款通知单　　B. 领料单

C. 合同书　　D. 增值税专用发票

4. 采购的商品验收入库应编制(　　)。

A. 收款凭证　　B. 付款凭证

C. 转账凭证　　D. 原始凭证

5. 严格地讲,填制记账凭证的依据应是(　　)。

A. 真实的原始凭证　　B 自制的原始凭证

C. 外来原始凭证　　D. 审核无误的原始凭证

6. 会计分录在会计实务中是填写在(　　)上。

A. 原始凭证　　B. 记账凭证

C. 总分类账　　D. 明细分类账

7. 会计人员审核凭证时发现其金额有差错,应由(　　)。

A. 原制单人更正　　B. 经办人员更正

C. 会计人员更正　　D. 审批人员更正

8. 付款凭证是用来记录(　　)的凭证。

A. 资产付出业务　　B. 现金付出业务

C. 货币资金付款业务　　D. 银行存款付出业务

三、多项选择题

1. 会计凭证的作用有(　　)。
   A. 记录经济业务
   B. 明确经济责任
   C. 登记账簿的依据
   D. 可以全面、系统、连续、综合地反映经济业务
2. 下列凭证中,属于自制原始凭证的有(　　)。
   A. 收货单　　B. 差旅费报销单
   C. 发料汇总表　　D. 购货发票
3. 原始凭证的内容必须具备(　　)等。
   A. 原始凭证的名称　　B. 填制原始凭证的日期
   C. 应借、应贷的会计科目名称　　D. 接受原始凭证单位的名称
4. 会计凭证的传递是从原始凭证的填制或取得时开始,经过(　　),直到归档保管为止。
   A. 填制　　B. 审核　　C. 记账　　D. 装订
5. 付款凭证左上角的"贷方科目"可能登记的科目有(　　)。
   A. 应付账款　　B. 银行存款　　C. 预付账款　　D. 库存现金
6. 限额领料单同时属于(　　)。
   A. 原始凭证　　B. 记账凭证　　C. 自制凭证　　D. 外来凭证
   E. 累计凭证

四、判断题

1. 企业发生各项经济业务,都必须取得或填制具有证明效力的合法的会计凭证。如果没有合法的会计凭证,不得动用财产物资和款项收付,也不能进行账务处理。(　　)

2. 收料单、工资结算单既属于自制原始凭证,又属于记账凭证。(　　)

3. 一式几联的原始凭证应按各联注明的用途使用,只能以一联作为报销联。(　　)

4. 在审核原始凭证过程中,如果发现伪造或涂改的凭证,其处理方法与内容不全、手续不完备的凭证相同。(　　)

5. 在填制原始凭证时,阿拉伯数字角位是"0",但分位不是"0"时,汉字大写金额"元"后面应写"零"字。(　　)

6. 转账凭证是用来记录不涉及库存现金和银行存款收付的经济业务的记账凭证。它是根据有关转账业务的记账凭证填制的。(　　)

7. 会计凭证装订后,不得随意拆卸、抽取凭证,如果必须拆卸,要得到会计主管人员的同意。(　　)

8. 记账凭证按其用途不同,可以分为收款凭证、付款凭证和转账凭证。(　　)

9. 累计凭证是指连续记载一定时期许多同类又不断重复发生的经济业务,以期末累计数作为记账依据的原始凭证。(　　)

10. 外来原始凭证一般都属于一次凭证。(　　)

五、填空题

1. 会计凭证是记录(　　),明确(　　),并据以(　　)的书面证明。

2. 会计凭证按其填制的程序和用途,可以分为(　　)和(　　)。

3. 原始凭证按其来源不同,可分为(　　)和(　　)。

4. 原始凭证按其反映经济业务的时间和内容不同,可分为(　　)和(　　)。

5. 记账凭证按其反映的经济业务是否与货币资金收付有关,可以分为(　　)、(　　)和(　　)。

6. 不分收款、付款和转账业务,一律使用同一格式的记账凭证是(　　)。

7. 原始凭证按用途不同,可以分为(　　)、(　　)和(　　)。

8. 货币资金之间相互划转的业务,一般只编制(　　)凭证,不编制(　　)凭证,可以避免重复记账。

六、简答题

1. 原始凭证和记账凭证有什么区别?

2. 原始凭证的内容是什么? 应如何审核?

3. 记账凭证的内容是什么? 应如何审核?

4. 准确填制和严格审核会计凭证有什么意义?

七、实务题

习题一

(一)目的:练习收款凭证和付款凭证的填制。

(二)资料:辉煌公司2×16年5月份发生下列经济业务:

(1)5月1日,从银行提取现金1 200元,作为财务科零星支出备用。

(2)5月2日,接到银行收款通知,向银行申请短期借款100 000元,已批准并划存企业银行存款户。

(3)5月4日,采购员李恒出差,预借差旅费800元,以现金付讫。

(4)5月6日,开支票一张,支付所欠购入甲材料款20 000元及应交增值税3 400元。

(5)5月7日,接银行收款通知,华夏厂归还前欠货款80 000元,已存入企业银行存款户。

(6)5月10日,销售A产品3 000件,每件售价8元,该产品的增值税税率为17%,销货款项当即收妥并存入银行。

(7)5月11日,提取现金25 000元,备发本月职工工资。

(8)5月13日,以现金发放本月职工工资25 000元。

(9)5月19日,厂部管理部门购买办公用品450元,开出转账支票一张。

(10)5月21日,采购员李恒报销差旅费,交回多余现金140元。

(11)5月22日,接银行收款通知,上海厂到期商业汇票65 000元已代收妥,转入企业银行存款户。

(12)5月26日,以银行存款支付本月电费2 340元,增值税发票上注明电费2 000元。

(13)5月28日,开出转账支票,支付前欠大化公司货款54 000元。

(14)5月29日,收到丰收公司对本企业投入资金150 000元,已存入企业银行存款户。

(15)5 月 31 日，以银行存款解缴本月应缴增值税2 800元。

(16)5 月 31 日，以银行存款预缴本月应缴所得税38 000元。

(17)5 月 31 日，收到天皇公司交来转账支票一张，面值为50 000元，抵付前欠购货款，当即存入企业银行存款户。

(三)要求：根据上述经济业务，填制收款凭证和付款凭证①。

收款凭证

借方科目：________　　　　年　月　日　　　　________字第________号

摘　要	贷方科目		金额									过账
	一级科目	二级明细科目	百	十	万	千	百	十	元	角	分	
合　计												

会计主管：　　　出纳：　　　记账：　　　审核：　　　制单：

付款凭证

贷方科目：________　　　　年　月　日　　　　________字第________号

摘　要	借方科目		金额									过账
	一级科目	二级明细科目	百	十	万	千	百	十	元	角	分	
合　计												

会计主管：　　　出纳：　　　记账：　　　审核：　　　制单：

习题二

(一)目的：练习转账凭证的填制。

(二)资料：田地公司 2×16 年 3 月份发生下列经济业务，

(1)3 月 1 日，向大地公司购入甲材料2 000千克，每千克买价为 7.5 元，发生运杂费 200 元，增值税专用发票上注明的税额为2 550元。材料已验收入库，进货款项尚未支付。

(2)3 月 3 日，以现金支付本月车间办公用品费用 500 元。

(3)3 月 7 日，计提本月车间设备折旧费4 500元，行政管理部门设备折旧费2 000元。

(4)3 月 9 日，以银行存款支付本月管理部门应负担的财产保险费 700 元。

(5)3 月 10 日，向湖东公司购入乙材料4 000千克，每千克买价为 12 元，增值税专用发票上注明的税额为8 160元。按进货款项开出 3 个月期商业承兑汇票一张，材料未到。

(6)3 月 12 日，向湖东公司购入乙材料运达，经验收入库，按实际采购成本入账。

---

① 限于篇幅，以下所列收款凭证和付款凭证为样张，学生可自行复印，根据具体题目填制凭证，本书下同。

(7)3月14日,向星星公司购入丙材料2 000千克,每千克买价为9元;购入丁材料1 000千克,每千克买价为10元。增值税专用发票上注明的税额为4 760元,另发生运杂费600元(按购入材料重量比例分摊)。进货款项尚未支付,材料已验收入库。

(8)3月16日,收到有云公司投入非专利技术一项,双方协商作价15 000元。

(9)3月20日,结转本月应付工资20 000元。其中,生产工人工资14 000元,车间管理人员工资3 500元,行政管理人员工资2 500元。

(10)3月22日,结转本月电费3 600元。其中,生产产品耗用1 800元,车间一般耗用1 000元,行政管理部门耗用800元。

(11)3月22日,预提本月短期借款利息420元。

(12)3月24日,向华丰厂购入甲材料4 000千克,每千克买价为7.5元。增值税专用发票上注明的税款为5 100元,另对方代垫运杂费400元。当即开出2个月期、面值为35 500元的商业承兑汇票一张。

(13)3月25日,向华丰公司购入甲材料运达,经验收入库,按实际成本入账。

(14)3月27日,售给安庆公司A产品600件,每件售价150元。安庆公司交来面值为105 300元、2个月期的商业承兑汇票一张。

(15)3月28日,结转本月已销A产品成本,已知A产品单位销售成本为120元。

(三)要求:根据上述经济业务,编制转账凭证。

转账凭证

年　月　日　　　　　　　　　　　　　　　　　　______字第______号

摘　要	一级科目	二级明细科目	借方金额									贷方金额									过账
			百	十	万	千	百	十	元	角	分	百	十	万	千	百	十	元	角	分	
合　计																					

会计主管:　　出纳:　　记账:　　审核:　　制单:

习题三

(一)目的:练习收款、付款、转账凭证的填制方法。

(二)资料:禾苗公司2×16年4月发生下列经济业务:

(1)4月1日,以银行存款支付向万达厂购入A材料货款20 000元及购货进项税额3 400元(增值税专用发票上注明),材料尚未收到。

(2)4月3日,接银行通知,收到明天公司转来上月销售产品款项(价税合计)95 000元,已转入企业银行存款户。

(3)4月5日,开出现金支票,向银行提取现金1 000元,供财务科零星备用。

(4)4月7日,向万达公司购入A材料已运达,经验收无误入库,按实际采购成本入账。

(5)4月8日,收到申红公司投资转入新机器设备2台,价值为85 000元。

(6)4月8日,出售给大山公司#301产品3 000件,每件售价为10元,该产品适用的增值税税率为17%。货款当即收妥,存入企业银行存款户。

(7)4月9日,以现金支付行政管理部门办公用品费95元。

(8)4 月 10 日,采购员李和预借差旅费 400 元,以现金付讫。

(9)4 月 10 日,收到迪杰公司投资转入非专利技术两项,双方协商作价 20 000 元。

(10)4 月 13 日,购入 B 材料 450 千克,每千克买价为 10 元,计价 4 500 元,增值税专用发票上注明的增值税额为 765 元。货款尚未支付,材料已验收入库。

(11)4 月 14 日,采购员李和报销差旅费 350 元,余款退回,结清前暂借款。

(12)4 月 15 日,向银行提取现金18 500元,准备发放职工工资。

(13)4 月 15 日,以现金发放本月职工工资18 500元。

(14)4 月 16 日,售给京伟公司#302 产品 500 件,每件售价为 30 元,该产品的增值税税率为 17%。产品发出,销货款项尚未收到。

(15)4 月 16 日,以银行存款支付本月车间的财产保险费 500 元。

(16)4 月 17 日,计提本月短期借款利息 160 元。

(17)4 月 18 日,3 个月前开出商业承兑汇票一张,面值 18 000 元,今到期以银行存款予以兑付。

(18)4 月 18 日,收到京伟公司开来支票一张,归还前欠#302 产品购货款。当即解缴存入银行。

(19)4 月 19 日,采购员李涛出差预借差旅费 200 元,以现金付讫。

(20)4 月 19 日,售给京伟公司#302 产品 200 件,每件售价为 30 元,该产品的增值税税率为 17%。当即收到转账支票一张,缴存银行。

(21)4 月 19 日,向跃进公司购入 C 材料 200 千克,每千克买价 18 元,计 3600 元,增值税专用发票上注明的税额为 612 元。材料运到并验收入库,按其实际采购成本入账。企业当即以银行存款付清进货款项。

(22)4 月 20 日,向银行申请短期借款30 000元,经批准已转入企业银行存款户。

(23)4 月 20 日,以银行存款支付本月管理部门的办公用品费 500 元。

(24)4 月 20 日,以银行存款支付本月管理部门的财产保险费 300 元。

(25)4 月 20 日,购入新生产设备一台,价值98 000元,增值税税率 17%,以银行存款支付全部款项。

(26)4 月 21 日,采购员李涛出差回来报销差旅费 300 元,差额部分以现金补付之,结清前暂借款。

(27)4 月 22 日,以银行存款对外捐赠2 000元。

(28)4 月 23 日,以银行存款支付#301 产品展销费 480 元。

(29)4 月 25 日,企业有长期挂账应付账款7 000元,经查确实无法支付,经批准转销。

(30)4 月 30 日,本月仓库发料共计20 000元。其中,生产#301 产品耗用11 000元,生产#302 产品耗用7 000元,车间一般耗用1 500元,行政管理部门耗用 500 元。

(31)4 月 30 日,计提固定资产折旧费5 000元。其中,车间负担3 000元,行政管理部门负担2 000元。

(32)4 月 30 日,结转本月职工薪酬18 500元。其中,生产#301 产品工人工资6 000元,生产#302 产品工人工资5 000元,车间管理人员工资4 000元,行政管理人员工资3 500元。

(33)4 月 30 日,按各产品生产工时结转本月制造费用。其中,生产#301 产品 600 工时,生产#301 产品 400 工时。

(34)4 月 30 日,以银行存款解缴本月应交增值税。

(35)4 月 30 日，本月＃301 产品全部完工，经验收入库，按实际生产成本结转完工产品成本；＃302 产品尚未完工。

(36)4 月 30 日，结转本月已销产品成本。＃301 产品的单位销售成本为 6 元，＃302 产品的单位销售成本为 12 元。

(37)4 月 30 日，结转上述各损益类账户。

(三)要求：根据上述经济业务，填制收款凭证、付款凭证、转账凭证。

收款凭证

借方科目：________　　年　月　日　　________字第________号

摘　要	贷方科目		金额									过账
	一级科目	二级明细科目	百	十	万	千	百	十	元	角	分	
合　计												

会计主管：　　出纳：　　记账：　　审核：　　制单：

付款凭证

贷方科目：________　　年　月　日　　________字第________号

摘　要	借方科目		金额									过账
	一级科目	二级明细科目	百	十	万	千	百	十	元	角	分	
合　计												

会计主管：　　出纳：　　记账：　　审核：　　制单：

转账凭证

年　月　日　　________字第________号

摘　要	一级科目	二级明细科目	借方金额									贷方金额									过账
			百	十	万	千	百	十	元	角	分	百	十	万	千	百	十	元	角	分	
	合　计																				

会计主管：　　出纳：　　记账：　　审核：　　制单：

第六章

会计账簿

一、名词解释

会计账簿　序时账簿　分类账簿　备查账簿　订本式账簿　活页式账簿
卡片式账簿　普通日记账　特种日记账　划线更正法　红字更正法　补充登记法

二、单项选择题

1. 企业设置的日记总账，按账簿的用途分类，属于(　　)。
   A. 序时账簿　　B. 订本账簿
   C. 联合账簿　　D. 备查账簿
2. 企业设置的日记账，按用途分类，属于(　　)。
   A. 备查账簿　　B. 分类账簿
   C. 联合账簿　　D. 序时账簿
3. 总分类账簿应采用(　　)。
   A. 活页账簿　　B. 卡片账簿
   C. 订本账簿　　D. 联合账簿
4. 材料明细账的外表形式一般采用(　　)账簿。
   A. 订本式　　B. 活页式
   C. 三栏式　　D. 多栏式
5. 固定资产明细账的外表形式一般是(　　)。
   A. 三栏式　　B. 数量金额式
   C. 多栏式　　D. 卡片式
6. 在结账以前，若发现账簿记录有错误，而记账凭证无错误，则应采用(　　)进行更正。
   A. 划线更正法　　B. 红字更正法
   C. 补充登记法　　D. 直接冲销法
7. 记账后，若发现记账凭证中的应借、应贷会计科目有错误，应采用(　　)进行更正。
   A. 划线更正法　　B. 红字更正法
   C. 补充登记法　　D. 直接冲销法
8. 记账后，若发现记账凭证和账簿中所记金额大于应记金额，而应借、应贷的会计科目并无错误，应采用(　　)进行更正。
   A. 划线更正法　　B. 红字更正法

C. 补充登记法　　D. 直接冲销法

9. 记账后，若发现记账凭证和账簿中所记金额小于应记金额，而应借、应贷的会计科目并无错误，应采用（　　）进行更正。

A. 划线更正法　　B. 红字更正法

C. 补充登记法　　D. 直接冲销法

10. 新的会计年度开始，可以继续使用而不必更换新账的有（　　）。

A. 多栏式日记账　　B. 银行存款日记账

C. 固定资产卡片账　　D. 管理费用明细账

三、多项选择题

1. 企业从银行提取现金 1 000 元，此项业务应在（　　）中登记。

A. 现金日记账　　B. 银行存款日记账

C. 总分类账　　D. 明细分类账

2. 账簿按其用途，可以分为（　　）。

A. 序时账簿　　B. 订本账簿

C. 分类账簿　　D. 备查账簿

E. 活页账簿

3. 账簿按其外表形式，可以分为（　　）。

A. 订本账簿　　B. 活页账簿

C. 三栏式账簿　　D. 卡片账簿

E. 多栏式账簿

4. 任何会计主体都必须设置的账簿有（　　）。

A. 日记账簿　　B. 辅助账簿

C. 总分类账簿　　D. 备查账簿

E. 明细分类账簿

5. 库存现金、银行存款日记账的账页格式主要有（　　）。

A. 三栏式　　B. 多栏式

C. 数量金额式　　D. 两栏式

E. 订本式

四、判断题

1. 账簿是以原始凭证为依据，由具有一定格式而又相互联系的账页所组成，用来全面、系统、连续记录反映经济业务的簿籍。（　　）

2. 活页式账簿主要适用于各种日记账。（　　）

3. 总分类账是分类连续反映企业经济业务总括情况的账簿，总分类账一般采用借、贷、余三栏式的订本账。（　　）

4. 普通日记账的优点在于可以全面、连续地记录一个单位的经济业务情况，过账工作简单；缺点是不便于分工记录。（　　）

5. 银行存款日记账是用来逐日逐笔序时登记银行存款的收入、支出和结存情况的账簿，它是由记账员根据审核后的银行存款收款凭证和付款凭证序时逐笔登记的。（　　）

6. 账页记满时，应在该账页的最后一行，加计本页发生额及余额，在“摘要”栏内注明“过次页”，并在次页第一行“摘要”栏注明“承前页”字样，同时记入前页发生额和余额。（　　）

7. 新的会计年度开始时，必须更换全部账簿。（　　）

8. 在填制记账凭证时，误将7 800元记为8 700元，并已登记入账。月终结账前发现错误，更正时应采用划线更正法。（　　）

9. 卡片式账簿的优点是实用性强，能够避免账页散失，防止不合法地抽换账页。（　　）

10. 总分类账、库存现金及银行存款日记账一般都采用活页式账簿。（　　）

五、填空题

1. 账簿按其用途分类，一般可分为（　　）、（　　）和（　　）三类。

2. 账簿按其外表形式分类，可分为（　　）、（　　）和（　　）三类。

3. 账簿的种类、形式和格式多种多样，但一般应具备（　　）、（　　）和（　　）等基本内容。

4. 对账是指对账簿、账户记录所进行的核对工作。通过对账，应当做到（　　）、（　　）、（　　）、（　　）。

5. 更正错账的方法有（　　）、（　　）、（　　）。

6. 明细账的格式应根据它所反映经济业务内容的特点以及经营管理的不同要求来设计，一般有（　　）、（　　）和（　　）三种。

六、简答题

1. 设置和登记账簿有何意义？

2. 账簿按用途和外表形式怎样分类？两种分类方法有何联系？

3. 简述订本账、活页账、卡片账的适用范围以及优缺点。

4. 简述划线更正法的适用范围和更正程序。

5. 简述红字更正法的适用范围和更正程序。

6. 简述补充登记法的适用范围和更正程序。

7. 对账工作包括哪些内容？做好对账工作有什么意义？

七、实务题

习题一

（一）目的：练习三栏式现金日记账的登记方法。

（二）资料：

（1）辉煌公司 2×16 年 5 月初“库存现金”账户的余额为 800 元。

（2）辉煌公司 2×16 年 5 月发生的现金收付业务见第五章习题一。

（三）要求：

（1）根据资料开设现金日记账，登记期初余额。

（2）根据第五章习题一已编制的现金收款凭证、付款凭证，登记三栏式现金日记账。

现金日记账

年		凭证号数	摘　要	对方账户	收入金额									付出金额									储存金额								
月	日				百	十	万	千	百	十	元	角	分	百	十	万	千	百	十	元	角	分	百	十	万	千	百	十	元	角	分

习题二

(一)目的:练习三栏式银行存款日记账的登记方法。

(二)资料:

(1)辉煌公司 2×16 年 5 月初“银行存款”账户的余额为20 000元。

(2)辉煌公司 2×16 年 5 月份发生的银行收付业务见第五章习题一。

(三)要求:

(1)根据资料开设银行存款日记账,登记期初余额。

(2)根据第五章习题一已编制的银行存款收款凭证、付款凭证,登记三栏式银行存款日记账。

银行存款日记账

年		凭证号数	摘要	对方账户	收入金额									付出金额									储存金额								
月	日				百	十	万	千	百	十	元	角	分	百	十	万	千	百	十	元	角	分	百	十	万	千	百	十	元	角	分

习题三

（一）目的：练习更正错账的方法。

（二）资料：假定企业在记账以后发生下列错误：

（1）记账人员在登账时，将原材料账户借方的 65 780 元，误写为56 780元。

（2）企业以银行存款 5 850 元购买材料，材料未验收入库。填制记账凭证时，编制以下会计分录并据以入账：

借：在途物资　5 000
　应交税费——应交增值税（进项税额）　850
　贷：库存现金　5 850

（3）企业支付本月短期借款利息 160 元。填制记账凭证时，编制以下会计分录并据以入账：

借：财务费用　150
　贷：银行存款　150

（4）公司管理人员出差回来报销差旅费 1 800 元，交回现金 200 元。填制记账凭证时，编制以下会计分录并据以入账：

借：管理费用　1 800
　库存现金　200
　贷：其他应付款　2 000

（5）结转本月实际完工产品的生产成本 48 000 元。填制记账凭证时，编制以下会计分录并据以入账。

借：主营业务成本　84 000
　贷：生产成本　84 000

（三）要求：根据以上资料更正错账。

习题四

（一）目的：练习企业相关账簿的设置和登记。

（二）企业相关资料如下：禾苗公司主要生产、销售高精度空调与制冷用无缝铜管、高效传热内螺纹铜管，年生产精密铜管能力为 4 万吨。公司继承了精密铜管行业先进的管理理念和独特的企业文化，依托中国科学院精密铜管工程研究中心的技术支持，全部生产设备均选自国际著名的铜加工设备制造商，生产工艺和产品均达到国际领先水平。

企业主要产品简介：主要生产磷铜复合高效传热内螺纹铜管，高精度、清洁度空调与制冷用铜管，具体规格有：光面直管（外径范围 ø6～28mm），光管盘管（外径范围 ø3.8～22mm），内螺纹铜管（外径范围 ø5～15.88mm），蚊香盘管（外径范围 ø4～22mm）。

（三）要求：

（1）根据该企业的经济业务，设置该企业的相关账簿。

（2）根据该企业的经济业务以及第五章习题三的记账凭证，登记该企业的相关账簿。该公司在 2×16 年 4 月份发生的经济业务见第五章习题三。

日记账账页

年		凭证号数	对方账户	摘要	总页	收入(借方)										付出(贷方)										结存									
月	日					千	百	十	万	千	百	十	元	角	分	千	百	十	万	千	百	十	元	角	分	千	百	十	万	千	百	十	元	角	分

三栏式账页

分页 .... 总页 ....

════════════════════

会计科目 ....

明细科目 ....

年		凭证		摘要	对应科目	借方														贷方														借/贷	余额													
月	日	种类	号数			百	十	亿	千	百	十	万	千	百	十	元	角	分	✓	百	十	亿	千	百	十	万	千	百	十	元	角	分	✓		百	十	亿	千	百	十	万	千	百	十	元	角	分	✓

数量金额式明细账账页

计量单位……………… 规格……………… 类别………………

年		凭证		摘要	收入												发出												结存											
月	日	种类	号数		数量	单价	金额										数量	单价	金额										数量	单价	金额									
							千	百	十	万	千	百	十	元	角	分			千	百	十	万	千	百	十	元	角	分			千	百	十	万	千	百	十	元	角	分

第七章

第七章 财产清查

一、名词解释

财产清查　不定期清查　实地盘存制　永续盘存制　未达账项

二、单项选择题

1. 现金短缺和现金盈余应分别(　　)。

A. 增加管理费用和减少管理费用　　B. 增加管理费用和增加营业外收入

C. 增加营业外支出和增加营业外收入　　D. 增加营业外收入和减少管理费用

2. 对银行存款进行检查时,有确凿证据表明在银行的存款不能收回的,应该作为当期的损失,借记(　　)账户。

A.“营业外支出”　B.“营业外收入”　C.“管理费用”　D.“财务费用”

3. 盘盈的存货按照其重置成本作为入账价值,通过(　　)账户进行会计处理;按管理权限报经批准后,冲减(　　)。

A.“管理费用”,待处理财产损溢　　B.“财务费用”,待处理财产损溢

C.“待处理财产损溢”,财务费用　　D.“待处理财产损溢”,管理费用

4. 存货因为收发计量差错发生盘亏,应先扣除残料价值、可收回的保险赔偿和过失人赔偿,将净损失计入(　　)。

A. 营业外支出　　B. 营业外收入

C. 管理费用　　D. 财务费用

5. 固定资产盘盈应计入(　　)。

A. 以前年度损益调整　　B. 营业外收入

C. 管理费用　　D. 财务费用

三、多项选择题

1. 按照财产清查的范围,可以分为(　　)。

A. 全面清查　B. 定期清查　C. 局部清查　D. 不定期清查

2. 常用的实物资产清查方法主要包括(　　)。

A. 实地盘点法　　B. 实地盘存制

C. 永续盘存制　　D. 查询核实法

3. 财产清查领导小组负责财产清查的领导和组织工作,其主要任务是(　　)。

A. 拟订财产清查工作步骤　　　　　　　　B. 检查和督促清查工作
C. 撰写财产清查工作书面报告　　　　　　D. 签署对盘盈、盘亏的处理意见

4. 开展财产清查工作前，各部门特别是财会部门应做好以下(　　)等准备工作。
A. 将所有的经济业务登记入账　　　　　　B. 核对总账、明细账
C. 整理各种物资　　　　　　　　　　　　D. 准备计量器具及登记表

5. 以下(　　)情况需要调减企业银行存款日记账余额。
A. 企业委托银行代收的销售收入，银行已收妥，但尚未通知企业入账
B. 银行直接转账代缴的水电费，但尚未通知企业入账
C. 企业开出支票预付购货款并减少账面存款余额，但银行尚未入账
D. 企业存入款项已经增加账面存款余额，但银行尚未入账

6. "待处理财产损溢"账户的借方登记(　　)。
A. 待处理财产物资的盘盈数　　　　　　　B. 经批准后转销的盘盈数
C. 待处理财产物资的盘亏数　　　　　　　D. 经批准后转销的盘亏数

四、判断题

1. 不定期清查可以是全面清查，也可以是局部清查。(　　)

2. 企业应成立财产清查领导小组，负责财产清查的领导和组织工作。领导小组一般由主管财务的单位负责人或总会计师，以及各有关职能部门的主管人员、专业人员和保管人员组成。(　　)

3. 实地盘存制的计算公式为：本期发出数＝期初结存数－本期收入数＋期末结存数。(　　)

4. 永续盘存制的计算公式为：期末结存数＝期初结存数＋本期收入数－本期发出数。(　　)

5. 企业各种贵重的物资必须要每天进行盘点。(　　)

6. 库存现金盘点报告表由清查小组盘点员签章后即可生成。(　　)

五、简答题

1. 财产清查对于保证会计记录的真实可靠、保护企业财产的安全与完整，具有哪些重要的意义？

2. 一般在哪些情况下需要进行不定期清查？

3. 未达账项具体有哪四种情况？

六、实务题

1. 某公司2×16年12月31日银行存款日记账的余额为42 060元，银行对账单的余额为46 500元，经过核对，发现未达账项及错误情况如下：

(1)12月20日，委托银行收款，金额为2 000元，银行已经收妥入账，但企业未收到收款通知。

(2)12月份，公司开出转账支票共3张，持票人未到银行办理手续，金额合计6 700元。

(3)12月22日，公司本月一笔销售货款2 600元存入银行，公司误记为2 060元。

(4)12月25日，银行将本公司存入的一笔款项串记入另一家公司中，金额1 200元。

(5)12 月 29 日,存入银行支票一张,金额 1 500 元,银行已承办,企业已记账,银行未记账。

(6)12 月 31 日,银行代付电费 2 100 元,企业未收到付款通知。

[要求]

编制该公司的银行存款余额调节表。

银行存款余额调节表

20×8 年 12 月 31 日

单位:元

项目	金额	项目	金额
银行对账单余额		企业银行存款日记账余额	
加:企业已收、银行未收金额		加:银行已收、企业未收金额	
减:企业已付、银行未付金额		减:银行已付、企业未付金额	
调整后的余额		调整后的余额	

2. 某公司在财务清查中发现以下盘盈、盘亏和毁损:

(1)盘亏甲材料 200 吨,每吨成本为 50 元,增值税税率为 17%。经查明,其中 50 吨是由于保管员管理不善造成的,该部分损失应该由保管员赔偿;其余部分是由于收发计量原因造成的,但是无法追究责任。

(2)盘盈 A 库存商品 10 件,同类库存商品的单位成本为 30 元。

(3)企业发生水灾,造成乙材料毁损 400 吨,单位成本为 25 元,增值税税率为 17%。其中,应该由保险公司赔偿6 000元,其余为非常损失。

(4)发现账外机器一台,估计重置价为 9 000 元,现值为 6 000 元。

(5)盘亏生产用机床一台,原价 5 000 元,增值税税率为 17%。账面已提折旧 3 000 元,计提减值准备 600 元。

(6)存在某银行的存款 10 000 元,因银行破产而无法收回。

[要求]

编制上述经济业务的会计分录

七、案例分析

审计人员在对 A 企业进行审计的时候发现,A 企业在 2×16 年 12 月份以更新设备为名,报废了 8 台正常运作的机器设备。8 台机器设备的原值共计 160 万元,已提折旧 70 万元,会计人员按照厂长的指示进行了固定资产清理的账务处理。即:

借:固定资产清理	900 000	
累计折旧	700 000	
贷:固定资产		1 600 000
借:营业外支出	900 000	
贷:固定资产清理		900 000

[要求]

(1)审计人员应怎样审查 A 企业的这种行为?

(2)A 企业这样做的动机是什么?

(3)审计人员应责成 A 企业进行怎样的账务调整?

第八章

财务报表

一、名词解释

财务报表　资产负债表　利润表　现金流量表　现金等价物　会计报表附注
财务情况说明书

二、单项选择题

1. 资产负债表是反映企业(　　)的会计报表。
   A. 财务状况　B. 财务成本　C. 现金流量　D. 经营成果
2. 将投资企业与被投资企业的财务状况和经营成果作为一个整体来反映的会计报表是(　　)。
   A. 汇总会计报表　B. 定期会计报表　C. 个别会计报表　D. 合并会计报表
3. 资产负债表的编制基础是(　　)。
   A. 发生额试算平衡公式　B. 余额试算平衡公式
   C. 基本的会计等式　D. 扩展的会计等式
4. 利润表应根据(　　)分析填列。
   A."本年利润"账户　B."利润分配"账户
   C. 损益类各账户　D."未分配利润"账户
5. 资产负债表中的"应付账款"项目,应根据(　　)填列。
   A."应付账款"总分类账户的期末余额
   B."应付账款"总分类账户所属各明细分类账户的期末余额
   C."应付账款"和"预付账款"总分类账户所属各明细分类账户的期末贷方余额的合计数
   D."应付账款"和"预付账款"总分类账户所属各明细分类账户的期末借方余额的合计数
6. 资产负债表中的"应收账款"项目,应根据(　　)填列。
   A."应收账款"总分类账户的期末余额
   B."应收账款"总分类账户所属各明细分类账户的期末余额
   C."应收账款"和"应付账款"总分类账户的本期借方余额的差额
   D."应收账款"和"预收账款"总分类账户所属各明细分类账户的期末借方余额的合计数
7. 资产负债表的"所有者权益"项目中,不包括(　　)。
   A. 实收资本　B. 应付股利　C. 盈余公积　D. 未分配利润
8. 某企业"应收账款"总账的借方余额为2 400元,包括"应收账款——A 公司"明细账的借方余额1 500元，“应收账款——B公司”明细账的借方余额1 200元，“应收账款——C公司”明细账的贷方余额300元。如果不考虑其他因素的影响，资产负债表中的“应收账款”项目的金额为（　　）元。

A. 2 400　　B. 2 700　　C. 3 000　　D. 5 100

9. 某企业“库存现金”总账的借方余额为3 500元，“银行存款——工行”明细账的余额为360 000元；“银行存款——建行”明细账的余额为210 000元。如果不考虑其他因素，资产负债表中“货币资金”项目的金额为（　　）元。

A. 3 500　　B. 363 000　　C. 570 000　　D. 573 500

三、多项选择题

1. 按财务报表的编报时间分类，财务报表可分为（　　）。

A. 中期财务报表　　B. 年度财务报表　　C. 汇总报表　　D. 合并报表
E. 内部报表

2. 按财务报表的编报主体分类，财务报表可分为（　　）。

A. 个别报表　　B. 年度财务报表　　C. 汇总报表　　D. 合并报表
E. 内部报表

3. 为了确保财务报表的质量，编制时应遵循下列哪些原则：（　　）。

A. 报表内容真实可靠　　B. 信息具有相关性
C. 体现效益大于成本原则　　D. 列报基础为持续经营
E. 正常营业周期

4. 下列各项中，构成“存货”项目填列依据的有（　　）。

A. 在途物资　　B. 库存商品　　C. 原材料　　D. 生产成本
E. 制造费用

5. 下列各项中，影响营业利润的因素有（　　）。

A. 营业收入　　B. 管理费用　　C. 营业外收入　　D. 营业成本
E. 营业税金及附加

6. 利润表中的“利润总额”是在“营业利润”的基础上（　　）计算所得的。

A. 加上“其他业务利润”
B. 加上“投资收益”
C. 加上“营业外收入”
D. 减去“营业费用”、“管理费用”和“财务费用”
E. 减去“营业外支出”

7. 下列属于筹资活动现金流量的是（　　）。

A. 吸收投资所收到的现金　　B. 分配股利、利润或偿付利息所支付的现金
C. 偿还债务所支付的现金　　D. 取得投资收益所收到的现金

四、判断题

1. 企业对外的会计报表都是按月、按季、按年定期编报的。（　）

2. 对外会计报表是向外部有关方面提供的会计报表。因此，企业管理人员一般不利用它为内部管理服务。（　　）

3. 合并会计报表属于汇总会计报表的范畴。（ ）

4. 利润表是在会计期间终了编制的，从静态上反映一定日期经营成果的会计报表。（ ）

5. 会计报表附注和财务情况说明书都是企业财务会计报告的有机组成部分。（ ）

6. 会计等式"收入－费用＝利润"是编制利润表的基础。（ ）

7. 填制资产负债表各项目的"年初数"时，如果发生本年该表中规定的项目名称和内容与上年不一致时，应将上年末有关项目的名称和数额按照本年的规定进行调整。（ ）

8. 现金流量表的"现金"是指企业的库存现金。（ ）

9. 会计报表附注不能取代报表内所确认的事实，也不能改正表内的任何错误。（ ）

10. 现金流量表对资产负债表和利润表起到补充说明的作用。（ ）

11. 利润表中的"本月数"即本月实际发生数，它不包括上月。（ ）

12. 资产负债表是一种静态报表，应根据有关账户的期末余额直接填列。（ ）

五、简答题

1. 资产负债表具有什么作用?

2. 财务报表是企业对外提供财务会计信息的主要形式，在日常的经济运行过程中，发挥着越来越重要的作用，主要表现在哪几个方面?

3. 资产负债表的具体填列方法有哪些?

4. 利润表概括起来有哪几个方面的作用?

5. 简述我国企业利润表的编制步骤。

6. 在所有者权益变动表中，企业至少应当单独列示哪些项目?

六、实务题

1. 某公司 2×16 年 7 月 31 日有关总分类账户的期末余额如下表所示：

总分类账户期末余额表

2×16 年 7 月 31 日　　单位：元

账户名称	借方余额	贷方余额	账户名称	借方余额	贷方余额
库存现金	900		应付账款：		26 400
银行存款	42 000		——A 单位		30 000
其他货币资金	2 100		——B 单位	3 600	
原材料	60 000		预收账款：		8 000
在途物资	20 000		——D 单位		10 000
生产成本	5 000		——E 单位	2 000	
库存商品	10000		长期借款		80 000
包装物	700		其中：一年内到期		20 000
应收账款	8 000		应付债券		50 000
其中：甲公司	9 000		其中：一年内到期		10 000
乙公司		1 000	利润分配		60 000
预付账款	12 000		本年利润		140 000
其中：丙公司	14 000				
丁公司		2 000			

[要求]

计算资产负债表中的下列项目(要求写出过程):

(1)货币资金=

(2)存货=

(3)应收账款=

(4)预付款项=

(5)预收款项=

(6)应付账款=

(7)一年内到期的非流动负债=

(8)未分配利润=

2. 甲公司2×16年6月30日有关总分类账户及明细分类账户的期末余额如下表所示:

总分类账户及明细分类账户期末余额表

2×16年6月30日　　单位:元

账户名称	借方	贷方	账户名称	借方	贷方
库存现金	800		应付票据		50 000
银行存款	115 000		应付账款		35 000
交易性金融资产	155 000		——D企业		85 000
应收账款	60 000		——E企业	50 000	
——A企业	80 000		预收账款		20 000
——B企业		20 000	——F企业		30 000
坏账准备		2 000	——H企业	10 000	
——应收账款		2 000	其他应付款		10 300
预付账款	20 000		应付职工薪酬		5 000
——C企业	20 000		应交税费		2 500
其他应收款	5 000		应付股利		20 000
原材料	15 000		长期借款		106 000
生产成本	30 000		其中:1年内到期的长期借款		16 000
库存商品	50 000		实收资本		600 000
长期待摊费用	20 000		资本公积		20 000
长期股权投资	200 000		盈余公积		200 000
固定资产	1000 000		本年利润		300 000
累计折旧		180 000	利润分配		150 000
无形资产	80 000		合计	1 830 800	1 830 800
短期借款		50 000			

[要求]

根据上述资料,编制甲公司2×16年6月30日的资产负债表(年初数略)。

资产负债表

会企01表

编制单位：甲公司　　　　2×16年6月30日　　　　单位：元

资　产	期末余额	年初余额	负债和所有者权益（或股东权益）	期末余额	年初余额
流动资产：			流动负债：		
货币资金			短期借款		
交易性金融资产			交易性金融负债		
应收票据			应付票据		
应收账款			应付账款		
预付款项			预收款项		
应收利息			应付职工薪酬		
应收股利			应交税费		
其他应收款			应付利息		
存货			应付股利		
一年内到期的非流动资产			其他应付款		
其他流动资产			一年内到期的非流动负债		
流动资产合计			其他流动负债		
非流动资产：			流动负债合计		
可供出售金融资产			非流动负债：		
持有至到期投资			长期借款		
长期应收款			应付债券		
长期股权投资			长期应付款		
投资性房地产			专项应付款		
固定资产			预计负债		
在建工程			递延所得税负债		
工程物资			其他非流动负债		
固定资产清理			非流动负债合计		
生产性生物资产			负债合计		
油气资产			所有者权益（或股东权益）：		
无形资产			实收资本（或股本）		
开发支出			资本公积		
商誉			减：库存股		
长期待摊费用			盈余公积		
递延所得税资产			未分配利润		
其他非流动资产			所有者权益（或股东权益）合计		
非流动资产合计					
资产总计			负债和所有者权益（或股东权益）总计		

3. 甲公司月末有以下账户余额资料，计算利润表有关项目：

主营业务收入	5 800 000
主营业务成本	3 600 000
营业税金及附加	320 000
其他业务收入	500 000
其他业务成本	300 000
投资收益	350 000(贷方余额)
营业外支出	50 000
营业外收入	40 000
管理费用	850 000
销售费用	650 000
财务费用	400 000
所得税费用	130 000

[要求]

计算利润表中的下列项目(要求写出过程)：

1. 营业利润＝
2. 利润总额＝
3. 净利润＝

七、案例分析

甲公司为增值税一般纳税人，增值税税率为17%，2×15年12月31日资产负债表(简表)如下：

资产负债表(简表)

编制单位：甲公司　　　　2×15年12月31日　　　　单位：万元

资　产	期末余额	负债及所有者权益	期末余额
货币资金	320.4	短期借款	200
交易性金融资产	0	应付账款	84
应收票据	24	应付票据	40
应收账款	159.2	预收款项	60
预付款项	0.16	应付职工薪酬	4
存货	368	应交税费	9.6
长期股权投资	480	应付利息	40
固定资产	1 442	长期借款	1 008
在建工程	100	实收资本	1 600
无形资产	204	盈余公积	96
长期待摊费用	50	未分配利润	6.16
资产总计	3 147.76	负债及所有者权益总计	3 147.76

2×16年，甲公司发生以下业务：

(1)以商业承兑汇票支付方式购入材料一批，发票账单已经收到，增值税发票上注明的货款为30万元，增值税为5.1万元。材料已经验收入库。

(2)委托证券公司购入公允价值为100万元的股票，作为交易性金融资产核算，期末公允价值仍为100万元。

(3)计算并确认短期借款利息5万元。

(4)计算并确认坏账准备8万元。

(5)计提行政管理部门用固定资产折旧20万元，摊销管理用无形资产10万元。

(6)销售库存商品一批。该商品售价为100万元，增值税为17万元，实际成本为65万元，商品已发出。甲公司已于上年预收货款60万元，其余款尚未结清。

(7)分配职工工资，其中，企业行政管理人员工资15万元，在建工程人员工资5万元。

(8)计提应计入在建工程成本的长期借款利息20万元。

(9)确认对联营企业的长期股权投资收益50万元。

(10)计算并确认应交的城市维护建设税3万元。

(11)转销无法支付的应付账款30万元。

(12)本年实现利润总额54万元，所得税费用和应交所得税均为13.5万元，提取盈余公积3.6万元。

[要求]

1. 甲公司为以上业务编制的分录如下，请补全未完成的分录(单位：万元)：

(1)

(2)借：交易性金融资产　100

　　贷：其他货币资金　100

(3)

(4)

(5)

(6)借：预收账款——乙公司　117

　　贷：主营业务收入　100

　　　　应交税费——应交增值税(销项税额)　17

借：主营业务成本　65

　　贷：库存商品　65

(7)

(8)借：在建工程　20

　　贷：应付利息　20

(9)借：长期股权投资　50

　　贷：投资收益　50

(10)

(11)借：应付账款　30

　　贷：营业外收入　30

(12)借：所得税费用　13.5

　　贷：应交税费——应交所得税　13.5

借：利润分配——提取盈余公积金　3.6

　　贷：盈余公积　3.6

2. 编制甲公司 2×16 年 12 月 31 日的资产负债表。

资产负债表(简表)

编制单位:甲公司　　2×16 年 12 月 31 日　　单位:万元

资产	年末余额	年初余额	负债及所有者权益	年末余额	年初余额
货币资金		320.4	短期借款		200
交易性金融资产		0	应付账款		84
应收票据		24	应付票据		40
应收账款		159.2	预收款项		60
预付款项		0.16	应付职工薪酬		4
存货		368	应交税费		9.6
长期股权投资		480	应付利息		40
固定资产		1 442	长期借款		1 008
在建工程		100	实收资本		1 600
无形资产		204	盈余公积		96
长期待摊费用		50	未分配利润		6.16
资产总计		3 147.76	负债及所有者权益总计		3 147.76

第八章

会计核算程序

一、名词解释

会计核算程序　记账凭证核算程序　汇总记账凭证核算程序　科目汇总表核算程序　多栏式日记账核算程序

二、单项选择题

1. 各种会计核算程序的主要区别在于(　　)。
A. 总账的格式不同　　B. 明细账的用途不同
C. 会计凭证的种类不同　　D. 登记总账的依据不同

2. 下列会计核算程序中,最基本的会计核算程序是(　　)。
A. 记账凭证核算程序　　B. 汇总记账凭证核算程序
C. 科目汇总表核算程序　　D. 多栏式日记账核算程序

3. 科目汇总表的主要特点是不能反映出(　　)。
A. 借方发生额　　B 贷方发生额
C. 借方和贷方发生额　　D. 科目对应关系

4. 在汇总记账凭证核算程序下,总分类账账页格式一般采用(　　)。
A. 三栏式　　B. 多栏式
C. 数量金额式　　D. 两栏式

5. 不是定期登记总账的会计核算程序是(　　)。
A. 记账凭证核算程序　　B. 科目汇总表核算程序
C. 汇总记账凭证核算程序　　D. 以上三种

三、多项选择题

1. 登记总分类账的依据可以是(　　)。
A. 记账凭证　　B. 汇总记账凭证
C. 科目汇总表　　D. 原始凭证汇总表

2. 下列概念中,内涵相同的有(　　)。
A. 会计核算程序　　B. 会计核算形式
C. 账务处理程序　　D. 会计管理体制

3. 记账凭证核算程序一般适用于(　　)的企业。

A. 规模较小　　　　B. 经济业务量较少
C. 核算基础较差　　　　D. 记账凭证不多

4. 记账凭证汇总表的编制依据是(　　)。
A. 收款凭证　　　　B. 付款凭证
C. 转账凭证　　　　D. 汇总原始凭证

5. 在下列凭证中,(　　)等凭证是以记账凭证为依据,按有关科目的贷方设置,按借方科目归类的。
A. 汇总原始凭证　　　　B. 汇总收款凭证
C. 汇总付款凭证　　　　D. 汇总转账凭证

四、判断题

1. 记账凭证核算程序是其他核算程序的基础。(　　)
2. 各总账簿都是直接根据记账凭证进行登记的。(　　)
3. 为了便于编制汇总转账凭证,在编制转账凭证时,其账户的对应关系应是"一借一贷"或"多借一贷"。(　　)
4. 会计核算程序不同,库存现金日记账、银行存款日记账登记的依据不同。(　　)
5. 采用科目汇总表核算程序,总账、明细账和日记账都应根据科目汇总表登记。(　　)
6. 各种账务处理程序之间的区别在于编制会计报表的依据和方法不同。(　　)

五、填空题

1. 会计核算程序的中心问题是登记(　　)的依据和方法,由此可区别不同的会计核算程序。
2. 会计核算程序是(　　)、(　　)和(　　)相互结合的方式。
3. 记账凭证核算程序的显著特点是(　　)。
4. 在科目汇总表核算程序中,除设置有关记账凭证外,还需设置(　　)。
5. 科目汇总表核算程序的适用范围是(　　)。
6. 在汇总记账凭证核算程序中,除了设置各种记账凭证外,还需设置(　　)。
7. 多栏式日记账核算程序是设置(　　)和(　　),并据以登记总分类账;对于转账业务,可逐笔登记(　　)或填制(　　)后据以登记(　　)的一种会计核算程序。

六、简答题

1. 目前我国企业、事业单位、各种机构的会计工作中常用的会计核算程序有哪几种?
2. 各种核算程序的优缺点及适用范围是什么?
3. 各种核算程序的工作步骤有哪些?
4. 各种核算程序的特点是什么?

七、实务题

1. 东风公司2×16年9月初各分类账户的余额如下表所示:

单位:元

账　户	借方余额	账　户	贷方余额
库存现金	200	累计折旧	2 900
银行存款	200 000	短期借款	200 000
应收票据	2 300	应付账款	112 400
应收账款	60 000	应付职工薪酬	2 000
原材料	400 000	应付利息	4 000
库存商品	300 000	实收资本	1 300 000
固定资产	900 000	资本公积	100 000
利润分配	50 800	盈余公积	28 000
		本年利润	160 000
		待处理财产损溢	4 000
合　计	1 913 300	合　计	1 913 300

2. 东风公司 9 月份发生下列经济业务:

(1)9 月 1 日,收到大海公司投入资金 800 000 元,存入银行。

(2)9 月 2 日,向跃进工厂购入甲材料 2 000 千克,每千克 10 元;乙材料1 600千克,每千克 16 元;增值税专用发票注明税额7 752元,当即开出承兑期为 2 个月的商业承兑汇票,支付进货款项。

(3)9 月 3 日,以银行存款 1 596 元支付上述甲、乙材料的运杂费(运杂费以购入甲、乙材料的买价比例分摊)。

(4)9 月 4 日,购入新机器设备一台,价值300 000元,增值税税率为 17%,当即以银行存款支付。

(5)9 月 5 日,接银行通知,收到星光厂上月货款5 000元,已转入企业存款户。

(6)9 月 6 日,向跃进厂购入甲、乙材料运达,经验收合格入库,按实际采购成本入账。

(7)9 月 8 日,以银行存款支付本月电费,增值税专用发票上注明电费为28 000元,进项税额为4 760元。

(8)9 月 9 日,出售给伟东厂 A 产品 600 件,每件售价 70 元,该产品的增值税税率为 17%,货款尚未支付。

(9)9 月 10 日,从银行提取现金1 600元,备作零星开支。

(10)9 月 10 日,采购员马克出差。预借差旅费1 000元,以现金付讫。

(11)9 月 10 日,以银行存款对外捐赠6 000元。

(12)9 月 10 日,以现金支付总务科办公用品费 300 元。

(13)9 月 11 日,以银行存款支付管理部门办公用品费用1 440元。

(14)9 月 12 日,由国标公司购入甲材料4 000千克,每千克 10 元;乙材料3 000千克,每千克 16 元。增值税专用发票上注明的税额为14 960元,购入时共发生运杂费2 940元(运杂费按购入材料的重量比例分摊)。材料运到,验收入库,进货款项未付。

(15)9 月 15 日,从银行提取现金23 060元,准备发放工资。

(16)9 月 15 日,以现金发放本月职工工资23 060元。

(17)9 月 17 日,马克出差回来报销差旅费1 160元,结清前暂借款,差额部分以现金付讫。

(18)9 月 17 日,复兴公司以专利技术对企业投资,双方协议作价100 000元。

(19)9 月 17 日,提取本月固定资产折旧费12 100元,其中,车间负担8 800元,行政管理部门负担3 300元。

(20)9月17日,计提本月短期借款利息1 520元。

(21)9月17日,以银行存款支付本月银行手续费400元。

(22)9月18日,以银行存款支付产品广告费3 200元。

(23)9月21日,出售A产品1 000件,每件售价70元;出售B产品600件,每件售价120元,产品的增值税税率为17%。货款当即收妥,存入银行。

(24)9月22日,接银行通知,支付本季度利息4 560元。

(25)9月25日,伟东公司交来转账支票一张,支付前欠A产品货款24 570元,交存银行。

(26)9月28日,结转本月职工工资23 060元,其中,A产品工人工资10 000元,B产品工人工资7 000元,车间管理人员工资4 000元,行政管理人员工资2 060元。

(27)9月30日,本月仓库发出材料情况如下表所示:

单位:元

领用部门	甲材料	乙材料	小　计
制造A产品	9 200	18 000	27 200
制造B产品	5 000	9 000	14 000
车间一般耗用	400	240	640
行政管理部门耗用		361.6	361.6
合　计	14 600	27 601.6	42 201.6

(28)9月30日,结转本月制造费用(按A、B产品的生产工时比例分配,其中,A产品6 000工时,B产品4 000工时)。

(29)9月30日,本月A产品2 000件全部完工,结转完工产品成本;B产品尚未完工。

(30)9月30日,结转本月已销产品销售成本(已知A产品单位成本为40元,B产品单位成本为80元)。

(31)9月30日,上月盘亏机器设备一台,价值20 000元,已提折旧16 000元,今批准转销。

(32)9月30日,期末结转各损益类账户。

[要求]

(1)根据“资料1”,开设三栏式总分类账户,登记期初余额。

(2)根据“资料2”,编制9月份记账凭证。

(3)根据9月份记账凭证,逐笔登记三栏式总分类账户,并结出本期发生额及期末余额。

(4)根据总分类账资料,编制东风公司9月份“总分类账户本期发生额和期末余额表”。

(5)根据“资料1”,开设简化的“T”形总分类账户,登记期初余额。

(6)根据9月份记账凭证按旬分别汇总,编制科目汇总表。

(7)根据科目汇总表登记“T”形总分类账,并结出本期发生额及期末余额。

(8)根据9月份记账凭证分别汇总,编制汇总收款凭证、汇总付款凭证、汇总转账凭证。

(9)根据汇总收款凭证、汇总付款凭证、汇总转账凭证登记三栏式总分类账,并结出本期发生额及期末余额。

收款凭证

借方科目：________　　　　年　月　日　　　　________字第________号

摘　要	贷方科目		金额									过账
	一级科目	二级明细科目	百	十	万	千	百	十	元	角	分	
合　计												

会计主管：　　出纳：　　记账：　　审核：　　制单：

付款凭证

贷方科目：________　　　　年　月　日　　　　________字第________号

摘　要	借方科目		金额									过账
	一级科目	二级明细科目	百	十	万	千	百	十	元	角	分	
合　计												

会计主管：　　出纳：　　记账：　　审核：　　制单：

转账凭证

年　月　日　　　　________字第________号

摘　要	一级科目	二级明细科目	借方金额									贷方金额									过账
			百	十	万	千	百	十	元	角	分	百	十	万	千	百	十	元	角	分	
合　计																					

会计主管：　　出纳：　　记账：　　审核：　　制单：

总分类账

科目

年		凭证编号	摘　要	借　方	贷　方	借或贷	余　额
月	日						

第十章

会计信息系统概述

一、名词解释

会计数据　会计信息　会计信息系统　会计软件

二、简答题

1. 什么是数据？什么是信息？试说明它们之间的区别和联系。
2. 为什么说会计是一个信息系统？
3. 会计信息系统的特点是什么？
4. 会计信息系统的目标是什么？有哪些基本功能？
5. 简述会计信息系统的主要应用。
6. 简述会计信息系统的发展阶段。
7. 简述会计信息系统的工作流程。
8. 试分析传统会计系统和会计信息系统的不同之处。

参考答案

第一章　总　论

一、名词解释

1. 会计信息系统是指有着紧密的内在联系的会计活动，相互依存、环环紧扣，构成了一个有秩序的数据处理和信息生成的过程的有机整体。

2. 会计管理活动是指以货币为主要计量单位，以凭证为依据，借助于专门的技术方法，对一定主体的经济活动进行完整、综合、连续、系统的核算与监督，并向有关方面提供会计信息的一种经济管理活动。

3. 会计是以货币为主要计量单位，运用特有的一套方法，对一个组织的经济活动过程中所有财产、物资和发生劳动消耗的事项进行连续地、全面地、综合地反映和控制，即是一个提供以财务信息为主的经济信息系统，同时直接或间接地参与管理，也是一种管理活动。

4. 会计对象是指会计所反映和监督的内容。

5. 资金运动是指资金在企业内部依次经过不同过程不断改变自己的存在状态的循环与周转。

6. 会计目标是指会计作为系统运行的基本导向和最终归宿。

7. 会计职能是会计固有的功能，是会计本质的体现。

8. 会计职业：

(1)单位会计，包括企业会计和政府会计与非营利组织会计。

(2)公共会计，是指注册会计师所从事的审计、资产评估和咨询等工作 。

(3)宏观会计，是指各级财政部门的有关工作人员所从事的会计事务管理工作以及其他政府行政管理部门有关人员从事的财会管理工作。

(4)会计教育，是指从事会计教育的教师，包括全日制大专院校、高职、中专、职业学校的会计教师和从事会计继续教育的教师。

9. 会计主体是指会计工作特定的空间范围。

10. 持续经营是指如果不存在明显的反证，一般都认为企业将无限期地经营下去。

11. 会计分期是指在会计工作中，人为地在时间上把连续不断的企业生产经营活动及其结果用起讫日期加以划分，形成会计期间。

12. 货币计量是指由于货币具有一般等价物的特性，可使不同质的财物可以相加、相减，可使收入和费用、成本相互配比。

13. 权责发生制是指会计核算应按实际发生的和影响的期限来确认企业的收入和费用。

14. 收付实现制是指以现金的实际收付作为当期的收入和费用，并以其差额列为利润或亏损的计量模式。

15. 真实性又称客观性，是指企业应当以实际发生的交易或者事项为依据进行会计确认、计量和报告，如实反映符合确认和计量要求的各项会计要素及其他相关信息，保证会计信息真实可靠、内容完整。

16. 相关性又称有用性，是指企业提供的会计信息应当与财务会计报告使用者的经济决策需要相关，有助于财务会计报告使用者对企业过去、现在或者未来的情况做出评价或者预测。

17. 明晰性又称清晰性，是指企业提供的会计信息应当清晰明了，便于财务报告使用者理解和使用。

18. 可比性是指不同企业发生的相同或者相似的交易或者事项，应当采用规定的会计政策，确保会计信息口径一致、相互可比，以便于不同地区和行业间企业会计信息的比较、分析、汇总，从而为国家进行宏观调控和管理、为投资者做出正确决策供必要的依据。

19. 重要性是指企业提供的会计信息应当反映与企业财务状况、经营成果和现金流量等有关的所有重要交易或者事项。

20. 谨慎性又称稳健性，是指企业对交易或者事项进行会计确认、计量和报告应当保持应有的谨慎，不应高估资产或者收益、低估负债或者费用。

21. 及时性是指企业对于已经发生的交易或者事项，应当及时进行会计确认、计量和报告，不得提前或者延后。

22. 实质重于形式是指企业应当按照交易或者事项的经济实质进行会计确认、计量和报告，不应仅以交易或者事项的法律形式为依据。

23. 会计基本程序是指会计信息系统在加工数据并形成最终会计信息的过程中所特有的步骤，包括会计确认、计量、记录与报告几个基本环节。

24. 会计核算方法是指会计核算过程所采用的填制与审核凭证、设置账户、复式记账、登记账簿、财产清查、成本计算和编制财务报表等处理方法。

25. 会计法律规范是指国家机构所制定的会计法规、准则等的总称，它既是约束会计行为的标准，也是对会计工作进行评价的依据。

26. 会计道德规范是指会计人员的职业道德规范，它是一般社会公德在会计工作中的具体体现，是制约、引导会计人员行为，调整会计人员与社会、相关利益集团以及会计人员之间关系的社会规范。

二、单项选择题

1. D　2. A　3. A　4. B　5. C　6. B

三、多项选择题

1. AC　2. BC　3. ABCDE　4. ABCD　5. ABC

四、判断题

1. ✓　2. ✓　3. ✓　4. ✓　5. ✓

五、简答题

1. 会计是社会经济发展到一定阶段的产物，经济的发展推动了会计的发展。会计经历了一个由简单到复杂、由低级到高级的发展过程。它从早期实物数量的简单记录和计算，逐渐发展成为用货币作为计量单位来综合核算和监督经济活动过程。会计理论和方法经过长期的社会实践以及吸收先进的科学技术成果，也逐渐完善起来。随着经济的发展和企业规模的扩大，人们越来越依赖会计信息，从而促进了会计理论、方法和技术的进步。会计方法、技术的发展又推动了社会文明的进程，推动了经济的进一步发展。

2. 会计是以货币为主要计量单位，运用特有的一套方法，对一个组织的经济活动过程中所有财产、物资和发生劳动消耗的事项进行连续地、全面地、综合地反映和控制，即是一个提供以财务信息为主的经济信息系统，同时直接或间接地参与管理，也是一种管理活动。

这一概念包含了以下四个基本要点：

(1)会计的特点——以货币为主要计量单位(基本特征)，以及连续性、全面性、综合性(一般特性)。

(2)会计对象——一个组织中的经济活动。

(3)会计的基本职能——反映和控制。

(4)会计的本质——提供信息、参与管理。

3. 会计对象是指会计所反映和监督的内容,从会计信息使用者的角度来考察会计对象是有益的。会计信息的使用者有两种基本类型:组织外部的使用者和组织内部的管理部门。组织外部有很多不同的使用者(顾客、供应单位、职工、贷款人、股东以及管辖其经营的各级政府机构)。组织公布通用的财务报表,如资产负债表和利润表,可以满足其某种程度的需要。为外部使用者提供信息的会计分支,称为财务会计。会计信息还有很多不同的内部使用者,但他们在信息的需要上有着一个共同的目的,即在社会中尽量扩大组织的经济效益。与组织内部信息需要有关的会计分支,称为管理会计。会计信息系统是为会计信息的内部和外部两个方面的使用者服务的。

4. 会计目标是指会计作为系统运行的基本导向和最终归宿。会计职能是指会计固有的功能,是会计本质的体现。职能是会计本质的体现,带有客观必然的要求,因而成为确定会计目标的客观依据;会计目标是会计信息使用者向会计信息系统提出的主观要求,但会计目标的提出不能脱离、也不能超越会计的职能。

5. 会计核算主要是向有关方面提供决策所需的会计信息。使用者对会计信息的需求是多方面的,这就要求会计在一定的时间和空间范围内按一定的程序和方法予以提供。会计核算的基本前提就是为保证会计工作的正常进行而对会计核算的范围、内容以及基本程序和方法所做的限定,它包括会计主体、持续经营、会计分期、货币计量和权责发生制五项内容。

6. 会计信息质量要求是指为了保证从事会计账务处理、编制会计报表的质量而应依据的一般规则和准绳,主要包含真实性、相关性、清晰性、可比性、重要性、谨慎性、及时性和实质重于形式等对会计信息质量方面的要求。

7. 权责发生制是指会计核算应按实际发生和影响的期限来确认企业的收入和费用。收付实现制是指以现金的实际收付作为当期的收入和费用,并以其差额列为利润或亏损的计量模式。

8. 在会计的发展过程中,为了实现会计信息系统的目标而逐渐形成了7种基本的会计核算方法,即填制与审核凭证、设置账户、复式记账、登记账簿、财产清查、成本计算和编制财务报表。

各种会计核算方法相互联系、紧密结合,形成了一个完整的会计核算方法体系。任何企业在经济业务发生时,总是先填制和审核凭证,然后在开设好的账户中,用复式记账的方法来登记账簿,定期或不定期地进行财产清查,期末进行成本计算,在账证、账账、账实相符的基础上编制会计报表,达到账表相符、表表相符。

9. 会计规范体系一般包括会计法律规范和会计道德规范。我国的会计法律规范体系主要由《中华人民共和国会计法》、会计准则和会计制度等组成,并已形成了以会计法为核心,以会计准则和会计制度为基本内容的一个比较完整的规范体系。会计道德规范可以加强会计职业道德教育,以及会计人员增进会计职业道德修养三位一体,是形成良好的会计职业道德风尚和改善会计职业环境,并卓有成效地保证其他会计规范顺利贯彻实施的重要条件。

六、实务题

1. 略。

2. 权责发生制下收入合计数为50 000元,费用合计数为6 000元。收付实现制下收入合计数为96 000元,费用合计数为0。

七、案例分析

略。

第二章 会计要素与会计等式

一、名词解释

1. 会计要素是指对会计对象按经济特征所做的分类。

2. 资产是指过去的交易、事项形成并由企业拥有或者控制的资源,该资源预期会给企业带来经济利益。

3. 流动资产是指可以在一年或者超过一年的一个营业周期内变现或耗用的资产,主要包括货币资金、交易性金融资产、应收及预付款项、存货等。

4. 负债是指过去的交易、事项形成的现时义务,履行该义务预期会导致经济利益流出企业。

5. 所有者权益是指所有者在企业资产中享有的经济利益,其金额为资产减去负债后的余额。

6. 收入是指企业在销售商品、提供劳务及他人使用本企业资产等日常活动中所形成的经济利益的总流入,不包括为第三方或客户代收的款项。

7. 费用是指企业为销售商品、提供劳务费等日常活动所发生的经济利益的流出,直接计入当期损益。

8. 利润是指企业在一定会计期间的经营成果,包括营业利润、利润总额和净利润。利润由收入与费用的差额确定,与收入、费用密切相关。

9. 直接计入所有者权益的利得和损失是指不应计入当期损益、会导致所有者权益发生增减变动、与所有者投入资本或者向所有者分配利润无关的利得或者损失。

10. 留存收益是企业通过其生产经营活动所获得的、留存在企业尚未分配或限制分配给投资者的净利润。它包括盈余公积和未分配利润两部分。

二、单项选择题

1. C　2. A　3. A　4. B　5. A　6. D　7. A　8. B　9. A　10. C

三、多项选择题

1. DEF　2. ABCD　3. ABE　4. BCE　5. BCD　6. ABDE　7. BC

四、判断题

1. √　2. √　3. ×　4. √　5. ×　6. √　7. ×　8. √　9. ×　10. ×　11. ×

五、简答题

1. 会计要素是会计工作的具体对象,是会计用来反映财务状况、确定经营成果的基本因素。我国《企业会计准则》将会计要素划分为六类,即资产、负债、所有者权益和收入、费用、利润。前三项为静态会计要素,反映企业一定时点(如月末、季末、年末)的财务状况,是编制资产负债表的基础;后三项为动态会计要素,反映企业一定期间(如月度、季度、年度)的经营成果,是编制利润表的基础。

2. 资产是指企业过去的交易或者事项形成的、由企业拥有或者控制的、预期会给企业带来经济利益的资源,包括各种财产、债权和其他权利。这个定义强调了资产应同时具备以下三个特征:(1)资产是一项经济资源,具有为企业带来经济利益的能力。即资产具有直接或间接导致现金和现金等价物流入企业的潜力。这种能力可以表现为直接购买力、潜在的服务能力或给企业带来某些权利(如股权、债权、专利权等)。如果这种经济资源(或能力)已经耗尽,就不应列为资产。(2)资产必须为企业所拥有或控制。所谓"拥有",是指企业拥有该资产的所有权;所谓"控制",是指企业虽然没有取得该资产的所有权,但在一定时期或一定条件下企业可以自主支配,如融资租入固定资产。(3)资产是由过去的交易或者事项所形成的。只有过去发生的经济事项,才能增加或减少企业的资产。未来的、尚未发生的事项的可能后果不能确认为资产,也没有可靠的计量依据,即不能根据谈判中的交易或者计划中的经济业务来确认一项资产。

3. 负债是指过去的交易或者事项形成的、预期会导致经济利益流出企业的现时义务。一般来讲,负债具有以下基本特征:(1)负债首先是企业现时的义务,是企业已经承担的责任。这项现时的义务是由于过去的交易和事项引起的。企业预期在将来要发生的经济事项可能产生的债务,不能作为负债。(2)债务责任必须在未来的某个时候通过转让资产或提供劳务来履行。现时的负债意味着企业未来经济利益的付出。

4. 资产和权益是企业同一资金的两个不同方面,是从两个不同角度观察和分析的结果。资产和权益相互依存、互为条件,没有权益的存在,就不会有资产;同样,没有资产的存在,就不会产生有效的权益。从数量关系看,一定量的资产必有其等量的权益;反过来,一定量的权益也必然有与其等量的资产。所以,任何一个企业的全部资产总额与全部权益总额必然相等。资产与权益之间这种客观存在的数量上的平衡关系,用公式表示为:资产=权益。

5. 第一种类型:经济业务的发生会引起会计等式左右两边金额同时增加;

第二种类型:经济业务的发生会引起会计等式左右两边金额同时减少;

第三种类型:经济业务的发生会引起会计等式左边内部项目金额发生增减变动;

第四种类型:经济业务的发生会引起会计等式右边内部项目金额发生增减变动。

六、实务题

略。

七、案例分析

略。

第三章　账户与复式记账

一、名词解释

1. 会计科目是对会计要素的具体内容进行分类核算的项目。每个会计科目都应明确地反映一定的经济内容,凡属于这类内容的经济业务,都应在以这个会计科目为依据设置的账户下进行核算和监督,以反映其增减变动及其结果。

2. 账户是根据会计科目开设的,具有一定的格式和结构,用来连续、系统地记录经济业务引起的各会计要素增减变动及结果的一种手段。

3. 记账方法就是根据一定的原理,运用一定的记账符号和记账规则,在账户中记录经济业务活动的一种专门方法。

4. 复式记账法是指对发生的每一项经济业务,都要以相等的金额在相互联系的两个或两个以上账户中进行记录的方法。

5. 借贷记账法是以"借"、"贷"为记账符号,运用复式记账原理,记录反映会计要素增减变化及其结果的一种记账方法。

6. 总分类账户是指根据总分类科目设置的,用于对会计要素具体内容进行总括分类核算的账户,简称总账。

7. 明细分类账户是指根据明细分类科目设置的,用于对会计要素具体内容进行明细分类核算的账户,简称明细账。

二、单项选择题

1. B　2. A　3. D　4. A　5. C　6. A　7. B　8. B　9. A　10. D
11. D　12. C　13. A　14. D　15. A　16. A

三、多项选择题

1. ABD　2. CD　3. ABCD　4. BDE　5. BC　6. AC　7. ACDE
8. AE　9. ABC　10. ABD

四、判断题

1. ✓　2. ×　3. ×　4. ×　5. ×　6. ×　7. ✓　8. ×　9. ×　10. ✓

五、简答题

1. (1)必须结合会计要素的特点，全面反映会计要素的内容。

(2)既要满足对外报告的要求，又要符合内部经营管理的需要。

(3)既要适应经济业务发展的需要，又要保持相对稳定。

(4)要将统一性与灵活性结合起来。

(5)会计科目要简明、适用，并要分类、编号。

2. 会计科目和账户是会计学中两个不同概念，两者既有联系，又有区别。它们的联系是，会计科目是设置账户的依据，是账户的名称，账户是会计科目的具体运用，两者都是对会计要素具体内容所做的分类，而且反映经济内容的口径一致。它们的区别是，会计科目只是对会计对象具体内容的分类，本身没有结构，只是分类的名称；而账户除了名称外，还有一定的格式和结构，以连续、系统地反映会计要素具体内容的增减变动及结果。

3. 复式记账法的经济内容是会计要素，它们是相互联系、相互依存的，各自具有独立的含义，又以不同的具体形式存在着，企业发生的经济业务，都会引起每一个具体形式的价值数量变化，因此，设置相应的账户进行登记，就使复式记账组成一个完整的、系统的记账组织体系。有了这样一个记账组织体系，不仅反映了资产、负债和所有者权益的增减变化和结存情况，而且还能够确知收入、费用和利润的数额及其形成原因。这是复式记账能够全面地核算和监督企业经济活动的根本原因。复式记账通过价值形式的计算和记录，为经济管理提供核算指标。它是以记账内容之间所表现出的数量上的平衡关系，作为记账技术方法的基础。会计等式即是各会计要素之间的关系表达式，它不仅是价值数量的关系表现，而且也有经济性质上的说明。会计等式的数量双方，必然要求经济事物发生相互联系和等量的变化。如有一项发生增减变化，其他一项必然随之而发生等量的增减变化，为此，必须通过两个或两个以上账户，相互联系地做双重记录，才能得到全面的反映。显然，这是复式记账本身的要求所决定的，它如实地反映了经济事物的客观联系，说明复式记账技术方法是科学的。

4. 依据资金运动的内在规律性建立的复式记账法，对于完整、系统地反映企业、事业等单位的资金运动，建立严密的核算体系，有着重要的意义。首先，复式记账法可以如实地反映经济活动的来龙去脉。它通过对有关会计要素增减变化的登记，将每一项单独的经济业务与整个经济活动联系起来，使各个账户之间彼此关连、互相沟通，从而形成一个严密的账户体系，完整地反映出经济活动的来龙去脉，为经济管理提供系统的信息资料。其次，复式记账法对于防止和检查会计数据的错漏，也有重要的作用。由于复式记账法要求以相等的金额在两个或两个以上相互联系的账户中记录，这就使账户之间在数字上产生了一种互相核对、互相平衡的关系。利用这种平衡关系，记账时可以防止数字上的错漏，在发生数字错漏以后，也可以用这种平衡关系检查核对，发现错漏。因此，复式记账法作为一种科学的记账方法被广泛使用。

5. 总分类账户与其所属明细分类账户的关系是：总分类账户提供的总括核算资料起着对明细分类账户统驭的作用，每一个总分类账户对其所属的明细分类账户进行综合和控制。设有明细分类账户的总分类账户，称为统制账户。而明细分类账户提供的详细核算资料，对总分类账户则起着补充说明的作用，每一个明细分类账户就是对统制账户核算内容的必要补充。

6. 平行登记的要点主要包括以下四个方面：

(1)依据相同。对于需要提供详细指标的每一项经济业务，应根据会计凭证，既登记有关总分类账户，又登记其所属明细分类账户。

(2)期间相同。对每项经济业务，在记入总分类账户和明细分类账户的过程中，可以有先有后，但必须在同一会计期间全部登记入账。

(3)方向相同。在某一总分类账户及其所属明细分类账户中登记经济业务时，方向必须相同。即总分类账户记入借方，明细分类账户也记入借方；总分类账户记入贷方，明细分类账户也记入贷方。

(4)金额相等。每一项经济业务记入总分类账户的金额必须与记入其所属明细分类账户的金额合计数相等。但是，这种金额相等只表明其数量关系，不一定都是借方发生额相等和贷方发生额相等的关系。

六、实务题

略。

七、案例分析

略。

第四章 企业主要经济业务的核算

一、名词解释

1.物资采购成本是指购入物资所支付的买价和采购费用，其中，买价指供货单位的发票价格，采购费用指物资采购过程中发生的各项费用，包括运杂费(运输费、装卸费、包装费、仓储费、保险费)、运输途中的合理损耗、入库前的挑选整理费用、按规定应计入物资采购成本中的各种相关税费，包括企业购买、自制或委托加工材料物资发生的进口关税、消费税、资源税和不能抵扣的增值税进项税额。

2.成本计算是按一定对象归集各个经营过程中所发生的费用，从而计算出各个成本计算对象的总成本或单位成本的一种专门方法。

3.制造费用是企业生产部门(如车间)范围内为生产产品或提供劳务而发生的各项间接费用，包括生产部门管理人员和技术人员的职工薪酬、生产用房和机器设备的折旧费、保险费、办公费、机物料消耗、水电费、劳动保护费等。

4.管理费用是企业为组织和管理企业生产经营所发生的各项管理费，包括企业的董事会和行政管理部门在企业的经营管理中发生的或者应由企业统一负担的公司经费(包括行政管理部门职工薪酬、修理费、物料消耗、低值易耗品摊销、办公费和差旅费等)、工会经费、董事会费(包括董事会成员津贴、会议费和差旅费等)、聘请中介机构费、咨询费(含顾问费)、诉讼费、业务招待费、房产税、车船使用税、土地使用税、印花税、技术转让费、矿产资源补偿费、研究费用、排污费等。

5.财务费用是企业为筹集生产所需资金等而发生的费用，包括利息支出(减利息收入)、汇兑损失(减汇兑收益)、相关的手续费、企业发生的现金折扣或收到的现金折扣等。

6.销售费用是企业销售商品和材料、提供劳务过程中发生的各种费用，包括保险费、包装费、展览费和广告费、商品维修费、预计产品质量保证损失、运输费、装卸费等，以及为销售本企业商品而专设的销售机构(含销售网点、售后服务网点）等的职工薪酬、业务费、折旧费、专设销售机构固定资产后续支出等费用。

7.营业外收入是企业发生的与日常活动无直接关系的各项利得，包括企业非流动资产处置利得、非货币性资产交换利得、债务重组利得、政府补助利得、盘盈利得、捐赠利得等。

8.营业外支出是企业发生的与日常活定无直接关系的各项损失，包括企业非流动资产处置损失、非货币性资产交换损失、债务重组损失、公益性捐赠支出、非常损失、盘亏损失等。

9.主营业务收入是企业销售产品、提供劳务及让渡资产使用权等日常活动中产生的收入。

10.主营业务成本是核算企业因销售商品、提供劳务或让渡资产使用权等日常活动而发生的实际成本。

11.其他业务收入是企业根据收入准则确认的除主营业务以外的其他经营活动实现的收入，包括销售材料、出租固定资产、出租无形资产、出租包装物和商品等实现的收入。

12.其他业务成本是指除主营业务活动以外的其他经营活动所发生的支出，包括销售材料的成本、出租固定资产的累计折旧、出租无形资产的累计摊销、出租包装物的成本或摊销额等。

13.营业税金及附加是指企业经营活动发生的营业税、消费税、城市维护建设税、资源税和教育费附加等相关税费。

14.交易性金融资产主要是指企业为了近期内出售而持有的金融资产。例如，企业以赚取差价为目的从二级市场购入的股票、债券、基金等，就属于交易性金融资产。

15.持有至到期投资是指到期日固定、回收金额固定或可确定，且企业有明确意图和能力持有至到期的非衍生金融资产。

16.可出售金融资产是指初始确认时即被指定为可供出售的非衍生金融资产，以及没有划分为持有至到期投资、贷款和应收款项、以公允价值计量且其变动计入当期损益的金融资产。

17.营业利润是企业生产经营活动所取得的利润，它是企业利润总额的主要组成部分。用公式表示如下：

营业利润＝营业收入－营业成本－营业税金及附加－管理费用－销售费用－财务费用－资产减值损失＋公允价值变动收益（－公允价值变动损失）＋投资收益（－投资损失）

18.企业的利润总额是指营业利润加上营业外收入减去营业外支出后的余额。用公式表示如下：

利润总额＝营业利润＋营业外收入－营业外支出

19.企业在一定期间所获得的利润总额要按规定缴纳所得税，利润总额减去所得税后，即为企业的税后利润，又称为净利润。用公式表示如下：

净利润＝利润总额－所得税费用

二、单项选择题

1.D　2.B　3.C　4.A　5.C　6.C　7.B　8.A　9.C　10.B

11.C　12.B　13.D　14.B　15.C　16.A　17.A　18.B　19.B　20.C

三、多项选择题

1.ACDE　2.ABCD　3.BC　4.CD　5.ABCD　6.ACD　7.AB

8.ACD　9.ABC　10.ABCEF　11.BCD　12.ABC　13.BCD　14.ACE

15.BCD

四、判断题

1.×　2.×　3.×　4.×　5.×　6.×　7.×　8.✓　9.×　10.✓

五、简答题

1. 企业资金筹集的渠道主要包括投资者投入资金及从银行或其他金融机构借入资金。

2. 物资采购成本的内容主要有：

(1)买价。

(2)采购费用。

①运杂费(运输费、装卸费、包装费、仓储费、保险费)。

②运输途中的合理损耗。

③入库前的挑选整理费用。

④按规定应计入物资采购成本中的各种相关税费，包括企业购买、自制或委托加工材料物资发生的进口关税、消费税、资源税和不能抵扣的增值税进项税额。

3. (1)确定生产成本计算对象。

(2)确定生产成本项目。

(3)分配制造费用。

(4)登记生产成本明细账。

(5)编制完工产品成本计算表。

4. 相同点：都是收入类账户，账户结构相同，贷方登记收入的增加，借方登记月末转入"本年利润"账户的金额，结转完后，账户无余额。

不同点：两者核算的内容不同。主营业务收入核算的是企业销售产品、提供劳务及让渡资产使用权等日常活动中产生的收入。其他业务收入核算的是企业根据收入准则确认的除主营业务以外的其他经营活动实现的收入，包括销售材料、出租固定资产、出租无形资产、出租包装物和商品等实现的收入。

5. 按照管理层持有意图，企业的对外投资可以分为交易性金融资产、持有至到期投资、可供出售金融资产、长期股权投资等。

6. 利润是指企业在一定会计期间的经营成果，包括收入减去费用后的净额、直接计入当期利润的利得和损失等。

营业利润＝营业收入－营业成本－营业税金及附加－管理费用－销售费用－财务费用－资产减值损失＋公允价值变动收益(－公允价值变动损失)＋投资收益(－投资损失)

＝(主营业务收入＋其他业务收入)－(主营业务成本＋其他业务成本)－营业税金及附加－管理费用－销售费用－财务费用－资产减值损失＋公允价值变动收益(－公允价值变动损失)＋投资收益(－投资损失)

利润总额＝营业利润＋营业外收入－营业外支出

净利润＝利润总额－所得税费用

六、实务题

略。

七、案例分析

案例提示：

该公司今年的有关损益项目确定如下：

收入＝470 000＋50 000 ＝520 000(元)

费用＝150 000＋5 000＋22 000＋150 000＋30 000＋500 000×8%＝397 000(元)

利润＝520 000－397 000＝123 000(元)

通过上述计算可以看出，李平经营的公司，开业一年来实现的经营成果是盈利123 000元。由于李平原来年薪即为 8 万元，显然，张士达开办的餐饮公司获得的盈利要超过其在单位任职的收入，也就是说，他辞去公职而开办公司是合适的。

第五章　会计凭证

一、名词解释

1.会计凭证简称凭证，是记录经济业务、明确经济责任、作为记账依据的证明。

2.原始凭证又称原始单据，是在经济业务发生或完成时取得或编制的，它载明经济业务的具体内容，明确经济责任，是具有法律效力的书面证明。原始凭证是进行会计核算的原始资料和重要依据。

3.记账凭证是会计人员根据审核无误的原始凭证或原始凭证汇总表填制的、反映经济业务内容、应借应贷方向及金额，并直接作为记账依据的会计凭证。

4.自制原始凭证是指由本单位内部经办经济业务的部门或人员，在办理经济业务时所填制的凭证。

5.外来原始凭证是在经济业务发生或完成时，从其他单位或个人直接取得的原始凭证，如购货时取得的发货票、付款时所取得的收据等。

6.一次原始凭证是指在一项或若干项同类经济业务发生或完成时一次填制完毕的会计凭证。其特点是一张凭证一次填制完成，已填制的凭证不能再重复使用，如"现金收据"、"发货票"等。外来原始凭证一般均属于一次凭证。

7.累计原始凭证是指在一定时期内，连续地在一张凭证上记载若干项同类经济业务，定期根据其累计数作为记账依据的凭证。其特点是一张凭证在一定时期内随着经济业务发生而进行分次、重复填制，如限额领料单等。

二、单项选择题

1.B　2.B　3.C　4.D　5.D　6.B　7.A　8.C

三、多项选择题

1.ABC　2.ABC　3.ABD　4.BCD　5.BD　6.ACE

四、判断题

1.×　2.×　3.√　4.×　5.√　6.×　7.√　8.×　9.×　10.√

五、填空题

1.经济业务　经济责任　登记账簿
2.原始凭证　记账凭证
3.外来原始凭证　自制原始凭证
4.一次凭证　累计凭证
5.收款凭证　付款凭证　转账凭证
6.通用凭证
7.通知凭证　执行凭证　计算凭证
8.付款　收款

六、简答题

1.记账凭证和原始凭证同属于会计凭证，但二者存在着一定的差别：(1)原始凭证是由经办人员填制的，记账凭证是由会计人员填制的。(2)原始凭证是根据发生或完成的经济业务填制的，记账凭证是根据审核后的原始凭证填制的。(3)原始凭证仅用于记录、证明经济业务已经发生或完成，记账凭证要依据会计科目对已经发生或完成的经济业务进行归类、整理。(4)原始凭证是填制记账凭证的依据，记账凭证是登记账簿的依据。

2.各种原始凭证都必须具备一些基本内容，主要包括以下七个方面：

(1)凭证的名称。标明原始凭证所记录业务内容的种类，反映原始凭证的用途，如“发货票”、“入库单”等。

(2)填制凭证的日期。填制原始凭证的日期一般是业务发生或完成的日期。如果在业务发生或完成时，因各种原因未能及时填制原始凭证的，应以实际填制日期为准。销售商品、产品时未能及时开出发票的，补开发货票的日期应为实际填制时的日期。

(3)填制凭证单位或填制人姓名。

(4)经办人员的签名或盖章。经办人员签名盖章是为了通过该项内容明确经济责任。

(5)接受凭证单位的名称。将接受凭证单位与填制凭证单位或填制人员相联系，表明经济业务的来龙去脉。

(6)经济业务内容。经济业务内容主要是表明经济业务的项目、名称、数量、单价和金额及有关的附注说明。数量、单价和金额主要表明经济业务的计量，这是原始凭证的核心。

为了正确反映并监督各项经济业务，会计部门的经办人员必须严格审核各项经济业务的原始凭证，以确保会计审核资料的真实、合法和准确。原始凭证的审核主要包括以下三个方面的内容：合规性审核，完整性审核，技术性审核。

3.所有的记账凭证都必须满足记账的要求，且具备下列基本要素：

(1)填制单位名称；

(2)记账凭证名称；

(3)填制凭证的日期和凭证的编号；

(4)应借、应贷的会计科目名称和记账金额；

(5)经济业务的内容摘要；

(6)所附原始凭证或原始凭证汇总表的张数；

(7)填制人员、复核人员、记账人员、会计主管、机构负责人的签名或盖章；此外，收付款凭证还需有出纳人员的签章。

记账凭证是根据审核无误的原始凭证填制的，是登记账簿的依据。为了保证账簿记录的准确性，记账前必须对已编制的记账凭证由专人进行认真、严格的审核。记账凭证的审核主要包括以下三项内容：合规性审核，完整性审核，技术性审核。

4.略。

七、实务题

略。

第六章　账　簿

一、名词解释

1.会计账簿是以会计凭证为依据，由具有一定格式面又相互联系的账页所组成，用来序时地、分类地记录和反映各项经济业务的簿籍。设置和登记账簿是会计核算的一种专门方法，也是会计核算的中心环节。

2.序时账簿又称日记账，是按照时间顺序逐日逐笔登记经济业务发生情况的账簿。按其记录的内容不同，又分为普通日记账和特种日记账两种。

3.分类账簿是按照总分类账户和明细分类账户分类记录经济业务的账簿。分类账簿按照记载内容的详细程度划分，分为总分类账簿和明细分类账簿。

4.备查账簿又称辅助账簿，是对某些在序时账簿和分类账簿中未能记载或记载不全的经济业务进行补充登记的账簿，如租入固定资产登记簿、合同登记簿、委托加工材料登记簿、应收票据备查簿、应付票据备查簿、代管商品物资备查簿等。

5.订本式账簿又称订本账，是在启用前就把连续编号的若干账页固定装订成册的账簿。

6.活页式账簿。活页式账簿又称活页账，是把若干张零散的账页放置在活动账夹之内的账簿。

7.卡片式账簿。卡片式账簿又称卡片账，是由若干分散的具有专门格式的硬卡组成，存放在卡片箱内的账簿。

8.普通日记账是用来登记全部经济业务发生情况的日记账，通常把每天所发生的经济业务，按照业务发生的先后顺序，编成会计分录记入账簿中。

9.特种日记账是用来记录某一类经济业务发生情况的日记账，通常把某一类比较重要的经济业务，按照业务发生的先后顺序记入账簿中。为了加强对货币资金的监督和管理，特种日记账又分为现金日记账和银行存款日记账。

10.划线更正法又称红线更正法，是对账簿记录中的错误文字或者数字，用划线注销，并做更正的一种方法。在结账以前，如果发现账簿记录有错误，而其所依据的记账凭证没有错误，即纯属记账时文字或数字的笔误，应采用划线更正方法进行更正。

11.红字更正法又称红字冲销法，是指由于记账凭证错误而使账簿记录发生错误，用红字冲销原记账凭证，以更正账簿记录的一种方法。

12.补充登记法是根据记账凭证所记录的内容记账以后，发现记账凭证中应借、应贷的会计科目和记账方向都没有错误，记账凭证和账簿记录的金额相一致，只是所记金额小于应记的正确金额，应采用补充登记法。

二、单项选择题

1.A　2.D　3.C　4.B　5.D　6.A　7.B　8.B　9.C　10.C

三、多项选择题

1.ABC　2.ACD　3.ABD　4.ACE　5.AB

四、判断题

1.√　2.×　3.√　4.√　5.×　6.√　7.×　8.×　9.×　10.×

五、填空题

1.序时账　分类账　备查账

2.订本账　活页账　卡片账

3.封面　扉页　账页

4.账账相符　账实相符　账证相符　账表相符

5.划线更正法　红字更正法　补充更正法

6.三栏式　数量金额式　多栏式

六、简答题

1.(1)可以全面、系统地提供会计信息,并为会计报表的编制提供依据。通过设置和登记账簿,可以为经营管理提供比较系统、完整的会计核算资料。虽然会计凭证也可以提供会计信息,但会计凭证只能零散地记录和反映个别经济业务,不能全面、系统地反映经济业务的完成情况,只有通过账簿的设置与登记,才能把会计凭证所提供的大量核算资料,归类到各种账簿中,提供总括指标和详细指标,并进行序时记录和反映。通过账簿的设置与登记,可以正确地反映各项会计信息的具体情况,提供经营管理所必需的会计信息,并为编制会计报表提供依据。

(2)可以保护企业财产物资的安全完整,确保各项资金合理使用。通过设置和登记账簿,可以连续反映各项财产物资的增减变动及其结存情况,并借助财产清查、账目核对等方法,反映财产物资的具体情况,发现问题,及时解决,从而保证财产物资的安全完整,合理使用各项资金。

(3)可以提供经营成果的详细资料,为财务成果的分配提供依据。通过账簿的设置与登记,可以确定财务成果的形成,确定财务成果后,才能按规定的方法进行利润分配或亏损弥补。通过设置和登记账簿,还可以提供经营成果形成的详细内容,并为财务成果的分配提供依据。

(4)可以为考核经营业绩、加强经济核算、进行会计监督和会计分析提供依据。通过设置和登记账簿,提供各项会计核算资料,并利用这些资料进行会计分析,以便改善经营管理,同时有利于参照会计核算资料进行会计检查,实施会计监督。账簿是重要的经济档案,设置账簿有利于保存会计资料,便于日后查考。

2.账簿按用途不同,可以分为序时账簿、分类账簿和备查账簿。会计账簿按外表形式不同,可以分为订本式账簿、活页式账簿和卡片式账簿。

3.订本式账簿又称订本账,是在启用前就把连续编号的若干账页固定装订成册的账簿。这种账簿的优点是能够避免账页散失和防止账页被抽换;缺点是账页固定后不能根据需要增减账页,容易造成账页浪费,也不便于分工记账。订本账主要适用于现金日记账、银行存款日记账和总账。

活页式账簿又称活页账,是把若干张零散的账页放置在活动账夹之内的账簿。这种账簿的优点是可以任意增减空白账页,不会浪费账页,使用灵活,便于对账页重新排列,也便于分工记账,有利于提高工作效率;缺点是账页容易散失,容易被抽换。活页账主要适用于各种明细账。

卡片式账簿又称卡片账,是由若干分散的具有专门格式的硬卡组成,存放在卡片箱内的账簿。这种账簿的优缺点与活页账相同。卡片账主要适用于记载内容比较复杂的财产明细账,如固定资产卡片、低值易耗品等。

4.划线更正法是对账簿记录中的错误文字或者数字,用划线注销,并做更正的一种方法。在结账以前,如果发现账簿记录有错误,而其所依据的记账凭证没有错误,即纯属记账时文字或数字的笔误,应采用划线更正的方法进行更正。更正的方法是:先将错误的文字或数字上划一条红色横线,表示注销;然后,在划线上方用蓝色字迹写上正确的文字或数字,作出更正记录,并在划线处加盖更正人图章,以明确责任。必须注意:对于文字的错误,可只划去错误的部分;但对于数字的错误,不得只划线更正其中个别的数字,而应当全部划线更正,并保持被划去的字迹仍可清晰辨认。

5.红字更正法又称红字冲销法,是指由于记账凭证错误而使账簿记录发生错误,用红字冲销原记账凭证,以更正账簿记录的一种方法。在记账以后,如果发现记账凭证错用了会计科目,或所记的金额大于正确的金额,可用红字更正法。

根据记账凭证所记录的内容记账以后,发现记账凭证中的应借、应贷会计科目或记账方向有错误,且记账凭证同账簿记录的金额相同,应采用红字更正法。更正的方法是:

(1)先使用红字金额填制一张与原错误记账凭证内容完全相同的记账凭证,并据以用红字登记入账,冲销原有错误的账簿记录。

(2)再用蓝字或黑字填制一张正确的记账凭证,据以用蓝字或黑字登记入账。

6.补充登记法是根据记账凭证所记录的内容记账以后,发现记账凭证中应借、应贷的会计科目和记账方向都没有错误,记账凭证和账簿记录的金额相一致,只是所记金额小于应记的正确金额,应采用补充登记法。

更正的方法是：首先计算出少记的金额，然后用蓝字或黑字金额填制一张与原错误记账凭证所记载的借贷方向、应借应贷会计科目相同的记账凭证，并据以登记入账，以补记少记金额，求得正确金额。

7.(1)账证核对

账证核对是指各种账簿的记录与有关会计凭证进行核对。这种核对主要是在日常编制凭证和记账过程中逐笔进行的。将现金和银行存款日记账、总分类账、明细分类账的记录与原始凭证和记账凭证核对。账簿与原始凭证核对，主要是对账簿记录的经济业务的真实性、合法性进行检查；账簿与记账凭证核对，主要是检查过账工作是否正确，即账簿的记录是否按照记账凭证指明的账户、方向和金额进行登记。

(2)账账核对

账账核对是指各种账簿之间的有关数字进行核对。其主要内容有：

①总分类账中全部账户的借方余额合计数，应与贷方余额合计数核对相符。

②总分类账中各账户的期末余额，应与其所属各明细分类账的期末余额之和核对相符。

③总分类账中“现金”、“银行存款”账户的余额，应与日记账核对相符。

④会计部门有关财产物资明细账的期末余额，应与财产物资保管部门或使用部门的明细分类账期末余额核对相符。

(3)账实核对

账实核对是指各种账簿的记录与有关财产物资的实有数额要核对相符。其主要内容有：

①银行存款日记账的余额，要定期与银行对账单核对相符。

②现金日记账的账面余额，应每日与库存现金实有数核对相符。

③各种财产物资明细分类账的账面数量，应与保管账的数量及实存数量核对相符。

④各种应收、应付、应交款明细分类账的账面余额，应与有关单位定期核对相符。

(4)账表核对

账表核对是会计账簿记录与财务报表有关内容核对相符的简称。保证账表相符，同样也是会计核算的基本要求。由于财务报表是根据会计账簿记录及有关资料编制的，二者之间存在着相对应的关系，因此，通过检查财务报表各项目的数据与会计账簿有关数据是否一致，可以确保会计信息的质量。对账一般应在月末将本月内的全部经济业务登记入账、结出各账户的期末余额之后、结账之前进行。

七、实务题

略。

第七章 财产清查

一、名词解释

1. 财产清查是指通过对财产物资及库存现金的实地盘点，以及对银行存款、各种债权债务的核查，将一定时点的实存数与账面结存数核对，借以查明账实是否相符的一种专门方法。

2. 不定期清查是指企业事先没有既定的清查时间表，而是根据实际需要所进行的临时性清查。

3. 实地盘存制是指企业平时对各项财产物资的收发，根据会计凭证在有关账簿中只登记增加数，不登记减少数，月末通过实地盘点，将盘点的实存数作为账面结存数，然后倒挤推算出本期发出数的一种盘存制度。

4. 永续盘存制又称账面盘存制，是指平时对各项实物财产的增减变动都必须根据会计凭证逐日逐笔地在有关账簿中登记，并随时结算出其账面结存数量的一种盘存制度。

5. 未达账项是指由于企业与银行取得有关凭证的时间不同，发生的一方已经取得凭证登记入账而另一方由于未取得凭证尚未入账的款项。

二、单项选择题

1. B 2. A 3. D 4. C 5. A

三、多项选择题

1. AC 2. AD 3. ABCD 4. AB 5. BC 6. BC

四、判断题

1. ✓ 2. ✓ 3. × 4. ✓ 5. × 6. ×

五、简答题

1.(1)保证会计核算资料真实可靠,提高会计信息质量。

(2)加强财产物资管理,保护财产的安全完整。

(3)挖掘财产物资的潜力,加速资金周转。

2.(1)更换财产物资的保管员时,对其经管的财产物资或现金进行清查,以明确经济责任。

(2)发生非常灾害或意外损失时,对受损的财产物资进行清查。

(3)企业撤销、合并或改变隶属关系时,需要进行清查。

(4)上级或有关部门进行临时性检查时,需要进行清查。

3.(1)企业已收款入账,银行尚未收款入账。如企业已将销售产品收到的支票送存银行,对账前银行尚未入账的款项。

(2)企业已付款入账,银行尚未付款入账。如企业开出支票购货,根据支票存根已登记银行存款的减少,而银行尚未接到支票,未登记银行存款的减少。

(3)银行已收款入账,企业尚未收款入账。如银行收到外单位采用托收承付结算方式购货所付的款项,已登记入账,而企业未收到银行通知未入账的款项。

(4)银行已付款入账,企业尚未付款入账。如银行根据有关规定代企业支付了款项,已登记企业银行存款的减少,而企业因未收到付款凭证尚未记账的款项。

六、实务题

略。

七、案例分析

略。

第八章 财务报表

一、名词解释

1. 财务报表是指企业对反映在各种账簿中的会计事项的资料进行汇总整理而成的,用表格的形式综合反映企业某一特定日期财务状况和某一会计期间经营成果、现金流量的书面文件。编制财务报表是会计核算工作的重要环节,也是会计核算的最终成果。

2. 资产负债表是反映企业某一特定日期财务状况的财务报表，即反映企业在某一特定日期资产、负债及所有者权益构成情况的财务报表。

3. 利润表是反映企业在一定会计期间经营成果的报表。利润表把一定期间的营业收入与其同一会计期间相关的营业费用进行配比，以计算出企业一定时期的净利润(或净亏损)。利润表既是企业经营业绩的综合体现，又是进行利润分配的主要依据。

4. 现金流量表是反映一定会计期间现金和现金等价物流入和流出的报表。

5. 现金等价物是指企业持有的期限短、流动性高、易于转换为已知金额的现金、价值变动风险很小的短期投资，通常是指购买在3个月或更短时间内即到期或即可转换为现金的投资。

6. 会计报表附注是为了帮助报表使用者理解会计报表的内容而对报表的有关项目所做的解释。

7. 财务情况说明书是以文字来补充说明企业的生产经营状况、利润实现和分配情况以及企业财产物资发生重大变动情况，以文字为主来叙述这些情况和变化，可以补充会计报表的不足，使会计报表的阅读者可以更好地理解报表中的数字，更确切地掌握企业的各种情况，以便作出各种正确的决策。

二、单项选择题

1. A　2. D　3. C　4. C　5. C　6. D　7. B　8. B　9. D

三、多项选择题

1. AB　2. ACD　3. ABC　4. ABCD　5. ABDE　6. CE　7. ABC

四、判断题

1. ×　2. ×　3. ×　4. ×　5. ✓　6. ✓　7. ✓　8. ×　9. ✓　10. ✓

11. ✓　12. ×

五、简答题

1. (1)通过资产负债表可以了解企业某一特定日期的资产总额及其结构，即企业拥有或控制的经济资源及其分布情况。

(2)通过资产负债表可以了解企业资金来源的构成，即企业某一日期的负债总额及其结构，所有者权益的构成情况等。

(3)通过资产负债表提供的资料，可以进行财务指标分析，如计算流动比率、速动比率等，以了解企业的财务实力和偿债能力，便于投资者和债权人进行正确的决策。

(4)通过比较分析前后期的资产负债表，可以了解企业资产、负债及所有者权益的变动情况，分析企业的发展变化趋势。

2. (1)财务报表所提供的财务会计信息资料，是国家进行宏观经济管理的重要信息来源。

(2)财务报表为企业外部会计信息资料的使用者进行决策，以及进行企业控制和监督，提供了重要依据。

(3)财务报表是企业内部加强经营管理的重要依据。

3. (1)根据总分类账户余额直接填列。

(2)根据总分类账户余额计算、分析填列

(3)根据明细分类账户的期末余额计算、分析填列。

(4)根据总账账户和明细账户的余额计算、分析填列。

4. (1)通过利润表可以反映企业一定时期的利润形成过程及经营成果。在利润表中，清楚地反映了一个企业在一定期间内的收入情况以及与之相配比的费用发生情况，体现了收入和费用间的配比关系，综合反映了企业的利润实现过程以及通过配比而计算出的经营成果。

(2)通过利润表提供的不同时期的比较数字(本期金额、上期金额),可以分析、预测企业的盈利能力和企业未来一定时期内的利润发展趋势,衡量企业的经营管理水平,便于投资者和债权人做出正确的投资决策。

5. 第一步,以营业收入为基础,减去营业成本、营业税金及附加、销售费用、管理费用、财务费用、资产减值损失,加上公允价值变动收益(减去公允价值变动损失)和投资收益(减去投资损失),计算出营业利润。

第二步,以营业利润为基础,加上营业外收入,减去营业外支出,计算出利润总额。

第三步,以利润总额为基础,减去所得税费用,计算出净利润(或净亏损)。

6.(1)净利润;(2)直接计入所有者权益的利得和损失项目及其总额;(3)会计政策变更和差错更正的累积影响金额;(4)所有者投入资本和向所有者分配利润等;(5)提取的盈余公积;(6)实收资本或股本、资本公积、盈余公积、未分配利润的期初和期末余额及其调节情况。

六、实务题

略。

七、案例分析

略。

第九章　会计核算程序

一、名词解释

1. 会计核算程序又称账务处理程序,是指凭证和账簿组织、记账程序和记账方法三者有机结合的方式,它是记账和生成会计数据与信息的步骤和方法。

2. 记账凭证核算程序是一种最基本的会计核算程序,是指对发生的每项经济业务,都要根据原始凭证或原始凭证汇总表编制记账凭证,然后根据记账凭证直接登记总分类账的一种会计核算程序。

3. 汇总记账凭证核算程序是定期将一定期间内的所有记账凭证加以汇总,编制汇总记账凭证,然后再根据汇总记账凭证登记总分类账的一种会计核算程序。

4. 科目汇总表核算程序又称记账凭证汇总表核算程序,是定期(5天或10天)或月终将全部记账凭证,按相同的会计科目分类汇总编制科目汇总表,然后据以登记总分类账的一种会计核算程序。

5. 多栏式日记账核算程序是设置多栏式库存现金日记账和多栏式银行存款日记账,并据以登记总分类账;对于转账业务,可逐笔登记总分类账或填制转账凭证科目汇总表后据以登记总分类账的一种会计核算程序。

二、单项选择题

1.D　2.A　3.D　4.A　5.A

三、多项选择题

1.ABC　2.ABC　3.ABD　4.ABC　5.CD

四、判断题

1.✓　2.×　3.✓　4.×　5.×　6.×

五、填空题

1. 总账
2. 账簿组织　记账程序　方法
3. 根据各种记账凭证直接逐笔登记总分类账
4. 科目汇总表
5. 适用经济业务频繁的单位
6. 汇总记账凭证
7. 多栏式库存现金日记账　多栏式银行存款日记账　转账凭证　转账凭证汇总表　总账

六、简答题

1. 根据上述会计核算程序设计的基本要求，结合我国会计工作的实际情况，形成了以下几种主要的会计核算程序：

(1)记账凭证核算程序；

(2)科目汇总表核算程序；

(3)汇总记账凭证核算程序；

(4)多栏式日记账核算程序。

2.(1)记账凭证核算程序的优缺点及适用范围

优点：记账层次清楚，技术方法易于理解和掌握，核算程序比较简单。其总分类账能比较详细地反映经济业务的发生和完成情况，便于查账。

缺点：登记总账的工作量较大，因此，对于经济业务较多的企业，既不利于记账，也不利于对账。

适用范围：适用于规模较小、业务量较少、记账凭证不多的企业和单位。

(2)科目汇总表核算程序的优缺点及适用范围

优点：由于这种程序是根据科目汇总表在期末一次登记总分类账，所以，运用科目汇总表可以大大减轻登记总账的工作量；而且，因为进行了借方与贷方发生额的试算平衡，可以保证会计核算资料的质量；同时，科目汇总表的编制并不复杂，记账程序易于掌握。

缺点：科目汇总表无法表明账户之间的对应关系，因而不便于对企业的经济活动进行分析和检查。

适用范围：适用于规模较大、经济业务较多、记账凭证数量较大的企业。

(3)汇总记账凭证核算程序的优缺点及适用范围

优点：将日常发生的大量记账凭证分散在平时整理，月末一次登记入账，因而减轻了登记总账的工作量；另外，汇总记账凭证是根据科目间的对应关系分类汇总编制的，因而能反映账户之间的对应关系，便于核对账目。

缺点：汇总转账凭证是按每一贷方科目汇总的，没有考虑经济业务的性质，因而不利于会计核算工作的分工，而且汇总记账凭证的编制工作量很大；总分类账中的记录比较简略，难以具体反映企业的经营活动情况。

适用范围：汇总记账凭证核算程序适用于规模较大、业务较多的企业。

(4)多栏式日记账核算程序的优缺点及适用范围

优点：可以简化登记总分类账的工作量，可以具体反映有关库存现金、银行存款收支业务。

缺点：多栏式日记账的篇幅较大，记账不方便，而且转账凭证科目汇总表仍反映不出账户的对应关系。

适用范围：适用于企业规模不大、收付款业务较多、所用会计科目较少的单位。

3. 记账凭证核算程序的工作步骤如下：

(1)根据原始凭证或原始凭证汇总表，编制收款凭证、付款凭证和转账凭证。

(2)根据收款凭证、付款凭证，逐笔登记库存现金日记账、银行存款日记账。

(3)根据原始凭证或原始凭证汇总表或各种记账凭证，登记有关明细分类账。

(4)根据记账凭证,登记总分类账。

(5)月(期)终,库存现金日记账、银行存款日记账余额和各种明细分类账余额的合计数,分别与总分类账中有关账户的余额相核对。

(6)月(期)终,根据总分类账户和明细分类账户的资料,编制会计报表。

科目汇总表核算程序的工作步骤如下:

(1)根据各种原始凭证,编制原始凭证汇总表。

(2)根据原始凭证或原始凭证汇总表,编制收款凭证、付款凭证和转账凭证。

(3)根据收款凭证、付款凭证,登记库存现金日记账和银行存款日记账。

(4)根据原始凭证或原始凭证汇总表、收款凭证、付款凭证和转账凭证,逐笔登记各种明细分类账。

(5)根据收款凭证、付款凭证和转账凭证,编制科目汇总表。

(6)根据科目汇总表,登记总分类账。

(7)月终,库存现金日记账、银行存款日记账余额以及各种明细分类账的余额合计数,分别与总分类账余额核对相符。

(8)月终,根据总分类账和明细分类账,编制会计报表。

汇总记账凭证核算程序的工作步骤如下:

(1)根据原始凭证或原始凭证汇总表,编制记账凭证。

(2)根据收款凭证、付款凭证,逐笔登记库存现金日记账和银行存款日记账。

(3)根据原始凭证及原始凭证汇总表、各种记账凭证,逐笔登记各种明细分类账。

(4)根据收款凭证、付款凭证、转账凭证,定期编制汇总收款凭证、汇总付款凭证和汇总转账凭证。

(5)(月)终,根据汇总收款凭证、汇总付款凭证和汇总转账凭证,登记总分类账。

(6)期(月)终,根据对账的具体要求,将库存现金日记账和银行存款日记账的余额及各种明细分类账的余额合计数,分别与总分类账余额核对相符。

(7)期(月)终,根据总分类账、明细分类账编制会计报表。

多栏式日记账核算程序的工作步骤如下:

(1)根据原始凭证,编制原始凭证汇总表。

(2)根据原始凭证和原始凭证汇总表,编制收款凭证、付款凭证和转账凭证。

(3)根据收款凭证、付款凭证逐笔登记多栏式库存现金日记账、银行存款日记账。根据原始凭证或原始凭证汇总表及记账凭证,登记各种明细分类账。

(4)月终,根据多栏式库存现金日记账和多栏式银行存款日记账,登记总分类账;同时,根据转账凭证科目汇总表或转账凭证,登记总分类账。

(5)月终,各种明细分类账的余额合计数分别与相应的总分类账余额核对相符。

(6)月终,根据总分类账和明细分类账,编制会计报表。

4. 记账凭证核算程序是一种最基本的会计核算程序,是指对发生的每项经济业务,都要根据原始凭证或原始凭证汇总表编制记账凭证,然后根据记账凭证直接登记总分类账的一种会计核算程序。它反映了会计核算程序的一般内容,其他会计核算程序是在记账凭证核算程序的基础上发展、演变而来的。记账凭证核算程序的显著特点是:直接根据每张记账凭证逐笔登记总分类账。

科目汇总表核算程序又称记账凭证汇总表核算程序,是定期(5 天或 10 天)或月终将全部记账凭证按相同的会计科目分类汇总编制科目汇总表,然后据以登记总分类账的一种会计核算程序。科目汇总表核算程序的特点是:设置科目汇总表,并定期根据记账凭证填制科目汇总表;然后,根据科目汇总表登记总分类账。

汇总记账凭证核算程序的特点是:运用汇总记账凭证汇总各种记账凭证,然后根据汇总记账凭证登记总分类账。显然,汇总记账凭证核算程序与科目汇总表核算程序的相似之处,都是设置一种凭据,汇总一定时期(若干)的记账凭证,然后据之登记总分类账。

多栏式日记账核算程序的特点是:库存现金、银行存款日记账采用多栏式,起到汇总收款凭证和汇总付款凭证的作用。利用多栏式库存现金日记账和多栏式银行存款日记账中设置的各个专栏,将各个对应账户的发生额加以汇总，然后据以登记总分类账，以简化收款、付款凭证的登记工作。

七、实务题

略。

第十章　会计信息系统概述

一、名词解释

1. 会计数据是指记录下来的会计事实，是产生会计信息的源泉。

2. 会计信息是经过加工或者处理后的会计数据，是对会计数据的解释。

3. 会计信息系统是一种基于会计核算和管理的活动，是由人、信息处理设备和运行规程三元素组成的集成化人机交互系统。作为数据处理和信息生成过程的会计活动可分为若干部分，每一部分都有各自的信息处理任务；但所有部分又互相联系、互相配合，服从于一个统一的目标，形成一个会计活动的有机整体。这个有机整体，就称为会计信息系统。

4. 会计软件是指专门用于会计核算和管理工作的计算机应用软件。

二、简答题

1.会计数据通常是指记录下来的会计事实，是产生会计信息的源泉。会计信息是经过加工或者处理后的会计数据，是对会计数据的解释。会计数据和会计信息是既有紧密联系、又有本质区别的两个概念。会计信息是通过对会计数据的处理而产生的；会计数据也只有按照一定的要求或需要进行加工或处理，变成会计信息后，才能满足管理的需要，为管理者所用。但是，会计数据与会计信息并没有截然的界限，有的会计数据对一些管理人员来说是会计信息，对另一些管理人员来说，则需要在此基础上进一步加工处理，才成为会计信息。

2.会计活动有着紧密的内在联系，它们相互依存、环环紧扣，构成了一个有秩序的数据处理和信息生成的过程。这一过程可分为若干部分，每一部分都有各自的信息处理任务；但所有部分又互相联系、互相配合，服从于一个统一的目标，形成一个会计活动的有机整体。这个有机整体，就称为会计信息系统。

3.(1)系统的庞大复杂性。

(2)与企业其他管理子系统有紧密的联系。

(3)确保会计信息的真实、公允、全面、完整和安全、可靠性等特点。

(4)内部控制严格。

(5)会计核算程序的规范性和科学性。

4.会计信息系统的具体目标可以确定为向企业内外部的会计信息的使用者和决策者提供需要的会计信息，使企业为客户提供满意的服务，提高企业经济效益，获取更多的利润。

会计信息系统具有以下基本功能：输入功能、处理功能、输出功能。

5.(1)生成外部报告。

(2)支持日常事务处理。

(3)非日常性的决策。

(4)计划与控制。

(5)实施内部控制。

6.会计信息系统的发展阶段可分为：(1)面向会计事务处理的阶段；(2)面向企业整体管理的阶段；(3)面向企业间价值链决策管理的阶段。

7.建立核算单位(账套)→系统初始化→输入/编制记账凭证→审核凭证→记账→证、账、表输出→转账、对账→结账→报表管理。

8.(1)所用的计算工具不同；

(2)载有数据、信息的媒体不同；

(3)账簿形式和错误更正方法不同；

(4)账务处理程序不同；

(5)账户设置和账簿登记方法不同；

(6)会计工作的组织体制不同；

(7)会计人员素质不同；

(8)对账、结账和期末账项调整的方式、方法不同；

(9)内部控制制度不同；

(10)会计系统的设计方法不同。